民商事法律实务
问答系列

民法典侵权责任编实务问答

葛向荣　奉利平 ◎主编
刘延烽　叶俊希　李剑平　黄翠仪 ◎副主编

中国法治出版社
CHINA LEGAL PUBLISHING HOUSE

作者团队简介

主 编

葛向荣，北京市隆安（广州）律师事务所高级合伙人、广州市第十届律师代表大会代表、广东省律师协会竞争与反垄断法律专业委员会委员、广州律师协会律师事务所管理和发展促进工作委员会委员、广州律师协会南沙律师调解中心调解员、广东省社会组织总会法律工作委员会委员，入选广东省涉外律师领军人才库，入选广州市司法局发布的广州市优秀青年律师"凌云计划"（首批），入选律新社《精品法律服务品牌指南（2024）：争议解决领域》律师名录。

奉利平，法学博士，一直在政法系统和纪检监察系统工作，长期深耕于办案一线，具有丰富的实践经验和扎实的理论功底，先后从事公安、检察、政法委工作，现任职于纪委监委机关。

副主编

刘延烽，北京市隆安（广州）律师事务所高级合伙人、隆安广州重大疑难民商事案件研究中心副主任兼秘书长，并担任广东省新的社会阶层人士联合会律师行业分会副秘书长等职务。

叶俊希，北京市隆安（广州）律师事务所高级合伙人，具备"法学+工学"双重背景、"律师+仲裁员"双重身份，广州市律师协会文体教育与传媒娱乐法律专业委员会秘书长、广州市涉外律师领军人才，入选《广州市涉外律师细分领域名录》，曾获首届广东律师法律服务产品大赛二等奖、2022—2023年度广州律协业务成果奖。

李剑平，从军十四载，曾任全军先进司令部作训参谋，从事职务犯罪调查（侦查）工作十八年，主办、参办过县、市、省、中央各级纪委监委重要职务犯罪案件近百件，江苏省人民检察院"全省优秀反渎侦查员"，多次在国家级期刊发表实务文章。

黄翠仪，北京市隆安（广州）律师事务所高级合伙人、广东省律师协会消费者委员会委员、隆安（广州）建工委副部长。拥有丰富的执业经验，曾担任南方财经全媒体、中山市人民政府、京信通信、腾讯音乐等多家大型企业或政府部门的常年法律顾问，专注于民商事法律实务，擅长为商事主体提供包括企业法律风险防范、应急事件处理、商业合同谈判、争议解决等一站式、全方位的法律服务。

编委会成员

马识博，北京大成律师事务所合伙人，2025 GCP 中国法律菁英 40 强，任北京律师协会文旅传媒与体育法律专业委员会委员，深耕文娱、影视传媒行业与人工智能法律交叉领域十余年。

梁馨元，入选广东省涉外律师先锋人才库，入选广州市涉外律师领军人才库（第一批），广州国际商贸商事调解中心调解员，深耕跨境法律实务与研究。

袁瑞婷，法学硕士，主要研究方向及执业领域为知识产权法，合著《著作权法中公共领域判解与学理研究》。

仲宋雨晴，江苏天倪律师事务所律师，拥有法律科技公司多年工作经验，具备法律+科技的服务优势。

蒋鑫悦，法学硕士，现为执业律师，专业从事民商事诉讼业务。

周琼，北京市隆安（深圳）律师事务所合伙人、低空经济业务委员会主任，深圳市低空经济产业协会法律顾问，专注民商事诉讼及低空经济领域，代理民商事案件百余起。

王夏禹，中南财经政法大学法学学士，武汉大学法律硕士，现任职于北京市隆安（广州）律师事务所，专注于民商事争议解决领域。

梁正芸，法学硕士，前企业高管，广西律协东盟法律专业委员会和涉外委员会委员，广西国际民商事调解中心调解员，南宁仲裁委员会（南宁国际仲裁院）仲裁员。

杨兆彦，天津东方（广州）律师事务所律师，曾任某市卫健委法规信访科长（公职律师）、某市纪委监委监委委员（公职律师）、某央企三级公司纪检部门负责人。拥有多种复合工作经历，成功处理过多起疑难复杂案（事）件，执业经验丰富。

序 Preface

法律是什么？是法典中冰冷的条文，还是高悬于法庭的威严符号？或许更应是融入生活的一盏灯，照亮普通人遭遇困境时的迷途。

最高人民法院于2024年9月25日发布《关于适用〈中华人民共和国民法典〉侵权责任编的解释（一）》后，关于是否要以此为契机撰写一本相关的法律实务问答书，作者团队最初的反应近乎一致：侵权责任编的内容早已被反复阐释，还能写出什么新意？实务型法律人若仅堆砌学术理论，难免曲高和寡；若仅罗列实务技巧，又恐失之浅薄。

然而，我们几位作者，后续亲历了几个看似寻常的小故事，却让我们重新审视了这个问题，并最终凝聚成撰写本书的信念。

故事一：一本儿童读物引发的反思

某个夜晚，我们中的一位作者下班回到家，发现妻子给二年级的孩子买了几本民法典①主题的儿童读物。作者半开玩笑地说："怎么，家里请不起律师了？"他妻子不以为然，翻开书给他看："你平时跟我们讲得都太深奥了，你看这书写得多贴近生活，里面有校园欺凌、游戏沉迷、自我保护等实际问题，既实用又能学法，非常适合我和孩子一起阅读。"作者那一刻忽然惊醒：法律教育的本质，或许正在于将艰深术语转化为生活语言。那些曾被视作"常识"的规则，若无法被普通人理解，便只是纸上的符号。

这一场景让作者团队意识到：法律普及绝非"降维"，而是"赋能"。当一位母亲能通过绘本与孩子讨论权利边界，当一名学生能在故事中领悟责任归属，法

---

① 法律文件的名称使用简称，以下不再标注。

律便真正走进了生活。

故事二：刑事法律专家的"民法盲区"

"兄弟，亲戚遇上交通事故赔偿纠纷，我实在不懂民事规则，能否指点？"一位专攻刑事案件的从事法律实务工作朋友深夜发来求助。类似的请求，作者们几乎每月都会收到。刑事法律专家们精通各类犯罪问题，但可能会对人身损害赔偿责任问题、对消费者维权问题还需要求助专业人士。这些片段揭示了一个被忽视的真相：这些民事领域的问题虽然不算复杂，但对于不熟悉民事法律实务的法律从业者来说，确实是一个不小的挑战。

侵权责任编作为民法典中与民生密切相关的部分，其规则贯穿从交通事故到网络侵权的方方面面。正是因为法律职业的专业化分工，所以很难应对社会普罗大众对法律人"全科医生"式的期待。本书尝试打破这一困局——以问答形式直击痛点，让不同领域的法律从业者都能快速定位解决方案。

故事三：基层"法律明白人"的需要

"律师，能否为我们辖区的法律明白人提供培训，提升大家的法律素养？"作者所担任法律顾问的一个基层政府部门提出了这样的请求。所谓"法律明白人"，是指那些具备一定法治素养和法律知识，积极参与法治实践，能在村（居）民中发挥示范引领作用的人。当下，许多地方都有类似的培训需求。这些活跃在田间地头、街道巷尾的"法治带头人"，需要向老百姓解释动物伤人谁该担责，帮打工人厘清工伤索赔路径，甚至调解因广场舞噪声引发的邻里纠纷。

作者团队的成员曾目睹有个别"法律明白人"面对法律纠纷，在几条相近的规定之间徘徊，确定不了准确的法条依据而求助于作者。这种有代表性的需求恰是本书试图消解的——通过结构化的问题索引、场景化的案例解析，让法律工具真正"趁手"。

那么，为什么必须是侵权责任编？本书的体例是如何构成的？

选择侵权责任编作为本书切入点，绝非偶然。纵观民法典的1260条，侵权责任编仅有95条，却是在生活中发生法律纠纷较多、使用频率较高的一编。从高空抛物到AI侵权，从隐私泄露到生态环境损害，每一个条文都牵扯着个体权益与社会秩序的平衡。更重要的是，《最高人民法院关于适用〈中华人民共和国民法典〉侵权责任编的解释（一）》的出台，标志着这一领域的规则进入动态完善期。

本书的定位正在于此：不是静态的法条注解，而是动态的实务指南。作者团队以司法解释为经纬，融入近年的典型案例，将"责任认定""免责事由""赔偿标准"等抽象概念，转化为"怎么办""为什么""如何举证"等实操路径。

再者，本书写给谁？为何而写？

如果您是——

法律从业者，本书是您应对跨领域咨询的"应急手册"；

企业管理者，本书是防控用工、产品、环境风险的"预警雷达"；

教师、社工、基层干部，本书是开展普法工作的"案例库"；

普通公民，本书是学习法律知识、维护自身权利的"好帮手"。

……

我们始终相信：法律不应是为少数人所掌握的"诉讼技术"，而应成为大众的"生存技能"。当外卖员懂得平台责任的边界，当家长知晓教育机构的安全保障义务，当网民理解网络侵权的举证规则，法治社会的根基才能更加牢固。

最后，送给本书读者的话：

本书的诞生，源于无数个"怎么办"的追问。它或许不提供宏大理论，但必定能回答具体问题；避开艰涩的理论术语，只聚焦实务痛点，给出实操建议。若有读者能因书中某一问答避免一场纠纷、化解一个矛盾，便是对作者团队最大的褒奖。

法律的生命在于经验，而经验贵在共享。愿这本书能成为一座桥，连接规则与生活、专业与常识，让侵权责任相关规定从"他者的律令"，真正化作"我们的铠甲"。

作者团队
2025 年 5 月 5 日

目录 Contents

第一章 一般规定

一、侵权责任编的调整范围 ··· 001
  （一）实务问答 ··· 001
    1. 为泄愤，在网络平台曝光他人开房信息是否需要承担法律责任？ ··· 001
    2. 人肉搜索，是正义的追寻还是侵权的陷阱？ ··············· 002
    3. 英雄烈士的名誉权是否受法律保护？ ························· 003
  （二）关联规定 ··· 004
二、过错责任原则与过错推定责任 ··· 004
  （一）实务问答 ··· 004
    1. 被劝阻人因自身疾病猝死，劝阻人是否构成侵权？ ······ 004
    2. 饮酒死亡，同饮者是否构成侵权？ ···························· 005
    3. 学生依学校安排赴企业实习而受伤，应由谁承担负责？ ·· 006
  （二）关联规定 ··· 006
三、无过错责任 ··· 007
  （一）实务问答 ··· 007
    1. 行为人在主观没有过错的情况下，也会承担侵权责任吗？ ·· 007

  2. 动物园里的一只动物突然冲出笼子，咬伤了游客，动物园要负责吗？ …………………………………………………………… 008

  3. 高压电致害的责任主体是高压电的经营者还是产权人？ …… 008

 （二）关联规定 …………………………………………………… 009

四、危及他人人身、财产安全的责任承担方式 …………………… 009

 （一）实务问答 …………………………………………………… 009

  1. 承担侵权责任的主要方式有哪些？ ……………………………… 009

  2. 在高层民用建筑楼梯间停放电动自行车，属于侵权吗？ …… 010

  3. 多人在承包土地内非法开采，导致生态环境被破坏，侵权人应当承担哪种侵权责任？ ……………………………………… 010

 （二）关联规定 …………………………………………………… 012

五、共同侵权 …………………………………………………………… 013

 （一）实务问答 …………………………………………………… 013

  1. 音像制品复制单位是否要与出版者承担共同侵权责任？ …… 013

  2. 委托他人提供服务，被委托人侵权时，委托人是否需要承担连带责任？ ……………………………………………………… 014

 （二）关联规定 …………………………………………………… 015

六、教唆侵权、帮助侵权 …………………………………………… 018

 （一）实务问答 …………………………………………………… 018

  1. 老李（成年人）与老刘有仇，于是教唆8周岁的小亮去刮花老刘的汽车，谁来承担责任呢？ ……………………………… 018

  2. 市场管理者是否需对市场内商铺销售假冒注册商标商品承担侵权责任？ ……………………………………………………… 018

  3. 教唆行为与帮助行为的区别是什么？ ………………………… 019

 （二）关联规定 …………………………………………………… 019

七、共同危险行为 …………………………………………………… 022

 （一）实务问答 …………………………………………………… 022

  1. 网络购物平台是否要对平台用户购买银环蛇被咬致死承担责任？ … 022

  2. 一群人放烟花，其中一个烟花飞进附近仓库引起火灾，无法确定是谁放的烟花，由谁承担责任？ ………………………… 023

3. 多辆机动车发生交通事故造成第三人损害，责任如何划分？ ········ 023
　（二）关联规定 ··· 023

八、分别侵权承担连带责任 ··· 024
　（一）实务问答 ··· 024
　　1. 以他人名义办理银行卡并利用银行卡盗卖股票，银行是否承担责任？ ··· 024
　　2. 受害人在交通事故中被三车前后碾轧死亡，后车司机能否主张受害人已在前一次事故中死亡而免除赔偿责任？ ··················· 025
　　3. 律师事务所未经审查即发布侵害当事人名誉权的律师声明，是否构成侵权？ ··· 025
　（二）关联规定 ··· 026

九、分别侵权承担按份责任 ··· 027
　（一）实务问答 ··· 027
　　1. 在校实习生在实习单位受伤了，实习单位与学校要承担责任吗？ ······ 027
　　2. 交通事故受伤后送到医院被误诊，谁应当承担责任？ ············· 028
　　3. 骗子用假资料在银行开设账户，银行未按规定审核资料，是否应当赔偿受骗者？ ··· 029
　（二）关联规定 ··· 030

十、与有过错 ··· 031
　（一）实务问答 ··· 031
　　1. 两个年轻人打架，一方突发心脏病死亡，另一方是否需要承担责任？ ··· 031
　　2. 逛超市被商品砸伤，超市该负责吗？ ····························· 031
　　3. 未成年人聚会喝酒后溺亡，提供酒的卖家、溺亡未成年人的监护人各需承担什么责任？ ·· 032
　（二）关联规定 ··· 034

十一、受害人故意 ··· 035
　（一）实务问答 ··· 035
　　1. 在碰瓷过程中被车辆撞伤，驾驶者需要承担责任吗？ ············· 035
　　2. 网购农药自杀，家属可以起诉没有销售资质的出卖方吗？ ········ 035

3. 个人在地铁进站时跳轨自杀，地铁公司应否予以赔偿？ …………… 036
　（二）关联规定 ……………………………………………………………… 037

十二、第三人原因 …………………………………………………………… 038
　（一）实务问答 ……………………………………………………………… 038
　　1. 为了躲避违章行人，把另一辆车撞了，驾驶人是否需要承担责任？ …… 038
　　2. 个人在网站通过网银转账被骗，可以要求网银公司承担责任吗？ ……………………………………………………………………… 039
　　3. 车在小区停车位被其他车辆划花，可以要求物管公司赔偿损失吗？ … 040
　　4. 为他人开车运输货物途中发生交通事故导致死亡，肇事者赔偿后，可以再找雇主赔偿吗？ ………………………………………… 041
　（二）关联规定 ……………………………………………………………… 042

十三、自甘风险 ……………………………………………………………… 043
　（一）实务问答 ……………………………………………………………… 043
　　1. 羽毛球比赛中被对方大力扣杀打到眼睛导致视力受损，可以要求对方赔偿吗？ ………………………………………………………… 043
　　2. 参加学校安排乐队排练过程中被其他同学的乐器砸伤，可以要求该同学赔偿吗？ ………………………………………………………… 044
　　3. 篮球比赛中，对方恶意犯规导致受伤，可以请求对方赔偿吗？ …… 044
　　4. 参加真人CS，与同伴相撞导致受伤，可以要求同伴及商家赔偿吗？ ……………………………………………………………………… 045
　（二）关联规定 ……………………………………………………………… 046

十四、自力救济 ……………………………………………………………… 046
　（一）实务问答 ……………………………………………………………… 046
　　1. 赌钱过程中一方耍赖把输掉的赌资抢回去，可以强行扣下该赌资吗？ ……………………………………………………………………… 046
　　2. 在路上行走被电动车撞倒，电动车驾驶人准备逃逸，伤者为扣住电动车而把驾驶人打伤，伤者需要为此赔偿吗？ ……………… 047
　　3. 顾客吃霸王餐，店家可以扣留顾客钱包吗？ ………………………… 047
　（二）关联规定 ……………………………………………………………… 048

十五、特别规定优先适用 ································· 048
  关联规定 ··· 048

第二章 损害赔偿

一、人身损害赔偿范围 ··································· 050
  （一）实务问答 ··· 050
    1. 后续治疗费超出法院判决可否另行起诉主张？ ········· 050
    2. 空难死亡赔偿金是否属于遗产？ ······················ 051
    3. 受害人因受伤而在未来可能产生的假肢费用是否应当赔偿？ ··· 051
  （二）关联规定 ··· 051

二、以相同数额确定死亡赔偿金 ····················· 055
  （一）实务问答 ··· 056
    1. 在同一起交通意外中死亡的人，每个人的死亡赔偿金都是相同的吗？ ··· 056
    2. 海上事故造成多人死亡，赔偿标准能否就高处理？ ···· 056

三、被侵权人死亡时请求权主体的确定 ············ 057
  （一）实务问答 ··· 058
    1. 第一顺位继承人不主张侵权损害赔偿时，第二顺位继承人是否具有原告的主体资格并主张权利？ ······················· 058
    2. 死者的姓名、肖像、名誉、荣誉、隐私、遗体、遗骨等受到侵害，近亲属能否要求精神损害赔偿？ ······················ 058
  （二）关联规定 ··· 058

四、侵害他人人身权益造成财产损失的赔偿 ······ 060
  （一）实务问答 ··· 060
    1. 通过"暗网"非法购买公民个人信息并出售获利，侵权人是否需要赔偿公民个人信息损失？ ····························· 060

2. 出售公民个人信息用于制作虚假人脸动态识别视频以解封微信账号及验证政务APP实名认证，要承担何种责任？ …… 061
3. 某网站因发布明星的不实信息导致该明星声誉人气下降，该明星代言被取消，由此产生的损失该如何赔偿？ …… 062
（二）关联规定 …… 063

五、精神损害赔偿 …… 065
（一）实务问答 …… 065
1. 未经许可转发他人朋友圈照片进行营利活动是否应承担精神损害赔偿？ …… 065
2. 交通事故造成孕妇流产，是否可以请求精神损害赔偿？ …… 067
（二）关联规定 …… 068

六、财产损失的计算 …… 070
（一）实务问答 …… 070
1. 车辆受损后的贬值损失是否予以赔偿？ …… 070
2. 游戏开发商封停用户在某网络游戏的游戏ID，是否构成侵权，能否获得赔偿？ …… 071
2. 知识产权被侵害时，如何评估受害人的损失？ …… 072
（二）关联规定 …… 074

七、侵害知识产权的惩罚性赔偿 …… 078
（一）实务问答 …… 078
1. 权利人在主张知识产权侵权惩罚性赔偿时，重点要证明的问题有哪些？ …… 078
2. 哪些情况可以证明侵权人有侵害知识产权的故意？ …… 079
3. 哪些情况可以证明侵害知识产权情节严重？ …… 079
（二）关联规定 …… 080

八、公平责任原则 …… 082
（一）实务问答 …… 082
1. 顾客自带酒水引发餐厅爆炸导致邻桌顾客受伤，餐厅是否需要承担责任？ …… 082

2. 因打羽毛球时大力扣球致对手眼睛受伤, 是否需要承担赔偿责任? … 083
　(二) 关联规定 … 085
九、赔偿费用的支付方式 … 085
　(一) 实务问答 … 085
　　1. 民法典中确定了哪几种侵权赔偿费用的支付方式? … 085
　　2. 分期支付赔偿费用时, 被侵权人可以请求提供相应的担保吗? … 086
　　3. 赔偿义务人能否请求以定期金方式给付残疾赔偿金、被扶养人生活费、残疾辅助器具费? … 087
　(二) 关联规定 … 087

第三章　责任主体的特殊规定

一、监护人责任 … 088
　(一) 实务问答 … 088
　　1. 未成年人致人损害的, 谁应当承担侵权责任? … 088
　　2. 未成年人的监护人, 应如何尽到监护责任? … 089
　　3. 两名儿童在一起玩擦炮时发生口角纠纷, 一名儿童用水泥块砸向另一名儿童, 谁应当承担责任? … 089
　(二) 关联规定 … 090
二、委托监护责任 … 093
　(一) 实务问答 … 093
　　1. 委托他人看管时, 未成年人致人损害的, 谁应当承担侵权责任? … 093
　　2. 孩子被他人教唆、帮助实施侵权行为的, 家长是否应当承担责任? … 094
　　3. 某父母离婚的儿童长期与姥姥生活, 与他人发生打斗致人损害时, 谁应当承担侵权责任? … 094
　(二) 关联规定 … 095

三、丧失意识侵权责任 ········· 096
（一）实务问答 ········· 096
1. 司机驾驶时，受日光刺激、无法辨识道路导致车祸发生，是否需要承担责任？ ········· 096
2. 行为人被人在饮料中添加精神药物，无法控制自己行为，致人损害，由谁承担责任？ ········· 097
3. 俩老年人一起参加老年人合唱团练歌，一名老人突然头晕摔倒，砸伤另一名老人，由谁承担责任？ ········· 097
4. 司机醉酒驾驶致人损害的，应当如何承担侵权责任？ ········· 098
（二）关联规定 ········· 098

四、用人单位责任和劳务派遣单位、劳务用工单位责任 ········· 099
（一）实务问答 ········· 100
1. 工作人员因执行工作任务致人损害，谁应当承担侵权责任？ ········· 100
2. 工作人员在执行工作任务时自己实施犯罪行为，致人损害的，谁应当承担责任？ ········· 100
3. 在哪些情况下，用人单位承担侵权责任后可以向工作人员追偿？ ········· 101
（二）关联规定 ········· 102

五、个人劳务关系中的侵权责任 ········· 104
（一）实务问答 ········· 105
1. 什么样的情形属于个人之间形成劳务关系？ ········· 105
2. 雇用他人为自己提供劳动服务，并且提供食宿，提供劳务一方驾驶摩托车发生交通事故受损时，由谁承担责任？ ········· 105
3. 在个人劳务关系中，接受劳务方、提供劳务方应注意哪些事项？ ········· 106
（二）关联规定 ········· 106

六、承揽关系中的侵权责任 ········· 107
（一）实务问答 ········· 107
1. 什么样的情形属于承揽关系？ ········· 107
2. 承揽人在完成工作过程中造成他人损害的，定作人也要承担责任吗？ ········· 107

3. 一方聘请另一方为其提供空调移机的维修服务，维修人员发生坠落，谁应当承担责任？ ································· 108

（二）关联规定 ·· 108

七、网络侵权责任 ··· 109

（一）实务问答 ·· 109

1. 常见的网络侵权行为有哪些？ ························· 109
2. 某公司受他人委托在网络上发布侵犯他人注册商标权的广告，是否应当承担侵权责任？ ········· 110
3. 某公司转载侵犯他人名誉权的文章，是否应当承担侵权责任？ ······ 110

（二）关联规定 ·· 111

八、"通知与取下"制度 ······································· 115

（一）实务问答 ·· 115

1. 权利人发现自己的权利在网络上被侵犯的，应当如何维权？ ········ 115
2. 权利人向网站通知存在侵权行为的，网站应当采取哪些行动？ ······ 116
3. 权利人向网站通知存在侵权行为，网站未及时采取必要措施的，是否应当承担责任？ ······ 116

（二）关联规定 ·· 117

九、"反通知"制度 ··· 119

（一）实务问答 ·· 119

1. 收到网站转送的通知的网络用户，认为自己并未实施侵权行为的，应当采取哪些行动？ ······· 119
2. 网站在接到网络用户的声明后，应当采取哪些行动？ ··· 119
3. 权利人在收到转送的声明后，可以采取哪些行动？ ····· 120

（二）关联规定 ·· 121

十、网络服务提供者与网络用户的连带责任 ············· 122

（一）实务问答 ·· 122

1. 如何判断网络服务提供者是否知道或者应当知道网络用户利用其网络服务实施侵权行为？ ······ 122
2. 网络服务提供者知道或者应当知道网络用户利用其网络服务实施侵权行为的，应当承担什么责任？ ····· 123

3. 某公司为客户做搜索引擎竞价排名，该客户的推广关键词侵犯他人商标权的，某公司是否应当承担责任？ ………………… 123

（二）关联规定 ………………………………………………… 124

十一、安全保障义务人责任 ……………………………………… 128

（一）实务问答 ………………………………………………… 128

1. 什么是安全保障义务？ ……………………………………… 128
2. 旅客在入住宾馆期间被犯罪分子杀害、财物被劫，受害人家属起诉宾馆，宾馆是否应当承担责任？ ………… 129
3. 老人在景区内未经允许私自上树采摘杨梅，不慎坠落受伤并致死亡，景区是否应当承担责任？ …………………… 130

（二）关联规定 ………………………………………………… 131

十二、教育机构对无民事行为能力人受到人身损害的过错推定责任 … 133

（一）实务问答 ………………………………………………… 133

1. 孩子在幼儿园受伤，幼儿园一定要承担责任吗？ ………… 133
2. 幼儿在幼儿园生活期间互相发生推撞，导致人身损害，幼儿园需要承担责任吗？ …………………………………… 134
3. 儿童在全寄宿制武术学校学习，在练习侧手翻落地时导致骨折，武术学校是否应当承担责任？ …………………… 134

（二）关联规定 ………………………………………………… 135

十三、教育机构对限制民事行为能力人受到人身损害的过错责任 … 136

（一）实务问答 ………………………………………………… 136

1. 初中生在学校受伤，学校一定要承担责任吗？ …………… 136
2. 中学生在体育课中因活动受伤，学校是否应当承担责任？ … 136
3. 中学生不慎被教学楼楼道向内开的窗扇碰伤右眼，学校是否应当承担责任？ …………………………………… 137

（二）关联规定 ………………………………………………… 138

十四、在教育机构第三人侵权时的责任分担 …………………… 139

（一）实务问答 ………………………………………………… 139

1. 学生受到幼儿园、学校或者其他教育机构以外的第三人人身损害的，由谁承担侵权责任？ ………………………… 139

2. 学校的学生在离校期间，闯入学校对其他学生实施侵害行为，是否属于教育机构外第三人侵权？ …………………………… 140

3. 两名中学生玩耍时，一人将另一人绊倒造成骨折，谁应当承担责任？ …………………………………………………………… 140

（二）关联规定 ………………………………………………… 141

第四章 产品责任

一、产品生产者侵权责任 ……………………………………… 142
  （一）实务问答 ………………………………………………… 142
    1. 如何认定"产品存在缺陷"？ …………………………… 142
    2. 产品的商标所有人是产品的生产者吗？ ……………… 143
    3. 购买的电饭煲坏了，厂家以"一经售出，概不退换"拒绝退换货合法吗？ ……………………………………… 143
    4. 被别人买来燃放的爆竹炸伤了，可以请求生产者、销售者承担赔偿责任吗？ …………………………………… 144
  （二）关联规定 ………………………………………………… 145

二、被侵权人请求损害赔偿的途径和先行赔偿人追偿权 …… 146
  （一）实务问答 ………………………………………………… 147
    1. 联合收割机因电气线路故障自燃并造成损害，但产品已经过了保修期，销售公司能免责吗？ ……………… 147
    2. 空调线路故障引发起火造成损失，空调产品生产者要承担赔偿责任吗？ …………………………………………… 148
    3. 生产者自行出具的产品质量检验合格报告能成为生产者的免责证明吗？ …………………………………………… 148
    4. 买电视送电吹风，赠送的电吹风致人损害的，商家要承担责任吗？ … 149
  （二）关联规定 ………………………………………………… 150

三、生产者、销售者的第三人追偿权 …… 152
 (一) 实务问答 …… 152
  1. 因仓储者保管不善，猪饲料发生霉变致损，责任由谁承担？ …… 152
 (二) 关联规定 …… 153

四、产品缺陷危及他人人身、财产安全的侵权责任 …… 153
 (一) 实务问答 …… 153
  1. 购买的热水器在使用过程中出现漏电现象，消费者可以要求商家承担什么责任？ …… 153
  2. 购买的电磁炉爆炸造成伤残十级，可以请求精神损害赔偿吗？ …… 154
  3. 消费者因产品缺陷受伤的，请求生产者、销售者承担停止侵害、排除妨碍、消除危险的，适用诉讼时效吗？ …… 154
 (二) 关联规定 …… 155

五、流通后发现有缺陷的补救措施和侵权责任 …… 157
 (一) 实务问答 …… 157
  1. 汽车生产商在将某型号汽车投入流通销售后，发现该车型存在爆胎隐患，对此类情况汽车生产商和销售商应该如何处理？ …… 157
  2. 汽车存在质量瑕疵可以要求厂家和商家召回吗？ …… 158
  3. 汽车因存在安全隐患被厂家和商家召回的，车主可以获得哪些补偿？ …… 158
 (二) 关联规定 …… 159

六、产品责任惩罚性赔偿 …… 161
 (一) 实务问答 …… 161
  1. 销售有效成分含量与包装标识严重不符的化肥构成消费欺诈的，是否承担惩罚性赔偿责任？ …… 161
  2. 商家明知高压锅存在缺陷仍然继续销售，造成消费者健康严重受损，责任如何承担？ …… 163
 (二) 关联规定 …… 164

第五章　机动车交通事故责任

一、机动车交通事故责任的法律适用 …………………………… 166
　（一）实务问答 ………………………………………………… 166
　　1. 机动车撞伤行人，行人遭受人身损害可以要求机动车车主赔偿
　　　哪些项目费用？相应的赔偿标准是什么？ ………………… 166
　　2. 机动车撞伤老人，老人没有过错，但因年事已高、骨质疏松导
　　　致损害后果严重，机动车驾驶员可以减轻责任吗？ ………… 168
　　3. 因交通事故受伤死亡的，受害人死亡时其妻子已怀有身孕，侵
　　　权人对该胎儿出生后的抚养费是否需要承担赔偿责任？ …… 170
　（二）关联规定 ………………………………………………… 171

二、租赁、借用机动车交通事故责任 …………………………… 172
　（一）实务问答 ………………………………………………… 172
　　1. 把机动车出借给没有驾照的朋友，朋友驾车撞伤他人，车主要
　　　承担责任吗？ ………………………………………………… 172
　　2. 把机动车号牌出借给他人套牌使用，套牌机动车发生交通事故
　　　造成他人损害的，机动车所有人要承担责任吗？ …………… 173
　（二）关联规定 ………………………………………………… 175

三、转让并交付但未办理登记的机动车侵权责任 ……………… 175
　（一）实务问答 ………………………………………………… 175
　　1. 未办理登记但已买卖并交付的机动车辆发生交通事故，责任由
　　　谁承担？ ……………………………………………………… 175
　（二）关联规定 ………………………………………………… 176

四、挂靠机动车交通事故责任 …………………………………… 177
　（一）实务问答 ………………………………………………… 177
　　1. 被挂靠人能否和挂靠人约定免除被挂靠人应承担的工伤保险责任？ … 177

2. 挂靠者与被挂靠者约定，由挂靠者自行承担道路交通事故责任，该约定在双方内部之间的效力如何？ ……………………… 178
　（二）关联规定 …………………………………………………… 179

五、擅自驾驶他人机动车交通事故责任 …………………………… 179
　（一）实务问答 …………………………………………………… 179
　　1. 未经车主同意擅自驾驶他人车辆发生交通事故的，谁来承担责任？ … 179
　（二）关联规定 …………………………………………………… 180

六、交通事故责任承担主体赔偿顺序 …………………………… 180
　（一）实务问答 …………………………………………………… 180
　　1. 机动车撞伤行人，该机动车购买的保险已经过期，行人应该找谁赔偿损失？ …………………………………………………… 180
　　2. 碰瓷者因为碰瓷受伤，机动车驾驶人要赔偿吗？ …………… 181
　（二）关联规定 …………………………………………………… 182

七、拼装车、报废车交通事故责任 ……………………………… 184
　（一）实务问答 …………………………………………………… 184
　　1. 什么是拼装车？ ………………………………………………… 184
　　2. 什么是已达报废标准的机动车？ ……………………………… 185
　　3. 王某在不知车辆已达报废标准的情形下将车辆转让给胡某，胡某发生交通事故造成损害的，王某要承担连带责任吗？ ……… 185
　（二）关联规定 …………………………………………………… 186

八、盗抢机动车交通事故责任 …………………………………… 188
　（一）实务问答 …………………………………………………… 188
　　1. 小偷甲偷盗乙的车辆后，将车辆出借给不知情的丙驾驶，丙在驾驶过程中撞伤他人，责任由谁来承担？ ……………………… 188
　（二）关联规定 …………………………………………………… 189

九、驾驶人逃逸责任承担规则 …………………………………… 189
　（一）实务问答 …………………………………………………… 190
　　1. 发生交通事故后，机动车驾驶人弃车而逃，责任由谁来承担？ …… 190
　　2. 道路交通事故社会救助基金的来源有哪些？ ………………… 191

（二）关联规定 ·· 191

十、好意同乘的责任承担 ··· 193

　　（一）实务问答 ·· 193

　　　　1. 好意同乘搭顺风车，乘客意外身亡，司机责任几何？ ········ 193

　　（二）关联规定 ·· 195

第六章　医疗损害责任

一、医疗损害责任归责原则 ··· 196

　　（一）实务问答 ·· 196

　　　　1. 医疗损害责任是看谁有过错谁承担责任吗？ ···················· 196

　　　　2. 医疗机构承担赔偿责任之后，可否向有重大过失的医务人员追偿？ ··· 196

　　　　3. 顾客在医美过程中受到损害应适用何种法律进行救济？ ········ 197

　　（二）关联规定 ·· 197

二、医务人员说明义务和患者知情同意权 ··························· 199

　　（一）实务问答 ·· 199

　　　　1. 医务人员在治疗过程中，必须要向患者履行说明义务吗？ ······ 199

　　　　2. 对于年纪较大的老年患者医疗机构应如何履行告知义务 ········ 200

　　　　3. 患者签署了知情同意书是否意味着医疗机构能够当然免除责任？ ··· 200

　　　　4. 应当由哪一方证明患者知情同意权受到侵害？ ················ 200

　　（二）关联规定 ·· 201

三、紧急情况下实施的医疗措施 ····································· 203

　　（一）实务问答 ·· 203

　　　　1. 医院可以自行决定抢救生命垂危的患者吗？ ···················· 203

　　　　2. 危重病患家属不签字，医疗机构进行抢救需要担责吗？ ········ 203

　　　　3. 若患者遇到不危及生命的紧急情况，医疗机构可否自行实施医疗措施？ ·· 204

　　（二）关联规定 ·· 205

四、医务人员过错诊疗的赔偿责任 ····················· 205
（一）实务问答 ······································· 206
1. 术后患者发生并发症，医务人员是否要对此承担赔偿责任？ ······ 206
2. 如果医务人员在诊疗中遵循了最新的医学指南和标准，患者仍然受到了损害，这种情况下医疗机构是否还需承担责任？ ······ 206
3. 医院误诊，导致病情扩大，医院是否担责？ ················ 207
（二）关联规定 ······································· 207

五、医疗机构过错推定的情形 ··························· 208
（一）实务问答 ······································· 208
1. 患者手术失败，院方涂改病历，是否承担责任？ ············· 208
2. 医院往封存的病例中加插材料，是否可以推定医院对患者损害有过错？ ····································· 208
3. 患者不能对其主张医疗机构有伪造、篡改病历的嫌疑进行举证的，能否推定医疗机构存在过错？ ······················· 209
（二）关联规定 ······································· 210

六、因药品、消毒产品、医疗器械的缺陷或输入不合格的血液的侵权责任 ·· 210
（一）实务问答 ······································· 211
1. 如果因为用了不合格的医疗器械，导致患者受到了伤害，那患者要找谁来负责呢？ ································· 211
2. 安装在患者体内的医疗器械在正常使用期间断裂，是否能认定为属于缺陷产品，并请求医疗机构予以赔偿？ ············· 211
3. 在医院输血后导致感染，由谁担责？ ···················· 212
（二）关联规定 ······································· 212

七、医疗机构免责情形 ······························· 214
（一）实务问答 ······································· 214
1. 如果患者在治疗过程中没有配合医生的检查，导致病情加重，医院是否会因此免责？ ····························· 214
2. 对生命垂危患者已尽力救治但无力回天，医院需要担责吗？ ······ 215

3. 高血压患者未遵医嘱，私自停药，导致高血压危象，责任由谁承担？ ………………………………………………………………… 215
　（二）关联规定 ………………………………………………… 216

八、医疗机构对病历的义务及患者对病历的权利 ………… 216
　（一）实务问答 ………………………………………………… 216
　　1. 患者有权查阅并复制自己的手术资料吗？ ……………… 216
　　2. 患者提出的病历异议成立，是否能够依此认定医疗机构承担侵权责任？ ………………………………………………… 217
　　3. 医院是否可以拒绝患者查阅、复制其病历资料？ ……… 217
　（二）关联规定 ………………………………………………… 217

九、患者隐私和个人信息保护 ……………………………… 221
　（一）实务问答 ………………………………………………… 221
　　1. 患者以隐私为由拒绝提供既往史，多次沟通后无效，医院可否拒绝为其治疗？ ………………………………………… 221
　　2. 医院是否可以以教学为由，组织学生观摩患者的治疗过程？ … 221
　　3. 患者病历资料能否用作宣传？ …………………………… 222
　（二）关联规定 ………………………………………………… 222

十、禁止不必要检查 …………………………………………… 223
　（一）实务问答 ………………………………………………… 223
　　1. 如何判断医院构成"过度医疗行为"？ ………………… 223
　　2. 医院能否为避免遗漏必要检查，而要求患者进行全面检查？ … 224
　　3. 医院不顾患者实际情况，随意开检查单需要承担责任吗？ … 225
　（二）关联规定 ………………………………………………… 225

十一、医疗机构及医务人员合法权益的维护 ………………… 225
　（一）实务问答 ………………………………………………… 225
　　1. 在医院违法闹事需要承担法律责任吗？ ………………… 225
　　2. 进入医院的人员拒绝安检，医院是否有权拒绝其进入？ … 226
　（二）关联规定 ………………………………………………… 226

第七章 环境污染和生态破坏责任

一、污染环境、破坏生态致损的侵权责任 228
  （一）实务问答 228
    1. 破坏环境导致的侵权责任，构成要件有哪些？........................ 228
    2. 排污标准符合国家要求了是否就能免责？........................ 228
    3. 哪些行为将构成环境污染？破坏古迹、捕获野生动物是否也属于环境污染侵权行为？........................ 229
  （二）关联规定 230

二、环境污染、生态破坏侵权举证责任 231
  （一）实务问答 232
    1. 环境污染侵权案件中举证责任如何分配？........................ 232
    2. 环境污染侵权案件中的免责事由有哪些？........................ 232
    3. 噪声是否属于环境污染？装修声音太大是否有权主张环境污染侵权责任？........................ 233
    4. 政府有关机关组织杀虫，导致水塘鱼苗大量死亡，能否要求政府部门承担赔偿责任？........................ 233
  （二）关联规定 235

三、两个以上侵权人造成损害的责任分担 236
  （一）实务问答 236
    1. 多人共同侵权的情形下，侵权责任如何认定？........................ 236
    2. 为他人运输污染物，但未参与污染物排放，是否需要承担侵权责任？........................ 237
    3. 破坏森林生态，滥砍滥伐，如何确定损害责任大小？如何确定赔偿金额？........................ 238
    4. 隔壁装修气味太大，导致受害人不得不停业歇业，是否有权要求隔壁就歇业期间的损失承担侵权责任？........................ 238

（二）关联规定 ………………………………………………… 239

四、环境污染、生态破坏侵权的惩罚性赔偿 …………………… 239
　　（一）实务问答 ………………………………………………… 239
　　　　1. 污染环境情节严重的，将面临怎样的责任？ ………… 239
　　　　2. 惩罚性赔偿是否有上限？惩罚性赔偿金的用途是什么？ … 240
　　　　3. 环境污染侵权案件中的故意如何认定？ ……………… 240
　　（二）关联规定 ………………………………………………… 242

五、因第三人过错污染环境、破坏生态的责任 ………………… 242
　　（一）实务问答 ………………………………………………… 243
　　　　1. 因其他人过错造成的环境损害，各个主体如何承担侵权责任？ …… 243
　　　　2. 环境污染侵权与交通事故侵权相竞合的，如何认定侵权责任？保险公司是否需要对环境侵权的损害后果承担责任？ …………… 243
　　　　3. 在环境污染公益诉讼中获得的赔偿金，通常会如何处理？ …… 244
　　　　4. 装修不合格，产生空气污染，对他人造成损害的，如何承担责任？ …… 244
　　（二）关联规定 ………………………………………………… 245

六、生态环境修复责任 …………………………………………… 246
　　（一）实务问答 ………………………………………………… 246
　　　　1. 损害生态环境应当承担哪些责任？ …………………… 246
　　　　2. 公益诉讼中，涉及多个侵权人如何认定侵权责任份额大小？ …… 246
　　　　3. 非法捕捞应当如何承担修复责任？ …………………… 248
　　　　4. 环境污染中以检察院为起诉主体的民事公益诉讼是什么程序？ …… 248
　　（二）关联规定 ………………………………………………… 249

七、生态环境损害赔偿的范围 …………………………………… 250
　　（一）实务问答 ………………………………………………… 250
　　　　1. 造成生态环境损害，提请公益诉讼的，如何确定侵权人的赔偿金额？ …………………………………………………… 250
　　　　2. 什么是生态系统服务功能？ …………………………… 251
　　　　3. 对于确实缺乏赔偿能力的侵权主体，能否通过其他方式履行赔偿责任？ …………………………………………… 251
　　（二）关联规定 ………………………………………………… 252

第八章 高度危险责任

一、高度危险责任一般规定 ………………………………………… 254
 (一) 实务问答 ……………………………………………………… 254
  1. 什么是高度危险责任? …………………………………………… 254
  2. 高度危险作业致人损害的责任如何承担? ……………………… 254
  3. 放炮炸石,碎石滚落致害他人,由谁承担责任? ……………… 255
 (二) 关联规定 ……………………………………………………… 255

二、民用核设施或者核材料致害责任 ……………………………… 256
 (一) 实务问答 ……………………………………………………… 256
  1. 核电站因自身故障导致泄漏,责任该怎样承担? ……………… 256
  2. 发生海啸导致核电站泄漏,核电站需要承担责任吗? ………… 256
 (二) 关联规定 ……………………………………………………… 257

三、民用航空器致害责任 …………………………………………… 259
 (一) 实务问答 ……………………………………………………… 259
  1. 乘客在飞机上摔倒受伤,应该由谁担责? ……………………… 259
  2. 飞机因天气原因失事,掉落碎片砸坏居民房屋,航空公司需要承担责任吗? …………………………………………………… 259
  3. 航空学校在教学过程中,学生被螺旋桨桨叶击中死亡,学校需承担责任吗? ……………………………………………………… 260
  4. 民用航空器造成他人损害的,除了"受害人故意"的情形,还有其他免责事由吗? ……………………………………………… 261
 (二) 关联规定 ……………………………………………………… 261

四、高度危险物致害责任 …………………………………………… 262
 (一) 实务问答 ……………………………………………………… 262
  1. 因地震导致加油站爆炸,致使附近民居受损,加油站是否可以免责? ……………………………………………………………… 262

2. 在爆竹市场吸烟，导致自己被炸伤，责任如何承担？……………… 262

　　3. 拾荒者拾到他人抛弃的危险物品，在处理过程中发生爆炸导致损害，由谁担责？…………………………………………………… 263

　　4. 燃放烟花爆竹，掉落的烟花碎片致人损害，由谁担责？………… 264

　（二）关联规定 ……………………………………………………………… 264

五、高度危险活动致害责任 …………………………………………………… 265

　（一）实务问答 ……………………………………………………………… 265

　　1. 户外钓鱼不小心接触高压电身亡，责任由谁承担？………………… 265

　　2. 台风吹落高压电线，电死路人，责任由谁承担？…………………… 266

　　3. 因受害人自身过错导致损害发生，由谁担责？……………………… 267

　　4. 乘客故意卧轨自杀，铁路经营者需要担责吗？……………………… 267

　（二）关联规定 ……………………………………………………………… 268

六、遗失、抛弃高度危险物致害责任 ………………………………………… 268

　（一）实务问答 ……………………………………………………………… 268

　　1. 替他人保管危险物，发生火灾致人伤亡，谁该承担责任？………… 268

　　2. 如果工地上有人遗失了装有危险化学品的容器，造成周围居民受伤，遗失人是否要承担责任？………………………………… 269

　　3. 如果某工厂把危险物品交给第三方运输公司运输，运输途中危险物品泄漏，造成沿途居民受伤，谁应当赔偿？………………… 269

　（二）关联规定 ……………………………………………………………… 269

七、非法占有高度危险物致害责任 …………………………………………… 270

　（一）实务问答 ……………………………………………………………… 270

　　1. 小偷偷取危险化学品后致人损害，由谁担责？……………………… 270

　　2. 如何判断是否尽到"高度注意义务"？……………………………… 270

　（二）关联规定 ……………………………………………………………… 271

八、未经许可进入高度危险作业区域的致害责任 …………………………… 272

　（一）实务问答 ……………………………………………………………… 272

　　1. 擅自进入高度危险作业场所捡垃圾导致受伤，责任由谁承担？…… 272

　　2. 擅自进入高度危险活动区域受到损害，管理人必须担责吗？……… 273

3. 乘客不听劝阻在车站内横穿轨道，被驶入的列车撞击身亡，铁
路经营者需要担责吗？ ……………………………………………… 273
（二）关联规定 …………………………………………………………… 274

九、高度危险责任赔偿限额 …………………………………………… 276
（一）实务问答 …………………………………………………………… 276
1. 我国法律对承担高度危险责任的赔偿限额是如何规定的？ ………… 276
2. 如果当事人的赔偿责任尚未超出相关赔偿限额的规定，当事人
还需对赔偿责任限制进行主张吗？ ………………………………… 277
（二）关联规定 …………………………………………………………… 278

第九章　饲养动物损害责任

一、饲养动物致害责任的一般规定 …………………………………… 280
（一）实务问答 …………………………………………………………… 280
1. 什么情形会构成饲养动物致害侵权？构成要件是什么？ ………… 280
2. 在野外被野生动物袭击，是不是只能自认倒霉，无人担责了？ …… 281
3. 猫咖的小猫导致消费者受伤的，店主是否要承担责任？ ………… 281
4. 为了防止饲养动物致人损害给自己带来侵权责任，宠物主人需
要做好哪些工作？ …………………………………………………… 282
（二）关联规定 …………………………………………………………… 282

二、未对动物采取安全措施损害责任 ………………………………… 283
（一）实务问答 …………………………………………………………… 283
1. 在饲养动物方面，社会各个主体应当承担什么样的责任？ ……… 283
2. 受害人故意向没有牵绳的狗扔石子，狗将人咬伤，宠物主人是
否可以以受害人故意为由主张免责？ ……………………………… 284
3. 逛商场的途中被商户所饲养的宠物挠伤，谁来担责？ …………… 285
（二）关联规定 …………………………………………………………… 285

三、禁止饲养的危险动物损害责任 ………………………… 286
（一）实务问答 …………………………………………… 286
1. 什么是危险动物？ ……………………………………… 286
2. 受害人故意挑逗、伤害危险动物后受伤，动物主人是否免责？ …… 286
3. 实际生活中要如何管理犬只，才能够避免承担民事赔偿责任？ …… 287
（二）关联规定 …………………………………………… 288

四、动物园饲养动物损害责任 ………………………………… 288
（一）实务问答 …………………………………………… 288
1. 在逛动物园的时候受伤，应当如何承担责任？ ………… 288
2. 马戏团的动物致人损害，由谁承担责任？是否适用本条规定？ …… 289
3. 未成年人违反园区规定擅自投喂小动物导致损伤，由谁承担责任？ …… 290
（二）关联规定 …………………………………………… 291

五、遗弃、逃逸动物损害责任 ………………………………… 291
（一）实务问答 …………………………………………… 291
1. 小区里的流浪猫将人挠伤，谁来担责？如何认定流浪动物的饲养人或者管理人？ …………………………………… 291
2. 收养流浪的小动物后，二次遗弃该动物，该动物伤人，如何承担责任？ ……………………………………………… 292
3. 食品公司饲养的猪跑出猪圈致人损伤，应当如何承担责任？ …… 293
4. 放生和遗弃的区别是什么？不恰当放生动物将面临哪些责任？ …… 293
（二）关联规定 …………………………………………… 294

六、因第三人过错致使动物致害责任 ………………………… 294
（一）实务问答 …………………………………………… 295
1. 景区游客违规骑马，造成他人损伤，谁来担责？ ……… 295
2. 别人的宠物咬伤自家爱宠，除财产损失外，能否主张精神损害赔偿？ ……………………………………………… 295
（二）关联规定 …………………………………………… 296

七、饲养动物应履行的义务 ································· 297
(一) 实务问答 ······································· 297
1. 路人自己因怕狗受惊，去医院检查产生的医疗费，饲养人是否需要承担？ ································· 297
2. 由于动物造成的交通事故应当如何认定？责任如何承担？ ······· 298
3. 禁止宠物犬进入商场是否合理？ ······················· 299
(二) 关联规定 ······································· 299

第十章　建筑物和物件损害责任

一、建筑物、构筑物或者其他设施倒塌、塌陷致害责任 ············ 301
(一) 实务问答 ······································· 301
1. 小区住宅外墙等建筑物或其他设施倒塌致人损害的，如何承担责任？ ······································· 301
2. 上厕所过程中，公厕地面塌陷导致受害人溺亡，由谁承担责任？ ··· 302
3. 路面塌陷导致的交通事故，驾驶员是否需要担责？由此造成的损失由谁承担？ ································· 303
(二) 关联规定 ······································· 305

二、建筑物、构筑物或者其他设施及其搁置物、悬挂物脱落、坠落致害责任 ······································· 306
(一) 实务问答 ······································· 306
1. 施工过程中，脚手架坍塌导致工人受伤的，脚手架是否属于建筑物？由谁承担责任？ ····························· 306
2. 建筑物共有部分脱落，砸伤过路行人，如何认定损害责任？ ····· 307
3. 台风天导致建筑物部分脱落造成的损害，能否以不可抗力为由进行免责？ ······································· 307
(二) 关联规定 ······································· 308

三、高空抛掷物、坠落物致害责任 ……………………………………… 309
（一）实务问答 ………………………………………………………… 309
1. 走在路上不慎被高空坠物砸伤，谁来担责？ …………………… 309
2. 高空抛物致人损害的案件中，如何证明自己不是侵权人？ …… 310
3. 除侵权责任外，高空抛物还可能面临哪些责任？ ……………… 310
（二）关联规定 ………………………………………………………… 311

四、堆放物倒塌、滚落或者滑落致害责任 …………………………… 312
（一）实务问答 ………………………………………………………… 312
1. 在私人等非公共场所堆放物品致人损害的，是否要承担责任？ …… 312
2. 对于堆放物掉落致人损伤，受害人自身也存在过错的，应当如何承担责任？ …………………………………………………… 313
3. 货车装卸货物致人损害，如何承担责任？ ……………………… 314
（二）关联规定 ………………………………………………………… 315

五、在公共道路上堆放、倾倒、遗撒妨碍通行的物品致害责任 …… 315
（一）实务问答 ………………………………………………………… 315
1. 在道路上堆放物品并导致交通事故的，谁来担责？ …………… 315
2. 高速公路的管理人是谁？与道路使用人之间成立什么样的法律关系？ ……………………………………………………………… 316
3. 受害人在道路散步途中，踩到石子滑倒摔伤，公路管理人是否需要负责？ …………………………………………………………… 316
4. 因暴雨导致路面积水造成的车辆损害，如何承担责任？ ……… 317
（二）关联规定 ………………………………………………………… 318

六、林木致害的责任 …………………………………………………… 319
（一）实务问答 ………………………………………………………… 319
1. 绿化带上的行道树由谁负责管理，行道树落叶致人受伤由谁来担责？ ……………………………………………………………… 319
2. 小区树枝掉落砸伤小孩，谁来承担赔偿责任？ ………………… 319
3. 大风天吹落树叶致人损害，是否属于意外事故？如何承担责任？ … 320
4. 林木管理人如何证明自己已经尽到义务，没有过错？ ………… 321

（二）关联规定 …………………………………………………… 322

七、公共场所或道路施工致害责任和窨井等地下设施致害责任 ……… 322

　　（一）实务问答 …………………………………………………… 322

　　　　1. 公共场所施工时，未设置标识致人损害的，如何承担侵权责任？ …… 322

　　　　2. 安全标志和安全措施系因被其他人破坏，导致受害人损害的，如何承担责任？ ………………………………………………… 323

　　　　3. 如事故发生系因受害人自身故意或者过失造成，施工人或者管理人能否据此减轻或者免除责任呢？ ………………………… 323

　　（二）关联规定 …………………………………………………… 324

第一章　一 般 规 定

一、侵权责任编的调整范围

> 第一千一百六十四条　本编调整因侵害民事权益产生的民事关系。

（一）实务问答

1. 为泄愤，在网络平台曝光他人开房信息是否需要承担法律责任？

在网络平台上曝光他人开房信息，尤其是为了泄愤，这种行为不仅道德上不可取，而且在法律上明确属于违法行为，需要承担相应的法律责任。根据《民法典》[①] 的相关规定，这种行为主要涉及侵犯隐私权和个人信息保护两个方面。

首先，根据《民法典》第1032条，自然人享有隐私权，任何组织或者个人不得以刺探、侵扰、泄露、公开等方式侵害他人的隐私权。开房信息属于个人隐私，涉及个人的私密活动和私密信息。因此，曝光他人开房信息的行为直接侵犯了他人的隐私权。这种行为不仅侵犯了个人的私人生活安宁，还可能对个人的名誉和社会评价造成负面影响，导致精神上的痛苦和经济损失。

其次，根据《民法典》第1034条，自然人的个人信息受法律保护。个人信息包括自然人的姓名、出生日期、身份证件号码、生物识别信息、住址、电话号码、电子邮箱、健康信息、行踪信息等。开房信息属于个人信息中的私密信息，未经本人同意，擅自公开他人的个人信息，构成对个人信息的侵犯。这种行为不仅违反了个人信息保护的相关法律规定，还可能会引发一系列的法律纠纷和社会问题。

[①] 本书中的规范性文件的名称大都使用简称，例如《中华人民共和国民法典》简称为《民法典》。

根据《民法典》第1167条，侵权责任的承担方式包括停止侵害、排除妨碍、消除危险等。

此外，如果情节严重，这种行为还可能涉及刑事责任。根据《刑法》第253条之一规定，违反国家有关规定，向他人出售或者提供公民个人信息，情节严重的，处三年以下有期徒刑或者拘役，并处或者单处罚金；情节特别严重的，处三年以上七年以下有期徒刑，并处罚金。因此，曝光他人开房信息的行为不仅可能面临民事责任，还可能被追究刑事责任。

总之，为泄愤在网络平台曝光他人开房信息侵犯他人权益且违法，会给被侵权人带来严重负面影响，行为人也可能面临法律严惩。发布和传播信息应谨慎，尊重他人隐私和合法权益，避免因冲动付出沉重的法律代价。

2. 人肉搜索，是正义的追寻还是侵权的陷阱?

人肉搜索行为通常被视为侵权，尤其在侵犯个人隐私权、名誉权和肖像权方面。

《民法典》第1032条明确，自然人享有隐私权，任何组织或个人不得通过刺探、侵扰、泄露、公开等方式侵害。人肉搜索常涉及收集并公开个人私密信息，如家庭住址、电话号码等，这明显侵犯了隐私权。例如，公开他人家庭住址和电话号码，导致骚扰，即属严重侵权。

此外，《民法典》第1034条提及保护个人信息，包括姓名、出生日期、身份证件号码等。未经本人同意，收集和公开这些信息，即构成侵权。公开他人身份证号码和家庭住址，不仅侵犯隐私，也违反个人信息保护的相关法律规定。

《民法典》第1024条则规定，民事主体享有名誉权，不得侮辱、诽谤。人肉搜索中发布不实信息或使用侮辱性言辞，损害名誉，即侵犯名誉权。不实信息如"婚内出轨"，不仅损害名誉，还影响个人社会评价和心理健康。

《民法典》第1019条提及保护肖像权，不得丑化、污损或伪造等方式侵害他人的肖像权。未经同意使用他人肖像，尤其是贬损或丑化，即侵犯肖像权。例如，未经同意使用照片并丑化，即属侵权。

综上所述，人肉搜索行为通常是侵权行为，不仅对被侵权人造成严重影响，还可能使行为人面临法律严惩。因此，发布和传播信息时，应尊重他人隐私和合法权益，避免构成侵权，否则难免产生相应的法律代价。

3. 英雄烈士的名誉权是否受法律保护？

英雄烈士的名誉权受法律保护。

从法律层面来看，我国多部法律明确保护英雄烈士的名誉权。《民法典》第185条规定，侵害英雄烈士等的姓名、肖像、名誉、荣誉，损害社会公共利益的，应当承担民事责任。《英雄烈士保护法》更是专门立法，对英雄烈士的名誉、荣誉等进行全面保护，明确以侮辱、诽谤或者其他方式侵害英雄烈士的姓名、肖像、名誉、荣誉，损害社会公共利益的，依法承担民事责任；构成违反治安管理行为的，由公安机关依法给予治安管理处罚；构成犯罪的，依法追究刑事责任。《刑法》中也有相关条款，对侮辱、诽谤或者以其他方式侵害英雄烈士的名誉、荣誉，损害社会公共利益，情节严重的行为进行刑事处罚。

近年来，我国司法实践中已有多个涉及英雄烈士名誉权保护的案例。例如，在最高人民法院指导案例99号，即葛长生诉洪振快名誉权、荣誉权纠纷案①中，裁判要点为：

（1）对侵害英雄烈士名誉、荣誉等行为，英雄烈士的近亲属依法向人民法院提起诉讼的，人民法院应予受理。

（2）英雄烈士事迹和精神是中华民族的共同历史记忆和社会主义核心价值观的重要体现，英雄烈士的名誉、荣誉等受法律保护。人民法院审理侵害英雄烈士名誉、荣誉等案件，不仅要依法保护相关个人权益，还应发挥司法彰显公共价值功能，维护社会公共利益。

（3）任何组织和个人以细节考据、观点争鸣等名义对英雄烈士的事迹和精神进行污蔑和贬损，属于歪曲、丑化、亵渎、否定英雄烈士事迹和精神的行为，应当依法承担法律责任。

综上，英雄烈士为国家、民族和人民的利益作出了巨大的牺牲和贡献，他们的事迹和精神是中华民族的共同历史记忆和宝贵的精神财富，理应受到法律的保护和全社会的尊崇。

---

① 案号：北京市第二中级人民法院（2016）京02民终6272号，载最高人民法院官网，https：//www.court.gov.cn/fabu/xiangqing/136381.html，最后访问日期：2024年10月25日。

（二）关联规定

《最高人民法院关于适用〈中华人民共和国民法典〉时间效力的若干规定》

第二十四条 侵权行为发生在民法典施行前，但是损害后果出现在民法典施行后的民事纠纷案件，适用民法典的规定。

二、过错责任原则与过错推定责任

> **第一千一百六十五条** 行为人因过错侵害他人民事权益造成损害的，应当承担侵权责任。

（一）实务问答

1. 被劝阻人因自身疾病猝死，劝阻人是否构成侵权？

被劝阻人因自身疾病猝死，一般情况下劝阻人不构成侵权。

首先，从行为的正当性来看，劝阻行为通常是基于维护公共秩序、遵守法律法规或道德规范而实施的。例如，在公共场所劝阻他人吸烟、制止不文明行为等。这些行为本身具有合法性和正当性，目的是促进社会的和谐与进步。

其次，对于被劝阻人的猝死结果，劝阻人一般难以预见。除非劝阻人在实施劝阻行为时使用了暴力、侮辱性语言等不正当手段，否则很难认定其对被劝阻人的猝死存在过错。在正常的劝阻过程中，劝阻人无法预知被劝阻人患有特定的严重疾病，也无法预料到自己的劝阻行为会导致对方猝死。

最后，从因果关系的角度分析，被劝阻人的猝死往往是由其自身的疾病所引发，而非劝阻行为直接导致。即使劝阻行为可能在一定程度上引起被劝阻人的情绪波动，但这种情绪波动通常不足以单独导致猝死的发生，而是与被劝阻人的潜在疾病共同作用的结果。

在最高人民法院指导案例142号，即刘明莲、郭丽丽、郭双双诉孙伟、河南兰庭物业管理有限公司信阳分公司生命权纠纷案中①，裁判要点为：行为人为了维护因碰撞而受伤害一方的合法权益，劝阻另一方不要离开碰撞现场且没有超过合理限度的，属于合法行为。被劝阻人因自身疾病发生猝死，其近亲属请求行为人承担侵权责任的，人民法院不予支持。

然而，如果劝阻人在劝阻过程中采取了极端不当的行为，如暴力殴打、恶意辱骂等，且这些行为与被劝阻人的猝死存在一定的因果关系，那么劝阻人可能会构成过错侵权，需要承担相应的法律责任。

综上所述，一般情况下，被劝阻人因自身疾病猝死，劝阻人不构成过错侵权，但具体情况还需根据实际情况进行具体分析。

2. 饮酒死亡，同饮者是否构成侵权？

饮酒死亡，同饮者是否构成侵权不能一概而论，需要根据具体情况进行判断。

一般情况下，如果同饮者存在以下行为，则可能构成侵权：

强迫性劝酒。比如，用语言刺激对方喝酒，或在对方已明确表示不能喝酒的情况下仍强行劝酒。

明知对方不能喝酒仍劝其饮酒。例如，明知对方身体有疾病不适宜饮酒，却依然劝酒。

未将醉酒者安全护送。饮酒后，如果同饮者对醉酒者不管不顾，没有将其安全送回家中或交给其家人照顾，导致醉酒者发生意外，同饮者可能要承担责任。

未对酒后驾车等危险行为进行劝阻。如果同饮者明知醉酒者要驾车却不加以劝阻，一旦发生事故导致死亡，同饮者也可能承担责任。

但如果同饮者在饮酒过程中没有上述不当行为，并且在发现醉酒者出现异常情况后及时采取了合理的救助措施，那么同饮者通常不构成侵权。

综上所述，饮酒死亡事件中同饮者是否构成侵权需要根据同饮者是否存在过错来判断。如果同饮者存在过错行为导致饮酒者死亡，则需要承担侵权责任；如果同饮者已经尽到了合理的注意义务且受害人自身存在过错，则可能不需要承担侵权责任。

---

① 案号：河南省信阳市平桥区人民法院（2019）豫 1503 民初 8878 号，载最高人民法院官网，https://www.court.gov.cn/fabu/xiangqing/263591.html，最后访问日期：2024 年 10 月 25 日。

3. 学生依学校安排赴企业实习而受伤，应由谁承担责任?

学生依学校安排赴企业实习，这属于学校教学内容的拓展与延伸。在此过程中，学校与企业均承担着特定的安全教育和管理职责。学生于校外企业实习期间，所进行的实际操作与所学知识内容相关，在这种情况下，不能认定学生与企业之间存在劳动关系。对于学生在实习过程中遭受的伤害，应当按照一般民事侵权纠纷予以处理。涉及的责任主体可能包括学校、实习企业和学生本人。具体责任的划分需要根据实际情况和相关法律规定来确定。

（1）学校的责任

①安全保障义务：学校在安排实习时，应当确保实习环境的安全，对学生进行必要的安全教育，并与实习企业签订实习协议，明确双方的安全责任。

②监督和管理：学校应当对实习过程进行监督和管理，确保学生在实习期间的安全。

（2）实习企业的责任

①安全保障义务：实习企业应当提供安全的工作环境，对学生进行必要的安全培训，并采取必要的安全措施。

②直接管理：实习企业在学生实习期间直接管理学生，应当对学生的安全负责。

（3）学生的责任

自我保护：学生应当遵守实习企业的安全规定，注意自身安全，避免因自身疏忽导致受伤。

总之，学生在实习中受伤，需要综合考虑各方的行为和过错程度，以确定责任的承担主体。

（二）关联规定

《最高人民法院关于审理期货纠纷案件若干问题的规定》

第三条 人民法院审理期货侵权纠纷和无效的期货交易合同纠纷案件，应当根据各方当事人是否有过错，以及过错的性质、大小，过错和损失之间的因果关系，确定过错方承担的民事责任。

第五十二条 期货交易所、期货公司故意提供虚假信息误导客户下单的，由此造成客户的经济损失由期货交易所、期货公司承担。

《最高人民法院关于适用〈中华人民共和国民法典〉侵权责任编的解释（一）》

第十八条 承揽人在完成工作过程中造成第三人损害的，人民法院依照民法典第一千一百六十五条的规定认定承揽人的民事责任。

被侵权人合并请求定作人和承揽人承担侵权责任的，依照民法典第一千一百六十五条、第一千一百九十三条的规定，造成损害的承揽人承担侵权人应承担的全部责任；定作人在定作、指示或者选任过错范围内与承揽人共同承担责任，但责任主体实际支付的赔偿费用总和不应超出被侵权人应受偿的损失数额。

定作人先行支付赔偿费用后，就超过自己相应责任的部分向承揽人追偿的，人民法院应予支持，但双方另有约定的除外。

三、无过错责任

> **第一千一百六十六条** 行为人造成他人民事权益损害，不论行为人有无过错，法律规定应当承担侵权责任的，依照其规定。

（一）实务问答

1. 行为人在主观没有过错的情况下，也会承担侵权责任吗？

在某些特定情况下，行为人即使没有过错也可能需要承担侵权责任。这种责任被称为"无过错责任"或"严格责任"。无过错责任原则是为了更好地保护受害人的合法权益，特别是在涉及高度危险活动或特殊领域的案件中。

依据《民法典》第1188条、第1190条、第1191条、第1192条、第1202条、第1229条、第1236条、第1245条的规定，适用无过错责任的情况主要有：（1）无民事行为能力人、限制民事行为能力人致人损害的，监护人承担无过错责任。（2）完全民事行为能力人因醉酒、滥用麻醉药品或者精神药品对自己的行为暂时没有意识或者失去控制造成他人损害的，行为人承担无过错责任。（3）用人单位的工作人员因执行工作任务造成他人损害的，由用人单位承担无过错责任。（4）个人之间形成劳务关系，提供劳务一方因劳务造成他人损害的，由接受劳务一方承担无过错责任。（5）因产品存在缺陷造成他人损害的，生产者应当承担侵权责任。(6) 因污染环境、破坏生态造成他人损害的，侵权人应当承担无过错责任。(7) 从事高度危险作业造成他人损害的，适用无过错责任。(8) 饲养的动物造成他人损害的，动物饲养人或者管理人承担无过错责任。

2. 动物园里的一只动物突然冲出笼子，咬伤了游客，动物园要负责吗?

《民法典》第1248条规定，动物园的动物造成他人损害的，动物园应当承担侵权责任；但是，能够证明尽到管理职责的，不承担侵权责任。具体而言，动物园需要负责的情况包括：

（1）安全管理措施存在漏洞：比如，笼子的门锁损坏但未及时发现和维修、防护栏的高度或坚固程度不够、动物的活动区域与游客区域的隔离设施存在设计缺陷等，导致动物能够冲出笼子咬伤游客，这种情况下动物园没有尽到管理职责，需要承担责任。

（2）对动物的异常情况未察觉或处理不当：如果动物因为生病、受到惊吓或其他异常情况，导致其行为异常并冲出笼子，而动物园的工作人员没有及时发现动物的异常状态，或者发现后没有采取恰当的措施进行处理，那么动物园需要对游客的受伤负责。

（3）应急处理不及时或不当：动物冲出笼子后，动物园的应急处理措施不及时、不得当，导致游客的伤害进一步加重，动物园需要对加重的部分承担责任。例如，没有及时控制动物、没有及时疏散游客、没有对受伤游客进行及时救治等。

另外，如果有证据证明游客存在故意挑衅动物、擅自进入动物的活动区域等违反动物园规定的行为，从而引发动物冲出笼子咬伤游客，那么动物园可以不承担或者减轻责任。

3. 高压电致害的责任主体是高压电的经营者还是产权人?

高压电致害的责任主体通常是高压电的经营者，而不是产权人。

依据《民法典》第1240条规定，从事高空、高压、地下挖掘活动或者使用高速轨道运输工具造成他人损害的，经营者应当承担侵权责任；但是，能够证明损害是因受害人故意或者不可抗力造成的，不承担责任。被侵权人对损害的发生有重大过失的，可以减轻经营者的责任。这明确了在高压电致害的情况下，一般由经营者承担责任。

经营者承担责任主要有以下原因：一是控制和运营风险，他们实际负责高压电的运行、维护和管理，如电力公司对电力输送、变电站运营及线路巡检等，能采取措施预防事故，若因操作流程、安全标准执行或维护检查不到位致害，应担责。二是作为经济利益获取者，从高压电运营中获利就应承担相应风险和责任。三是有安全保障义务，需保障公共安全，采取安全防护措施，如设置警示标志、保持安全距离等。

当产权人与经营者分离时，如企业拥有产权但委托专业电力运营公司经营，发生事故主要责任在经营者。但若产权人在设施移交、委托管理中有过错，如隐瞒设施缺陷，也可能需承担责任。总之，高压电致害一般由经营者作为主要责任主体。

（二）关联规定

《民法典》

第一千二百四十条　从事高空、高压、地下挖掘活动或者使用高速轨道运输工具造成他人损害的，经营者应当承担侵权责任；但是，能够证明损害是因受害人故意或者不可抗力造成的，不承担责任。被侵权人对损害的发生有重大过失的，可以减轻经营者的责任。

第一千二百四十八条　动物园的动物造成他人损害的，动物园应当承担侵权责任；但是，能够证明尽到管理职责的，不承担侵权责任。

四、危及他人人身、财产安全的责任承担方式

> 第一千一百六十七条　侵权行为危及他人人身、财产安全的，被侵权人有权请求侵权人承担停止侵害、排除妨碍、消除危险等侵权责任。

（一）实务问答

1. 承担侵权责任的主要方式有哪些？

依据《民法典》的相关规定，承担侵权责任的主要方式包括以下几种：

停止侵害：要求侵权人立即停止正在进行的侵害行为，防止损害的进一步扩大。

排除妨碍：要求侵权人采取措施消除已经造成的妨碍，恢复原状。

消除危险：要求侵权人采取措施消除可能继续造成损害的危险因素。

返还财产：要求侵权人返还因侵权行为而占有的财产。

恢复原状：要求侵权人将受损的财产恢复到侵权行为发生前的状态。

修理、重作、更换：要求侵权人对受损的财产进行修理、重作或更换，使其**恢复到应有的状态**。

赔偿损失：要求侵权人赔偿因侵权行为给被侵权人造成的财产损失和精神损害。

赔礼道歉：要求侵权人向被侵权人赔礼道歉，以消除对被侵权人的精神损害。

消除影响、恢复名誉：要求侵权人采取措施消除因侵权行为对被侵权人名誉造成的不良影响，并恢复其名誉。

2. 在高层民用建筑楼梯间停放电动自行车，属于侵权吗？

在高层民用建筑楼梯间停放电动自行车，可能构成侵权行为。

《高层民用建筑消防安全管理规定》明确禁止在高层民用建筑的公共门厅、疏散走道、楼梯间、安全出口停放电动自行车或者为电动自行车充电。这是出于对高层民用建筑消防安全的考虑，因为电动自行车在充电或停放过程中可能会发生自燃等事故，一旦在楼梯间等疏散通道处发生火灾，将会严重阻碍人员疏散，危及居民的生命安全。这种行为可以视为对其他业主生命健康权的潜在侵犯。

故依据《民法典》第1167条，上述行为属于危及他人人身、财产安全的行为，被侵权人有权请求侵权人承担停止侵害、排除妨碍、消除危险。

3. 多人在承包土地内非法开采，导致生态环境被破坏，侵权人应当承担哪种侵权责任？

在最高人民法院指导案例206号：北京市人民检察院第四分院诉朱清良、朱清涛环境污染民事公益诉讼案中[①]，法院生效裁判认为：

---

① 案号：北京市第四中级人民法院（2020）京04民初277号，载最高人民法院官网，https://www.court.gov.cn/fabu/xiangqing/386171.html，最后访问日期：2024年10月25日。

朱清良、朱清涛非法开采的行为,造成了生态环境破坏,侵害了不特定多数人的合法权益,损害了社会公共利益,构成环境民事侵权。朱清良、朱清涛作为非法开采行为人,违反了保护环境的法定义务,应对造成的生态环境损害承担民事责任。

(1)关于被告对他人倾倒渣土的处理费用能否折抵生态功能损失赔偿费用的问题。从环境法的角度而言,生态环境具有供给服务、调节服务、文化服务、以及支持服务等功能。生态环境受损将导致其向公众或其他生态系统提供上述服务的功能减少或丧失。朱清良、朱清涛在其租赁的林果地上非法开采,造成地块土壤受损,属于破坏生态环境、损害社会公共利益的行为,还应赔偿生态环境受到损害至恢复原状期间的服务功能损失。根据鉴定评估报告对生态服务价值损失的评估意见,确定朱清良、朱清涛应当承担的服务功能损失赔偿金额为652896.75元。《最高人民法院关于审理环境民事公益诉讼案件适用法律若干问题的解释》第24条第1款规定,人民法院判决被告承担的生态环境修复费用、生态环境受到损害至恢复原状期间服务功能损失等款项,应当用于修复被损害的生态环境。故,被告人承担的生态环境受到损害至恢复原状期间服务功能损失的款项应当专项用于该案环境修复、治理或异地公共生态环境修复、治理。朱清良、朱清涛对案涉土地进行生态修复时,土地上还存在无法查明的他人倾倒渣土。朱清涛、朱清良非法开采的行为造成受损地块原生土壤丧失、土壤的物理结构变化,而他人倾倒渣土的行为则会造成土壤养分的改变,两个侵权行为叠加造成现在的土壤生态环境损害。为全面及时恢复生态环境,朱清良、朱清涛根据修复方案对涉案地块整体修复的要求,对该环境内所倾倒渣土进行清理并为此实际支出75.4万元,系属于对案涉环境积极的修复、治理,这与法律、司法解释规定的被告承担生态功能损失赔偿责任的目的和效果是一致的。同时,侵权人在承担修复责任的同时,积极采取措施,对他人破坏环境造成的后果予以修复治理,有益于生态环境保护,在修复效果和综合治理上亦更能体现及时优化生态环境的特点。因此,综合两项费用的功能目的以及赔偿费用专项执行的实际效果考虑,朱清良、朱清涛对倾倒渣土环境进行清理的费用可以折抵朱清良、朱清涛需要承担的生态功能损失赔偿费用。

(2)关于被告诉讼过程中自行进行生态修复的效果评估问题。朱清良、朱清涛在诉讼过程中主动履行环境修复义务,并于2020年6月25日至10月15日按照承诺书载明的生态环境修复方案对案涉地块进行了回填修复。根据《最高人民法院关于审理生态环境损害赔偿案件的若干规定（试行）》第9条规定，负有相关环境资源保护监督管理职责的部门或者其委托的机构在行政执法过程中形成的事件调查报告、检验报告、监测报告、评估报告、监测数据等，经当事人质证并符合证据标准的，可以作为认定案件事实的根据。本案中，北京市房山区有关单位积极履行环境监督管理职责，对于被告人自行实施的生态修复工程进行过程监督并出具相应的验收意见，符合其职责范围，且具备相应的专业判断能力，有关单位联合出具的验收意见，可以作为认定当事人自行实施的生态修复工程质量符合标准的重要依据。同时，评估机构在此基础上，对修复工程进行了效果评估，确认案涉受损地块内土壤已恢复至基线水平，据此可以认定侵权人已经履行生态环境修复责任。

该案裁判要点为：

（1）两个以上侵权人分别实施污染环境、破坏生态行为造成同一损害，每一个侵权人的污染环境、破坏生态行为都不足以造成全部损害，部分侵权人根据修复方案确定的整体修复要求履行全部修复义务后，请求以代其他侵权人支出的修复费用折抵其应当承担的生态环境服务功能损失赔偿金的，人民法院应予支持。

（2）对于侵权人实施的生态环境修复工程，应当进行修复效果评估。经评估，受损生态环境服务功能已经恢复的，可以认定侵权人已经履行生态环境修复责任。

（二）关联规定

《中华人民共和国商标法》

第六十五条　商标注册人或者利害关系人有证据证明他人正在实施或者即将实施侵犯其注册商标专用权的行为，如不及时制止将会使其合法权益受到难以弥补的损害的，可以依法在起诉前向人民法院申请采取责令停止有关行为和财产保全的措施。

《中华人民共和国民事诉讼法》

第一百零三条　人民法院对于可能因当事人一方的行为或者其他原因，使判决难以执行或者造成当事人其他损害的案件，根据对方当事人的申请，可以裁定对其财产进行保全、责令其作出一定行为或者禁止其作出一定行为；当事人没有提出申请的，人民法院在必要时也可以裁定采取保全措施。

人民法院采取保全措施，可以责令申请人提供担保，申请人不提供担保的，裁定驳回申请。人民法院接受申请后,对情况紧急的,必须在四十八小时内作出裁定;裁定采取保全措施的,应当立即开始执行。

《中华人民共和国著作权法》

第五十六条 著作权人或者与著作权有关的权利人有证据证明他人正在实施或者即将实施侵犯其权利、妨碍其实现权利的行为,如不及时制止将会使其合法权益受到难以弥补的损害的,可以在起诉前依法向人民法院申请采取财产保全、责令作出一定行为或者禁止作出一定行为等措施。

《中华人民共和国专利法》

第七十二条 专利权人或者利害关系人有证据证明他人正在实施或者即将实施侵犯专利权、妨碍其实现权利的行为,如不及时制止将会使其合法权益受到难以弥补的损害的,可以在起诉前依法向人民法院申请采取财产保全、责令作出一定行为或者禁止作出一定行为的措施。

《最高人民法院关于印发〈第八次全国法院民事商事审判工作会议(民事部分)纪要〉的通知》

7. 依据侵权责任法第二十一条的规定,被侵权人请求义务人承担停止侵害、排除妨害、消除危险等责任,义务人以自己无过错为由提出抗辩的,不予支持。

五、共同侵权

> **第一千一百六十八条** 二人以上共同实施侵权行为,造成他人损害的,应当承担连带责任。

(一)实务问答

1. 音像制品复制单位是否要与出版者承担共同侵权责任?

在2009年第3期《最高人民法院公报》刊登的"广东唱金影音有限公司与中国文联音像出版社、天津天宝文化发展有限公司、天津天宝光碟有限公司、河北省河北梆子剧院、河北音像人音像制品批销有限公司著作权纠纷案"中,最高人民法院（2008）民三终字第 5 号民事判决书就侵害著作权中的共同侵权行为进行了分析。

该案裁判摘要如下：《音像制品管理条例》第 23 条规定，音像复制单位接受委托复制音像制品的，应当按照国家有关规定，验证音像制品复制委托书及著作权人的授权书。据此，如果音像复制单位未能充分履行上述行政法规规定的验证义务，复制了侵犯他人合法权利的音像制品，应当与侵权音像制品的制作者、出版者等承担共同侵权责任。本案中，天宝光碟公司仅验证了涉案剧目主要演员的授权，显然未满足上述条例规定的注意义务，故一审法院判令其与文联音像出版社、天宝文化公司共同承担侵权责任并无不当。其与文联音像出版社签订的《录音录像制品复制委托书》虽有关于责任承担的约定，但该约定仅对双方当事人有效，不能以此对抗权利受侵犯的第三人。天宝光碟公司关于《音像制品管理条例》中规定的注意义务过高、《复制委托书》不仅仅是当事人之间的合同等上诉理由缺乏法律依据，本院不予支持。

2. 委托他人提供服务，被委托人侵权时，委托人是否需要承担连带责任？

在最高人民法院指导案例 130 号，即重庆市人民政府、重庆两江志愿服务发展中心诉重庆藏金阁物业管理有限公司、重庆首旭环保科技有限公司生态环境损害赔偿、环境民事公益诉讼案中①，相关裁判摘要认为：

关于藏金阁公司与首旭公司是否构成共同侵权。

首旭公司是明知 1 号废水调节池池壁上存在 120mm 口径管网并故意利用其违法排污的直接实施主体，其理应对损害后果承担赔偿责任，对此应无疑义。本案争议焦点的核心问题在于如何评价藏金阁公司的行为，其与首旭公司是否构成共同侵权。法院认为，藏金阁公司与首旭公司构成共同侵权，应当承担连带责任。

第一，我国实行排污许可制，该制度是国家对排污者进行有效管理的手段，取得排污许可证的企业就是排污单位，负有依法排污的义务，否则将承担相应法律责任。藏金阁公司持有排污许可证，必须确保按照许可证的规定和要求排放。藏金阁公司以委托运行协议的形式将废水处理交由专门从事环境治理业务（含工业废水运营）的首旭公司作业，该行为并不为法律所禁止。但无论是自行排放还

---

① 案号：重庆市第一中级人民法院（2017）渝 01 民初 773 号，载最高人民法院官网，https：//www.court.gov.cn/fabu/xiangqing/216921.html，最后访问日期：2024 年 10 月 25 日。

是委托他人排放,藏金阁公司都必须确保其废水处理站正常运行,并确保排放物达到国家和地方排放标准,这是取得排污许可证企业的法定责任,该责任不能通过民事约定来解除。申言之,藏金阁公司作为排污主体,具有监督首旭公司合法排污的法定责任,依照《委托运行协议》其也具有监督首旭公司日常排污情况的义务,本案违法排污行为持续了1年8个月的时间,藏金阁公司显然未尽监管义务。

第二,无论是作为排污设备产权人和排污主体的法定责任,还是按照双方协议约定,藏金阁公司均应确保废水处理设施设备正常、完好。2014年8月,藏金阁公司将废酸池改造为1号废水调节池并将地下管网改为高空管网作业时,未按照正常处理方式对池中的120mm口径暗管进行封闭,藏金阁公司亦未举证证明不封闭暗管的合理合法性,而首旭公司正是通过该暗管实施违法排放,也就是说,藏金阁公司明知为首旭公司提供的废水处理设备留有可以实施违法排放的管网,据此可以认定其具有违法故意,且客观上为违法排放行为的完成提供了条件。

第三,待处理的废水是由藏金阁公司提供给首旭公司的,那么藏金阁公司知道需处理的废水数量,同时藏金阁公司作为排污主体,负责向环保部门缴纳排污费,其也知道合法排放的废水数量,加之作为物业管理部门,其对于园区企业产生的实际用水量亦是清楚的,而这几个数据结合起来,即可确知违法排放行为的存在,因此可以认定藏金阁公司知道首旭公司在实施违法排污行为,但其却放任首旭公司违法排放废水,同时还继续将废水交由首旭公司处理,可以视为其与首旭公司形成了默契,具有共同侵权的故意,并共同造成了污染后果。

第四,环境侵权案件具有侵害方式的复合性、侵害过程的复杂性、侵害后果的隐蔽性和长期性,其证明难度尤其是对于排污企业违法排污主观故意的证明难度较高,且本案又涉及对环境公益的侵害,故应充分考虑到此类案件的特殊性,通过准确把握举证证明责任和归责原则来避免责任逃避和公益受损。综上,根据本案事实和证据,藏金阁公司与首旭公司构成环境污染共同侵权的证据已达到高度盖然性的民事证明标准,应当认定藏金阁公司和首旭公司对于违法排污存在主观上的共同故意和客观上的共同行为,二被告构成共同侵权,应承担连带责任。

(二) 关联规定

《最高人民法院关于审理医疗损害责任纠纷案件适用法律若干问题的解释》
第十九条 两个以上医疗机构的诊疗行为造成患者同一损害,患者请求医疗机构承担赔偿责任的，应当区分不同情况，依照民法典第一千一百六十八条、第一千一百七十一条或者第一千一百七十二条的规定，确定各医疗机构承担的赔偿责任。

《最高人民法院关于审理侵害信息网络传播权民事纠纷案件适用法律若干问题的规定》

第四条 有证据证明网络服务提供者与他人以分工合作等方式共同提供作品、表演、录音录像制品，构成共同侵权行为的，人民法院应当判令其承担连带责任。网络服务提供者能够证明其仅提供自动接入、自动传输、信息存储空间、搜索、链接、文件分享技术等网络服务，主张其不构成共同侵权行为的，人民法院应予支持。

《最高人民法院关于审理船舶碰撞和触碰案件财产损害赔偿的规定》

四、船上财产的损害赔偿包括：

船上财产的灭失或者部分损坏引起的贬值损失；

合理的修复或者处理费用；

合理的财产救助、打捞和清除费用，共同海损分摊；

其他合理费用。

六、船舶碰撞或者触碰造成第三人财产损失的，应予赔偿。

《最高人民法院关于审理旅游纠纷案件适用法律若干问题的规定》

第十四条 旅游经营者准许他人挂靠其名下从事旅游业务，造成旅游者人身损害、财产损失，旅游者依据民法典第一千一百六十八条的规定请求旅游经营者与挂靠人承担连带责任的，人民法院应予支持。

《最高人民法院关于审理使用人脸识别技术处理个人信息相关民事案件适用法律若干问题的规定》

第七条 多个信息处理者处理人脸信息侵害自然人人格权益，该自然人主张多个信息处理者按照过错程度和造成损害结果的大小承担侵权责任的，人民法院依法予以支持；符合民法典第一千一百六十八条、第一千一百六十九条第一款、第一千一百七十条、第一千一百七十一条等规定的相应情形，该自然人主张多个信息处理者承担连带责任的，人民法院依法予以支持。

信息处理者利用网络服务处理人脸信息侵害自然人人格权益的，适用民法典第一千一百九十五条、第一千一百九十六条、第一千一百九十七条等规定。

《最高人民法院关于审理网络消费纠纷案件适用法律若干问题的规定（一）》
第十七条　直播间运营者知道或者应当知道经营者提供的商品不符合保障人身、财产安全的要求，或者有其他侵害消费者合法权益行为，仍为其推广，给消费者造成损害，消费者依据民法典第一千一百六十八条等规定主张直播间运营者与提供该商品的经营者承担连带责任的，人民法院应予支持。

《最高人民法院关于审理生态环境侵权责任纠纷案件适用法律若干问题的解释》
第十四条　存在下列情形之一的，排污单位与第三方治理机构应当根据民法典第一千一百六十八条的规定承担连带责任：
（一）第三方治理机构按照排污单位的指示，违反污染防治相关规定排放污染物的；
（二）排污单位将明显存在缺陷的环保设施交由第三方治理机构运营，第三方治理机构利用该设施违反污染防治相关规定排放污染物的；
（三）排污单位以明显不合理的价格将污染物交由第三方治理机构处置，第三方治理机构违反污染防治相关规定排放污染物的；
（四）其他应当承担连带责任的情形。

《最高人民法院关于审理垄断民事纠纷案件适用法律若干问题的解释》
第二十六条　经营者、经营者团体等组织其他经营者达成、实施垄断协议，给原告造成损失，原告依据民法典第一千一百六十八条的规定主张实施组织行为的经营者、经营者团体等与达成、实施垄断协议的其他经营者承担连带责任的，人民法院应当予以支持。

经营者、经营者团体等为其他经营者达成、实施垄断协议提供实质性帮助，给原告造成损失，原告依据民法典第一千一百六十九条第一款的规定主张提供帮助行为的经营者、经营者团体等与达成、实施垄断协议的其他经营者承担连带责任的，人民法院应当予以支持。但是，经营者、经营者团体等能够证明其不知道且不应当知道其他经营者达成、实施有关协议的除外。

前款所称实质性帮助，是指对垄断协议达成或者实施具有直接、重要促进作用的引导产生违法意图、提供便利条件、充当信息渠道、帮助实施惩罚等行为。

六、教唆侵权、帮助侵权

> **第一千一百六十九条** 教唆、帮助他人实施侵权行为的，应当与行为人承担连带责任。
>
> 教唆、帮助无民事行为能力人、限制民事行为能力人实施侵权行为的，应当承担侵权责任；该无民事行为能力人、限制民事行为能力人的监护人未尽到监护职责的，应当承担相应的责任。

（一）实务问答

1. 老李（成年人）与老刘有仇，于是教唆8周岁的小亮去刮花老刘的汽车，谁来承担责任呢？

在这种情况下，老李和小亮的监护人都需要承担责任。

老李的责任：

老李教唆8周岁的小亮实施侵权行为，属于教唆他人侵权。根据法律规定，教唆、帮助无民事行为能力人、限制民事行为能力人实施侵权行为的，应当承担侵权责任。8周岁的小亮属于无民事行为能力人，老李教唆小亮刮花老刘的汽车，其主观上存在故意，所以老李应当对老刘汽车被刮花的损害后果承担侵权责任。

小亮监护人的责任：

虽然小亮是受到教唆才实施的侵权行为，但是小亮的监护人也有一定的责任。监护人对无民事行为能力人有监护职责，应当对被监护人进行管理和教育，防止其实施侵权等不良行为。在这种情况下，小亮实施了刮花他人汽车的侵权行为，小亮的监护人没有尽到充分的监护职责，也应当承担相应的责任。例如，在民事赔偿方面，可能需要与老李共同承担对老刘汽车修复等费用的赔偿责任。

2. 市场管理者是否需对市场内商铺销售假冒注册商标商品承担侵权责任？

2010年第10期《最高人民法院公报》刊登的"拉科斯特股份有限公司与上

海龙华服饰礼品市场经营管理有限公司注册商标专用权纠纷案"判决认为，商品市场的管理者对市场内商铺销售假冒注册商标商品的行为未尽合理注意义务，为侵权行为提供便利条件的，属于帮助侵权的行为，应当和销售假冒注册商标商品的商铺承担连带责任。

相关裁判摘要如下：

被告龙华公司虽然不是侵权商品的直接销售者，但仍需承担侵犯注册商标专用权的侵权责任。本案中，被告作为龙华市场的管理方，虽没有行政执法权，但根据被告与承租商铺经营者的合同及其附件之约定，对于承租商铺经营者出售侵犯注册商标专用权商品的行为具有限期整改、扣减保证金、解除合同直至清退出场的权利，在原告拉科斯特公司多次发函告知在其管理的市场内存在出售侵犯原告注册商标专用权商品的情况下，理应对相关商铺加强监管。但被告仅要求相关商铺经营者出具书面保证书，主观上没有尽到善良管理人的合理注意义务，尤其是原告多次发函后，仍能在同一商铺购买到侵权产品，充分说明被告制止侵权措施不力，客观上为侵权行为提供了便利条件，导致侵权行为反复发生。因此，被告的行为构成帮助相关商铺销售侵权商品的行为，故被告与销售侵权商品的相关商铺经营者应承担连带赔偿责任。

3. 教唆行为与帮助行为的区别是什么？

教唆行为和帮助行为在法律上都属于共同侵权行为，但它们在性质和表现形式上有所不同。就教唆行为而言，其特征表现为教唆人自身并不直接实施侵权行为，而是通过诱导、怂恿等方式促使他人产生侵权意图，进而让他人去实施侵权或危险行为。至于帮助行为，通常情况下它并非对加害行为起到决定性作用，仅仅是在一定程度上对加害行为起到促进效果。

（二）关联规定

《最高人民法院关于审理侵犯专利权纠纷案件应用法律若干问题的解释（二）》

第二十一条　明知有关产品系专门用于实施专利的材料、设备、零部件、中间物等，未经专利权人许可，为生产经营目的将该产品提供给他人实施了侵犯专利权的行为，权利人主张该提供者的行为属于民法典第一千一百六十九条规定的帮助他人实施侵权行为的，人民法院应予支持。

明知有关产品、方法被授予专利权，未经专利权人许可，为生产经营目的积极诱导他人实施了侵犯专利权的行为，权利人主张该诱导者的行为属于民法典第一千一百六十九条规定的教唆他人实施侵权行为的，人民法院应予支持。

《最高人民法院关于审理侵害信息网络传播权民事纠纷案件适用法律若干问题的规定》

第七条　网络服务提供者在提供网络服务时教唆或者帮助网络用户实施侵害信息网络传播权行为的，人民法院应当判令其承担侵权责任。

网络服务提供者以言语、推介技术支持、奖励积分等方式诱导、鼓励网络用户实施侵害信息网络传播权行为的，人民法院应当认定其构成教唆侵权行为。

网络服务提供者明知或者应知网络用户利用网络服务侵害信息网络传播权，未采取删除、屏蔽、断开链接等必要措施，或者提供技术支持等帮助行为的，人民法院应当认定其构成帮助侵权行为。

《最高人民法院关于审理侵害植物新品种权纠纷案件具体应用法律问题的若干规定（二）》

第八条　被诉侵权人知道或者应当知道他人实施侵害品种权的行为，仍然提供收购、存储、运输、以繁殖为目的的加工处理等服务或者提供相关证明材料等条件的，人民法院可以依据民法典第一千一百六十九条的规定认定为帮助他人实施侵权行为。

《最高人民法院关于审理使用人脸识别技术处理个人信息相关民事案件适用法律若干问题的规定》

第七条　多个信息处理者处理人脸信息侵害自然人人格权益，该自然人主张多个信息处理者按照过错程度和造成损害结果的大小承担侵权责任的，人民法院依法予以支持；符合民法典第一千一百六十八条、第一千一百六十九条第一款、第一千一百七十条、第一千一百七十一条等规定的相应情形，该自然人主张多个信息处理者承担连带责任的，人民法院依法予以支持。

信息处理者利用网络服务处理人脸信息侵害自然人人格权益的，适用民法典第一千一百九十五条、第一千一百九十六条、第一千一百九十七条等规定。

《最高人民法院关于适用〈中华人民共和国反不正当竞争法〉若干问题的解释》

第十五条　故意为他人实施混淆行为提供仓储、运输、邮寄、印制、隐匿、经营场所等便利条件，当事人请求依据民法典第一千一百六十九条第一款予以认定的，人民法院应予支持。

《最高人民法院关于审理生态环境侵权责任纠纷案件适用法律若干问题的解释》

第十条 为侵权人污染环境、破坏生态提供场地或者储存、运输等帮助，被侵权人根据民法典第一千一百六十九条的规定请求行为人与侵权人承担连带责任的，人民法院应予支持。

《最高人民法院关于审理垄断民事纠纷案件适用法律若干问题的解释》

第二十六条 经营者、经营者团体等组织其他经营者达成、实施垄断协议，给原告造成损失，原告依据民法典第一千一百六十八条的规定主张实施组织行为的经营者、经营者团体等与达成、实施垄断协议的其他经营者承担连带责任的，人民法院应当予以支持。

经营者、经营者团体等为其他经营者达成、实施垄断协议提供实质性帮助，给原告造成损失，原告依据民法典第一千一百六十九条第一款的规定主张提供帮助行为的经营者、经营者团体等与达成、实施垄断协议的其他经营者承担连带责任的，人民法院应当予以支持。但是，经营者、经营者团体等能够证明其不知道且不应当知道其他经营者达成、实施有关协议的除外。

前款所称实质性帮助，是指对垄断协议达成或者实施具有直接、重要促进作用的引导产生违法意图、提供便利条件、充当信息渠道、帮助实施惩罚等行为。

《最高人民法院关于适用〈中华人民共和国民法典〉侵权责任编的解释（一）》

第十二条 教唆、帮助无民事行为能力人、限制民事行为能力人实施侵权行为，被侵权人合并请求教唆人、帮助人以及监护人承担侵权责任的，依照民法典第一千一百六十九条第二款的规定，教唆人、帮助人承担侵权人应承担的全部责任；监护人在未尽到监护职责的范围内与教唆人、帮助人共同承担责任，但责任主体实际支付的赔偿费用总和不应超出被侵权人应受偿的损失数额。

监护人先行支付赔偿费用后，就超过自己相应责任的部分向教唆人、帮助人追偿的，人民法院应予支持。

七、共同危险行为

> **第一千一百七十条** 二人以上实施危及他人人身、财产安全的行为，其中一人或者数人的行为造成他人损害，能够确定具体侵权人的，由侵权人承担责任；不能确定具体侵权人的，行为人承担连带责任。

（一）实务问答

1. 网络购物平台是否要对平台用户购买银环蛇被咬致死承担责任?

在杨某某等与杭州某某网络技术有限公司等一审民事判决书[①]中，法院生效判决认为：某转公司在两组交易过程中，均承担为杨某某、邵某某提供银环蛇买卖网络交易服务的功能，其服务行为给以下行为提供了场所和便利：杨某某通过该平台在线与邵某某进行买卖未去毒银环蛇活体的沟通并形成初步合意；邵某某通过平台成功上架带有"银环蛇""未去毒"等高度敏感字眼并附有银环蛇图片的交易链接；杨某某通过平台成功拍下该交易链接、支付价款，与邵某某形成买卖合同关系。若没有某转平台提供网络服务，则杨某某不会与邵某某订立银环蛇买卖合同，亦不会发生银环蛇交付的后续结果，故某转公司提供网络服务的行为与杨某某的损害之间存在因果关系。

某转公司作为网络交易服务提供者，对其平台上的网络交易负有审查、管理等义务。邵某某通过某转公司平台先后两次在线上架银环蛇交易链接，且在商品名称中注明了"银环蛇""未去毒"等高度敏感字眼并附有银环蛇图片，某转公司理应对买受人可能因此遭受的损害具备相当可预见性。但某转公司在两次交易中均未能通过机器或人工审核方式及时发现该上架链接并加以管控，其未及时、有效审核、管控危险物品上架交易并为邵某某和杨某某继续提供银环蛇网上交易服务的行为，违反了《电子商务法》第 13 条、《野生动物保护法》第 32 条的规

[①] 案号：北京市海淀区人民法院（2018）京 0108 民初 61705 号。

定，其行为具有过失。

某转公司、快递公司、某物流公司在两次交易过程中承担了辅助卖方完成交付义务的功能，但均与上述发售银环蛇三人行为间无意思关联性、无相同行为意图，且对杨某某会因此遭受的损害无相同可预见性、可避免性；三公司与三卖家分处不同交易环节，分别实施的数个行为结合产生了将两条银环蛇成功交付给杨某某的同一后果，应根据各自过错大小、原因力承担相应按份责任。

2. 一群人放烟花，其中一个烟花飞进附近仓库引起火灾，无法确定是谁放的烟花，由谁承担责任？

依据《民法典》第1170条的规定，二人以上实施危及他人人身、财产安全的行为，其中一人或者数人的行为造成他人损害，能够确定具体侵权人的，由侵权人承担责任；不能确定具体侵权人的，行为人承担连带责任。

本问题中由于无法确定具体是谁放的烟花，所有参与放烟花的人应当被视为共同侵权行为人，承担连带责任。这意味着，仓库的所有者或管理者可以要求任何一个或多个放烟花的人承担全部赔偿责任，而这些放烟花的人之间再进行内部责任分摊。

在承担连带责任后，放烟花的人之间可以根据各自的过错程度进行内部责任分摊。如果能够证明某个人的行为明显更具有危险性或更有可能导致火灾，那么这个人可能需要承担更大的责任。

3. 多辆机动车发生交通事故造成第三人损害，责任如何划分？

《最高人民法院关于审理道路交通事故损害赔偿案件适用法律若干问题的解释》（法释〔2012〕19号）（2020年12月23日修正）第10条规定，多辆机动车发生交通事故造成第三人损害，当事人请求多个侵权人承担赔偿责任的，人民法院应当区分不同情况，依照《民法典》第1170条、第1171条、第1172条的规定，确定侵权人承担连带责任或者按份责任。

（二）关联规定

《最高人民法院关于审理道路交通事故损害赔偿案件适用法律若干问题的解释》

第十条 多辆机动车发生交通事故造成第三人损害，当事人请求多个侵权人承担赔偿责任的，人民法院应当区分不同情况，依照民法典第一千一百七十条、第一千一百七十一条、第一千一百七十二条的规定,确定侵权人承担连带责任或者按份责任。

《最高人民法院关于审理使用人脸识别技术处理个人信息相关民事案件适用法律若干问题的规定》

第七条 多个信息处理者处理人脸信息侵害自然人人格权益,该自然人主张多个信息处理者按照过错程度和造成损害结果的大小承担侵权责任的,人民法院依法予以支持;符合民法典第一千一百六十八条、第一千一百六十九条第一款、第一千一百七十条、第一千一百七十一条等规定的相应情形,该自然人主张多个信息处理者承担连带责任的,人民法院依法予以支持。

信息处理者利用网络服务处理人脸信息侵害自然人人格权益的,适用民法典第一千一百九十五条、第一千一百九十六条、第一千一百九十七条等规定。

八、分别侵权承担连带责任

> **第一千一百七十一条** 二人以上分别实施侵权行为造成同一损害,每个人的侵权行为都足以造成全部损害的,行为人承担连带责任。

(一) 实务问答

1. 以他人名义办理银行卡并利用银行卡盗卖股票,银行是否承担责任?

2013年第2期《最高人民法院公报》刊登的"张春英与中国工商银行股份有限公司昌吉回族自治州分行、新疆证券有限责任公司、杨桃、张伟民财产损害赔偿纠纷案"的最高人民法院(2011)民提字第320号民事判决书,对构成连带责任的无意思联络数人侵权问题进行了分析。相关裁判摘要如下:

银行作为发放银行卡的专业机构负有谨慎审核办卡人身份及在他人代办时审查授权合法性的义务,本案中,工行昌吉州分行在杨桃以张春英的名义办理银行卡过程中,未按照规程审核其代理手续、未按要求审查代理人签名,具有过失,为杨桃实施侵权行为提供了条件,并造成了杨桃通过该银行卡非法取得盗卖股票所得91270元的损害后果。因此，工行昌吉州分行虽与杨桃无共同的故意或过失，但工行昌吉州分行的过失行为与杨桃的故意行为直接结合，共同造成受害人张春英91270元的损失，工行昌吉州分行、杨桃和新疆证券公司应当对该91270元的损失承担连带责任。对于超出91270元之外的其他损失，因工行昌吉州分行的过失行为导致的损失只能是杨桃利用银行卡盗卖股票的价金损失，而被盗卖股票的其他损失是因股票被盗卖所产生的，与工行昌吉州分行的过失行为并无因果关系，工行昌吉州分行对此部分损失不应承担责任。

2. 受害人在交通事故中被三车前后碾轧死亡，后车司机能否主张受害人已在前一次事故中死亡而免除赔偿责任？

在曾某某诉彭某某、某财产保险股份有限公司成都市蜀都支公司机动车交通事故责任纠纷案中①，成都市中级人民法院二审认为，在彭某某驾车碾轧曾某某之前，有未知名驾驶人先后驾车与曾某某相撞并逃逸。未知名驾驶人与彭某某虽无共同故意或共同过失，但每个人分别实施的加害行为都独立构成了对曾某某的侵权，最终造成了曾某某死亡的损害后果，该损害后果具有不可分性，且每个人的加害行为均是发生损害后果的直接原因，即每个人的行为都足以造成曾某某死亡。因此，原判根据《侵权责任法》第11条"二人以上分别实施侵权行为造成同一损害，每个人的侵权行为都足以造成全部损害的，行为人承担连带责任"之规定（现《民法典》第1171条），确定彭某某与肇事逃逸者承担连带赔偿责任并无不当。连带责任对外是一个整体责任，连带责任中的每个人都有义务对被侵权人承担全部责任。被请求承担全部责任的连带责任人，不得以自己的过错程度等为由主张只承担自己内部责任份额内的责任。在其他肇事者逃逸的情况下，曾某某请求彭某某承担所有侵权人应当承担的全部责任，符合法律规定。故判决：1. 平安财保蜀都支公司于判决生效后10日内赔偿原告曾某某310212元；2. 彭某某于判决生效后10日内赔偿原告曾某某8099.60元。

3. 律师事务所未经审查即发布侵害当事人名誉权的律师声明，是否构成侵权？

在2008年第11期《最高人民法院公报》刊登的"李忠平诉南京艺术学院、

---

① 案号：（2012）龙泉民初字第1857号，载中国法院网，https://www.chinacourt.org/article/detail/2014/07/id/1352101.shtml，最后访问日期：2024年10月25日。

江苏振泽律师事务所名誉权侵权纠纷案"中判决认为，律师事务所未经审查即接受当事人委托发布侵害他人名誉权的律师声明，构成共同侵权，应当承担连带侵权责任。相关裁判摘要如下：

律师事务所或者律师在接受委托人的委托，对外公开发布律师声明时，对于声明所涉及的事实应当尽到必要的审查义务。律师事务所或者律师未尽必要的审查义务，即按照委托人的要求发布署名律师声明，如果该律师声明违背事实，侵犯他人名誉权，律师事务所或者律师构成共同侵权，应承担连带侵权责任。

根据本案事实，被告振泽律师事务所及其律师仅依据被告艺术学院的单方陈述，未作必要审查，未经向原告李忠平进行必要的调查、核实，即发布内容失实的涉案律师声明，存在过错，构成共同侵权，应当承担连带侵权责任。

（二）关联规定

《最高人民法院关于审理医疗损害责任纠纷案件适用法律若干问题的解释》

第十九条 两个以上医疗机构的诊疗行为造成患者同一损害，患者请求医疗机构承担赔偿责任的，应当区分不同情况，依照民法典第一千一百六十八条、第一千一百七十一条或者第一千一百七十二条的规定，确定各医疗机构承担的赔偿责任。

《最高人民法院关于审理道路交通事故损害赔偿案件适用法律若干问题的解释》

第十条 多辆机动车发生交通事故造成第三人损害，当事人请求多个侵权人承担赔偿责任的，人民法院应当区分不同情况，依照民法典第一千一百七十条、第一千一百七十一条、第一千一百七十二条的规定，确定侵权人承担连带责任或者按份责任。

《最高人民法院关于审理船舶油污损害赔偿纠纷案件若干问题的规定》

第三条 两艘或者两艘以上船舶泄漏油类造成油污损害，受损害人请求各泄漏油船舶所有人承担赔偿责任，按照泄漏油数量及泄漏油类对环境的危害性等因素能够合理分开各自造成的损害，由各泄漏油船舶所有人分别承担责任；不能合理分开各自造成的损害，各泄漏油船舶所有人承担连带责任。但泄漏油船舶所有人依法免予承担责任的除外。

各泄漏油船舶所有人对受损害人承担连带责任的，相互之间根据各自责任大小确定相应的赔偿数额；难以确定责任大小的，平均承担赔偿责任。泄漏油船舶所有人支付超出自己应赔偿的数额，有权向其他泄漏油船舶所有人追偿。

《最高人民法院关于审理使用人脸识别技术处理个人信息相关民事案件适用法律若干问题的规定》

第七条　多个信息处理者处理人脸信息侵害自然人人格权益，该自然人主张多个信息处理者按照过错程度和造成损害结果的大小承担侵权责任的，人民法院依法予以支持；符合民法典第一千一百六十八条、第一千一百六十九条第一款、第一千一百七十条、第一千一百七十一条等规定的相应情形，该自然人主张多个信息处理者承担连带责任的，人民法院依法予以支持。

信息处理者利用网络服务处理人脸信息侵害自然人人格权益的，适用民法典第一千一百九十五条、第一千一百九十六条、第一千一百九十七条等规定。

《最高人民法院关于审理生态环境侵权责任纠纷案件适用法律若干问题的解释》

第五条　两个以上侵权人分别污染环境、破坏生态造成同一损害，每一个侵权人的行为都足以造成全部损害，被侵权人根据民法典第一千一百七十一条的规定请求侵权人承担连带责任的，人民法院应予支持。

九、分别侵权承担按份责任

> 第一千一百七十二条　二人以上分别实施侵权行为造成同一损害，能够确定责任大小的，各自承担相应的责任；难以确定责任大小的，平均承担责任。

（一）实务问答

1. 在校实习生在实习单位受伤了，实习单位与学校要承担责任吗？

李帅帅诉上海通用富士冷机有限公司、上海工商信息学校人身损害赔偿纠纷案[①]，李帅帅系工商学校模具专业学生，李帅帅与工商学校、通用富士公司三方签订《学生实习协议书》一份，约定经李帅帅与通用富士公司双向选择，李帅帅

---

① 《最高人民法院公报》2015年第12期。

自愿到通用富士公司实习。后,李帅帅在通用富士公司处周六加班操作数控折边机,在更换模具时不慎踩到开关,致使机器截断其右手第 2-5 指。且带教老师未陪同加班。随后,李帅帅起诉工商学校及通用富士公司要求赔偿。

二审法院认为:首先,通用富士公司系李帅帅实习期间的直接管理人,对李帅帅如何从事实习工作能够支配和安排,并能够对工作过程实施监督和管理。李帅帅虽为实习生,但其所从事的劳动客观上系为通用富士公司创造经济利益,李帅帅仍然享有劳动保护的权利,而李帅帅此次受伤的危险来源仍属于其所从事之劳动的正常风险范围内。因此,综合考量通用富士公司与李帅帅之间支配与被支配的地位、劳动所创造经济利益的归属、通用富士公司应当承担的劳动保护以及劳动风险控制与防范的职责和义务,通用富士公司应当对本案李帅帅所受之损害承担主要赔偿责任。

其次,工商学校作为李帅帅实习期间的间接管理人,应就学生在实习中的安全防范和权益依法提供必要的保障。工商学校虽无法直接支配李帅帅的工作,但其作为职业教育机构应当清楚学生参与实习工作的危险性,其应通过对学生的安全教育以及与企业的沟通协商,控制和防范风险。然而,工商学校在清楚实习单位不得安排实习生加班的相关规定的情况下,未通过加强对学生的安全教育以及与企业明确约定等方式予以防范,实际上却放任实习生加班情形的存在,因此,工商学校未尽到其防范督促职责。考虑到工商学校无法直接支配李帅帅在通用富士公司的具体工作,故工商学校应当对李帅帅所受损害承担次要责任。

从以上案例可以看出,在校实习生在实习单位受伤,实习单位作为劳动获益方,在劳动的正常风险范围内,需要承担责任。而学校是否要承担责任,取决于学校是否已尽到防范督促职责。

2. 交通事故受伤后送到医院被误诊,谁应当承担责任?

在俞某与某医科大学总医院(以下简称某医大总院)医疗损害责任纠纷一案[1]中,俞某因交通事故导致盆骨骨折,入某医大总院治疗。在治疗过程中,某医大总院对俞某因盆骨骨折所致尿路损伤严重程度估计不足,诊断上存在遗漏,造成对俞某的治疗处理措施不力,医院如能早期采取有效的尿液引流方法,可能

---

[1] 案号:最高人民法院(2020)最高法民再 66 号。

会减轻尿外渗的程度降低发生会阴感染及会阴尿瘘的机会。对此，鉴定机构鉴定意见为：某医大总院对俞某实施的医疗行为存在过失，医疗行为的过失与现有损害结果存在一定的因果关系。

法院认为：俞某的损害结果既有交通事故的原始创伤原因，也有某医大总院医疗行为过失的原因，且交通事故是俞某尿路损伤的直接原因和主要原因，某医大总院的过失主要与会阴瘘有一定的因果关系，最终判令某医大总院承担30%的赔偿责任。

从以上案例可以看出，虽然交通事故是导致伤者受伤的直接和主要原因，但若医院存在误诊，且误诊跟损害结果有一定的因果关系，是需要承担部分赔偿责任的。

3. 骗子用假资料在银行开设账户，银行未按规定审核资料，是否应当赔偿受骗者？

在泸州某股份有限公司与中国某银行股份有限公司长沙开福区支行、中国某银行股份有限公司长沙红星支行因侵权责任纠纷一案[①]中，犯罪分子持有加盖了伪造的泸州某公司印鉴的开户资料并冒充泸州某公司员工到某迎新支行开户时，某迎新支行原行长郑××向银行工作人员介绍犯罪分子为泸州某公司员工，并利用"特事特办"等职务上的便利安排银行工作人员违规为犯罪分子办理开户及挂网银业务。而某迎新支行工作人员在未亲见泸州某公司法定代表人面签授权委托书、法人授权委托书，未对经办人员的身份进行有效核实，且未依规审核相关开户资料及挂网银资料原件的情况下，即为犯罪分子开立了泸州某公司账户并办理挂网银业务，导致该账户被犯罪分子利用伪造的泸州某公司印鉴控制。同时，某红星支行在犯罪分子持有伪造的开户资料并冒充泸州某公司员工上门办理开户业务时，没有对开户经办人的身份进行有效核实，且未依规审核相关开户资料原件即为犯罪分子开立了泸州某公司账户，导致犯罪分子避开泸州某公司的监管，成功将资金从该账户转出，最终导致泸州某公司被犯罪分子诈骗超过1亿元。案发后，泸州某公司以侵权为由起诉某迎新支行及某红星支行。

二审法院认为：案涉银行方未按规定办理业务，疏于管理，主观上存在过错，应对泸州某公司案涉财产损失承担民事侵权责任。根据一审法院查明的事

[①] 案号：最高人民法院（2019）最高法民终1575号。

实，银行方虽未按规定办理业务，存在过错，但对诈骗泸州某账户资金，主观上与犯罪分子并无意思联络。因此，银行方与犯罪分子之间不构成有意思联络的共同侵权而构成无意思联络的数人侵权。法院根据银行方的过错程度及泸州某公司自身管理、监管的过错程度，酌定某迎新支行、某红星支行分别对泸州某公司不能追回的资金本息承担40%、20%的赔偿责任。

从以上案例可知，虽然银行与犯罪分子并非共同犯罪，但银行在审核资料过程中有过错的，应就其过错部分承担部分赔偿责任。

（二）关联规定

《最高人民法院关于审理医疗损害责任纠纷案件适用法律若干问题的解释》

第十九条 两个以上医疗机构的诊疗行为造成患者同一损害，患者请求医疗机构承担赔偿责任的，应当区分不同情况，依照民法典第一千一百六十八条、第一千一百七十一条或者第一千一百七十二条的规定，确定各医疗机构承担的赔偿责任。

《最高人民法院关于审理道路交通事故损害赔偿案件适用法律若干问题的解释》

第十条 多辆机动车发生交通事故造成第三人损害，当事人请求多个侵权人承担赔偿责任的，人民法院应当区分不同情况，依照民法典第一千一百七十条、第一千一百七十一条、第一千一百七十二条的规定，确定侵权人承担连带责任或者按份责任。

《最高人民法院关于审理船舶油污损害赔偿纠纷案件若干问题的规定》

第三条 两艘或者两艘以上船舶泄漏油类造成油污损害，受损害人请求各泄漏油船舶所有人承担赔偿责任，按照泄漏油数量及泄漏油类对环境的危害性等因素能够合理分开各自造成的损害，由各泄漏油船舶所有人分别承担责任；不能合理分开各自造成的损害，各泄漏油船舶所有人承担连带责任。但泄漏油船舶所有人依法免予承担责任的除外。

各泄漏油船舶所有人对受损害人承担连带责任的，相互之间根据各自责任大小确定相应的赔偿数额；难以确定责任大小的，平均承担赔偿责任。泄漏油船舶所有人支付超出自己应赔偿的数额，有权向其他泄漏油船舶所有人追偿。

《最高人民法院关于审理生态环境侵权责任纠纷案件适用法律若干问题的解释》

第六条 两个以上侵权人分别污染环境、破坏生态，每一个侵权人的行为都不足以造成全部损害，被侵权人根据民法典第一千一百七十二条的规定请求侵权人承担责任的，人民法院应予支持。

侵权人主张其污染环境、破坏生态行为不足以造成全部损害的，应当承担相应举证责任。

十、与有过错

> **第一千一百七十三条** 被侵权人对同一损害的发生或者扩大有过错的，可以减轻侵权人的责任。

（一）实务问答

1. 两个年轻人打架，一方突发心脏病死亡，另一方是否需要承担责任？

A 与 B 均为成年的年轻人，因口角进而引发互殴。在打架过程中，A 因剧烈运动突发心脏病，当场死亡。在此情况下，B 需要承担一定但并非全部责任。理由如下：第一，B 有对 A 进行殴打，侵害了 A 的人身权利，A 是因与 B 打架而有剧烈运动，进而引发心脏病死亡，因此 B 应当对 A 的死亡承担赔偿责任；第二，A 作为成年人，应当对自己的身体状况有一定了解，其明知自己有心脏病，依然选择与 B 打架，对其死亡存在一定的责任，也应当自行承担部分责任；第三，B 不了解 A 的身体状况，无法预知 A 有心脏病，若完全不予考虑 B 不知情的问题，则有失公平。因此，根据《民法典》第 1773 条的规定，B 导致了 A 的死亡，但 A 对自身死亡这一损害结果的发生也存在一定的过错，因此 B 可以减轻部分赔偿责任。

2. 逛超市被商品砸伤，超市该负责吗？

在（2020）苏 0211 民初 7988 号唐某某诉无锡某生活超市有限公司、无锡某生活超市有限公司万象城店案中，顾客唐某某在某万象城店挑选商品，其左手伸向摆放着玻璃瓶装可乐和薯片的开放性货架上，高度约 1 米，这时可乐瓶掉落在地上，导致唐某某眼睛被溅起的玻璃碴弹伤。事发后至医院就诊，诊断为"眼球破裂伤"。为此，唐某某诉至滨湖法院，要求无锡某生活超市有限公司、无锡某生活超市有限公司万象城店赔偿医疗费、营养费、护理费、误工费、交通费等损失。

法院经审理后认为：一方面，作为专业销售者的超市，某万象城店对商品在货架的放置应当做到既要摆放规范有序，又要便于消费者选择，特别是确保商品不会被轻易碰倒伤人或毁损。涉案可乐为玻璃瓶装饮料，存在易碎的特征，因此在陈列、摆放时超市应尽到较高的注意义务，包括将其置于较低的货架位置、不要与袋装薯片等不规则外包装食品较近距离地摆放在一起、放置易碎商品的货架应设置高度适中的防护栏以防掉落等。而某万象城店对涉案可乐瓶的摆放并未尽到上述注意义务，应当对唐某某的人身损害承担相应赔偿责任。另一方面，消费者唐某某在选购商品时，亦没有尽到审慎的注意义务，包括俯身充分观察，注意相邻商品的安全等，故其对自身损害亦应承担相应责任。比照双方对本次事故的过错责任，认定某万象城店与唐某某各承担50%的责任。①

以上案件中，超市未摆放好商品，商品掉落导致顾客受伤，造成了损害结果。但顾客未尽注意义务，对受伤的同一损害结果的发生也有过错，因此根据《民法典》第1173条的规定及其他相关规定，法院认为双方各需承担50%的过错责任。

3. 未成年人聚会喝酒后溺亡，提供酒的卖家、溺亡未成年人的监护人各需承担什么责任？

在最高人民法院发布的指导案例227号案②中，胡某甲（殁年15周岁）系原告胡某某、王某某之子，其与蒋某某（时年14周岁）、陈某（时年14周岁）系重庆市某中学初中二年级学生。2018年5月19日，胡某甲等人来到重庆市某县德某餐厅为蒋某某庆祝生日，胡某甲提议要喝酒庆祝，蒋某某同意，遂在德某餐厅购买了啤酒，并在该餐厅就餐饮用。胡某甲及蒋某某每人喝了两瓶啤酒后，陈

---

① 案号：江苏省无锡市滨湖区人民法院（2020）苏0211民初7988号。
② 胡某某、王某某诉德某餐厅、蒋某某等生命权纠纷案，载最高人民法院公报网站，http://gongbao.court.gov.cn/Details/502c6753b50dc4319ec76b9f1c599e.html，最后访问日期：2024年10月25日。

某到达该餐厅。随后,三人又在该餐厅喝了四瓶啤酒。饭后,胡某甲提议外出玩耍,后遇见陈某某、邓某某、张某某、王某某四人,七人相约至湖边玩耍。在湖边戏水过程中,胡某甲不慎后仰溺水。众人试图救援,但未能成功。胡某某、王某某将德某餐厅、其他六名未成年人及其监护人、重庆市某中学等诉至法院,请求共同赔偿胡某甲的死亡赔偿金、丧葬费等损失。

法院经审理后认为:一、关于原告方的责任判定。胡某甲溺水时为初中二年级学生,对自己的行为已经有了一定的认知及判断能力,且已接受学校日常安全教育。本案中,聚餐时胡某甲主动提议饮酒,饮酒后胡某甲实施了下湖戏水等危险行为,且下湖戏水也系由胡某甲提议。胡某甲对自己的死亡存在重大过错。二原告作为其监护人,日常即有放任胡某甲饮酒的情形,且事故发生在周末放假期间,其疏于对胡某甲的管理教育,未履行好监护人职责,对胡某甲的溺亡应当自行承担90%的损失。二、关于德某餐厅的责任判定。1. 关于德某餐厅是否应当对胡某甲的溺亡后果承担侵权责任。2012年修正的《未成年人保护法》第37条规定:"禁止向未成年人出售烟酒,经营者应当在显著位置设置不向未成年人出售烟酒的标志;对难以判明是否已成年的,应当要求其出示身份证件……"德某餐厅作为餐饮经营者,违反未成年人保护法的相关规定,向未成年人售酒,具有明显的违法性;德某餐厅既未通过要求酒水购买者出示身份证件等方式审慎判断其未成年人身份,亦未设置不得向未成年人出售烟酒的标志,还放任未成年人在餐厅内饮酒,具有明显过错。德某餐厅违法向胡某甲售酒并供其饮用,客观上增加了损害发生的风险,售酒行为与胡某甲溺亡后果之间具有一定的因果关系。因此,德某餐厅应当承担侵权责任。2. 关于德某餐厅责任承担形式的判定。本案中,德某餐厅和其他数个行为人之间在胡某甲溺亡这一损害后果产生前,并无共同意思联络,不构成共同侵权,不承担连带责任。售酒行为并非造成溺亡的直接原因,而是与下湖戏水玩耍等行为结合后,才促成损害后果的发生,单独的售酒行为并不能造成全部损害后果,故德某餐厅不应当对损害承担全部责任。德某餐厅向未成年人售酒并供其饮用,增加了未成年人酒后下湖戏水造成人身损害的风险,是导致其溺亡的间接原因。结合其过错程度、原因力大小,法院判决德某餐厅对胡某甲的溺亡承担6%的责任。

在以上案件中,德某餐厅向未成年的胡某甲出售酒水,客观上增加了胡某甲溺水的可能性,最终导致了胡某甲溺亡的损害结果。但胡某甲已有一定认知能力,且主动提议喝酒,对溺亡这同一损害结果的发生有重大过错,因此法院认为监护人对胡某甲的溺亡应当自行承担90%的损失。

(二) 关联规定

《中华人民共和国民用航空法》

第一百六十一条　依照本章规定应当承担责任的人证明损害是完全由于受害人或者其受雇人、代理人的过错造成的，免除其赔偿责任；应当承担责任的人证明损害是部分由于受害人或者其受雇人、代理人的过错造成的，相应减轻其赔偿责任。但是，损害是由于受害人的受雇人、代理人的过错造成时，受害人证明其受雇人、代理人的行为超出其所授权的范围的，不免除或者不减轻应当承担责任的人的赔偿责任。

一人对另一人的死亡或者伤害提起诉讼，请求赔偿时，损害是该另一人或者其受雇人、代理人的过错造成的，适用前款规定。

《中华人民共和国水污染防治法》

第九十六条　因水污染受到损害的当事人，有权要求排污方排除危害和赔偿损失。

由于不可抗力造成水污染损害的，排污方不承担赔偿责任；法律另有规定的除外。

水污染损害是由受害人故意造成的，排污方不承担赔偿责任。水污染损害是由受害人重大过失造成的，可以减轻排污方的赔偿责任。

水污染损害是由第三人造成的，排污方承担赔偿责任后，有权向第三人追偿。

《中华人民共和国道路交通安全法》

第七十六条　机动车发生交通事故造成人身伤亡、财产损失的，由保险公司在机动车第三者责任强制保险责任限额范围内予以赔偿；不足的部分，按照下列规定承担赔偿责任：

(一) 机动车之间发生交通事故的，由有过错的一方承担赔偿责任；双方都有过错的，按照各自过错的比例分担责任。

(二) 机动车与非机动车驾驶人、行人之间发生交通事故，非机动车驾驶人、行人没有过错的，由机动车一方承担赔偿责任；有证据证明非机动车驾驶人、行人有过错的，根据过错程度适当减轻机动车一方的赔偿责任；机动车一方没有过错的，承担不超过百分之十的赔偿责任。

交通事故的损失是由非机动车驾驶人、行人故意碰撞机动车造成的，机动车一方不承担赔偿责任。

《最高人民法院关于审理船舶碰撞和触碰案件财产损害赔偿的规定》

一、请求人可以请求赔偿对船舶碰撞或者触碰所造成的财产损失，船舶碰撞或者触碰后相继发生的有关费用和损失，为避免或者减少损害而产生的合理费用和损失，以及预期可得利益的损失。

因请求人的过错造成的损失或者使损失扩大的部分，不予赔偿。

十一、受害人故意

> **第一千一百七十四条** 损害是因受害人故意造成的，行为人不承担责任。

（一）实务问答

1. 在碰瓷过程中被车辆撞伤，驾驶者需要承担责任吗？

某甲为了碰瓷某乙，故意在某乙倒车时钻到某甲的车底下，最后某甲大腿被轧，造成骨折。在该情形下，某甲是为了敲诈勒索某乙才钻到车底下，某乙按正常交通规则驾驶车辆，对某甲的受伤没有过错。虽然是某乙的车辆轧到某甲导致某甲骨折，但是某甲故意让某乙的车撞到，事实上该损害结果是某甲故意造成的，换言之，某甲的碰瓷行为是导致某甲受伤的唯一原因。根据《民法典》第1174条的规定，某甲作为受害者，故意造成损害结果，应当自行承担全部的责任，某乙对损害结果的发生不负有法定的赔偿责任。在实务中，如果某乙主张某甲是故意碰瓷的，根据"谁主张，谁举证"的原则，某乙是需要承担相应的举证责任的。

2. 网购农药自杀，家属可以起诉没有销售资质的出卖方吗？

在张某某、柏某某诉清河县某商贸有限公司生命权纠纷案[①]中，二原告之子

[①] 案号：上海市浦东新区人民法院（2020）沪0115民初80756号。

张某通过淘宝网，以31元的价格向商贸公司购买了二瓶"果园除一切杂草除草剂草甘膦园林荒地阔叶除草灭生性烂根包邮100毫升/瓶"。2018年1月30日，张某服用后被送往上海市浦东新区人民医院救治，次日，转上海××大学医学院附属仁济医院抢救。2018年2月7日，张某经医院抢救无效死亡。死亡原因为多脏器功能衰竭，百草枯中毒。另查明，张某患有抑郁症。

法院经审理后认为：本案所涉张某，在淘宝网上购买商贸公司"农药"后，口服中毒，经医院抢救无效死亡。显然，引起死亡的后果，是由于张某自己服用的行为，而非商贸公司销售行为或者淘宝网对商品的审查、监管行为，销售行为或者监管行为与张某的死亡之间不存在因果关系。原告认为，商贸公司无经营许可销售"农药"，淘宝网对网上商品未尽监管责任，非侵权责任法调整的范围，可由相关部门按照相应的法律规定处罚。现原告诉讼侵权赔偿，无法律依据，本院不予支持。

在以上案例中，虽然出卖农药的网店没有销售许可资质，且是由网店卖出农药，但张某死亡的损害结果是由于张某服用所致，也就是可认定为是故意导致损害结果的发生，因此出售农药的网店不需承担赔偿责任。

3. 个人在地铁进站时跳轨自杀，地铁公司应否予以赔偿？

某甲因感情失意，在下班途中看到进站地铁，萌发轻生念头。在地铁进站时跳到轨道，最后被进站地铁碾轧死亡。在此情况下，地铁公司无须承担赔偿责任。

侵权责任领域中，受害人故意致自己损害被明确规定为行为人免责的法定事由之一。当行为人能够成功证明损害确由受害人故意所致时，便无须对该损害承担任何责任。正如《民法典》第1174条所规定："损害是因受害人故意造成的，行为人不承担责任。"侵权责任主要体现为一种过错责任。一般来说，若行为人对受害人的损害负有全部过错，那么行为人必须承担全部赔偿责任；而当行为人与受害人对损害的发生均存在过错时，行为人的责任则可以相应减轻。这是法律依据过错原则对责任进行的合理分配。所以，一旦损害是由受害人故意造成，行为人对该损害不存在过错，自然也就无须承担责任。

这一法律规定既保障了行为人的合法权益，也提醒着人们在行为过程中要对自己的行为负责，避免故意造成自身损害而试图将责任转嫁他人的不当行为。同时，也为司法实践提供了明确的裁判依据，确保在类似案件中能够公正、合理地确定责任的承担。

(二) 关联规定

《中华人民共和国电力法》

第六十条 因电力运行事故给用户或者第三人造成损害的，电力企业应当依法承担赔偿责任。

电力运行事故由下列原因之一造成的，电力企业不承担赔偿责任：

（一）不可抗力；

（二）用户自身的过错。

因用户或者第三人的过错给电力企业或者其他用户造成损害的，该用户或者第三人应当依法承担赔偿责任。

《中华人民共和国水污染防治法》

第九十六条 因水污染受到损害的当事人，有权要求排污方排除危害和赔偿损失。

由于不可抗力造成水污染损害的，排污方不承担赔偿责任；法律另有规定的除外。

水污染损害是由受害人故意造成的，排污方不承担赔偿责任。水污染损害是由受害人重大过失造成的，可以减轻排污方的赔偿责任。

水污染损害是由第三人造成的，排污方承担赔偿责任后，有权向第三人追偿。

《中华人民共和国铁路法》

第五十八条 因铁路行车事故及其他铁路运营事故造成人身伤亡的，铁路运输企业应当承担赔偿责任；如果人身伤亡是因不可抗力或者由于受害人自身的原因造成的，铁路运输企业不承担赔偿责任。

违章通过平交道口或者人行过道，或者在铁路线路上行走、坐卧造成的人身伤亡，属于受害人自身的原因造成的人身伤亡。

《中华人民共和国道路交通安全法》

第七十六条 机动车发生交通事故造成人身伤亡、财产损失的，由保险公司在机动车第三者责任强制保险责任限额范围内予以赔偿；不足的部分，按照下列规定承担赔偿责任：

（一）机动车之间发生交通事故的，由有过错的一方承担赔偿责任；双方都有过错的，按照各自过错的比例分担责任。

（二）机动车与非机动车驾驶人、行人之间发生交通事故，非机动车驾驶人、行人没有过错的，由机动车一方承担赔偿责任；有证据证明非机动车驾驶人、行人有过错的，根据过错程度适当减轻机动车一方的赔偿责任；机动车一方没有过错的，承担不超过百分之十的赔偿责任。

交通事故的损失是由非机动车驾驶人、行人故意碰撞机动车造成的，机动车一方不承担赔偿责任。

《最高人民法院关于审理铁路运输人身损害赔偿纠纷案件适用法律若干问题的解释》

第五条 铁路行车事故及其他铁路运营事故造成人身损害，有下列情形之一的，铁路运输企业不承担赔偿责任：

（一）不可抗力造成的；

（二）受害人故意以卧轨、碰撞等方式造成的；

（三）法律规定铁路运输企业不承担赔偿责任的其他情形造成的。

《机动车交通事故责任强制保险条例》

第二十条 机动车交通事故责任强制保险的保险期间为1年，但有下列情形之一的，投保人可以投保短期机动车交通事故责任强制保险：

（一）境外机动车临时入境的；

（二）机动车临时上道路行驶的；

（三）机动车距规定的报废期限不足1年的；

（四）国务院保险监督管理机构规定的其他情形。

十二、第三人原因

> **第一千一百七十五条** 损害是因第三人造成的，第三人应当承担侵权责任。

（一）实务问答

1. 为了躲避违章行人，把另一辆车撞了，驾驶人是否需要承担责任？

某甲驾驶机动车在机动车道正常行驶，某乙为了捡球突然冲到某甲行驶的机动车道上，某甲为了避让某乙，转向到另一机动车道，把某丙的车撞到了。在此种情况下，某甲无须向某丙承担赔偿责任。因为在此种情况下，某甲本身并无过错，如果仅仅因为某甲在事件中处于相对直接的位置，就要求其对损害承担全部责任，显然是有失公平的。《民法典》第1175条明确规定，损害是因第三人造成的，第三人应当承担侵权责任。某乙忽然冲出马路，某甲是为了避免撞到某乙才撞上某丙，某乙作为第三人，是损害发生的唯一原因，那么某甲作为侵权人的行为与损害之间的因果关系即被完全中断，此时应当由第三人即某乙承担全部侵权责任。

当然，在实践中，并非只要有第三人的因素，行为人就无须承担责任，而是需要区分具体情况。如上述情形，某甲不存在过错的，则无须承担责任。但若某甲存在超速等违反交通法规的情形，则可认定某甲对损害结果的发生也有一定的过错，需要承担部分责任。

总的来说，在因为第三人的过错导致的侵权案件中，不能一概而论地确定责任归属。必须具体考虑第三人的过错对于损害发生的影响，仔细权衡侵权人与第三人的责任大小。只有这样，才能在维护公平正义的基础上，合理地解决侵权纠纷，确保每一个当事人都能得到公正的对待。

2. 个人在网站通过网银转账被骗，可以要求网银公司承担责任吗？

赵某某诉某科技有限公司网络侵权责任纠纷一案[①]中，原告赵某某自称是坚固环球的业务员添加了原告的QQ好友，热情介绍原油、外汇及黄金的买卖技术指标，并主动指导原告开户、绑定银行卡、入金等一系列操作。原告在香港坚固环球平台交易软件获得的账号是8004174，在原告通过建设银行卡往香港坚固环球的账号入金时，其在坚固环球平台账户即刻到账成功，交易平台账户入金金额显示增加。从2016年7月13日至2018年3月29日，原告通过中国建设银行卡入金23笔，其中通过被告某科技有限公司第三方支付机构转账入金7笔，共计人民币23800.00元。随后原告发现被骗，遂起诉某科技有限公司要求赔偿损失。

二审法院经审理后认为：赵某某在"坚固环球"平台注册开户信息、自主登录并操作入金，其将个人名下借记卡中资金转入的目的在于通过该平台进行投资收益。该行为本身具有一定风险性。涉案款项流转的直接原因系赵某某的自主支

---

① 案号：北京市第四中级人民法院（2023）京04民终173号。

付，不存在某公司主动划扣的情况。某公司作为互联网支付公司，是独立的第三方支付中介机构，并未与赵某某进行直接交易，且支付结算服务亦是根据银行的指令进行，某公司无法对每笔交易是否系双方的真实意思表示进行审查。赵某某提供的证据不足以证明某公司在款项的支付环节存在擅自划扣的行为。涉案资金由入金充值交易变成网关支付交易的原因是由于新疆亚中公司擅自跳转链接所致，这在中国人民银行营业管理部出具《举报答复意见书》已经明确载明。故，现有证据无法证明赵某某财产损失与某公司行为之间存在因果关系，因此某公司无须承担赔偿责任。

在上述案件中，个人是基于骗子，才在平台上通过网银转账，虽然款项是通过网银转出的，但网银公司对被骗不存在过错，个人被骗是完全基于骗子这个第三人的原因，因此网银公司对损害结果的发生没有过错，无须承担赔偿责任。

3. 车在小区停车位被其他车辆划花，可以要求物管公司赔偿损失吗？

在（2020）京0116民初4477号朱某某诉北京某物业管理有限公司财产损害赔偿纠纷案件中，原告朱某某居住于怀柔区莲馨苑小区，被告北京某物业管理有限公司为该小区提供物业服务。2020年1月6日早上，原告朱某某发现其于前一日停放在小区内的车牌号为京×的小客车被剐蹭，造成车辆左前部损坏。当日，朱某某报警。2019年1月6日，怀柔交通支队事故中队为原告朱某某出具《事故证明》载明："2020年1月5日6时左右，朱某某报警，称自己的小型越野客车（京×）在怀柔区莲馨苑小区内停放，不知道被什么车剐蹭，小型越野客车左前部损坏。经工作，无法查到肇事车辆。特此证明。"事发后，原被告就赔偿事宜未能达成一致，故原告持诉讼理由及请求起诉至法院。

法院经审理后认为：根据《物业管理条例》第46条规定：物业服务企业应当协助做好物业管理区域内的安全防范工作。这种安全防范工作主要体现在物业管理公司是否尽到了安全保障义务上。本案中，原告朱某某车辆受损虽系第三人造成的剐蹭所致，但该车辆剐蹭行为发生在小区内。被告某物业公司作为小区的物业管理服务单位，负有小区公共区域的日常治安巡视、及时向有关部门申请加装监控设备并保障监控设施正常运行的义务，现因监控问题无法协助交通队确定侵权的第三人，应当认定被告没有尽到安全保障义务，被告应就此承担相应的补充责任,具体的责任比例,法院确定为20%。①

在上诉案件中,虽然个人的车辆是被第三人剐蹭的,但物管公司没能提供监控设备导致无法追责第三人,物管公司存在一定的过错,因此法院认定物管公司承担20%的赔偿责任。

4. 为他人开车运输货物途中发生交通事故导致死亡,肇事者赔偿后,可以再找雇主赔偿吗?

在(2020)沪0115民初54622号郭某某、陈某某1与上海某物流有限公司、张某等机动车交通事故责任纠纷案中,原告郭某某、陈某某1分别是陈某某2的妻子和独生子。2018年9月3日,陈某某2驾驶货车行驶在沈海高速与唐仕成驾驶大货车发生追尾碰撞,造成陈某某2受伤及二车受损的交通事故。经公安交警部门调查认定,唐仕成车辆故障未按规定设置安全警示标志,负事故同等责任;陈某某2疏于观察,遇情况措施不当,负事故同等责任。2019年9月,陈某某2起诉。后经法院调解,由保险公司赔偿陈某某2各项损失计共40万元,唐仕成的用人单位赔偿5000元。2019年12月5日,陈某某2猝死。2016年4月,被告张某、上海某物流有限公司签订普通货物道路运输车辆加盟协议书。协议约定,张某将其自有的涉事货车在内的七辆货车以上海某物流有限公司名称登记上户,张某按标准交纳加盟车辆管理费,协议有效期至2021年3月31日。

法院经审理后认为:本案应属雇主责任或提供劳务者受害责任纠纷,陈某某2受雇于他人提供劳务期间发生交通事故,原告方在第三方承担侵权赔偿责任后,再行主张雇主承担民事责任。雇佣关系不同于受公法体系规制保护的劳动法律关系,劳动关系内用人单位依法负有为劳动者办理社会保险之义务,在此规范下发生的第三方侵权致害情形,产生侵权损害赔偿和工伤保险赔偿法律关系的竞合,受害人可分别主张赔付,而个人劳务关系中受害人仅可择一主张。案涉事故经职能部门认定对方当事人负同等责任,陈某某2的相应事故损失由第三方的行为造成,现第三方已承担赔偿责任。且,陈某某2驾驶机动车行驶过程中疏于观察,遇情况采取措施不当,其自身具有重大过失,现无证据证明陈某某2的雇主对本次事故的发生具有可归责于其的过错情形。综上,二原告诉请相应被告承担赔偿

---

① 案号:北京市怀柔区人民法院(2020)京0116民初4477号。

责任，缺乏法律依据，本院无法支持。①

在上述案件中，个人受伤是基于与第三人的车辆发生碰撞导致，虽然个人是因为为被告提供劳务服务才遭遇的交通事故，但在交通事故相对方已赔偿损失后，个人不能再向雇主索赔。

（二）关联规定

《中华人民共和国电力法》

第六十条 因电力运行事故给用户或者第三人造成损害的，电力企业应当依法承担赔偿责任。

电力运行事故由下列原因之一造成的，电力企业不承担赔偿责任：

（一）不可抗力；

（二）用户自身的过错。

因用户或者第三人的过错给电力企业或者其他用户造成损害的，该用户或者第三人应当依法承担赔偿责任。

《中华人民共和国海洋环境保护法》

第八十九条 船舶及有关作业活动应当遵守有关法律法规和标准，采取有效措施，防止造成海洋环境污染。海事管理机构等应当加强对船舶及有关作业活动的监督管理。

船舶进行散装液体污染危害性货物的过驳作业，应当编制作业方案，采取有效的安全和污染防治措施，并事先按照有关规定报经批准。

《中华人民共和国水污染防治法》

第九十六条 因水污染受到损害的当事人，有权要求排污方排除危害和赔偿损失。

由于不可抗力造成水污染损害的，排污方不承担赔偿责任；法律另有规定的除外。

水污染损害是由受害人故意造成的，排污方不承担赔偿责任。水污染损害是由受害人重大过失造成的，可以减轻排污方的赔偿责任。

水污染损害是由第三人造成的，排污方承担赔偿责任后，有权向第三人追偿。

---

① 案号：上海市浦东新区人民法院（2020）沪0115民初54622号。

十三、自甘风险

第一千一百七十六条 自愿参加具有一定风险的文体活动，因其他参加者的行为受到损害的，受害人不得请求其他参加者承担侵权责任；但是，其他参加者对损害的发生有故意或者重大过失的除外。

活动组织者的责任适用本法第一千一百九十八条至第一千二百零一条的规定。

（一）实务问答

1. 羽毛球比赛中被对方大力扣杀打到眼睛导致视力受损，可以要求对方赔偿吗？

在（2021）京03民终5483号宋某某与周某生命权、健康权、身体权纠纷案中，2020年4月28日上午，宋某某、周某与案外四人在公园内露天场地进行羽毛球3对3比赛，宋某某与周某异队。运动中，宋某某站在发球线位置接对方网前球后，将球回挑到周某方中场，周某迅速杀球进攻，宋某某直立举拍防守未果，被羽毛球击中右眼。事发后，宋某某由周某陪同至某人民医院就诊，周某为宋某某垫付了当日的医疗费。随后宋某某住院治疗。2020年7月6日，某人民医院出具诊断证明，显示：宋某某于2020年4月28日右眼被羽毛球击伤，术前见右眼视神经萎缩，术后5周余验光提示右眼最佳矫正视力为0.05。截止到2020年7月6日，宋某某支出医疗费7170.73元。随后宋某某起诉周某要求赔偿。

法院经审理后认为：自愿参加具有一定风险的文体活动，因其他参加者的行为受到损害的，受害人不得请求其他参加者承担侵权责任；但是，其他参加者对损害的发生有故意或者重大过失的除外。本案中，宋某某作为多年参与羽毛球运动的爱好者，对于自身情况和其他参赛者的能力以及此项运动的危险和可能造成的损害应当有所预知和预见，而宋某某仍自愿参加比赛，将自身置于潜在危险之中，应认定为自甘冒险的行为。本案中，周某系在宋某某将羽毛球回挑到其所在场地后迅速移动并杀球进攻，杀球进攻系羽毛球运动的正常技术动作，而周某作为未经专业训练的羽毛球业余爱好者，尚不具备精准控制落球点的专业素质和能力，且在当时情形下并无过多考虑、判断的时间，周某并不存在明显违反比赛规则的情形，故现有证据不足以证明其行为存在故意或重大过失，一审法院在此情形下认定本案符合自甘风险原则并判决驳回宋某某的诉请并无不当。①

上述案件为《民法典》"自甘冒险"适用的典型案例。在该案件中，个人是因对方扣杀导致眼睛受伤，但考虑到羽毛球运动本身就有一定风险，个人自愿参加就意味着同意接受该种风险，加上对方并未违规，因此法院适用《民法典》第1176条的规定，判令对方无须承担责任。

2. 参加学校安排乐队排练过程中被其他同学的乐器砸伤，可以要求该同学赔偿吗？

某甲与某乙均为中学学校乐器团成员，演奏小提琴。因要参加比赛，学校要求团员课后留下排练。排练过程中，某甲因过度劳累，小提琴脱手，砸到旁边某乙的脚背，造成骨折。在此情况下，某甲的监护人需对某乙承担赔偿责任。理由在于：根据《民法典》第1176条的规定，参加有一定风险的文体活动，如因其他参加者受伤，不得要求该参加者赔偿。但该条款适用的前提是该文体活动是"有一定风险的"，且该"一定风险"是可以被预见和预知的。在上述情形下，虽然乐队排练也属于法律规定的"文体活动"，加害者某甲也是乐队成员，属于法律规定的"其他参加者"，但某乙在参加乐队排练时，是不可能预见自己会被某甲的小提琴砸伤，更不可能有合理的预期知道自己会骨折。因为在正常的情况下，乐团排练是不会受到伤害的。"不受伤"才是符合某乙的心理预期的。因此，在此情形下，《民法典》第1176条没有适用的空间，某甲过失导致某乙受伤，而某甲是未成年人，某甲的监护人应当就某甲砸伤某乙的行为承担赔偿责任。

3. 篮球比赛中，对方恶意犯规导致受伤，可以请求对方赔偿吗？

某甲与某乙参加三对三篮球比赛，两人异队。某甲在一次防守中成功盖帽某乙的上篮，某乙对此心生不满。在下一轮某甲进攻过程中，某乙故意大力撞击持球进攻的某甲，导致某甲倒地后脑震荡，某乙被裁判认定为是恶意犯规。在此情况下，某乙应就其恶意犯规导致某甲脑震荡承担赔偿责任。理由在于：从表面上

---

① 案号：北京市第三中级人民法院（2021）京03民终5483号。

看，适用《民法典》第1176条只需要满足四个条件即可：一是自愿参加；二是明知有一定风险；三是参加的是文体活动；四是损害是其他参与者造成的。结合本案来看，某甲是自愿参加篮球比赛，且篮球比赛是有一定风险的文体活动，对此某甲是知道或应当知道的，最后，某甲的脑震荡确实是因同为参与者的某乙造成的。本案貌似完全符合《民法典》第1176条的适用条件。但事实上，《民法典》第1176条还有一个隐瞒的适用条件，就是参与者必须不是恶意的。任何时候，故意导致他人受伤，均是不被法律允许的。在本案中，某乙被认定为恶意犯规，即其行为不是比赛中被允许的合法防守，某乙是故意造成某甲受伤的。因此，本案不适用《民法典》第1176条规定，某乙应对其故意导致某甲受伤承担赔偿责任。

4. 参加真人 CS，与同伴相撞导致受伤，可以要求同伴及商家赔偿吗？

在（2023）黑01民终15402号哈尔滨某体育科技有限公司（以下简称某公司）与盖某成、徐某航、徐某男生命权、身体权、健康权纠纷案中，2023年4月8日，盖某成母亲带盖某成在某公司玩CS真人游戏。盖某成与徐某航在游戏时均躲在掩体后，两人在奔跑时相撞，徐某航将盖某成撞倒，随后徐某航叫停游戏，待某公司工作人员到现场后，发现盖某成面部受伤，随后将盖某成带离游戏场所。盖某成当日到哈尔滨某医院进行治疗，经诊断为鼻骨骨折。盖某成受伤产生医疗费用5674.32元，交通费用44元。后，盖某成起诉徐某航及某公司。

法院经审理后认为：就徐某航是否需要承担责任的问题，CS真人游戏系模拟战场真人对抗的竞技性娱乐活动，其模拟对战射击高度还原真实对抗场景，其场地风险一般高于普通文体活动，因活动的管理者和组织者具有专业性和营利性，故其应当采取必要的措施，对风险进行适当的管理，在游戏开始前应向游戏参加者予以充分告知并对参加者进行培训，防止和降低在游戏中发生误伤的可能。在CS真人游戏过程中，奔跑是正当的游戏行为，盖某成与徐某航作为游戏的参与者，亦是按游戏规则进行，并没有违规情况，均不存在过错，不应承担责任。[1]

在上述案件中，盖某成的受伤是因为与徐某航相撞导致，但相撞是游戏中可以被预见的风险，因此本案适用《民法典》第1176条，徐某航无须承担责任。

---

[1] 案号：黑龙江省哈尔滨市中级人民法院（2023）黑01民终15402号。

(二) 关联规定

《最高人民法院关于适用〈中华人民共和国民法典〉时间效力的若干规定》

第十六条 民法典施行前，受害人自愿参加具有一定风险的文体活动受到损害引起的民事纠纷案件，适用民法典第一千一百七十六条的规定。

十四、自力救济

> **第一千一百七十七条** 合法权益受到侵害，情况紧迫且不能及时获得国家机关保护，不立即采取措施将使其合法权益受到难以弥补的损害的，受害人可以在保护自己合法权益的必要范围内采取扣留侵权人的财物等合理措施；但是，应当立即请求有关国家机关处理。
>
> 受害人采取的措施不当造成他人损害的，应当承担侵权责任。

(一) 实务问答

1. 赌钱过程中一方耍赖把输掉的赌资抢回去，可以强行扣下该赌资吗？

某甲与某乙聚众赌博，某甲在与某乙对赌过程中连输10盘，把身上的3000元全部输光了。某甲输红眼了，把输给某乙的3000元抢回来了。某乙认为某甲愿赌不服输，强行把某甲的钱抢回来了。某乙该行为并不合法。理由如下：《民法典》第1177条规定的自助行为，作为一种特殊的救济途径，有着明确的限定条件。当权利人自身的合法权益遭受侵害，且在来不及获得国家机关保护之时，方可自行采取救济措施。在此过程中，行为人的目的务必是保护自己的合法权益。这一目的的纯粹性至关重要，若出于非法目的而采取行动，绝不能将其认定为自助行为。自助行为的存在，是为了在紧急情况下给予权利人一定的自我保护空间。然而，这种保护必须在合法的框架内进行。只有当目的正当、行为合法时，自助行为才能被认可和接受。倘若以非法目的为驱动，不仅无法获得法律的支持，还可能面临法律的制裁。

2. 在路上行走被电动车撞倒，电动车驾驶人准备逃逸，伤者为扣住电动车而把驾驶人打伤，伤者需要为此赔偿吗？

某甲在路上正常行走，某乙骑着电动车在后面赶超某甲时，后视镜刮倒某甲。某乙发现刮倒某甲后，害怕承担责任，准备再次发动电动车离开。某甲起身拉住在电动车上的某乙，把某乙手臂拉伤。在此情况下，某甲需要对拉伤某乙的行为承担责任。理由如下：根据《民法典》第1177条的规定，某甲受到某乙的侵害，且某乙准备逃跑，不立即阻止确实很可能导致事后无法追责某乙。但该法条明确规定，合理措施仅包括"扣留侵权人的财物"，但不包括限制人身自由，更不包括伤害他人。因为如果允许限制相对人的人身自由，极大地增加了权利滥用的风险。当出现债务人可能逃逸且事后难以追踪的情况时，允许限制人身自由的规定就如同打开了潘多拉魔盒。权利人极有可能采取极端手段，如跟踪围堵、非法拘禁，甚至发展到侮辱殴打债务人。如此一来，若允许限制债务人人身自由，必然导致自助行为失控，与立法的初衷背道而驰。另外，从学理层面分析，人格权的重要性和优先性远高于财产权。在构建法治社会的道路上，我们必须明确人格权的神圣不可侵犯。如果仅仅为了保护债权人的债权而允许限制债务人的人身自由，那便是本末倒置的"重物轻人"之举，必将打破权利的平衡。我们应当始终坚守法律的底线，确保人的基本权利不受侵犯，不能因过度追逐财产权益而牺牲人格尊严。

3. 顾客吃霸王餐，店家可以扣留顾客钱包吗？

某甲在某乙餐厅吃饭，吃完借口饭菜不好吃，准备强行走人。此时某乙发现某甲将钱包遗落在座位，便扣留了某甲的钱包。某甲要求返还钱包，此时，某乙应当如何处理？正确的做法是：暂不返还钱包，并立即报警。理由如下：根据《民法典》第1177条的规定，某甲吃完饭拒绝付款，侵犯了某乙收取饭钱的合法权益，且某甲准备走人，属于情况紧急，若让某甲走了，某乙将很可能无法再向某甲追偿款项，在此情况下，某乙为了维护自己的合法权益，将某甲的钱包扣留，属于合法的自助行为。因此，虽然钱包是某甲的合法财产，但某乙有合法理由暂扣，某甲无权要求某乙返还。但同时，某乙也无权长时间扣留该钱包。根据《民法典》第1177条的规定，某乙应当立即报警，申请警察介入处理。

(二) 关联规定

《最高人民法院关于适用〈中华人民共和国民法典〉时间效力的若干规定》

第十七条 民法典施行前，受害人为保护自己合法权益采取扣留侵权人的财物等措施引起的民事纠纷案件，适用民法典第一千一百七十七条的规定。

十五、特别规定优先适用

> **第一千一百七十八条** 本法和其他法律对不承担责任或者减轻责任的情形另有规定的，依照其规定。

关联规定

《中华人民共和国民法典》

第一百八十条 因不可抗力不能履行民事义务的，不承担民事责任。法律另有规定的，依照其规定。

不可抗力是不能预见、不能避免且不能克服的客观情况。

第一百八十一条 因正当防卫造成损害的，不承担民事责任。

正当防卫超过必要的限度，造成不应有的损害的，正当防卫人应当承担适当的民事责任。

第一百八十二条 因紧急避险造成损害的，由引起险情发生的人承担民事责任。

危险由自然原因引起的，紧急避险人不承担民事责任，可以给予适当补偿。

紧急避险采取措施不当或者超过必要的限度，造成不应有的损害的，紧急避险人应当承担适当的民事责任。

第一百八十四条 因自愿实施紧急救助行为造成受助人损害的，救助人不承担民事责任。

《中华人民共和国民用航空法》

第一百二十六条 旅客、行李或者货物在航空运输中因延误造成的损失，承运人应当承担责任；但是，承运人证明本人或者其受雇人、代理人为了避免损失的发生，已经采取一切必要措施或者不可能采取此种措施的，不承担责任。

《中华人民共和国邮政法》

第四十八条 因下列原因之一造成的给据邮件损失，邮政企业不承担赔偿责任：

（一）不可抗力，但因不可抗力造成的保价的给据邮件的损失除外；

（二）所寄物品本身的自然性质或者合理损耗；

（三）寄件人、收件人的过错。

第二章 损害赔偿

一、人身损害赔偿范围

> **第一千一百七十九条** 侵害他人造成人身损害的，应当赔偿医疗费、护理费、交通费、营养费、住院伙食补助费等为治疗和康复支出的合理费用，以及因误工减少的收入。造成残疾的，还应当赔偿辅助器具费和残疾赔偿金；造成死亡的，还应当赔偿丧葬费和死亡赔偿金。

（一）实务问答

1. 后续治疗费超出法院判决可否另行起诉主张？

在人身损害赔偿等案件中，对于后续治疗费，如果实际发生的费用超过了原来判决预估的数额，受害人有权就超出部分另行起诉。这是因为后续治疗费在很多情况下是难以精准预估的，如一些病情可能出现恶化、需要进行新的治疗手段等情况。

例如，在一个交通事故导致人身伤害的案件中，法院根据当时的医疗鉴定和相关情况，判决侵权人赔偿受害人后续治疗费5万元。但随着受害人的康复过程，发现之前的伤情引发了新的并发症，需要进行额外的手术和长期的药物治疗，费用总计达到了8万元。这种情况下，受害人就超出原来判决3万元的部分可以另行起诉。

在起诉时，受害人需要提供新的证据，如医院出具的关于新病情的诊断证明、费用清单、病历等，以证明这些额外的费用是由于与原来伤害事件直接相关的后续治疗所产生的合理且必要的支出。

2. 空难死亡赔偿金是否属于遗产？

空难死亡赔偿并非自然人在日常生活中创造积累的财富，也不是其生存期间合法拥有并可自由支配的财产权利，而是源于意外事件所催生的一种赔偿性质的权利。空难死亡赔偿金在性质上更趋近于精神抚慰金。自然人一旦身故，后续的赔偿金便无法依据死者的意愿交付给他本人，唯有其近亲属才具备主张该权利的资格。尽管从权利产生的时间节点来看，是在死者离世的时刻形成，这在某种程度上与遗产的产生时间有相似之处，然而其权利的本质属性明确显示，这是赔偿义务人针对死者死亡这一事实所给予的经济补偿，全然不顾及死者自身的意愿表达，只能由死者的近亲属予以享有。

在《最高人民法院关于空难死亡赔偿金能否作为遗产处理的复函》（〔2004〕民一他字第 26 号）中，最高人民法院认为：空难死亡赔偿金是基于死者死亡对死者近亲属所支付的赔偿。获得空难死亡赔偿金的权利人是死者近亲属，而非死者。故，空难死亡赔偿金不宜认定为遗产。

3. 受害人因受伤而在未来可能产生的假肢费用是否应当赔偿？

在 2013 年第 8 期《最高人民法院公报》刊登的"谢叶阳诉上海动物园饲养动物致人损害纠纷案"中，就假肢费用是否应当赔偿进行了分析。相关裁判摘要如下：

上诉人谢叶阳尚年幼，右手中指的部分缺失对其今后正常的生活、学习确实会造成一定影响，安装的假肢虽为美容假肢，但确能起到一定的功能作用。故，原审法院根据双方的过错程度，酌情支持部分假肢费用并无不当。上诉人上海动物园上诉认为不应承担假肢费用的观点，法院不予采纳。原审法院鉴于今后的假肢费用目前尚未实际发生，假肢费用具有不确定性，为更好地保护谢叶阳的权益，对今后的假肢费用未予支持亦无不当。谢叶阳要求本案中一并处理今后的假肢费用的观点，法院亦不予采纳。谢叶阳可待该费用实际发生后另行主张。

（二）关联规定

《中华人民共和国产品质量法》

第四十四条 因产品存在缺陷造成受害人人身伤害的，侵害人应当赔偿医疗费、治疗期间的护理费、因误工减少的收入等费用；造成残疾的，还应当支付残疾者生活自助具费、生活补助费、残疾赔偿金以及由其扶养的人所必需的生活费等费用；造成受害人死亡的，并应当支付丧葬费、死亡赔偿金以及由死者生前扶养的人所必需的生活费等费用。

因产品存在缺陷造成受害人财产损失的，侵害人应当恢复原状或者折价赔偿。受害人因此遭受其他重大损失的，侵害人应当赔偿损失。

《中华人民共和国消费者权益保护法》

第四十九条　经营者提供商品或者服务，造成消费者或者其他受害人人身伤害的，应当赔偿医疗费、护理费、交通费等为治疗和康复支出的合理费用，以及因误工减少的收入。造成残疾的，还应当赔偿残疾生活辅助具费和残疾赔偿金。造成死亡的，还应当赔偿丧葬费和死亡赔偿金。

《中华人民共和国国家赔偿法》

第三十四条　侵犯公民生命健康权的，赔偿金按照下列规定计算：

（一）造成身体伤害的，应当支付医疗费、护理费，以及赔偿因误工减少的收入。减少的收入每日的赔偿金按照国家上年度职工日平均工资计算，最高额为国家上年度职工年平均工资的五倍；

（二）造成部分或者全部丧失劳动能力的，应当支付医疗费、护理费、残疾生活辅助具费、康复费等因残疾而增加的必要支出和继续治疗所必需的费用，以及残疾赔偿金。残疾赔偿金根据丧失劳动能力的程度，按照国家规定的伤残等级确定，最高不超过国家上年度职工年平均工资的二十倍。造成全部丧失劳动能力的，对其扶养的无劳动能力的人，还应当支付生活费；

（三）造成死亡的，应当支付死亡赔偿金、丧葬费，总额为国家上年度职工年平均工资的二十倍。对死者生前扶养的无劳动能力的人，还应当支付生活费。

前款第二项、第三项规定的生活费的发放标准，参照当地最低生活保障标准执行。被扶养的人是未成年人的，生活费给付至十八周岁止；其他无劳动能力的人，生活费给付至死亡时止。

《最高人民法院关于审理人身损害赔偿案件适用法律若干问题的解释》

第六条　医疗费根据医疗机构出具的医药费、住院费等收款凭证，结合病历和诊断证明等相关证据确定。赔偿义务人对治疗的必要性和合理性有异议的，应当承担相应的举证责任。

医疗费的赔偿数额，按照一审法庭辩论终结前实际发生的数额确定。器官功能恢复训练所必要的康复费、适当的整容费以及其他后续治疗费，赔偿权利人可以待实际发生后另行起诉。但根据医疗证明或者鉴定结论确定必然发生的费用，可以与已经发生的医疗费一并予以赔偿。

第七条 误工费根据受害人的误工时间和收入状况确定。

误工时间根据受害人接受治疗的医疗机构出具的证明确定。受害人因伤致残持续误工的，误工时间可以计算至定残日前一天。

受害人有固定收入的，误工费按照实际减少的收入计算。受害人无固定收入的，按照其最近三年的平均收入计算；受害人不能举证证明其最近三年的平均收入状况的，可以参照受诉法院所在地相同或者相近行业上一年度职工的平均工资计算。

第八条 护理费根据护理人员的收入状况和护理人数、护理期限确定。

护理人员有收入的，参照误工费的规定计算；护理人员没有收入或者雇佣护工的，参照当地护工从事同等级别护理的劳务报酬标准计算。护理人员原则上为一人，但医疗机构或者鉴定机构有明确意见的，可以参照确定护理人员人数。

护理期限应计算至受害人恢复生活自理能力时止。受害人因残疾不能恢复生活自理能力的，可以根据其年龄、健康状况等因素确定合理的护理期限，但最长不超过二十年。

受害人定残后的护理，应当根据其护理依赖程度并结合配制残疾辅助器具的情况确定护理级别。

第九条 交通费根据受害人及其必要的陪护人员因就医或者转院治疗实际发生的费用计算。交通费应当以正式票据为凭；有关凭据应当与就医地点、时间、人数、次数相符合。

第十条 住院伙食补助费可以参照当地国家机关一般工作人员的出差伙食补助标准予以确定。

受害人确有必要到外地治疗，因客观原因不能住院，受害人本人及其陪护人员实际发生的住宿费和伙食费，其合理部分应予赔偿。

第十一条 营养费根据受害人伤残情况参照医疗机构的意见确定。

第十二条 残疾赔偿金根据受害人丧失劳动能力程度或者伤残等级，按照受诉法院所在地上一年度城镇居民人均可支配收入标准，自定残之日起按二十年计算。但六十周岁以上的，年龄每增加一岁减少一年；七十五周岁以上的，按五年计算。

受害人因伤致残但实际收入没有减少，或者伤残等级较轻但造成职业妨害严重影响其劳动就业的，可以对残疾赔偿金作相应调整。

第十三条 残疾辅助器具费按照普通适用器具的合理费用标准计算。伤情有特殊需要的，可以参照辅助器具配制机构的意见确定相应的合理费用标准。

辅助器具的更换周期和赔偿期限参照配制机构的意见确定。

第十四条 丧葬费按照受诉法院所在地上一年度职工月平均工资标准，以六个月总额计算。

第十五条 死亡赔偿金按照受诉法院所在地上一年度城镇居民人均可支配收入标准，按二十年计算。但六十周岁以上的，年龄每增加一岁减少一年；七十五周岁以上的，按五年计算。

第十六条 被扶养人生活费计入残疾赔偿金或者死亡赔偿金。

第十七条 被扶养人生活费根据扶养人丧失劳动能力程度，按照受诉法院所在地上一年度城镇居民人均消费支出标准计算。被扶养人为未成年人的，计算至十八周岁；被扶养人无劳动能力又无其他生活来源的，计算二十年。但六十周岁以上的，年龄每增加一岁减少一年；七十五周岁以上的，按五年计算。

被扶养人是指受害人依法应当承担扶养义务的未成年人或者丧失劳动能力又无其他生活来源的成年近亲属。被扶养人还有其他扶养人的，赔偿义务人只赔偿受害人依法应当负担的部分。被扶养人有数人的，年赔偿总额累计不超过上一年度城镇居民人均消费支出额。

第十八条 赔偿权利人举证证明其住所地或者经常居住地城镇居民人均可支配收入高于受诉法院所在地标准的，残疾赔偿金或者死亡赔偿金可以按照其住所地或者经常居住地的相关标准计算。

被扶养人生活费的相关计算标准，依照前款原则确定。

第十九条 超过确定的护理期限、辅助器具费给付年限或者残疾赔偿金给付年限，赔偿权利人向人民法院起诉请求继续给付护理费、辅助器具费或者残疾赔偿金的，人民法院应予受理。赔偿权利人确需继续护理、配制辅助器具，或者没有劳动能力和生活来源的，人民法院应当判令赔偿义务人继续给付相关费用五至十年。

第二十条 赔偿义务人请求以定期金方式给付残疾赔偿金、辅助器具费的，应当提供相应的担保。人民法院可以根据赔偿义务人的给付能力和提供担保的情况，确定以定期金方式给付相关费用。但是，一审法庭辩论终结前已经发生的费用、死亡赔偿金以及精神损害抚慰金，应当一次性给付。

第二十一条 人民法院应当在法律文书中明确定期金的给付时间、方式以及每期给付标准。执行期间有关统计数据发生变化的，给付金额应当适时进行相应调整。

定期金按照赔偿权利人的实际生存年限给付，不受本解释有关赔偿期限的限制。

第二十二条 本解释所称"城镇居民人均可支配收入""城镇居民人均消费支出""职工平均工资"，按照政府统计部门公布的各省、自治区、直辖市以及经济特区和计划单列市上一年度相关统计数据确定。

"上一年度"，是指一审法庭辩论终结时的上一统计年度。

《最高人民法院关于审理道路交通事故损害赔偿案件适用法律若干问题的解释》

第十一条 道路交通安全法第七十六条规定的"人身伤亡"，是指机动车发生交通事故侵害被侵权人的生命权、身体权、健康权等人身权益所造成的损害，包括民法典第一千一百七十九条和第一千一百八十三条规定的各项损害。

道路交通安全法第七十六条规定的"财产损失"，是指因机动车发生交通事故侵害被侵权人的财产权益所造成的损失。

《最高人民法院关于适用〈中华人民共和国侵权责任法〉若干问题的通知》

四、人民法院适用侵权责任法审理民事纠纷案件，如受害人有被抚养人的，应当依据《最高人民法院关于审理人身损害赔偿案件适用法律若干问题的解释》第二十八条的规定，将被抚养人生活费计入残疾赔偿金或死亡赔偿金。

《最高人民法院关于审理生态环境侵权责任纠纷案件适用法律若干问题的解释》

第九条 两个以上侵权人分别排放的物质相互作用产生污染物造成他人损害，被侵权人请求侵权人承担连带责任的，人民法院应予支持。

二、以相同数额确定死亡赔偿金

第一千一百八十条 因同一侵权行为造成多人死亡的，可以以相同数额确定死亡赔偿金。

（一）实务问答

1. 在同一起交通意外中死亡的人，每个人的死亡赔偿金都是相同的吗？

在同一起交通意外中死亡的人，每个人的死亡赔偿金并不一定是相同的。死亡赔偿金的计算通常会考虑多种因素，包括但不限于受害人的年龄、收入水平、家庭情况、被扶养人情况等。具体来说，以下几个因素会影响死亡赔偿金的数额：

（1）年龄

年轻的受害人通常会有更长的预期工作年限，因此可能获得更高的赔偿金。年长的受害人可能预期工作年限较短，赔偿金可能会相应减少。

（2）收入水平

受害人的收入水平是计算死亡赔偿金的重要因素之一。收入较高的受害人通常会获得更高的赔偿金。无固定收入或收入较低的受害人，赔偿金可能会相应减少。

（3）家庭情况

受害人的家庭情况，特别是是否有被扶养人（如未成年子女、年迈父母等），会影响赔偿金的数额。有被扶养人的受害人，赔偿金中会包括被扶养人生活费。

（4）精神损害抚慰金

精神损害抚慰金的数额可能会因受害人的具体情况而有所不同，如受害人的社会地位、家庭背景等。

（5）地区差异

不同地区的经济水平和生活成本不同，赔偿标准也会有所差异。

综上，在实际操作中，法院会根据上述因素综合考虑，确定每个受害人的死亡赔偿金数额。因此，即使在同一事故中死亡的多人，他们的赔偿金数额可能也会有所不同。

2. 海上事故造成多人死亡，赔偿标准能否就高处理？

在宁波海事法院发布的《宁波海事法院船员权益司法保护情况通报（2016—2018年）》中，提及如下案例：

2015年7月14日凌晨，利比里亚籍集装箱船"FS SANAGA"轮从上海驶经厦门途中，在宁波象山海域与台州三门籍渔船"浙三渔00011"轮发生碰撞，致渔船当场沉没，船上 14 名船员全部死亡。海事部门调查报告显示，肇事外轮明知发生碰撞事故，但没有及时采取补救措施，而是选择逃逸，错过了最佳施救时间。2016 年 4 月，14 名遇难船员的亲属向我院提起诉讼，要求肇事外轮方赔偿受害方死亡赔偿金、丧葬费等共计 1677 余万元。法院经审理查明，14 名遇难船员中，除 1 名船员为城镇户籍外，其余 13 名均为农村户籍，各原告主张 14 名船员的死亡赔偿金均应依照 2015 年度浙江省城镇居民人均可支配收入计算，法院对各原告该项主张予以保护，并判决 14 名遇难船员亲属共计获得赔偿款 1516 万余元，一审判决后，各方当事人均未上诉。判决生效后，法院将外轮方汇付的赔偿款转交给 14 名遇难船员的家属。①

本案是典型的因船舶碰撞事故造成重特大人员死亡的损害赔偿群体性诉讼系列案件，争议焦点为涉案 14 名遇难船员的死亡赔偿金计算标准。根据《侵权责任法》第 17 条（现《民法典》第 1180 条）"因同一侵权行为造成多人死亡的，可以以相同数额确定死亡赔偿金"的规定，法院经审理认为，涉案事故导致 14 名船员遇难，未有特殊情况排除该规定的适用，确定统一按城镇较高标准计算死亡赔偿金，最大限度保护了船员利益，充分维护了弱势群体合法权益。

三、被侵权人死亡时请求权主体的确定

> **第一千一百八十一条** 被侵权人死亡的，其近亲属有权请求侵权人承担侵权责任。被侵权人为组织，该组织分立、合并的，承继权利的组织有权请求侵权人承担侵权责任。
>
> 被侵权人死亡的，支付被侵权人医疗费、丧葬费等合理费用的人有权请求侵权人赔偿费用，但是侵权人已经支付该费用的除外。

---

① 《船员权益司法保护过程发现的问题及典型案例（2016-2018 年）｜海商法资讯》，载微信公众号"海商法资讯"2019 年 6 月 25 日，https://mp.weixin.qq.com/s/BrtNy4lIc7Tyr6KAxKK4aA，最后访问日期：2025 年 4 月 21 日。

（一）实务问答

1. 第一顺位继承人不主张侵权损害赔偿时，第二顺位继承人是否具有原告的主体资格并主张权利？

一般情况下，当第一顺位继承人不主张侵权损害赔偿时，第二顺位继承人通常不具有原告的主体资格来主张权利。

根据《民法典》第 1127 条规定，继承开始后，由第一顺序继承人（配偶、子女、父母）继承，第二顺序继承人（兄弟姐妹、祖父母、外祖父母）不继承；没有第一顺序继承人继承的，才由第二顺序继承人继承。侵权损害赔偿请求权在一定程度上与遗产继承类似，第一顺位继承人对该权利具有优先性。

在以往的司法实践中，多数观点认为只有在没有第一顺位亲属的情况下，第二顺位亲属才可以主张损害赔偿请求权。因此，在一些案例中法院认为近亲属的损害赔偿请求权具有顺位要求。

但是，存在某些特殊情况，如果第二顺位继承人支付了医疗费、丧葬费等相关费用，那么其可以请求侵权人偿还这些费用。也就是说，第二顺位继承人在特定情况下对自己支付的费用部分有追偿的权利，但这并非对整个侵权损害赔偿主张权利，而仅仅是对自己支出费用的补偿请求权。

2. 死者的姓名、肖像、名誉、荣誉、隐私、遗体、遗骨等受到侵害，近亲属能否要求精神损害赔偿？

可以。在《最高人民法院关于确定民事侵权精神损害赔偿责任若干问题的解释》（法释〔2001〕7 号）（2020 年 12 月 23 日修正）第 3 条中，对自然人死亡后，近亲属的精神损害赔偿请求权作出了如下规定：死者的姓名、肖像、名誉、荣誉、隐私、遗体、遗骨等受到侵害，其近亲属向人民法院提起诉讼请求精神损害赔偿的，人民法院应当依法予以支持。

（二）关联规定

《中华人民共和国国家赔偿法》

第六条 受害的公民、法人和其他组织有权要求赔偿。

受害的公民死亡，其继承人和其他有扶养关系的亲属有权要求赔偿。

受害的法人或者其他组织终止的，其权利承受人有权要求赔偿。

《最高人民法院关于审理人身损害赔偿案件适用法律若干问题的解释》

第一条 因生命、身体、健康遭受侵害，赔偿权利人起诉请求赔偿义务人赔偿物质损害和精神损害的，人民法院应予受理。

本条所称"赔偿权利人"，是指因侵权行为或者其他致害原因直接遭受人身损害的受害人以及死亡受害人的近亲属。

本条所称"赔偿义务人"，是指因自己或者他人的侵权行为以及其他致害原因依法应当承担民事责任的自然人、法人或者非法人组织。

《最高人民法院关于确定民事侵权精神损害赔偿责任若干问题的解释》

第三条 死者的姓名、肖像、名誉、荣誉、隐私、遗体、遗骨等受到侵害，其近亲属向人民法院提起诉讼请求精神损害赔偿的，人民法院应当依法予以支持。

《最高人民法院关于印发〈第八次全国法院民事商事审判工作会议（民事部分）纪要〉的通知》

6. 鉴于侵权责任法第十八条明确规定被侵权人死亡，其近亲属有权请求侵权人承担侵权责任，并没有赋予有关机关或者单位提起请求的权利，当侵权行为造成身份不明人死亡时，如果没有赔偿权利人或者赔偿权利人不明，有关机关或者单位无权提起民事诉讼主张死亡赔偿金，但其为死者垫付的医疗费、丧葬费等实际发生的费用除外。

《最高人民法院关于审理道路交通事故损害赔偿案件适用法律若干问题的解释》

第二十三条 被侵权人因道路交通事故死亡，无近亲属或者近亲属不明，未经法律授权的机关或者有关组织向人民法院起诉主张死亡赔偿金的，人民法院不予受理。

侵权人以已向未经法律授权的机关或者有关组织支付死亡赔偿金为理由，请求保险公司在交强险责任限额范围内予以赔偿的，人民法院不予支持。

被侵权人因道路交通事故死亡，无近亲属或者近亲属不明，支付被侵权人医疗费、丧葬费等合理费用的单位或者个人，请求保险公司在交强险责任限额范围内予以赔偿的，人民法院应予支持。

四、侵害他人人身权益造成财产损失的赔偿

> 第一千一百八十二条 侵害他人人身权益造成财产损失的,按照被侵权人因此受到的损失或者侵权人因此获得的利益赔偿;被侵权人因此受到的损失以及侵权人因此获得的利益难以确定,被侵权人和侵权人就赔偿数额协商不一致,向人民法院提起诉讼的,由人民法院根据实际情况确定赔偿数额。

(一)实务问答

1. 通过"暗网"非法购买公民个人信息并出售获利,侵权人是否需要赔偿公民个人信息损失?

在北京市顺义区人民法院(2021)京0113刑初1205号案件中[1],顺义区人民法院经审理查明:被告人李某某通过"暗网"以虚拟币支付等方式非法购买包含姓名、手机号等内容的公民个人信息存于电脑,通过聊天工具联络买家出售。经查,李某某从2020年9月至2021年5月向他人出售公民个人信息获利共计106859.84元。2021年6月14日,李某某被抓获,公安机关起获并扣押其下载、储存公民个人信息的笔记本电脑1台,用于销赃的手机2部。经鉴定,在扣押的笔记本电脑内提取公民个人信息经排重后共计900余万条。

顺义区人民法院经审理认为:被告人李某某非法获取及出售公民个人信息,情节特别严重,已构成侵犯公民个人信息罪,依法应予惩处。公诉机关对被告人李某某犯侵犯公民个人信息罪的指控事实清楚,证据确实、充分,罪名成立。《民法典》第111条规定,自然人的个人信息受法律保护,任何组织、个人不得非法买卖、提供或者公开他人个人信息。被告人李某某非法获取并出售公民个人信息的行为不仅侵害了不特定公民的个人信息和隐私等权利,而且危害不特定公民的生命财产安全,严重损害社会公共利益,不仅应承担刑事责任,亦应当承担

---

[1] 案号:北京市顺义区人民法院(2021)京0113刑初1205号。

民事侵权责任。《民法典》第 187 条规定，民事主体因同一行为应当承担民事责任、行政责任和刑事责任的，承担行政责任或者刑事责任不影响承担民事责任；民事主体的财产不足以支付的，优先用于承担民事责任。法院依据刑法的有关规定对李某某判处罚金、没收其违法所得，不影响其承担赔偿损失的民事责任。李某某家属缴纳的钱款 106859.84 元，应作为公民个人信息损失赔偿款，上缴国库。综上，依照刑法、民法典等规定，顺义区法院判决：一、被告人李某某犯侵犯公民个人信息罪，判处有期徒刑 3 年，并处罚金 11 万元。二、继续追缴被告人李某某的违法所得 106859.84 元，依法予以没收。三、在案扣押的作案工具电脑 1 台及手机 2 部，依法予以没收。四、被告李某某于本判决生效之日起 10 日内赔偿公民个人信息损失 106859.84 元（已缴纳），上缴国库。五、被告李某某于本判决生效之日起 10 日内删除其非法持有的公民个人信息数据。六、被告李某某于本判决生效之日起 10 日内在国家级新闻媒体就侵犯公民个人信息行为向社会公众公开赔礼道歉（赔礼道歉声明的内容经法院审核）。

一审宣判后，公诉机关未抗诉，被告人暨附带民事公益诉讼被告李某某未提出上诉，判决已发生效力。

2. 出售公民个人信息用于制作虚假人脸动态识别视频以解封微信账号及验证政务 APP 实名认证，要承担何种责任？

在广东省高级人民法院发布广东法院个人信息保护典型案例之六：大规模个人信息侵权中不特定损害的判定——广州市越秀区人民检察院与郑某等个人信息保护公益诉讼案[①]中，对该问题进行了如下分析。

基本案情：2020 年 9 月开始，郑某向任某等三人出售大量公民身份证号码、照片等信息，用于制作虚假人脸动态识别视频，解封微信账号、验证工商类等政务 APP 的实名认证，从中非法获利。同时，郑某等四人利用"蝙蝠"软件"阅后即焚"功能删除大量信息和交易记录，导致受害人数量、身份、信息去向、用途均无法核实。广州市越秀区人民检察院认为郑某等的行为已侵害社会公共利益，遂提起民事公益诉讼，要求郑某等立即停止侵权、支付公益损害赔偿金等。

裁判结果：广州互联网法院生效判决认为，郑某等所处理的人脸信息属于敏

[①] 参见广东法院网，http://www.gdcourts.gov.cn/gsxx/quanweifabu/anlihuicui/content/mpost_1388509.html，最后访问日期：2025 年 4 月 20 日。

感个人信息中的生物识别信息，蕴含人格权益及财产利益，其在未取得授权同意的情况下，对不特定社会公众的人脸信息进行非法收集、买卖、使用，侵害了不特定公众的信息自决权，损害了社会公共利益。综合考虑人脸信息的敏感性、侵权行为波及的领域、影响的程度等因素，酌情参照其违法所得计算公共利益损失。依据《民法典》第 111 条、第 1182 条等规定，判决郑某等立即停止侵权，支付公益损害赔偿金 10.3 万元，通过与个人信息保护相关的警示教育、公益宣传、志愿服务等方式进行行为补偿。

典型意义：本案系全国首例涉人脸信息保护民事公益诉讼案件。人脸信息属于敏感个人信息，一旦泄露或者非法使用，将会对个人的人身财产权益造成严重侵害。本案确立了大规模个人信息侵权中造成损害的认定标准，创新提出"恢复性司法+社会化综合治理"路径，对教育震慑非法处理个人信息行为、推动构建科技向善治理模式具有积极意义。

3. 某网站因发布明星的不实信息导致该明星声誉人气下降，该明星代言被取消，由此产生的损失该如何赔偿？

民事主体（包括自然人和法人）享有名誉权。名誉权是对民事主体的品德、声望、才能、信用等的社会评价的权利。如果某网站发布了关于明星的不实信息，这可能会构成对明星名誉权的侵犯。进一步地，《民法典》第 1165 条的规定，如果行为人（在这个案例中是网站）因过错侵害了他人的民事权益（明星的名誉权），造成了损害（如明星声誉和人气下降，代言被取消），那么行为人应当承担侵权责任。除非网站能够证明自己没有过错，否则其应当承担相应的侵权责任。

在本案例中，由于网站发布不实信息导致明星声誉受损，代言被取消，网站应当承担侵权责任。赔偿范围包括但不限于：

（1）恢复名誉：要求网站删除不实信息，并在相同或更大范围内发布更正声明，以恢复明星的名誉。

（2）经济损失：赔偿明星因代言被取消而遭受的直接经济损失，包括但不限于已签订的代言合同的违约金、预期收益损失等。

（3）精神损害赔偿：如果明星因名誉受损遭受了精神痛苦，还可以要求精神损害赔偿。

(二) 关联规定

《中华人民共和国著作权法》

第五十四条 侵犯著作权或者与著作权有关的权利的，侵权人应当按照权利人因此受到的实际损失或者侵权人的违法所得给予赔偿；权利人的实际损失或者侵权人的违法所得难以计算的，可以参照该权利使用费给予赔偿。对故意侵犯著作权或者与著作权有关的权利，情节严重的，可以在按照上述方法确定数额的一倍以上五倍以下给予赔偿。

权利人的实际损失、侵权人的违法所得、权利使用费难以计算的，由人民法院根据侵权行为的情节，判决给予五百元以上五百万元以下的赔偿。

赔偿数额还应当包括权利人为制止侵权行为所支付的合理开支。

人民法院为确定赔偿数额，在权利人已经尽了必要举证责任，而与侵权行为相关的账簿、资料等主要由侵权人掌握的，可以责令侵权人提供与侵权行为相关的账簿、资料等；侵权人不提供，或者提供虚假的账簿、资料等的，人民法院可以参考权利人的主张和提供的证据确定赔偿数额。

人民法院审理著作权纠纷案件，应权利人请求，对侵权复制品，除特殊情况外，责令销毁；对主要用于制造侵权复制品的材料、工具、设备等，责令销毁，且不予补偿；或者在特殊情况下，责令禁止前述材料、工具、设备等进入商业渠道，且不予补偿。

《中华人民共和国专利法》

第七十一条 侵犯专利权的赔偿数额按照权利人因被侵权所受到的实际损失或者侵权人因侵权所获得的利益确定；权利人的损失或者侵权人获得的利益难以确定的，参照该专利许可使用费的倍数合理确定。对故意侵犯专利权，情节严重的，可以在按照上述方法确定数额的一倍以上五倍以下确定赔偿数额。

权利人的损失、侵权人获得的利益和专利许可使用费均难以确定的，人民法院可以根据专利权的类型、侵权行为的性质和情节等因素，确定给予三万元以上五百万元以下的赔偿。

赔偿数额还应当包括权利人为制止侵权行为所支付的合理开支。

人民法院为确定赔偿数额，在权利人已经尽力举证，而与侵权行为相关的账簿、资料主要由侵权人掌握的情况下，可以责令侵权人提供与侵权行为相关的账簿、资料；侵权人不提供或者提供虚假的账簿、资料的，人民法院可以参考权利人的主张和提供的证据判定赔偿数额。

《最高人民法院关于审理利用信息网络侵害人身权益民事纠纷案件适用法律若干问题的规定》

第十一条 网络用户或者网络服务提供者侵害他人人身权益，造成财产损失或者严重精神损害，被侵权人依据民法典第一千一百八十二条和第一千一百八十三条的规定，请求其承担赔偿责任的，人民法院应予支持。

第十二条 被侵权人为制止侵权行为所支付的合理开支，可以认定为民法典第一千一百八十二条规定的财产损失。合理开支包括被侵权人或者委托代理人对侵权行为进行调查、取证的合理费用。人民法院根据当事人的请求和具体案情，可以将符合国家有关部门规定的律师费用计算在赔偿范围内。

被侵权人因人身权益受侵害造成的财产损失以及侵权人因此获得的利益难以确定的，人民法院可以根据具体案情在 50 万元以下的范围内确定赔偿数额。

《最高人民法院关于确定民事侵权精神损害赔偿责任若干问题的解释》

第五条 精神损害的赔偿数额根据以下因素确定：

（一）侵权人的过错程度，但是法律另有规定的除外；

（二）侵权行为的目的、方式、场合等具体情节；

（三）侵权行为所造成的后果；

（四）侵权人的获利情况；

（五）侵权人承担责任的经济能力；

（六）受理诉讼法院所在地的平均生活水平。

《最高人民法院关于审理专利纠纷案件适用法律问题的若干规定》

第十四条 专利法第六十五条规定的权利人因被侵权所受到的实际损失可以根据专利权人的专利产品因侵权所造成销售量减少的总数乘以每件专利产品的合理利润所得之积计算。权利人销售量减少的总数难以确定的，侵权产品在市场上销售的总数乘以每件专利产品的合理利润所得之积可以视为权利人因被侵权所受到的实际损失。

专利法第六十五条规定的侵权人因侵权所获得的利益可以根据该侵权产品在市场上销售的总数乘以每件侵权产品的合理利润所得之积计算。侵权人因侵权所获得的利益一般按照侵权人的营业利润计算，对于完全以侵权为业的侵权人，可以按照销售利润计算。

第十五条 权利人的损失或者侵权人获得的利益难以确定，有专利许可使费可以参照的,人民法院可以根据专利权的类型、侵权行为的性质和情节、专利许可的性质、范围、时间等因素,参照该专利许可使用费的倍数合理确定赔偿数额;没有专利许可使用费可以参照或者专利许可使用费明显不合理的,人民法院可以根据专利权的类型、侵权行为的性质和情节等因素,依照专利法第六十五条第二款的规定确定赔偿数额。

《最高人民法院关于审理使用人脸识别技术处理个人信息相关民事案件适用法律若干问题的规定》

第八条 信息处理者处理人脸信息侵害自然人人格权益造成财产损失,该自然人依据民法典第一千一百八十二条主张财产损害赔偿的,人民法院依法予以支持。

自然人为制止侵权行为所支付的合理开支,可以认定为民法典第一千一百八十二条规定的财产损失。合理开支包括该自然人或者委托代理人对侵权行为进行调查、取证的合理费用。人民法院根据当事人的请求和具体案情,可以将合理的律师费用计算在赔偿范围内。

五、精神损害赔偿

第一千一百八十三条 侵害自然人人身权益造成严重精神损害的,被侵权人有权请求精神损害赔偿。

因故意或者重大过失侵害自然人具有人身意义的特定物造成严重精神损害的,被侵权人有权请求精神损害赔偿。

(一) 实务问答

1. 未经许可转发他人朋友圈照片进行营利活动是否应承担精神损害赔偿?

在黄某某诉萍乡市某国际体育发展有限公司肖像权、隐私权纠纷案中[①],江

---

① 载《人民法院案例选》2018年第4期(总第122辑)。

西省萍乡市安源区人民法院经审理查明：2016年2月25日，原告在被告开办的V3国际健身会所办理了健身年卡，缴纳了1900元费用。2016年3月29日和4月29日，原告在被告处请了私教，缴纳了2400元费用。2016年9月3日，原告在自己的微信朋友圈分享了一条内容为"本人今日从易经中悟得一枚瘦身方，现在赠予有缘人"，并附一组照片9张。2016年9月21日下午3点10分左右，被告公司的员工杨某的朋友圈分享了一条内容"与其找一千个理由证明自己不是懦夫，不如用一个结果证明自己是勇士，坚持锻炼的效果！坚持的人是值得我们佩服的！赶紧加入我们吧！V3国际欢迎您！不要再犹豫，不要再迟疑！现在就拿起手机拨打1397××××××××杨某"并附一组照片4张，该分享中4张照片有3张系原告在自己微信中分享的照片，有一张为杨某的微信二维码照片。原告的微信好友"心静"通过微信将其朋友圈中的好友杨某（微信名"保利张乃"）的该条分享信息转发给原告，原告的小孩家长群中，也有人看到原告的照片。下午4点左右杨某已经将原告的照片全部删除了。2016年9月25日和26日，被告公司的员工张某通过微信与原告就此事进行了沟通。

法院生效裁判认为：微信朋友圈不是法外之地，用户使用微信依然要遵守法律规定及公序良俗。《民法通则》第100条（现《民法典》第1018条、第1019条）规定："公民享有肖像权，未经本人同意，不得以营利为目的使用公民的肖像。"本案中，被告以营利为目的，没有经过原告的同意，利用原告的照片为自己公司进行商业宣传，侵害了原告的肖像权。黄某某在其微信朋友圈发布个人瘦身前与瘦身后的对比照片9张，系自主决定对其信息在一定范围内进行公开，依据一般的习惯及本案的具体情况，并不能推定黄某某同意他人转发其照片进行营利活动。被告公司员工未经黄某某同意，擅自选取黄某某发布的含有其孩子、妻子的3张瘦身前后对比照片转发至其微信朋友圈，为被告公司进行商业宣传推广，其主观意图较为明显，利用黄某某的信息进行营利，客观上造成黄某某信息在一定程度上传播扩散，该转发行为有一定过错，并对黄某某造成一定影响，根据《侵权责任法》第2条（现《民法典》第120条）、《侵权责任法》第6条第1款（现《民法典》第1165条第1款）之规定，被告公司员工的行为已侵犯了黄某某的肖像权及隐私权。杨某在其微信朋友圈擅自转发黄某某照片的目的系对被告公司进行商业宣传推广，该行为属于执行工作任务的行为，由此造成黄某某的损害根据《侵权责任法》第34条第1款（现《民法典》第1191条第1款）的规定应由用人单位被告公司承担。关于责任承担形式，根据《侵权责任法》第22条

(现《民法典》第 1183 条)、《最高人民法院关于审理利用信息网络侵害人身权益民事纠纷案件适用法律若干问题的规定》第 16 条、第 18 条之规定①，综合侵权行为发生在微信朋友圈的方式和所造成的影响范围等因素，判决被告公司在其微信公众号上向黄某某赔礼道歉、消除影响，赔偿黄某某经济损失 500 元与精神抚慰金 1000 元。

2. 交通事故造成孕妇流产，是否可以请求精神损害赔偿？

在王某与吴某等机动车交通事故责任纠纷案中②对该问题进行了如下分析。

2021 年 1 月 18 日，吴某驾车与王某（孕妇）、田某所驾驶车辆发生三车相撞，造成王某受伤及车辆损坏的交通事故。公安交管部门出具事故认定书认定，吴某负事故全部责任，王某、田某无责任。事故发生后，王某被送至医院就医，诊断为"先兆流产"，并进行了人流手术。后，王某将吴某、田某及二人车辆投保的保险公司诉至天津市红桥区人民法院，要求赔偿其因交通事故产生的各项损失，其中包括精神损害抚慰金 5 万元。

天津市红桥区人民法院认为，公民合法的民事权益应受法律保护。王某因交通事故导致流产，不仅遭受了身体上的损害，也承受了精神上的痛苦，故对其主张的精神损害抚慰金应予适当支持。在判决支持王某其他各项合理损失的基础上，人民法院结合王某孕期、各方责任等因素，判决支持其精神损害抚慰金 1 万元，并由为吴某和田某车辆承保的两保险公司分别在交强险责任限额和交强险无责赔偿限额内予以赔偿。一审宣判后，吴某车辆投保的保险公司不服，提起上诉，天津市第一中级人民法院依法判决驳回上诉，维持原判。

本案是人民法院依法保障因交通事故流产妇女获得精神损害赔偿的典型案例。《民法典》第 1183 条规定，侵害自然人人身权益造成严重精神损害的，被侵权人有权请求精神损害赔偿。本案中，事故不仅造成王某身体上的损伤，同时也导致其终止妊娠，使其精神遭受损害。人民法院对王某主张的精神损害抚慰金酌情予以支持，充分体现了对妇女群体特殊权益的特殊保护，对类似案件审理具有积极示范意义。

---

① 原第 16 条现已删除。第 18 条修改为《最高人民法院关于审理利用信息网络侵害人身权益民事纠纷案件适用法律若干问题的规定》（2020 修正）第 12 条。

② 《天津高院发布保护妇女合法权益典型案例》（2022 年 3 月 8 日发布），载天津法院网，https://tjfy.tjcourt.gov.cn/article/detail/2022/03/id/6563114.shtml，最后访问日期：2024 年 10 月 25 日。

(二) 关联规定

《中华人民共和国民法典》

第一百二十条　民事权益受到侵害的，被侵权人有权请求侵权人承担侵权责任。

第一千零一十八条　自然人享有肖像权，有权依法制作、使用、公开或者许可他人使用自己的肖像。

肖像是通过影像、雕塑、绘画等方式在一定载体上所反映的特定自然人可以被识别的外部形象。

第一千零一十九条　任何组织或者个人不得以丑化、污损，或者利用信息技术手段伪造等方式侵害他人的肖像权。未经肖像权人同意，不得制作、使用、公开肖像权人的肖像，但是法律另有规定的除外。

未经肖像权人同意，肖像作品权利人不得以发表、复制、发行、出租、展览等方式使用或者公开肖像权人的肖像。

第一千一百六十五条　行为人因过错侵害他人民事权益造成损害的，应当承担侵权责任。

依照法律规定推定行为人有过错，其不能证明自己没有过错的，应当承担侵权责任。

第一千一百八十三条　侵害自然人人身权益造成严重精神损害的，被侵权人有权请求精神损害赔偿。

因故意或者重大过失侵害自然人具有人身意义的特定物造成严重精神损害的，被侵权人有权请求精神损害赔偿。

第一千一百九十一条　用人单位的工作人员因执行工作任务造成他人损害的，由用人单位承担侵权责任。用人单位承担侵权责任后，可以向有故意或者重大过失的工作人员追偿。

劳务派遣期间，被派遣的工作人员因执行工作任务造成他人损害的，由接受劳务派遣的用工单位承担侵权责任；劳务派遣单位有过错的，承担相应的责任。

《中华人民共和国消费者权益保护法》

第五十一条　经营者有侮辱诽谤、搜查身体、侵犯人身自由等侵害消费者或者其他受害人人身权益的行为，造成严重精神损害的，受害人可以要求精神损害赔偿。

《中华人民共和国国家赔偿法》

第三十五条 有本法第三条或者第十七条规定情形之一，致人精神损害的，应当在侵权行为影响的范围内，为受害人消除影响，恢复名誉，赔礼道歉；造成严重后果的，应当支付相应的精神损害抚慰金。

《最高人民法院关于审理利用信息网络侵害人身权益民事纠纷案件适用法律若干问题的规定》

第十一条 网络用户或者网络服务提供者侵害他人人身权益，造成财产损失或者严重精神损害，被侵权人依据民法典第一千一百八十二条和第一千一百八十三条的规定，请求其承担赔偿责任的，人民法院应予支持。

《最高人民法院关于确定民事侵权精神损害赔偿责任若干问题的解释》

第一条 因人身权益或者具有人身意义的特定物受到侵害，自然人或者其近亲属向人民法院提起诉讼请求精神损害赔偿的，人民法院应当依法予以受理。

第二条 非法使被监护人脱离监护，导致亲子关系或者近亲属间的亲属关系遭受严重损害，监护人向人民法院起诉请求赔偿精神损害的，人民法院应当依法予以受理。

第三条 死者的姓名、肖像、名誉、荣誉、隐私、遗体、遗骨等受到侵害，其近亲属向人民法院提起诉讼请求精神损害赔偿的，人民法院应当依法予以支持。

第四条 法人或者非法人组织以名誉权、荣誉权、名称权遭受侵害为由，向人民法院起诉请求精神损害赔偿的，人民法院不予支持。

第五条 精神损害的赔偿数额根据以下因素确定：

（一）侵权人的过错程度，但是法律另有规定的除外；

（二）侵权行为的目的、方式、场合等具体情节；

（三）侵权行为所造成的后果；

（四）侵权人的获利情况；

（五）侵权人承担责任的经济能力；

（六）受理诉讼法院所在地的平均生活水平。

《最高人民法院关于审理道路交通事故损害赔偿案件适用法律若干问题的解释》

第十一条 道路交通安全法第七十六条规定的"人身伤亡"，是指机动车发生交通事故侵害被侵权人的生命权、身体权、健康权等人身权益所造成的损害，包括民法典第一千一百七十九条和第一千一百八十三条规定的各项损害。

道路交通安全法第七十六条规定的"财产损失",是指因机动车发生交通事故侵害被侵权人的财产权益所造成的损失。

《最高人民法院关于适用〈中华人民共和国民法典〉侵权责任编的解释(一)》

第二条 非法使被监护人脱离监护,导致父母子女关系或者其他近亲属关系受到严重损害的,应当认定为民法典第一千一百八十三条第一款规定的严重精神损害。

六、财产损失的计算

> **第一千一百八十四条** 侵害他人财产的,财产损失按照损失发生时的市场价格或者其他合理方式计算。

(一)实务问答

1. 车辆受损后的贬值损失是否予以赔偿?

2013年第5期《最高人民法院公报》刊登的"陈书豪与南京武宁房地产开发有限公司、南京青和物业管理有限公司财产损害赔偿纠纷案"判决认为,车辆受损后的贬值损失也应予以赔偿。

相关裁判摘要如下:

对于原告陈书豪的车辆受损后的价值贬损,法院经审理认为被告青和公司应当赔偿。所谓价值贬损,既指价值较大的财物在受损后,虽经修复,与原物相比,不仅客观价值有所降低,在人们心理上的价值也有所降低,后一种价值的降低,虽系人们主观心理上的降低,但在财物所有权人实现该财物的价值时(如出售),是客观存在的,根据违约责任的理论,合同一方当事人在违约时,首先考虑应当承担的责任是恢复原状,而对于财物来说,恢复原状显然不是仅指恢复财物的原来物理上的形状,肯定包括恢复财物原来的价值,故青和公司应当赔偿陈书豪车辆价值贬损的损失。

2. 游戏开发商封停用户在某网络游戏的游戏 ID，是否构成侵权，能否获得赔偿？

在张某与某公司网络侵权责任纠纷案二审①中，对该问题进行了论述。

该案基本案情为：某公司为某游戏的研发商。张某为该游戏玩家。张某在游戏界面时要对腾讯开放平台《应用用户协议》等进行勾选。2016 年 5 月 20 日，张某对其游戏装备进行了数次升级。事后某公司游戏管理员通过 QQ 与张某进行交涉，某公司认为张某升级装备利用了 BUG，并要求张某退回已升级的游戏装备。双方交涉未果，某公司封停了张某的游戏 ID。张某起诉请求赔偿财产损失。

北京市第二中级人民法院在该案二审中认为，虽然虚拟财产是以数据形式存在，但由于其具有一定价值，虚拟财产的主体可以在一定条件下使用、处分该财产，甚至可以因其所具有的特殊财产属性而在一定情况下因交易行为而给虚拟财产权利主体带来经济利益。目前我国法律亦已明确规定对网络虚拟财产予以保护，二审法院认为，正是在这样的法治背景下，在我国侵权法律适用中，关于权利主体的财产损失的考量，不仅应包括财产的直接减少，亦应包括可得利益之丧失。

关于张某请求的赔偿问题，二审法院认为，就张某所主张的误工损失而言，因其参与网络游戏系自己选择的娱乐活动，并非固定工作安排，在参与过程中的乐趣与享受并非一种惩罚或伤害，故封停账号与每天误工之间不存在直接的必然的法律上的联系。其此项上诉主张显然不能成立。而张某主张返还的 80 万元，因该款项系其在与游戏提供商订立合同之后自愿花费的，并非其受到欺诈、胁迫而不当消费的。即在此基础上形成的货币财产的消耗符合其个人的意思表示，且在双方协议中亦未约定在封停账号的情况下应就此予以返还，故其上诉主张缺乏依据。而就张某所提出的损失主张来看，二审法院认为，网络游戏活动的参与者在长时间账号遭到封停又未通过妥善方式解决既有问题的情况下，因网络系统漏洞并非张某之过错造成，其来源于网络游戏提供商自身的原因。同时，鉴于一审中证据已经质证，但该公司未向法院提供相反证据，亦未同平台管理方腾讯公司进一步核实相关账目金额。根据《侵权责任法》第 19 条（现《民法典》第 1184 条）之规定，侵害他人财产的，财产损失按照损失发生时的市场价格或者其他方

---

① 案号：北京市第二中级人民法院（2017）京 02 民终 4209 号。

式计算。在本案诉讼中,张某已明确表示放弃停止封停账号这一诉讼请求,考虑到该封停行为的持续将导致张某对于该网络游戏账号及账号内虚拟财产的丧失,根据上述法律对财产损失计算方法的规定,因本案中张某的网络游戏账号内的虚拟财产在账号封停前并非以市场交易为主要用途,且在诉讼中双方均未能向法院举证证明上述网络游戏账号及账号内的虚拟财产的价值,故二审法院将结合双方当事人陈述,综合考虑网络虚拟财产的特有属性、侵权行为性质及持续时间、侵权后果及行业惯例、网络游戏账号运行时间与财产投入及获得装备状况等因素对张某之合理损失具体金额依法予以酌定为200000元。

2. 知识产权被侵害时,如何评估受害人的损失?

知识产权被侵害时,受害人损失的评估可从以下几个方面进行:
直接经济损失:
(1) 产品销售损失:
销量减少:比较侵权行为发生前后,权利人产品的销售数量变化。例如,权利人原本每月可销售1000件产品,侵权行为发生后每月销量降至600件,那么减少的400件产品销量所对应的利润损失就是直接经济损失的一部分。这需要权利人提供销售记录、销售合同、出库单等证据来证明。

价格下降:如果因侵权行为导致权利人产品的市场价格被迫降低,那么价格降低的部分乘以销售数量,所得出的金额也应计入损失。比如,产品原本单价为100元,因侵权竞争被迫降价到80元,销售量为1000件,那么价格下降导致的损失为(100-80)×1000=20000元。

(2) 许可使用费用损失:如果权利人已经许可他人使用其知识产权,并且有明确的许可费用标准,那么在侵权期间,因侵权行为导致的许可费用损失应计算在内。例如,权利人将专利许可给某企业使用,每年许可费为10万元,侵权行为持续了半年,那么这半年的许可费损失就是5万元。

(3) 研发成本损失:对于一些技术类的知识产权,权利人在研发过程中投入了大量的资金和人力。如果侵权行为导致研发成果被非法使用,那么研发成本也应视为直接经济损失。比如,研发一项新技术花费了50万元,还未产生收益就被侵权,这50万元的研发成本就是损失。

间接经济损失:

(1) 市场份额损失:侵权行为可能导致权利人的市场份额被侵占,未来的市场发展受到限制。评估时需要考虑市场的发展趋势、行业竞争情况等因素。例如，权利人原本在市场中的份额为30%，因侵权行为导致市场份额下降到20%，根据市场增长预测，未来几年内这10%的市场份额对应的利润损失就是间接经济损失。这可能需要市场调研数据、行业分析报告等作为证据支持。

（2）商誉损失：知识产权侵权可能会损害权利人的商业信誉和品牌形象，导致消费者对权利人的产品或服务产生不信任感，从而影响企业的长期发展。评估商誉损失可以参考品牌价值评估报告、消费者调查结果等。比如，经过调查发现，侵权行为发生后，消费者对权利人品牌的信任度下降了20%，由此导致的未来业务损失可以作为商誉损失的评估依据。

机会成本损失：由于侵权行为的干扰，权利人可能错过了一些商业机会，如与其他企业的合作机会、新产品的推出时机等。评估机会成本损失需要综合考虑相关商业机会的潜在价值、权利人的发展规划等因素。例如，权利人原本有机会与一家大型企业合作，预计合作收益为100万元，但因侵权行为导致合作未能达成，这100万元的合作收益就是机会成本损失。

（3）合理费用支出：

维权费用：包括权利人因维权而支付的律师费、诉讼费、公证费、鉴定费、差旅费等。这些费用都应根据实际支出情况进行计算，并提供相应的发票、合同、支付凭证等证据。例如，律师费5万元、公证费2万元、鉴定费3万元等，这些费用都可以作为赔偿的一部分。

调查费用：权利人在发现侵权行为后，为了收集证据、调查侵权事实而支出的费用，如调查人员的工资、调查设备的租赁费用等。同样需要提供相关的费用凭证和证明材料。

预期利益损失：如果侵权行为阻止了权利人进一步开发和利用知识产权，导致权利人无法获得未来的预期利益，那么这部分损失也应纳入评估范围。例如，权利人计划在未来几年内基于现有知识产权推出一系列新产品，预计可获得的利润为500万元，但由于侵权行为无法实施，这500万元的预期利润损失就应作为赔偿的考虑因素。这需要权利人提供相关的商业计划、市场预测报告等证据来证明预期利益的合理性。

(二) 关联规定

《中华人民共和国商标法》

第六十三条 侵犯商标专用权的赔偿数额，按照权利人因被侵权所受到的实际损失确定；实际损失难以确定的，可以按照侵权人因侵权所获得的利益确定；权利人的损失或者侵权人获得的利益难以确定的，参照该商标许可使用费的倍数合理确定。对恶意侵犯商标专用权，情节严重的，可以在按照上述方法确定数额的一倍以上五倍以下确定赔偿数额。赔偿数额应当包括权利人为制止侵权行为所支付的合理开支。

人民法院为确定赔偿数额，在权利人已经尽力举证，而与侵权行为相关的账簿、资料主要由侵权人掌握的情况下，可以责令侵权人提供与侵权行为相关的账簿、资料；侵权人不提供或者提供虚假的账簿、资料的，人民法院可以参考权利人的主张和提供的证据判定赔偿数额。

权利人因被侵权所受到的实际损失、侵权人因侵权所获得的利益、注册商标许可使用费难以确定的，由人民法院根据侵权行为的情节判决给予五百万元以下的赔偿。

人民法院审理商标纠纷案件，应权利人请求，对属于假冒注册商标的商品，除特殊情况外，责令销毁；对主要用于制造假冒注册商标的商品的材料、工具，责令销毁，且不予补偿；或者在特殊情况下，责令禁止前述材料、工具进入商业渠道，且不予补偿。

假冒注册商标的商品不得在仅去除假冒注册商标后进入商业渠道。

《中华人民共和国著作权法》

第五十四条 侵犯著作权或者与著作权有关的权利的，侵权人应当按照权利人因此受到的实际损失或者侵权人的违法所得给予赔偿；权利人的实际损失或者侵权人的违法所得难以计算的，可以参照该权利使用费给予赔偿。对故意侵犯著作权或者与著作权有关的权利，情节严重的，可以在按照上述方法确定数额的一倍以上五倍以下给予赔偿。

权利人的实际损失、侵权人的违法所得、权利使用费难以计算的，由人民法院根据侵权行为的情节，判决给予五百元以上五百万元以下的赔偿。

赔偿数额还应当包括权利人为制止侵权行为所支付的合理开支。

人民法院为确定赔偿数额，在权利人已经尽了必要举证责任，而与侵权行为相关的账簿、资料等主要由侵权人掌握的，可以责令侵权人提供与侵权行为相关的账簿、资料等；侵权人不提供，或者提供虚假的账簿、资料等的，人民法院可以参考权利人的主张和提供的证据确定赔偿数额。

人民法院审理著作权纠纷案件，应权利人请求，对侵权复制品，除特殊情况外，责令销毁；对主要用于制造侵权复制品的材料、工具、设备等，责令销毁，且不予补偿；或者在特殊情况下，责令禁止前述材料、工具、设备等进入商业渠道，且不予补偿。

《中华人民共和国专利法》

第七十一条 侵犯专利权的赔偿数额按照权利人因被侵权所受到的实际损失或者侵权人因侵权所获得的利益确定；权利人的损失或者侵权人获得的利益难以确定的，参照该专利许可使用费的倍数合理确定。对故意侵犯专利权，情节严重的，可以在按照上述方法确定数额的一倍以上五倍以下确定赔偿数额。

权利人的损失、侵权人获得的利益和专利许可使用费均难以确定的，人民法院可以根据专利权的类型、侵权行为的性质和情节等因素，确定给予三万元以上五百万元以下的赔偿。

赔偿数额还应当包括权利人为制止侵权行为所支付的合理开支。

人民法院为确定赔偿数额，在权利人已经尽力举证，而与侵权行为相关的账簿、资料主要由侵权人掌握的情况下，可以责令侵权人提供与侵权行为相关的账簿、资料；侵权人不提供或者提供虚假的账簿、资料的，人民法院可以参考权利人的主张和提供的证据判定赔偿数额。

《最高人民法院关于审理著作权民事纠纷案件适用法律若干问题的解释》

第二十三条 出版者将著作权人交付出版的作品丢失、毁损致使出版合同不能履行的，著作权人有权依据民法典第一百八十六条、第二百三十八条、第一千一百八十四条等规定要求出版者承担相应的民事责任。

《最高人民法院关于审理船舶油污损害赔偿纠纷案件若干问题的规定》

第九条 船舶油污损害赔偿范围包括：

（一）为防止或者减轻船舶油污损害采取预防措施所发生的费用，以及预防措施造成的进一步灭失或者损害；

（二）船舶油污事故造成该船舶之外的财产损害以及由此引起的收入损失；

（三）因油污造成环境损害所引起的收入损失；

（四）对受污染的环境已采取或将要采取合理恢复措施的费用。

第十条　对预防措施费用以及预防措施造成的进一步灭失或者损害，人民法院应当结合污染范围、污染程度、油类泄漏量、预防措施的合理性、参与清除油污人员及投入使用设备的费用等因素合理认定。

第十一条　对遇险船舶实施防污措施，作业开始时的主要目的仅是为防止、减轻油污损害的，所发生的费用应认定为预防措施费用。

作业具有救助遇险船舶、其他财产和防止、减轻油污损害的双重目的，应根据目的的主次比例合理划分预防措施费用与救助措施费用；无合理依据区分主次目的的，相关费用应平均分摊。但污染危险消除后发生的费用不应列为预防措施费用。

《最高人民法院关于审理道路交通事故损害赔偿案件适用法律若干问题的解释》

第十二条　因道路交通事故造成下列财产损失，当事人请求侵权人赔偿的，人民法院应予支持：

（一）维修被损坏车辆所支出的费用、车辆所载物品的损失、车辆施救费用；

（二）因车辆灭失或者无法修复，为购买交通事故发生时与被损坏车辆价值相当的车辆重置费用；

（三）依法从事货物运输、旅客运输等经营性活动的车辆，因无法从事相应经营活动所产生的合理停运损失；

（四）非经营性车辆因无法继续使用，所产生的通常替代性交通工具的合理费用。

《最高人民法院关于审理船舶碰撞和触碰案件财产损害赔偿的规定》

八、船舶价值损失的计算，以船舶碰撞发生地当时类似船舶的市价确定；碰撞发生地无类似船舶市价的，以船舶船籍港类似船舶的市价确定，或者以其他地区类似船舶市价的平均价确定；没有市价的，以原船舶的造价或者购置价，扣除折旧（折旧率按年4-10%）计算；折旧后没有价值的按残值计算。

船舶被打捞后尚有残值的，船舶价值应扣除残值。

九、船上财产损失的计算：

（一）货物灭失的，按照货物的实际价值，即以货物装船时的价值加运费加请求人已支付的货物保险费计算，扣除可省的费用；

（二）货物损坏的，以修复所需的费用，或者以货物的实际价值扣除残值和可节省的费用计算；

（三）由于船舶碰撞在约定的时间内迟延交付所产生的损失，按迟延交付货物的实际价值加预期可得利润与到岸时的市价的差价计算，但预期可得利润不得

超过货物实际价值的 10%;

（四）船上捕捞的鱼货，以实际的鱼货价值计算。鱼货价值参照海事发生时当地市价，扣除可节省的费用。

（五）船上渔具、网具的种类和数量，以本次出海捕捞作业所需量扣减现存量计算，但所需量超过渔政部门规定或者许可的种类和数量的，不予认定；渔具、网具的价值，按原购置价或者原造价扣除折旧费用和残值计算;

（六）旅客行李、物品（包括自带行李）的损失，属本船旅客的损失，依照海商法的规定处理；属他船旅客的损失，可参照旅客运输合同中有关旅客行李灭失或者损坏的赔偿规定处理;

（七）船员个人生活必需品的损失，按实际损失适当予以赔偿;

（八）承运人与旅客书面约定由承运人保管的货币、金银、珠宝、有价证券或者其他贵重物品的损失，依海商法的规定处理；船员、旅客、其他人员个人携带的货币、金银、珠宝、有价证券或者其他贵重物品的损失，不予认定;

（九）船上其他财产的损失，按其实际价值计算。

十二、设施损害赔偿的计算：

期限：以实际停止使用期间扣除常规检修的期间为限;

设施部分损坏或者全损，分别以合理的修复费用或者重新建造的费用，扣除已使用年限的折旧费计算;

设施使用的收益损失，以实际减少的净收益，即按停止使用前3个月的平均净盈利计算；部分使用并有收益的，应当扣减。

《最高人民法院关于审理生态环境侵权纠纷案件适用惩罚性赔偿的解释》

第九条 人民法院确定惩罚性赔偿金数额，应当以环境污染、生态破坏造成的人身损害赔偿金、财产损失数额作为计算基数。

前款所称人身损害赔偿金、财产损失数额，依照民法典第一千一百七十九条、第一千一百八十四条规定予以确定。法律另有规定的，依照其规定。

七、侵害知识产权的惩罚性赔偿

> **第一千一百八十五条** 故意侵害他人知识产权，情节严重的，被侵权人有权请求相应的惩罚性赔偿。

（一）实务问答

1. 权利人在主张知识产权侵权惩罚性赔偿时，重点要证明的问题有哪些？

若有人故意侵犯他人知识产权，且情节严重，受害者有权要求实施惩罚性赔偿。这意味着，在适用惩罚性赔偿时，首先考量的是侵权者的主观故意，即其恶意程度较高；其次，需评估侵权行为的严重性，具体表现为重复、多次或大规模侵权等恶劣情形。因此，当权利人申请惩罚性赔偿时，关键在于证明侵权方的主观恶意及侵权情节的严重性，同时，还需提交侵权产品的销售数量、所获利润等相关证据，以便法院据此合理确定赔偿金额的基数。

关于计算基数，《最高人民法院关于审理侵害知识产权民事案件适用惩罚性赔偿的解释》（法释〔2021〕4号）第5条规定：人民法院确定惩罚性赔偿数额时，应当分别依照相关法律，以原告实际损失数额、被告违法所得数额或者因侵权所获得的利益作为计算基数。该基数不包括原告为制止侵权所支付的合理开支；法律另有规定的，依照其规定。

前款所称实际损失数额、违法所得数额、因侵权所获得的利益均难以计算的，人民法院依法参照该权利许可使用费的倍数合理确定，并以此作为惩罚性赔偿数额的计算基数。

人民法院依法责令被告提供其掌握的与侵权行为相关的账簿、资料，被告无正当理由拒不提供或者提供虚假账簿、资料的，人民法院可以参考原告的主张和证据确定惩罚性赔偿数额的计算基数。构成《民事诉讼法》第111条规定情形的，依法追究法律责任。

2. 哪些情况可以证明侵权人有侵害知识产权的故意？

《最高人民法院关于审理侵害知识产权民事案件适用惩罚性赔偿的解释》（法释〔2021〕4号）第3条规定：对于侵害知识产权的故意的认定，人民法院应当综合考虑被侵害知识产权客体类型、权利状态和相关产品知名度、被告与原告或者利害关系人之间的关系等因素。

对于下列情形，人民法院可以初步认定被告具有侵害知识产权的故意：

（一）被告经原告或者利害关系人通知、警告后，仍继续实施侵权行为的；

（二）被告或其法定代表人、管理人是原告或者利害关系人的法定代表人、管理人、实际控制人的；

（三）被告与原告或者利害关系人之间存在劳动、劳务、合作、许可、经销、代理、代表等关系，且接触过被侵害的知识产权的；

（四）被告与原告或者利害关系人之间有业务往来或者为达成合同等进行过磋商，且接触过被侵害的知识产权的；

（五）被告实施盗版、假冒注册商标行为的；

（六）其他可以认定为故意的情形。

3. 哪些情况可以证明侵害知识产权情节严重？

《最高人民法院关于审理侵害知识产权民事案件适用惩罚性赔偿的解释》（法释〔2021〕4号）第4条规定：对于侵害知识产权情节严重的认定，人民法院应当综合考虑侵权手段、次数，侵权行为的持续时间、地域范围、规模、后果，侵权人在诉讼中的行为等因素。

被告有下列情形的，人民法院可以认定为情节严重：

（一）因侵权被行政处罚或者法院裁判承担责任后，再次实施相同或者类似侵权行为；

（二）以侵害知识产权为业的；

（三）伪造、毁坏或者隐匿侵权证据的；

（四）拒不履行保全裁定的；

（五）侵权获利或者权利人受损巨大的；

（六）侵权行为可能危害国家安全、公共利益或者人身健康的；

（七）其他可以认定为情节严重的情形。

(二) 关联规定

《中华人民共和国反不正当竞争法》

第十七条 经营者违反本法规定，给他人造成损害的，应当依法承担民事责任。

经营者的合法权益受到不正当竞争行为损害的，可以向人民法院提起诉讼。

因不正当竞争行为受到损害的经营者的赔偿数额，按照其因被侵权所受到的实际损失确定；实际损失难以计算的，按照侵权人因侵权所获得的利益确定。经营者恶意实施侵犯商业秘密行为，情节严重的，可以在按照上述方法确定数额的一倍以上五倍以下确定赔偿数额。赔偿数额还应当包括经营者为制止侵权行为所支付的合理开支。

经营者违反本法第六条、第九条规定，权利人因被侵权所受到的实际损失、侵权人因侵权所获得的利益难以确定的，由人民法院根据侵权行为的情节判决给予权利人五百万元以下的赔偿。

《中华人民共和国种子法》

第七十二条 违反本法第二十八条规定，有侵犯植物新品种权行为的，由当事人协商解决，不愿协商或者协商不成的，植物新品种权所有人或者利害关系人可以请求县级以上人民政府农业农村、林业草原主管部门进行处理，也可以直接向人民法院提起诉讼。

县级以上人民政府农业农村、林业草原主管部门，根据当事人自愿的原则，对侵犯植物新品种权所造成的损害赔偿可以进行调解。调解达成协议的，当事人应当履行；当事人不履行协议或者调解未达成协议的，植物新品种权所有人或者利害关系人可以依法向人民法院提起诉讼。

侵犯植物新品种权的赔偿数额按照权利人因被侵权所受到的实际损失确定；实际损失难以确定的，可以按照侵权人因侵权所获得的利益确定。权利人的损失或者侵权人获得的利益难以确定的，可以参照该植物新品种权许可使用费的倍数合理确定。故意侵犯植物新品种权，情节严重的，可以在按照上述方法确定数额的一倍以上五倍以下确定赔偿数额。

权利人的损失、侵权人获得的利益和植物新品种权许可使用费均难以确定的，人民法院可以根据植物新品种权的类型、侵权行为的性质和情节等因素，确定给予五百万元以下的赔偿。

赔偿数额应当包括权利人为制止侵权行为所支付的合理开支。

县级以上人民政府农业农村、林业草原主管部门处理侵犯植物新品种权案件时，为了维护社会公共利益，责令侵权人停止侵权行为，没收违法所得和种子；货值金额不足五万元的，并处一万元以上二十五万元以下罚款；货值金额五万元以上的，并处货值金额五倍以上十倍以下罚款。

假冒授权品种的，由县级以上人民政府农业农村、林业草原主管部门责令停止假冒行为，没收违法所得和种子；货值金额不足五万元的，并处一万元以上二十五万元以下罚款；货值金额五万元以上的，并处货值金额五倍以上十倍以下罚款。

《中华人民共和国专利法》

第七十一条　侵犯专利权的赔偿数额按照权利人因被侵权所受到的实际损失或者侵权人因侵权所获得的利益确定；权利人的损失或者侵权人获得的利益难以确定的，参照该专利许可使用费的倍数合理确定。对故意侵犯专利权，情节严重的，可以在按照上述方法确定数额的一倍以上五倍以下确定赔偿数额。

权利人的损失、侵权人获得的利益和专利许可使用费均难以确定的，人民法院可以根据专利权的类型、侵权行为的性质和情节等因素，确定给予三万元以上五百万元以下的赔偿。

赔偿数额还应当包括权利人为制止侵权行为所支付的合理开支。

人民法院为确定赔偿数额，在权利人已经尽力举证，而与侵权行为相关的账簿、资料主要由侵权人掌握的情况下，可以责令侵权人提供与侵权行为相关的账簿、资料；侵权人不提供或者提供虚假的账簿、资料的，人民法院可以参考权利人的主张和提供的证据判定赔偿数额。

《最高人民法院关于审理侵害植物新品种权纠纷案件具体应用法律问题的若干规定》

第六条　人民法院审理侵害植物新品种权纠纷案件，应当依照民法典第一百七十九条、第一千一百八十五条、种子法第七十三条的规定，结合案件具体情况，判决侵权人承担停止侵害、赔偿损失等民事责任。

人民法院可以根据权利人的请求，按照权利人因被侵权所受实际损失或者侵权人因侵权所得利益确定赔偿数额。权利人的损失或者侵权人获得的利益难以确定的，可以参照该植物新品种权许可使用费的倍数合理确定。权利人为制止侵权行为所支付的合理开支应当另行计算。

依照前款规定难以确定赔偿数额的，人民法院可以综合考虑侵权的性质、期间、后果,植物新品种权许可使用费的数额,植物新品种实施许可的种类、时间、范围及权利人调查、制止侵权所支付的合理费用等因素,在300万元以下确定赔偿数额。

故意侵害他人植物新品种权,情节严重的,可以按照第二款确定数额的一倍以上三倍以下确定赔偿数额。

八、公平责任原则

> **第一千一百八十六条** 受害人和行为人对损害的发生都没有过错的,依照法律的规定由双方分担损失。

(一) 实务问答

1. 顾客自带酒水引发餐厅爆炸导致邻桌顾客受伤,餐厅是否需要承担责任?

2002年第2期《最高人民法院公报》刊登的"李萍、龚念诉五月花公司人身伤害赔偿纠纷案"判决就公平责任的适用进行了分析。相关裁判摘要如下:

被上诉人五月花公司在本案中既没有违约也没有侵权,不能以违约或者侵权的法律事由判令五月花公司承担民事责任。五月花公司与上诉人李萍、龚念在本次爆炸事件中同遭不幸,现在加害人虽已被抓获,但由于其没有经济赔偿能力,双方当事人同时面临无法获得全额赔偿的局面。在此情况下应当看到,五月花公司作为企业法人,是为实现营利目的才允许顾客自带酒水,并由此引出餐厅爆炸事件,餐厅的木板隔墙不能抵御此次爆炸,倒塌后使李萍、龚念一家无辜受害。五月花公司在此爆炸事件中虽无法定应当承担民事责任的过错,但也不是与李萍、龚念一家受侵害事件毫无关系。还应当看到,双方当事人虽然同在此次事件中受害,但李萍、龚念一家是在实施有利于五月花公司获利的就餐行为时使自己的生存权益受损,五月花公司受损的则主要是自己的经营利益。二者相比,李萍、龚念受到的损害比五月花公司更为深重,社会各界(包括五月花公司本身)都对李萍、龚念一家的遭遇深表同情。最高人民法院在《关于贯彻执行〈中华人民共和国民法通则〉若干问题的意见（试行》》第 157 条规定："当事人对造成损害均无过错，但一方是在为对方的利益或者共同的利益进行活动的过程中受到损害的，可以责令对方或者受益人给予一定的经济补偿。"根据这一规定和李萍、龚念一家的经济状况，为平衡双方当事人的受损结果，酌情由五月花公司给予李萍、龚念补偿一部分经济损失，是适当的。一审认定五月花公司不构成违约和侵权，不能因此承担民事责任，是正确的，但不考虑双方当事人之间的利益失衡，仅以李萍、龚念应向加害人主张赔偿为由，驳回李萍、龚念的诉讼请求，不符合《民法通则》第 4 条（现《民法典》第 5 条）关于"民事活动应当遵循自愿、公平、等价有偿、诚实信用的原则"的规定，判处欠妥，应当纠正。据此，广东省高级人民法院判决被上诉人五月花公司给予上诉人李萍、龚念补偿 30 万元。

2. 因打羽毛球时大力扣球致对手眼睛受伤，是否需要承担赔偿责任？

在北京市第三中级人民法院（2021）京 03 民终 5483 号，宋某某诉周某身体权纠纷案[①]中，二审法院对该问题进行了分析。

法院生效判决认为：双方的争议焦点主要有以下三点：其一，原告行为是否构成自甘冒险；其二，被告对原告受伤是否存在重大过失；其三，本案是否可以适用公平责任分担损失。

关于争议焦点一，原告行为是否构成自甘冒险。《民法典》第 1176 条明确规定了自甘冒险的规则。该条规定，自愿参加具有一定风险的文体活动，因其他参加者的行为受到损害的，受害人不得请求其他参加者承担侵权责任；但是，其他参加者对损害的发生有故意或者重大过失的除外。而《最高人民法院关于适用〈中华人民共和国民法典〉时间效力的若干规定》第 16 条规定，《民法典》施行前，受害人自愿参加具有一定风险的文体活动受到损害引起的民事纠纷案件，适用《民法典》第 1176 条的规定。因此，根据上述规定，本案原告参加羽毛球比赛受伤的事实虽然发生在《民法典》施行前，但应适用《民法典》第 1176 条的规定。

法院认为，不同于一般的生活领域，竞技体育运动的目的即为争胜，运动员力求在比赛规则允许的情况下尽可能给对方制造不便或障碍，故而此类运动具有对抗性、人身危险性的特点，参与者均处于潜在危险中，既是危险的潜在制造者，也是危险的潜在承担者。本案所涉及的羽毛球运动系典型的对抗性体育竞

---

① 案号：北京市第三中级人民法院（2021）京 03 民终 5483 号。

赛，除扭伤、拉伤等常规风险外，更为突出的风险即在于羽毛球自身体积小、密度大、移动速度快，运动员未及时作出判断即会被击中。原告作为多年参与羽毛球运动的爱好者，对于自身和其他参赛者的能力以及此项运动的危险和可能造成的损害，应当有所认知和预见，而原告仍自愿参加比赛，将自身置于潜在危险之中，应认定为自甘冒险的行为。在此情况下，只有被告对原告受伤的损害后果存在故意或重大过失时，才需承担侵权损害赔偿责任，否则无须担责。

关于争议焦点二，被告对原告受伤是否存在重大过失。本案中，原告并不主张被告对其受伤存在故意，本院对此不持异议，认定被告对原告受伤不存在故意。对于原告主张被告存在重大过失，本院认为，"重大过失"是指行为人未尽到普通人的基本注意义务。高度紧张、刺激的比赛氛围会导致参赛者注意力集中于运动，很难要求参赛者每次行为都经过慎重考虑，且对参赛者强加以生活中的一般注意义务，也会导致比赛的精彩性、竞技性大打折扣，故而应将此情形下的注意义务限定在较一般注意义务更为宽松的体育道德和规则范围内，以此保障运动竞技性的同时保护参赛者的人身安全。本案中，被告系在原告将羽毛球回挑到其所在场地后迅速移动并杀球进攻，并无过多考虑、判断的时间，而被告系羽毛球业余爱好者、未经专业训练，不具备精准控制落球点的专业素质和能力，且杀球进攻系羽毛球运动的正常技术动作，而球速快、力量大也正是这一技术动作的主要特点，故被告不存在明显违反比赛规则的情形，不应认定其存在重大过失。

关于争议焦点三，本案是否可以适用公平责任分担损失。本院认为，公平责任是指双方当事人对于损害的发生均无过错，且法律又未规定在适用无过错责任的情形下，基于公平的观念，由双方当事人对损失予以分担。公平责任并不具有普遍适用性，其范围应受到严格限制，否则容易导致滥用，影响过错责任和无过错责任应有规范功能的发挥。相关法律规定，受害人和行为人对损害的发生都没有过错的，可以根据实际情况，由双方分担损失。本案中，根据查明情况，难谓双方当事人均无任何过失，且综合考虑双方当事人损益情况等因素，本案并不存在适用公平责任之情形，故原告依据上述规定主张被告分担损失的条件并不成立。而且，《民法典》第1186条更是明确规定，受害人和行为人对损害的发生都没有过错的，依照法律的规定由双方分担损失。可见适用该条规定的条件之一，是必须具有法律规定适用公平责任的情形。而现行法律并未就本案所涉情形应适用公平责任进行规定，相反，本案所涉情形该如何定责已由《民法典》第1176条第1款予以明确规定，故本案不具有适用公平责任的条件。

综上，原告在与被告的羽毛球比赛中遭受身体伤害，实属不幸，本院表示同情，并衷心希望原告能够通过治疗早日康复。但由于原告的行为构成自甘冒险，而被告对原告损害的发生不具有故意或重大过失，故原告不得请求被告承担侵权责任。同时，由于本案并不具备适用公平责任规则的条件，原告亦不得请求被告分担损失。因此，原告要求被告赔偿各项损失的诉讼请求，缺乏法律依据，法院不予支持。

（二）关联规定

无。

九、赔偿费用的支付方式

> 第一千一百八十七条 损害发生后，当事人可以协商赔偿费用的支付方式。协商不一致的，赔偿费用应当一次性支付；一次性支付确有困难的，可以分期支付，但是被侵权人有权请求提供相应的担保。

（一）实务问答

1. 民法典中确定了哪几种侵权赔偿费用的支付方式？

《民法典》中规定了多种侵权赔偿费用的支付方式，以确保受害人的合法权益得到充分保护。以下是几种主要的侵权赔偿费用支付方式：

（1）一次性支付

定义：侵权人一次性支付全部赔偿费用。

适用情形：适用于赔偿金额较小、侵权人经济能力较强、双方协商一致等情况。

优点：简化赔偿程序，减少后续纠纷，受害人可以一次性获得全部赔偿。

（2）分期支付

定义：侵权人按照约定的时间和金额分期支付赔偿费用。

适用情形：适用于赔偿金额较大、侵权人经济能力有限、双方协商一致等情况。

优点：减轻侵权人的经济负担，确保赔偿费用的逐步到位。

法律依据：《民法典》第1187条规定，赔偿费用可以分期支付，但应当提供相应的担保。

（3）定期支付

定义：侵权人按照约定的时间定期支付赔偿费用，通常用于长期护理费用等。

适用情形：适用于受害人需要长期护理、医疗费用等持续性支出的情况。

优点：确保受害人能够持续获得必要的经济支持。

法律依据：《民法典》第1187条规定，赔偿费用可以定期支付，但应当提供相应的担保。

（4）提供担保

定义：侵权人在分期支付或定期支付赔偿费用时，提供相应的担保，以确保赔偿费用的支付。

适用情形：适用于分期支付或定期支付的情况，确保受害人能够获得赔偿。

优点：增加赔偿的可靠性，减少受害人因侵权人违约而无法获得赔偿的风险。

法律依据：《民法典》第1187条规定，分期支付或定期支付赔偿费用时，应当提供相应的担保。

（5）其他支付方式

定义：根据具体情况，双方协商确定的其他支付方式。

适用情形：适用于双方协商一致的其他支付方式，如以物抵债、劳务抵偿等。

优点：灵活多样，可以根据实际情况选择最合适的支付方式。

法律依据：《民法典》第1187条规定，赔偿费用的支付方式由当事人协商确定。

2. 分期支付赔偿费用时，被侵权人可以请求提供相应的担保吗？

根据《民法典》第1187条规定，分期支付或定期支付赔偿费用时，应当提供相应的担保。

鉴于现实生活中存在因经济困难而无法一次性赔偿的情况，该做法在补偿受害人损失的同时，也合理考虑了侵权人的合法权益。故而，当侵权人面临收入微薄、确实难以一次性承担赔偿费用的困境时，可与受害人家属就赔偿支付方式展开协商。若受害人家属表示同意，侵权人可采取分期支付的方式。实施分期支付时，双方需就分期细节达成共识，涵盖分期数、每期金额、是否附加利息及利息的计算方法等，并且，被侵权人有权要求侵权人提供必要的担保措施。

3. 赔偿义务人能否请求以定期金方式给付残疾赔偿金、被扶养人生活费、残疾辅助器具费？

《最高人民法院关于审理人身损害赔偿案件适用法律若干问题的解释》（2022修正）（法释〔2022〕14号）第20条规定：赔偿义务人请求以定期金方式给付残疾赔偿金、辅助器具费的，应当提供相应的担保。人民法院可以根据赔偿义务人的给付能力和提供担保的情况，确定以定期金方式给付相关费用。但是，一审法庭辩论终结前已经发生的费用、死亡赔偿金以及精神损害抚慰金，应当一次性给付。

（二）关联规定

《最高人民法院关于审理人身损害赔偿案件适用法律若干问题的解释》

第十九条 超过确定的护理期限、辅助器具费给付年限或者残疾赔偿金给付年限，赔偿权利人向人民法院起诉请求继续给付护理费、辅助器具费或者残疾赔偿金的，人民法院应予受理。赔偿权利人确需继续护理、配制辅助器具，或者没有劳动能力和生活来源的，人民法院应当判令赔偿义务人继续给付相关费用五至十年。

第二十条 赔偿义务人请求以定期金方式给付残疾赔偿金、辅助器具费的，应当提供相应的担保。人民法院可以根据赔偿义务人的给付能力和提供担保的情况，确定以定期金方式给付相关费用。但是，一审法庭辩论终结前已经发生的费用、死亡赔偿金以及精神损害抚慰金，应当一次性给付。

第二十一条 人民法院应当在法律文书中明确定期金的给付时间、方式以及每期给付标准。执行期间有关统计数据发生变化的，给付金额应当适时进行相应调整。

定期金按照赔偿权利人的实际生存年限给付，不受本解释有关赔偿期限的限制。

《医疗事故处理条例》

第五十二条 医疗事故赔偿费用，实行一次性结算，由承担医疗事故责任的医疗机构支付。

第三章 责任主体的特殊规定

一、监护人责任

> **第一千一百八十八条** 无民事行为能力人、限制民事行为能力人造成他人损害的,由监护人承担侵权责任。监护人尽到监护职责的,可以减轻其侵权责任。
>
> 有财产的无民事行为能力人、限制民事行为能力人造成他人损害的,从本人财产中支付赔偿费用;不足部分,由监护人赔偿。

(一)实务问答

1. 未成年人致人损害的,谁应当承担侵权责任?

依据《民法典》第1188条第1款规定,无民事行为能力人、限制民事行为能力人造成他人损害的,由监护人承担侵权责任,监护人尽到监护职责的,可以减轻其侵权责任。

不满八周岁的未成年人为无民事行为能力人,八周岁以上的未成年人为限制民事行为能力人。同时,不能辨认自己的成年人也属于无民事行为能力人,不能完全辨认自己行为的成年人也属于限制民事行为能力人。无民事行为能力人与限制民事行为能力人对自己的行为欠缺或不具备认知、辨认及控制的能力,因此没有理由要求其为自己的行为承担侵权责任。而监护人具有代理被监护人实施民事法律行为,保护被监护人的人身权利、财产权利以及其他合法权益的职责。所以,未成年人致人损害的,应当由监护人承担侵权责任。

《民法典》第1188条进一步规定，监护人尽到监护职责的，可以减轻其侵权责任。一方面，监护人不能完全控制被监护人的行为，要求其完全承担侵权责任对其是不公平的。另一方面，该规定可以鼓励监护人履行监护职责，从而降低被监护人侵权事件发生的可能。

值得关注的是，《最高人民法院关于适用〈中华人民共和国民法典〉侵权责任编的解释（一）》进一步明确了在监护人承担侵权责任的具体情形：其一，行为人在侵权行为发生时不满十八周岁，被诉时已满十八周岁的。被侵权人仍可以请求该行为人原来的监护人承担全部侵权责任。其二，未成年子女致人损害，被侵权人可以请求父母共同承担侵权责任。其三，夫妻离婚后，未成年子女致人损害，被侵权人可以请求离异夫妻共同承担侵权责任。其四，未成年子女致人损害，未与该子女形成抚养教育关系的继父或者继母无须承担监护人的侵权责任，由该子女的生父母承担侵权责任。

2. 未成年人的监护人，应如何尽到监护责任？

监护人遵守《民法典》第26条规定，对未成年子女履行抚养、教育、保护的义务，并举证证明自己切实履行了上述责任，则可以依据《民法典》第1188条"监护人尽到监护职责的，可以减轻其侵权责任"之规定主张相应减轻责任。法院应当以一般理性人的标准，结合未成年人的实际控制能力，在个案具体判断监护人是否已经尽最大努力，勤勉、谨慎地实施各项行为以避免侵权行为的发生。

当未成年人致人损害时，往往就意味着监护人并未完善地履行监护职责。在司法实践中，监护人一般较难举证证明其已经尽到监护职责，因此较难逃脱承担对被侵权人的侵权责任。在日常生活中，监护人一方面要切实排除未成年人面临的各项危险因素，另一方面也要加强对未成年人的安全教育，既保护未成年人免予危险，也要避免未成年人使他人陷入危险，并在危险发生后依法承担相应责任。

3. 两名儿童在一起玩擦炮时发生口角纠纷，一名儿童用水泥块砸向另一名儿童，谁应当承担责任？

砸人儿童的监护人应当承担责任。

潘某、黄某等多名儿童一起玩擦炮，后双方因相互扔砸擦炮发生口角纠纷。其间，黄某捡起一块连着小钢筋的水泥块砸向对面，砸到了潘某头部。后，潘某伤情经鉴定认为构成十级伤残。

一审法院认为，黄某的父母作为黄某的监护人，依法应当履行监护职责，黄某实施侵权行为造成潘某受伤，依法应当由其监护人承担相应的民事赔偿责任。潘某的父母疏于对潘某的监护，致其受到伤害，存在一定的过错，依法应当减轻黄某父母的赔偿责任。综合黄某在本案中的过错大小，法院确认由黄某父母承担本案70%的赔偿责任。二审法院对一审判决予以维持，再审法院亦驳回当事人的再审申请。①

从上述案例可以看出，监护人应当对未成年人致人损害的行为承担侵权责任。本案中，黄某将水泥块砸向潘某，实施了侵权行为，黄某的父母对此并未尽到监护职责。同时，潘某的监护人亦疏于履行监护职责，放任其玩擦炮、从事危险活动，即被侵权人的监护人对侵权行为的发生同样存在过错。《民法典》第1173条规定："被侵权人对同一损害的发生或者扩大有过错的，可以减轻侵权人的责任。"因此，黄某父母仅承担本案70%的赔偿责任。

（二）关联规定

《最高人民法院关于适用〈中华人民共和国民法典〉侵权责任编的解释（一）》

第四条 无民事行为能力人、限制民事行为能力人造成他人损害，被侵权人请求监护人承担侵权责任，或者合并请求监护人和受托履行监护职责的人承担侵权责任的，人民法院应当将无民事行为能力人、限制民事行为能力人列为共同被告。

第五条 无民事行为能力人、限制民事行为能力人造成他人损害，被侵权人请求监护人承担侵权人应承担的全部责任的，人民法院应予支持，并在判决中明确，赔偿费用可以先从被监护人财产中支付，不足部分由监护人支付。

监护人抗辩主张承担补充责任，或者被侵权人、监护人主张人民法院判令有财产的无民事行为能力人、限制民事行为能力人承担赔偿责任的，人民法院不予支持。

从被监护人财产中支付赔偿费用的，应当保留被监护人所必需的生活费和完成义务教育所必需的费用。

第六条 行为人在侵权行为发生时不满十八周岁，被诉时已满十八周岁的，被侵权人请求原监护人承担侵权人应承担的全部责任的，人民法院应予支持，并

---

① 案号：湖北省黄石市中级人民法院（2015）鄂黄石中民申字第00057号。

在判决中明确，赔偿费用可以先从被监护人财产中支付，不足部分由监护人支付。

前款规定情形，被侵权人仅起诉行为人的，人民法院应当向原告释明申请追加原监护人为共同被告。

第七条 未成年子女造成他人损害，被侵权人请求父母共同承担侵权责任的，人民法院依照民法典第二十七条第一款、第一千零六十八条以及第一千一百八十八条的规定予以支持。

第八条 夫妻离婚后，未成年子女造成他人损害，被侵权人请求离异夫妻共同承担侵权责任的，人民法院依照民法典第一千零六十八条、第一千零八十四条以及第一千一百八十八条的规定予以支持。一方以未与该子女共同生活为由主张不承担或者少承担责任的，人民法院不予支持。

离异夫妻之间的责任份额，可以由双方协议确定；协议不成的，人民法院可以根据双方履行监护职责的约定和实际履行情况等确定。实际承担责任超过自己责任份额的一方向另一方追偿的，人民法院应予支持。

第九条 未成年子女造成他人损害的，依照民法典第一千零七十二条第二款的规定，未与该子女形成抚养教育关系的继父或者继母不承担监护人的侵权责任，由该子女的生父母依照本解释第八条的规定承担侵权责任。

《中华人民共和国民法典》

第二十七条 父母是未成年子女的监护人。

未成年人的父母已经死亡或者没有监护能力的，由下列有监护能力的人按顺序担任监护人：

（一）祖父母、外祖父母；

（二）兄、姐；

（三）其他愿意担任监护人的个人或者组织，但是须经未成年人住所地的居民委员会、村民委员会或者民政部门同意。

第二十八条 无民事行为能力或者限制民事行为能力的成年人，由下列有监护能力的人按顺序担任监护人：

（一）配偶；

（二）父母、子女；

（三）其他近亲属；

（四）其他愿意担任监护人的个人或者组织，但是须经被监护人住所地的居民委员会、村民委员会或者民政部门同意。

第三十条 依法具有监护资格的人之间可以协议确定监护人。协议确定监护人应当尊重被监护人的真实意愿。

第三十一条 对监护人的确定有争议的,由被监护人住所地的居民委员会、村民委员会或者民政部门指定监护人,有关当事人对指定不服的,可以向人民法院申请指定监护人;有关当事人也可以直接向人民法院申请指定监护人。

居民委员会、村民委员会、民政部门或者人民法院应当尊重被监护人的真实意愿,按照最有利于被监护人的原则在依法具有监护资格的人中指定监护人。

依据本条第一款规定指定监护人前,被监护人的人身权利、财产权利以及其他合法权益处于无人保护状态的,由被监护人住所地的居民委员会、村民委员会、法律规定的有关组织或者民政部门担任临时监护人。

监护人被指定后,不得擅自变更;擅自变更的,不免除被指定的监护人的责任。

第三十二条 没有依法具有监护资格的人的,监护人由民政部门担任,也可以由具备履行监护职责条件的被监护人住所地的居民委员会、村民委员会担任。

第三十四条 监护人的职责是代理被监护人实施民事法律行为,保护被监护人的人身权利、财产权利以及其他合法权益等。

监护人依法履行监护职责产生的权利,受法律保护。

监护人不履行监护职责或者侵害被监护人合法权益的,应当承担法律责任。

因发生突发事件等紧急情况,监护人暂时无法履行监护职责,被监护人的生活处于无人照料状态的,被监护人住所地的居民委员会、村民委员会或者民政部门应当为被监护人安排必要的临时生活照料措施。

第三十五条 监护人应当按照最有利于被监护人的原则履行监护职责。监护人除为维护被监护人利益外,不得处分被监护人的财产。

未成年人的监护人履行监护职责,在作出与被监护人利益有关的决定时,应当根据被监护人的年龄和智力状况,尊重被监护人的真实意愿。

成年人的监护人履行监护职责,应当最大程度地尊重被监护人的真实意愿,保障并协助被监护人实施与其智力、精神健康状况相适应的民事法律行为。对被监护人有能力独立处理的事务,监护人不得干涉。

第一千零六十八条 父母有教育、保护未成年子女的权利和义务。未成年子女造成他人损害的,父母应当依法承担民事责任。

二、委托监护责任

> 第一千一百八十九条　无民事行为能力人、限制民事行为能力人造成他人损害,监护人将监护职责委托给他人的,监护人应当承担侵权责任;受托人有过错的,承担相应的责任。

(一) 实务问答

1. 委托他人看管时,未成年人致人损害的,谁应当承担侵权责任?

依据《民法典》第1189条规定,无民事行为能力人、限制民事行为能力人致人损害,监护人将监护职责委托给他人的,监护人应当承担侵权责任;受托人有过错的,承担相应的责任。

一般而言,未成年人属于无民事行为能力人或限制民事行为能力人,其没有能力完全识别、辨认控制自己的行为。因此,当未成年人实施侵权行为,对其负有监护职责的监护人应当承担侵权责任。即使监护人将监护职责委托给他人的,也不能避免承担相应的侵权责任。但如果受托人对侵权行为的发生存在过错的,受托人应当在过错范围内承担相应的责任,这有利于促使受托人更切实地履行监护责任,以更好地维护未成年人利益以及避免侵权行为的发生。

依据《民法典》第27条的规定,未成年人的父母是其默认的监护人,这一角色通常持续到孩子成年。如果父母去世或无法履行监护职责,那么孩子的祖父母、外祖父母、兄弟姐妹等亲属将按照一定的顺序成为监护人。除了亲属,其他个人或者组织也可以在得到相关社区组织或者民政部门的批准后担任监护人。

监护人可以依法将监护职责委托给他人,但这种委托通常是暂时的,可能是为了处理短期的监护任务,受托人也仅是协助监护人履行监护职责。例如,如果父母需要出差,他们可能会将孩子的监护权临时委托给亲戚或朋友。监护人在履行职责时必须以被监护人的最佳利益为原则,不能长期或完全将监护职责推给他人。因此,虽然监护人已经委托他人看管,但其仍要对被监护人的侵权行为承担全部责任，受托人仅在其过错范围内与监护人共同承担责任。值得注意的是，《最高人民法院关于适用〈中华人民共和国民法典〉侵权责任编的解释（一）》进一步明确，监护人在承担责任后，可以依据《民法典》第929条的规定，向受托人追偿。如果是有偿委托，因受托人的过错造成监护人损失的，监护人可以请求赔偿损失。如果是无偿委托，受托人必须对侵权行为的发生具有故意或者重大过失，监护人才有权向受托人追偿。仅有一般过失的无偿受托人承担责任后，可以向监护人追偿。

2. 孩子被他人教唆、帮助实施侵权行为的，家长是否应当承担责任？

家长应在未尽到监护职责的范围内承担责任。

依据《最高人民法院关于适用〈中华人民共和国民法典〉侵权责任编的解释（一）》第12条规定，孩子被他人教唆、帮助实施侵权行为的，教唆人、帮助人承担全部侵权责任，监护人在未尽到监护职责的范围内与教唆人、帮助人共同承担责任。

《民法典》第1169条规定，教唆、帮助无民事行为能力人、限制民事行为能力人实施侵权行为的，应当承担侵权责任。同时，该无民事行为能力人、限制民事行为能力人的监护人未尽到监护职责的，也应当承担相应的责任。需要注意的是，教唆人、帮助人承担的是全部的责任，而监护人仅在过错范围内与教唆人、帮助人共同承担责任，且其在支付赔偿费用后，可以就超过自己相应责任的部分向教唆人、帮助人追偿。

同时，《最高人民法院关于适用〈中华人民共和国民法典〉侵权责任编的解释（一）》第11条规定，教唆人、帮助人不能以其不知道或者不应当知道行为人是无民事行为能力人、限制民事行为能力人为由，主张不承担侵权责任或与行为人的监护人承担连带责任。

3. 某父母离婚的儿童长期与姥姥生活，与他人发生打斗致人损害时，谁应当承担侵权责任？

儿童的父母应当承担侵权责任，姥姥在过错范围内承担责任。

王某1的父母离婚，母亲已经去世，父亲王某2是王某1的法定监护人，但王某1长期与姥姥孙某一起生活。某日，云某找孙某索要欠款，发生争吵，王某1推搡云某，致其住院12天。云某出院后，诉至法院请求判决王某1、王某2、孙某赔偿医疗费。

法院认为，王某1的母亲去世，其监护人为其父亲王某2。孙某在王某1母亲去世后代王某2照顾王某1，王某2和孙某之间形成了委托监护的关系。但孙某对王某1推云某的行为不存在过错，因此不承担本案的赔偿责任。①

从上述案例可以看出，即使形成了委托监护，监护人仍应当对未成年人致人损害的行为承担侵权责任，受托人对侵权行为不存在过错的，不承担侵权责任。

（二）关联规定

《最高人民法院关于适用〈中华人民共和国民法典〉侵权责任编的解释（一）》

第十条　无民事行为能力人、限制民事行为能力人造成他人损害，被侵权人合并请求监护人和受托履行监护职责的人承担侵权责任的，依照民法典第一千一百八十九条的规定，监护人承担侵权人应承担的全部责任；受托人在过错范围内与监护人共同承担责任，但责任主体实际支付的赔偿费用总和不应超出被侵权人应受偿的损失数额。

监护人承担责任后向受托人追偿的，人民法院可以参照民法典第九百二十九条的规定处理。

仅有一般过失的无偿受托人承担责任后向监护人追偿的，人民法院应予支持。

《中华人民共和国民法典》

第三十四条　监护人的职责是代理被监护人实施民事法律行为，保护被监护人的人身权利、财产权利以及其他合法权益等。

监护人依法履行监护职责产生的权利，受法律保护。

监护人不履行监护职责或者侵害被监护人合法权益的，应当承担法律责任。

因发生突发事件等紧急情况，监护人暂时无法履行监护职责，被监护人的生活处于无人照料状态的，被监护人住所地的居民委员会、村民委员会或者民政部门应当为被监护人安排必要的临时生活照料措施。

《中华人民共和国未成年人保护法》

第二十二条　未成年人的父母或者其他监护人因外出务工等原因在一定期限内不能完全履行监护职责的，应当委托具有照护能力的完全民事行为能力人代为

---

① 案号：虎林市人民法院（2015）虎民初字第889号。

照护；无正当理由的，不得委托他人代为照护。

未成年人的父母或者其他监护人在确定被委托人时，应当综合考虑其道德品质、家庭状况、身心健康状况、与未成年人生活情感上的联系等情况，并听取有表达意愿能力未成年人的意见。

具有下列情形之一的，不得作为被委托人：

（一）曾实施性侵害、虐待、遗弃、拐卖、暴力伤害等违法犯罪行为；

（二）有吸毒、酗酒、赌博等恶习；

（三）曾拒不履行或者长期怠于履行监护、照护职责；

（四）其他不适宜担任被委托人的情形。

三、丧失意识侵权责任

> **第一千一百九十条** 完全民事行为能力人对自己的行为暂时没有意识或者失去控制造成他人损害有过错的，应当承担侵权责任；没有过错的，根据行为人的经济状况对受害人适当补偿。
>
> 完全民事行为能力人因醉酒、滥用麻醉药品或者精神药品对自己的行为暂时没有意识或者失去控制造成他人损害的，应当承担侵权责任。

（一）实务问答

1. 司机驾驶时，受日光刺激、无法辨识道路导致车祸发生，是否需要承担责任？

司机应当承担责任。

张某驾驶小轿车行驶，当日阳光刺眼，影响视线，张某没有及时发现前方有横穿马路的行人，导致小轿车与行人相撞。经调查，民警判定张某驾驶机动车在道路上行驶，对道路情况观察不够，其行为违反了《道路交通安全法》第22条第1款"机动车驾驶人应当遵守道路交通安全法律、法规的规定，按照操作规范安全驾驶、文明驾驶"之规定，应负事故的主要责任。行人未从人行横道横过道路，应负事故次要责任。①

依据《民法典》第1190条规定，行为人对自己的行为丧失意识或失去控制致人损害的，若行为人对此有过错的，应当承担侵权责任。一般而言，此种情形下，绝大多数的行为人都对此具有一定的过错。完全民事行为能力人有意识也有能力控制自己的行为，其也应当积极地避免将自己处于丧失意识或失去控制的情形下，以规避风险。具体到本案中，张某完全可以通过戴墨镜、放下遮阳板、控制车速等方式，避免发生阳光影响视线的情况。张某有能力防止行为失控而不为，其对侵权行为的发生明显具有过错，应当承担侵权责任。

2. 行为人被人在饮料中添加精神药物，无法控制自己行为，致人损害，由谁承担责任？

由添加精神药物的第三人承担侵权责任，行为人根据自己的经济状况对受害人进行适当补偿。

虽然绝大多数情况下，行为人都对无法控制自己行为致人损害具有一定或明显的过错。但在某些特殊情形下，行为人不具有过错。例如，行为人在不知情的情况下，饮用了被人添加精神药物的饮料，无法控制自己行为致人损害。行为人没有能力预见到会发生此种情况，常理而言无法对此进行预防或避免，因此不具有过错。依据《民法典》第1190条规定，行为人没有过错的，根据经济状况对受害人进行适当补偿，即通过公平原则分担被侵权人的损失。

此种情形属于第三人过错导致的侵权行为，依据《民法典》第1175条的规定，损害是因第三人造成的，第三人应当承担侵权责任。因此，添加精神药物的第三人应当承担侵权责任。

3. 俩老年人一起参加老年人合唱团练歌，一名老人突然头晕摔倒，砸伤另一名老人，由谁承担责任？

由摔倒的老人承担侵权责任。

邬某和文某是老年合唱团歌友。某日，二人一起参加老年人合唱团练歌，且两人站在一起。练歌过程中文某突然头发晕，站立不稳，整个人倒向邬某，直接

---

① 《因阳光刺眼，"盲驾"撞倒行人！引以为戒》，载澎湃新闻，https://m.thepaper.cn/baijiahao_10027906，最后访问日期：2024年10月25日。

将邬某扑倒在长木凳上。邬某受伤后口吐鲜血,后被医院诊断为脑震荡,住院治疗8天。邬某诉至法院,请求判令文某支付医疗费、误工费、护理费等费用。

法院认为,本案的争议焦点为被告对原告造成的损害是否存在过错。文某提出其系在突然无意识的情形下晕倒,不存在过错。本案中,文某摔倒导致邬某受伤,存在侵权行为及侵权结果。文某未提供证据证明存在无过错的情形,应承担侵权责任。[1]

从以上案例可以看出,一般而言,行为人较难证明自己对于造成的损害不存在过错。老人突然头发晕撞伤他人,该行为不受老人控制,但若老人无法证明存在无过错的情形,也应当承担侵权责任。

4. 司机醉酒驾驶致人损害的,应当如何承担侵权责任?

司机应当承担侵权责任,受害人也可以请求保险公司在交强险责任限额范围内予以赔偿,保险公司在赔偿范围内可以向司机主张追偿权。

依据《民法典》第1190条规定,完全民事行为能力人因醉酒、滥用麻醉药品或者精神药品对自己的行为暂时没有意识或者失去控制致人损害的,应当承担侵权责任。道路交通安全法也明确规定,饮酒、服用国家管制的精神药品或者麻醉药品,不得驾驶机动车。作为完全民事行为能力人,行为人完全清楚自己饮酒、滥用麻醉药品或者精神药品后可能导致自己行为失控,从而致人损害。而行为人依旧不采取任何措施,放任自己陷入失控状态,最终导致侵权行为发生。行为人的行为本身就具有违法性,应当承担侵权责任。

此外,依据《最高人民法院关于审理道路交通事故损害赔偿案件适用法律若干问题的解释》第15条之规定,司机醉酒、服用国家管制的精神药品或者麻醉药品后驾驶机动车发生交通事故的,当事人可以请求保险公司在交强险责任限额范围内予以赔偿。赔偿后,保险公司可以在赔偿范围内向司机追偿。

(二) 关联规定

《中华人民共和国治安管理处罚法》

第十五条 醉酒的人违反治安管理的,应当给予处罚。

醉酒的人在醉酒状态中,对本人有危险或者对他人的人身、财产或者公共安

---

[1] 案号:萍乡市安源区人民法院(2015)安民初字第1889号。

全有威胁的，应当对其采取保护性措施约束至酒醒。

《麻醉药品和精神药品管理条例》

第三条 本条例所称麻醉药品和精神药品，是指列入本条第二款规定的目录（以下称目录）的药品和其他物质。

麻醉药品和精神药品按照药用类和非药用类分类列管。药用类麻醉药品和精神药品目录由国务院药品监督管理部门会同国务院公安部门、国务院卫生主管部门制定、调整并公布。其中，药用类精神药品分为第一类精神药品和第二类精神药品。非药用类麻醉药品和精神药品目录由国务院公安部门会同国务院药品监督管理部门、国务院卫生主管部门制定、调整并公布。非药用类麻醉药品和精神药品发现药用用途的，调整列入药用类麻醉药品和精神药品目录，不再列入非药用类麻醉药品和精神药品目录。

国家组织开展药品和其他物质滥用监测，对药品和其他物质滥用情况进行评估，建立健全目录动态调整机制。上市销售但尚未列入目录的药品和其他物质或者第二类精神药品发生滥用，已经造成或者可能造成严重社会危害的，国务院药品监督管理部门、国务院公安部门、国务院卫生主管部门应当依照前款的规定及时将该药品和该物质列入目录或者将该第二类精神药品调整为第一类精神药品。

四、用人单位责任和劳务派遣单位、劳务用工单位责任

第一千一百九十一条 用人单位的工作人员因执行工作任务造成他人损害的，由用人单位承担侵权责任。用人单位承担侵权责任后，可以向有故意或者重大过失的工作人员追偿。

劳务派遣期间，被派遣的工作人员因执行工作任务造成他人损害的，由接受劳务派遣的用工单位承担侵权责任；劳务派遣单位有过错的，承担相应的责任。

(一) 实务问答

1. 工作人员因执行工作任务致人损害，谁应当承担侵权责任？

由用人单位承担侵权责任。

依据《民法典》第1191条规定，工作人员因为执行工作任务导致他人损害的，由用人单位承担侵权责任。如果是劳务派遣的，由接受劳务派遣的用工单位承担侵权责任。劳务派遣的单位如果有过错的，承担相应的侵权责任。工作人员执行工作任务是出于用人单位的指示和决定，是为了用人单位的利益。因此，用人单位理应对工作人员执行工作任务的行为负责，承担该行为造成的不利后果。关于如何理解"因执行工作任务"，有学者认为，判断是否执行工作任务的标准是：(1) 是否以用人单位名义；(2) 是否看起来足以被认为属于执行职务，即行为是否具有相应外观；(3) 是否依社会共同经验足以认为与用人单位执业有足够关联。①

《最高人民法院关于适用〈中华人民共和国民法典〉侵权责任编的解释（一）》进一步明确了该条的具体适用。就侵权人而言，与用人单位形成劳动关系的工作人员、执行用人单位工作任务的其他人员、个体工商户的从业人员都属于该条规定的工作人员。就劳务派遣中的责任承担主体而言，接受劳务派遣的用工单位承担侵权人应承担的全部责任，劳务派遣单位如果存在相应过错，则应在不当选派工作人员、未依法履行培训义务等过错范围内，与接受劳务派遣的用工单位共同承担责任。劳务派遣单位如果先行支付了赔偿费用，可以就超过自己相应责任的部分向接受劳务派遣的用工单位追偿。

2. 工作人员在执行工作任务时自己实施犯罪行为，致人损害的，谁应当承担责任？

工作人员承担刑事责任，用人单位承担侵权产生的民事责任。

依据《最高人民法院关于适用〈中华人民共和国民法典〉侵权责任编的解释（一）》第17条的规定，工作人员在执行工作任务中实施违法行为致人损害，构成自然人犯罪的，虽然工作人员要自行承担刑事责任，但并不影响用人单位依据

---

① 马俊驹、余延满：《民法原论》（上），法律出版社1998年版，第163页。

《民法典》第1191条规定承担侵权产生的民事责任。同时，如果刑事案件中对工作人员进行了追缴、退赔，可以在民事案件或执行程序中明确并予以扣减，在追缴、退赔的相应范围内减少用人单位的民事责任。

举例而言，王某系某公司驾驶员，某日王某驾驶客车追尾撞击前方同车道内由池某驾驶的轿车，导致池某车内乘坐人臧某死亡。王某的行为构成交通肇事罪，被判处有期徒刑四年。臧某亲属诉至法院，请求某公司、池某承担精神损害赔偿责任。江苏省高级人民法院在再审判决中指出，因池某和王某两人的共同侵害行为造成臧某死亡，给其亲属造成了严重的精神损害，故侵权人依法应承担精神损害赔偿责任。王某是某公司的雇用人员，其驾驶的肇事机动车所有人为某公司，某公司依法应当承担雇主责任。[1]

从以上案例可以看出，即使工作人员已经承担了刑事责任，用人单位仍应当承担侵权产生的民事责任。

3. 在哪些情况下，用人单位承担侵权责任后可以向工作人员追偿？

用人单位可以向有故意或者重大过失的工作人员追偿。

依据《民法典》第1191条，用人单位在承担侵权责任后，可以向有故意或者重大过失的工作人员追偿。我国现行法律法规中，存在对上述情形下的具体规定。比如，《民法典》第222条第2款规定："因登记错误，造成他人损害的，登记机构应当承担赔偿责任。登记机构赔偿后，可以向造成登记错误的人追偿。"《律师法》第54条规定："律师违法执业或者因过错给当事人造成损失的，由其所在的律师事务所承担赔偿责任。律师事务所赔偿后，可以向有故意或者重大过失行为的律师追偿。"

值得注意的是，用人单位不能依据该条规定主张不对侵权行为的受害人承担责任。无论工作人员是否存在故意或者重大过失，只要工作人员的行为构成侵权，用人单位都无条件地承担替代责任。此外，用人单位只能对存在故意或者重大过失的工作人员追偿，如工作人员仅存在一般过失的，用人单位不得对其进行追偿。一般而言，用人单位可以依照内部规章制度或劳动合同中的约定确定对工作人员追偿的具体方式。

---

[1] 案号：江苏省高级人民法院（2012）苏民再提字第0116号。

(二) 关联规定

《最高人民法院关于适用〈中华人民共和国民法典〉侵权责任编的解释（一）》

第十五条 与用人单位形成劳动关系的工作人员、执行用人单位工作任务的其他人员，因执行工作任务造成他人损害，被侵权人依照民法典第一千一百九十一条第一款的规定，请求用人单位承担侵权责任的，人民法院应予支持。

个体工商户的从业人员因执行工作任务造成他人损害的，适用民法典第一千一百九十一条第一款的规定认定民事责任。

第十六条 劳务派遣期间，被派遣的工作人员因执行工作任务造成他人损害，被侵权人合并请求劳务派遣单位与接受劳务派遣的用工单位承担侵权责任的，依照民法典第一千一百九十一条第二款的规定，接受劳务派遣的用工单位承担侵权人应承担的全部责任；劳务派遣单位在不当选派工作人员、未依法履行培训义务等过错范围内，与接受劳务派遣的用工单位共同承担责任，但责任主体实际支付的赔偿费用总和不应超出被侵权人应受偿的损失数额。

劳务派遣单位先行支付赔偿费用后，就超过自己相应责任的部分向接受劳务派遣的用工单位追偿的，人民法院应予支持，但双方另有约定的除外。

第十七条 工作人员在执行工作任务中实施的违法行为造成他人损害，构成自然人犯罪的，工作人员承担刑事责任不影响用人单位依法承担民事责任。依照民法典第一千一百九十一条规定用人单位应当承担侵权责任的，在刑事案件中已完成的追缴、退赔可以在民事判决书中明确并扣减，也可以在执行程序中予以扣减。

《中华人民共和国律师法》

第五十四条 律师违法执业或者因过错给当事人造成损失的，由其所在的律师事务所承担赔偿责任。律师事务所赔偿后，可以向有故意或者重大过失行为的律师追偿。

《中华人民共和国公证法》

第四十三条 公证机构及其公证员因过错给当事人、公证事项的利害关系人造成损失的，由公证机构承担相应的赔偿责任；公证机构赔偿后，可以向有故意或者重大过失的公证员追偿。

当事人、公证事项的利害关系人与公证机构因赔偿发生争议的，可以向人民法院提起民事诉讼。

《中华人民共和国劳动合同法》

第五十八条 劳务派遣单位是本法所称用人单位，应当履行用人单位对劳动者的义务。劳务派遣单位与被派遣劳动者订立的劳动合同，除应当载明本法第十七条规定的事项外，还应当载明被派遣劳动者的用工单位以及派遣期限、工作岗位等情况。

劳务派遣单位应当与被派遣劳动者订立二年以上的固定期限劳动合同，按月支付劳动报酬；被派遣劳动者在无工作期间，劳务派遣单位应当按照所在地人民政府规定的最低工资标准，向其按月支付报酬。

第五十九条 劳务派遣单位派遣劳动者应当与接受以劳务派遣形式用工的单位（以下称用工单位）订立劳务派遣协议。劳务派遣协议应当约定派遣岗位和人员数量、派遣期限、劳动报酬和社会保险费的数额与支付方式以及违反协议的责任。

用工单位应当根据工作岗位的实际需要与劳务派遣单位确定派遣期限，不得将连续用工期限分割订立数个短期劳务派遣协议。

《中华人民共和国国家赔偿法》

第二条 国家机关和国家机关工作人员行使职权，有本法规定的侵犯公民、法人和其他组织合法权益的情形，造成损害的，受害人有依照本法取得国家赔偿的权利。

本法规定的赔偿义务机关，应当依照本法及时履行赔偿义务。

第七条 行政机关及其工作人员行使行政职权侵犯公民、法人和其他组织的合法权益造成损害的，该行政机关为赔偿义务机关。

两个以上行政机关共同行使行政职权时侵犯公民、法人和其他组织的合法权益造成损害的，共同行使行政职权的行政机关为共同赔偿义务机关。

法律、法规授权的组织在行使授予的行政权力时侵犯公民、法人和其他组织的合法权益造成损害的，被授权的组织为赔偿义务机关。

受行政机关委托的组织或者个人在行使受委托的行政权力时侵犯公民、法人和其他组织的合法权益造成损害的，委托的行政机关为赔偿义务机关。

赔偿义务机关被撤销的，继续行使其职权的行政机关为赔偿义务机关；没有继续行使其职权的行政机关的，撤销该赔偿义务机关的行政机关为赔偿义务机关。

第二十一条 行使侦查、检察、审判职权的机关以及看守所、监狱管理机关及其工作人员在行使职权时侵犯公民、法人和其他组织的合法权益造成损害的，该机关为赔偿义务机关。

对公民采取拘留措施，依照本法的规定应当给予国家赔偿的，作出拘留决定的机关为赔偿义务机关。

对公民采取逮捕措施后决定撤销案件、不起诉或者判决宣告无罪的，作出逮捕决定的机关为赔偿义务机关。

再审改判无罪的，作出原生效判决的人民法院为赔偿义务机关。二审改判无罪，以及二审发回重审后作无罪处理的，作出一审有罪判决的人民法院为赔偿义务机关。

《最高人民法院关于审理期货纠纷案件若干问题的规定》

第八条 期货公司的从业人员在本公司经营范围内从事期货交易行为产生的民事责任，由其所在的期货公司承担。

《工伤保险条例》

第二条 中华人民共和国境内的企业、事业单位、社会团体、民办非企业单位、基金会、律师事务所、会计师事务所等组织和有雇工的个体工商户（以下称用人单位）应当依照本条例规定参加工伤保险，为本单位全部职工或者雇工（以下称职工）缴纳工伤保险费。

中华人民共和国境内的企业、事业单位、社会团体、民办非企业单位、基金会、律师事务所、会计师事务所等组织的职工和个体工商户的雇工，均有依照本条例的规定享受工伤保险待遇的权利。

五、个人劳务关系中的侵权责任

第一千一百九十二条 个人之间形成劳务关系，提供劳务一方因劳务造成他人损害的，由接受劳务一方承担侵权责任。接受劳务一方承担侵权责任后，可以向有故意或者重大过失的提供劳务一方追偿。提供劳务一方因劳务受到损害的，根据双方各自的过错承担相应的责任。

提供劳务期间，因第三人的行为造成提供劳务一方损害的，提供劳务一方有权请求第三人承担侵权责任，也有权请求接受劳务一方给予补偿。接受劳务一方补偿后，可以向第三人追偿。

(一) 实务问答

1. 什么样的情形属于个人之间形成劳务关系?

《民法典》第1192条规定个人劳务关系中的侵权责任。一方面，此种劳务关系形成于自然人之间。个体工商户、个人独资企业、合伙企业等的雇工因提供劳动产生侵权纠纷的，不符合该条的情形，应适用第1191条规定按用人单位责任的规定处理。承揽关系中产生的侵权纠纷亦不符合该条的情形，应适用第1193条规定处理。另一方面，劳务关系不同于劳动关系。劳动关系由劳动法规范和调整，劳务关系则由民法规范和调整。劳动关系中，用人单位对劳动者有管理、处分的权利，且用人单位必须遵守劳动法规定为员工购买保险、支付最低工资、提供假期等。劳务关系则相对自由松散，多为短期、临时的关系。提供劳务者与接受劳务者之间不存在隶属关系，仅是按照约定提供劳务、支付报酬。典型的个人劳务关系包括个人雇用家政服务、家庭教师等。需要注意的是，如果上述服务是通过家政公司等平台购买的，而不是直接聘请提供劳务的个人，则应当适用第1191条规定按用人单位责任处理。

2. 雇用他人为自己提供劳动服务，并且提供食宿，提供劳务一方驾驶摩托车发生交通事故受损时，由谁承担责任?

如该交通事故是因提供劳务发生的，提供劳务一方有权请求接受劳务一方给予补偿。

谢某某雇用魏某某从事稻田种植工作，并为魏某某提供食宿。某日，魏某某结束劳动，从稻田地返回住宿地时发生交通事故，并因此住院治疗，后经鉴定所受伤为九级伤残。后魏某某诉至法院，要求谢某某赔偿医疗费、护理费、残疾赔偿金等费用。

再审法院认为，谢某某雇用魏某某从事农业劳务且提供食宿，鉴于农业劳务的作息时间相对不固定，本起交通事故又发生在谢某某承包地附近，故认定为魏某某是在为谢某某提供劳务过程中受到损害。本案中，由于公安机关没有出具交通事故责任认定书，法院酌定魏某某负事故40%的责任，与其发生交通事故的第三人负事故60%的责任。因此，谢某某应按第三人所负责任比例的60%对魏某某的损失予以赔偿。①

从以上案例可以看出，提供劳务一方因提供劳务受到第三人损害的，提供劳务一方既可以主张第三人承担侵权责任，也可以主张接受劳务一方予以补偿。接受劳务一方补偿后，可以向第三人追偿。

3. 在个人劳务关系中，接受劳务方、提供劳务方应注意哪些事项?

对于接受劳务方而言，依据《民法典》第1192条规定，其面临三种风险：其一，提供劳务方因劳务造成他人损害的，接受劳务方应承担侵权责任，并可以向有故意或者重大过失的提供劳务方追偿；其二，提供劳务方自己因劳务受到损害的，接受劳务方和提供劳务方根据各自的过错承担相应责任；其三，提供劳务方因劳务受到第三人损害的，提供劳务方有权主张接受劳务方给予补偿，接受劳务方可以向第三人追偿。因此，接受劳务方应当尽可能地减少自己对损害发生的过错。举例而言，接受劳务方应当提供完善的、不具备安全隐患的劳动设施和工作场所，应当为提供劳务方进行详尽的安全教育和培训，应当向提供劳务方发出合理的工作指令，包括合理、安全的劳务内容、性质、强度和时间长短。

对于提供劳务方而言，其在提供劳务的过程中，应当基于自己的职业常识和技能，尽到合理的注意和保护义务，以避免损害的发生，如应当取得劳务所需的相应资质、应当避免使自己处于不合理的危险情形等。

(二) 关联规定

《最高人民法院关于审理人身损害赔偿案件适用法律若干问题的解释》

第四条 无偿提供劳务的帮工人，在从事帮工活动中致人损害的，被帮工人应当承担赔偿责任。被帮工人承担赔偿责任后向有故意或者重大过失的帮工人追偿的，人民法院应予支持。被帮工人明确拒绝帮工的，不承担赔偿责任。

第五条 无偿提供劳务的帮工人因帮工活动遭受人身损害的，根据帮工人和被帮工人各自的过错承担相应的责任；被帮工人明确拒绝帮工的，被帮工人不承担赔偿责任，但可以在受益范围内予以适当补偿。

帮工人在帮工活动中因第三人的行为遭受人身损害的，有权请求第三人承担赔偿责任，也有权请求被帮工人予以适当补偿。被帮工人补偿后，可以向第三人追偿。

---

① 案号：吉林省高级人民法院 (2018) 吉民再221号。

六、承揽关系中的侵权责任

> **第一千一百九十三条** 承揽人在完成工作过程中造成第三人损害或者自己损害的，定作人不承担侵权责任。但是，定作人对定作、指示或者选任有过错的，应当承担相应的责任。

（一）实务问答

1. 什么样的情形属于承揽关系？

基于承揽合同产生的关系为承揽关系。依据《民法典》第770条规定，承揽合同是承揽人按照定作人的要求完成工作，交付工作成果，定作人支付报酬的合同。一般而言，承揽包括加工、定作、修理、复制、测试、检验等具有一定专业性和技术性的工作，承揽人应当以自己的设备、技术和劳力，完成主要工作，交付工作成果。定作人接受承揽人的工作成果，并向其支付报酬。

不同于其他以提供劳务为核心的关系，承揽关系的本质在于完成并交付特定的工作成果。因此，承揽人在完成工作的过程中具有较高的自主性，可以自行决定工作方式和工作时间。定作人往往也是根据工作成果支付报酬，而非根据时间或者工作量支付。

举例而言，一家建筑公司作为定作人将某项工程的钢结构部分承揽给另一家专业钢结构公司。该钢结构公司负责设计、制作并安装钢结构，建筑公司支付相应的报酬。这种关系就属于承揽关系。

2. 承揽人在完成工作过程中造成他人损害的，定作人也要承担责任吗？

如果定作人对定作、指示或者选任有过错的，应当承担相应的责任。定作人不具有过错的，不承担侵权责任。

依据《民法典》第1193条的规定，承揽人在完成工作过程中造成第三人损害的，定作人仅在其对定作、指示或者选任有过错的情况下，承担相应的责任。

承揽关系中，承揽人具有极大的自主性，可以独立安排并完成工作。通常，承揽人也是以自己的设备、技术、劳力和判断独立完成主要工作，定作人对其并不具有较强的控制力，并不需要指定工作场所、提供劳动工具、规定劳动时间等。所以，承揽人应当对其在完成工作过程中造成的他人损害负责。

但是，如果定作人在此过程中存在过错的，当然需要对其过错承担相应的责任，此种过错一般体现在定作、指示或者选任上。常见的过错包括：提供的图纸、材料不合格，发出的指示违法或不合理，选任的承揽人不具有相应专业资质等。举例而言，如果定作人选任不具有电工资质的人为其安装电器，途中造成他人损害的，定作人需要对此承担相应的责任。

3. 一方聘请另一方为其提供空调移机的维修服务，维修人员发生坠落，谁应当承担责任？

吕某与丁某签订《安装空调记录》，约定丁某为吕某提供空调移机服务，吕某给付了1500元报酬。某日，丁某在吕某家维修空调，吕某家中无人，吕某指派的辅助协作人员没有向丁某提示安全事项、检查脚手架是否稳固等。丁某在使用吕某所有的脚手架过程中发生坠落。后丁某诉至法院，要求吕某承担赔偿责任。

再审法院认为，吕某与丁某之间形成承揽合意，吕某指派的辅助协作人员没有向丁某提示安全事项、检查脚手架是否稳固等，存在一定的定作过失。对于丁某使用吕某所有的脚手架过程中发生坠落、遭受损伤的结果，吕某应承担一定的责任。丁某本人作为专业工作人员，从事空调维修时没有使用安全带、安全帽等保护措施，对损伤结果的发生具有主要过错。因此，丁某承担70%的主要责任，吕某承担30%的次要责任。[1]

从以上案例中可以看出，定作人仅在其过错范围内对承揽人在完成工作中遭受的损害承担责任。

（二）关联规定

《最高人民法院关于适用〈中华人民共和国民法典〉侵权责任编的解释（一）》

第十八条 承揽人在完成工作过程中造成第三人损害的，人民法院依照民法典第一千一百六十五条的规定认定承揽人的民事责任。

---

[1] 案号：江苏省高级人民法院（2019）苏民申5356号。

被侵权人合并请求定作人和承揽人承担侵权责任的，依照民法典第一千一百六十五条、第一千一百九十三条的规定，造成损害的承揽人承担侵权人应承担的全部责任；定作人在定作、指示或者选任过错范围内与承揽人共同承担责任，但责任主体实际支付的赔偿费用总和不应超出被侵权人应受偿的损失数额。

定作人先行支付赔偿费用后，就超过自己相应责任的部分向承揽人追偿的，人民法院应予支持，但双方另有约定的除外。

《中华人民共和国民法典》

第七百七十条 承揽合同是承揽人按照定作人的要求完成工作，交付工作成果，定作人支付报酬的合同。

承揽包括加工、定作、修理、复制、测试、检验等工作。

第七百七十二条 承揽人应当以自己的设备、技术和劳力，完成主要工作，但是当事人另有约定的除外。

承揽人将其承揽的主要工作交由第三人完成的，应当就该第三人完成的工作成果向定作人负责；未经定作人同意的，定作人也可以解除合同。

七、网络侵权责任

> **第一千一百九十四条** 网络用户、网络服务提供者利用网络侵害他人民事权益的，应当承担侵权责任。法律另有规定的，依照其规定。

（一）实务问答

1. 常见的网络侵权行为有哪些？

网络并非法外之地，依据《民法典》第1194条规定，通过网络实施侵权行为的，应当承担侵权责任。

随着互联网的快速发展，网络侵权行为的类型也逐渐增多。一般而言，常见的网络侵权行为可以分为三类：一是侵害他人人格权的行为，包括姓名权、肖像权、名誉权、隐私权等。比如，未经许可使用他人肖像，发表侮辱、诽谤他人的文章，擅自传播他人个人信息等。二是侵害他人知识产权的行为，包括著作权、商标权、专利权等。比如，注册或使用与他人商标相同或相似的域名，擅自上传他人的文章或书籍，未经授权使用或分发他人软件。三是侵害他人财产权益的行为。比如，在网络上通过虚假信息或者诱骗手段获取他人财物，包括网络银行账户中的资金、游戏账户中的虚拟装备等。

2. 某公司受他人委托在网络上发布侵犯他人注册商标权的广告，是否应当承担侵权责任？

某公司与邱某某签订《网站广告合同》，受邱某某委托发布侵犯他人注册商标权的广告。对此，一审、二审法院认定某公司属于网络服务提供者，对于邱某某的侵权行为并不知情，且及时删除了侵权行为，故不应承担侵权责任。邱某某不服，申请再审。再审法院认为，某公司不属于网络服务提供者，而是网络广告的发布者。一审法院和二审法院认定事实不清、适用法律错误，应予纠正。[1]

从以上案例可以看出，受人委托在网络上发布侵犯他人合法权益的广告的，属于网络用户而非网络服务提供者。因此，该广告发布者不能援引《民法典》第1195条的规定以主张免责，而应当承担侵权责任。

3. 某公司转载侵犯他人名誉权的文章，是否应当承担侵权责任？

谭某是国家一级演员，著名军旅歌手，某公司转载涉嫌侵犯谭某名誉权的文章。谭某诉至法院，要求某公司立刻断开涉嫌侵权链接、在网站首页明显位置及全国公开发表报纸公开赔礼道歉、赔偿精神损失抚慰金500000元及谭某因维权支付的合理开支。

一审法院认为，某公司作为转载媒体，对于关系到公众人物社会形象的重大事项是否真实，负有一定的注意义务，履行必要的核实程序。某公司连续发布三篇涉案文章，文章内容相互关联，在无证据证明报道事件内容属实的情况下，极易引发公众对谭某的误解和负面评价。某公司虽提交了部分证据佐证转发自其他媒体，但即便存在转载协议，针对明显涉及公众人物社会形象的重大事项，某公司亦不能完全免除其注意义务，而应进行必要的核实。鉴于此，涉案文章未经必要审核而径自采纳网友的观点并对此进行传播，其中对于谭某就是涉事女歌手的

---

[1] 案号：最高人民法院（2015）民申字第723号。

暗示，势必会引发社会公众的负面猜测，对谭某名誉必然造成贬损，故应认定侵害了谭某的名誉权。鉴于此，谭某有权要求某公司承担停止侵权、赔礼道歉、赔偿精神损失等法律责任。二审法院认为，一审判决认定事实清楚，适用法律正确，应予维持。①

从以上案例可以看出，网络用户或者网络服务提供者在转载侵犯他人权利的网络信息时存在过错的，应当承担侵权责任。

（二）关联规定

《中华人民共和国食品安全法》

第一百三十一条 违反本法规定，网络食品交易第三方平台提供者未对入网食品经营者进行实名登记、审查许可证，或者未履行报告、停止提供网络交易平台服务等义务的，由县级以上人民政府食品安全监督管理部门责令改正，没收违法所得，并处五万元以上二十万元以下罚款；造成严重后果的，责令停业，直至由原发证部门吊销许可证；使消费者的合法权益受到损害的，应当与食品经营者承担连带责任。

消费者通过网络食品交易第三方平台购买食品，其合法权益受到损害的，可以向入网食品经营者或者食品生产者要求赔偿。网络食品交易第三方平台提供者不能提供入网食品经营者的真实名称、地址和有效联系方式的，由网络食品交易第三方平台提供者赔偿。网络食品交易第三方平台提供者赔偿后，有权向入网食品经营者或者食品生产者追偿。网络食品交易第三方平台提供者作出更有利于消费者承诺的，应当履行其承诺。

《中华人民共和国消费者权益保护法》

第四十四条 消费者通过网络交易平台购买商品或者接受服务，其合法权益受到损害的，可以向销售者或者服务者要求赔偿。网络交易平台提供者不能提供销售者或者服务者的真实名称、地址和有效联系方式的，消费者也可以向网络交易平台提供者要求赔偿；网络交易平台提供者作出更有利于消费者的承诺的，应当履行承诺。网络交易平台提供者赔偿后，有权向销售者或者服务者追偿。

网络交易平台提供者明知或者应知销售者或者服务者利用其平台侵害消费者合法权益，未采取必要措施的，依法与该销售者或者服务者承担连带责任。

---

① 案号：北京市第一中级人民法院（2017）京01民终500号。

《最高人民法院关于审理食品药品纠纷案件适用法律若干问题的规定》

第九条 消费者通过网络交易第三方平台购买食品、药品遭受损害，网络交易第三方平台提供者不能提供食品、药品的生产者或者销售者的真实名称、地址与有效联系方式，消费者请求网络交易第三方平台提供者承担责任的，人民法院应予支持。

网络交易第三方平台提供者承担赔偿责任后，向生产者或者销售者行使追偿权的，人民法院应予支持。

网络交易第三方平台提供者知道或者应当知道食品、药品的生产者、销售者利用其平台侵害消费者合法权益，未采取必要措施，给消费者造成损害，消费者要求其与生产者、销售者承担连带责任的，人民法院应予支持。

《最高人民法院关于审理利用信息网络侵害人身权益民事纠纷案件适用法律若干问题的规定》

第一条 本规定所称的利用信息网络侵害人身权益民事纠纷案件，是指利用信息网络侵害他人姓名权、名称权、名誉权、荣誉权、肖像权、隐私权等人身权益引起的纠纷案件。

第二条 原告依据民法典第一千一百九十五条、第一千一百九十七条的规定起诉网络用户或者网络服务提供者的，人民法院应予受理。

原告仅起诉网络用户，网络用户请求追加涉嫌侵权的网络服务提供者为共同被告或者第三人的，人民法院应予准许。

原告仅起诉网络服务提供者，网络服务提供者请求追加可以确定的网络用户为共同被告或者第三人的，人民法院应予准许。

第三条 原告起诉网络服务提供者，网络服务提供者以涉嫌侵权的信息系网络用户发布为由抗辩的，人民法院可以根据原告的请求及案件的具体情况，责令网络服务提供者向人民法院提供能够确定涉嫌侵权的网络用户的姓名（名称）、联系方式、网络地址等信息。

网络服务提供者无正当理由拒不提供的，人民法院可以依据民事诉讼法第一百一十四条的规定对网络服务提供者采取处罚等措施。

原告根据网络服务提供者提供的信息请求追加网络用户为被告的，人民法院应予准许。

第四条 人民法院适用民法典第一千一百九十五条第二款的规定，认定网络服务提供者采取的删除、屏蔽、断开链接等必要措施是否及时，应当根据网络服务的类型和性质、有效通知的形式和准确程度、网络信息侵害权益的类型和程度等因素综合判断。

第五条 其发布的信息被采取删除、屏蔽、断开链接等措施的网络用户，主张网络服务提供者承担违约责任或者侵权责任，网络服务提供者以收到民法典第一千一百九十五条第一款规定的有效通知为由抗辩的，人民法院应予支持。

《信息网络传播权保护条例》

第十三条 著作权行政管理部门为了查处侵犯信息网络传播权的行为，可以要求网络服务提供者提供涉嫌侵权的服务对象的姓名（名称）、联系方式、网络地址等资料。

第十四条 对提供信息存储空间或者提供搜索、链接服务的网络服务提供者，权利人认为其服务所涉及的作品、表演、录音录像制品，侵犯自己的信息网络传播权或者被删除、改变了自己的权利管理电子信息的，可以向该网络服务提供者提交书面通知，要求网络服务提供者删除该作品、表演、录音录像制品，或者断开与该作品、表演、录音录像制品的链接。通知书应当包含下列内容：

（一）权利人的姓名（名称）、联系方式和地址；

（二）要求删除或者断开链接的侵权作品、表演、录音录像制品的名称和网络地址；

（三）构成侵权的初步证明材料。

权利人应当对通知书的真实性负责。

第十五条 网络服务提供者接到权利人的通知书后，应当立即删除涉嫌侵权的作品、表演、录音录像制品，或者断开与涉嫌侵权的作品、表演、录音录像制品的链接，并同时将通知书转送提供作品、表演、录音录像制品的服务对象；服务对象网络地址不明、无法转送的，应当将通知书的内容同时在信息网络上公告。

第十六条 服务对象接到网络服务提供者转送的通知书后，认为其提供的作品、表演、录音录像制品未侵犯他人权利的，可以向网络服务提供者提交书面说明，要求恢复被删除的作品、表演、录音录像制品，或者恢复与被断开的作品、表演、录音录像制品的链接。书面说明应当包含下列内容：

（一）服务对象的姓名（名称）、联系方式和地址；

（二）要求恢复的作品、表演、录音录像制品的名称和网络地址；

（三）不构成侵权的初步证明材料。

服务对象应当对书面说明的真实性负责。

第十七条 网络服务提供者接到服务对象的书面说明后，应当立即恢复被删除的作品、表演、录音录像制品，或者可以恢复与被断开的作品、表演、录音录像制品的链接，同时将服务对象的书面说明转送权利人。权利人不得再通知网络服务提供者删除该作品、表演、录音录像制品，或者断开与该作品、表演、录音录像制品的链接。

第二十条 网络服务提供者根据服务对象的指令提供网络自动接入服务，或者对服务对象提供的作品、表演、录音录像制品提供自动传输服务，并具备下列条件的，不承担赔偿责任：

（一）未选择并且未改变所传输的作品、表演、录音录像制品；

（二）向指定的服务对象提供该作品、表演、录音录像制品，并防止指定的服务对象以外的其他人获得。

第二十一条 网络服务提供者为提高网络传输效率，自动存储从其他网络服务提供者获得的作品、表演、录音录像制品，根据技术安排自动向服务对象提供，并具备下列条件的，不承担赔偿责任：

（一）未改变自动存储的作品、表演、录音录像制品；

（二）不影响提供作品、表演、录音录像制品的原网络服务提供者掌握服务对象获取该作品、表演、录音录像制品的情况；

（三）在原网络服务提供者修改、删除或者屏蔽该作品、表演、录音录像制品时，根据技术安排自动予以修改、删除或者屏蔽。

第二十二条 网络服务提供者为服务对象提供信息存储空间，供服务对象通过信息网络向公众提供作品、表演、录音录像制品，并具备下列条件的，不承担赔偿责任：

（一）明确标示该信息存储空间是为服务对象所提供，并公开网络服务提供者的名称、联系人、网络地址；

（二）未改变服务对象所提供的作品、表演、录音录像制品；

（三）不知道也没有合理的理由应当知道服务对象提供的作品、表演、录音录像制品侵权；

（四）未从服务对象提供作品、表演、录音录像制品中直接获得经济利益；

（五）在接到权利人的通知书后，根据本条例规定删除权利人认为侵权的作品、表演、录音录像制品。

第二十三条 网络服务提供者为服务对象提供搜索或者链接服务，在接到权利人的通知书后,根据本条例规定断开与侵权的作品、表演、录音录像制品的链接的,不承担赔偿责任;但是,明知或者应知所链接的作品、表演、录音录像制品侵权的,应当承担共同侵权责任。

第二十四条　因权利人的通知导致网络服务提供者错误删除作品、表演、录音录像制品,或者错误断开与作品、表演、录音录像制品的链接,给服务对象造成损失的,权利人应当承担赔偿责任。

八、"通知与取下"制度

> 第一千一百九十五条　网络用户利用网络服务实施侵权行为的,权利人有权通知网络服务提供者采取删除、屏蔽、断开链接等必要措施。通知应当包括构成侵权的初步证据及权利人的真实身份信息。
>
> 网络服务提供者接到通知后,应当及时将该通知转送相关网络用户,并根据构成侵权的初步证据和服务类型采取必要措施;未及时采取必要措施的,对损害的扩大部分与该网络用户承担连带责任。
>
> 权利人因错误通知造成网络用户或者网络服务提供者损害的,应当承担侵权责任。法律另有规定的,依照其规定。

(一) 实务问答

1. 权利人发现自己的权利在网络上被侵犯的,应当如何维权?

依据《民法典》第 1195 条规定,权利人发现有人利用网络服务实施侵权行为的,有权通知网络服务提供者并要求其采取删除、屏蔽、断开链接等必要措施。权利人通知的内容应当包括构成侵权的初步证据及自己的真实身份信息。

因此,权利人发现自己的权利在网络上被侵犯的,应当及时固定证据,直接与发布信息的网络服务提供者联系,提供构成侵权的证据及自己的真实身份信息,要求其删除相关侵权内容,以避免内容进一步传播,对自身权益造成更大损害。同时,侵权行为严重并涉嫌侮辱、诽谤犯罪的,权利人也可以同步向公安机关报警,或向法院提起刑事自诉。无论权利人采取何种行动,都应当及时、全面地固定证据,这是维护自身权益的必要条件。

2. 权利人向网站通知存在侵权行为的,网站应当采取哪些行动?

依据《民法典》第 1195 条规定,网络服务提供者收到权利人的通知的,应当采取两步行动。

一是及时将该通知转送被控侵权的网络用户。权利人的通知与主张未必是正确、有事实和法律依据的,因此网络服务提供者在采取相关必要措施之前,应当告知相关网络用户,向该网络用户提供与权利人沟通的渠道。网络服务提供者也可以借此结合双方的初步证据,综合判断相关行为是否构成侵权,并最终决定应当删除还是恢复相关网络信息。

二是根据权利人提供的构成侵权的初步证据和服务类型,采取相应的必要措施。必要措施,在结果上应当可以防止侵权行为继续存在并防止损害后果的进一步扩大,在程度上应当是最小限度的措施,包括删除、屏蔽、断开链接、暂时中止对该网络用户提供网络服务等。

网络服务提供者采取上述行动时,应注意行动的时效性。是否及时地采取了行动,是网络服务提供者是否能够免予承担侵权责任的核心。

3. 权利人向网站通知存在侵权行为,网站未及时采取必要措施的,是否应当承担责任?

依据《民法典》第 1195 条规定,网站应当对因未及时采取必要措施从而扩大的损害部分,与实施侵权行为的网络用户一起承担连带责任。

在接到权利人发出的通知后,网络服务提供者对于侵权行为的存在已经明确知晓,其若未能及时采取必要措施,则属于放任侵权行为的发生和损害结果的扩大,与侵权行为人构成共同侵权。因此,对于损害的扩大部分,网络服务提供者应当与侵权的网络用户承担连带责任。网络服务提供者在承担责任后,可以向该侵权的网络用户追偿。一般而言,在网络服务提供者收到权利人的通知之后产生的损害,即为网络服务提供者应当承担连带责任的扩大部分的损害。

(二) 关联规定

《最高人民法院关于审理利用信息网络侵害人身权益民事纠纷案件适用法律若干问题的规定》

第二条 原告依据民法典第一千一百九十五条、第一千一百九十七条的规定起诉网络用户或者网络服务提供者的，人民法院应予受理。

原告仅起诉网络用户，网络用户请求追加涉嫌侵权的网络服务提供者为共同被告或者第三人的，人民法院应予准许。

原告仅起诉网络服务提供者，网络服务提供者请求追加可以确定的网络用户为共同被告或者第三人的，人民法院应予准许。

第三条 原告起诉网络服务提供者，网络服务提供者以涉嫌侵权的信息系网络用户发布为由抗辩的，人民法院可以根据原告的请求及案件的具体情况，责令网络服务提供者向人民法院提供能够确定涉嫌侵权的网络用户的姓名（名称）、联系方式、网络地址等信息。

网络服务提供者无正当理由拒不提供的，人民法院可以依据民事诉讼法第一百一十四条的规定对网络服务提供者采取处罚等措施。

原告根据网络服务提供者提供的信息请求追加网络用户为被告的，人民法院应予准许。

第四条 人民法院适用民法典第一千一百九十五条第二款的规定，认定网络服务提供者采取的删除、屏蔽、断开链接等必要措施是否及时，应当根据网络服务的类型和性质、有效通知的形式和准确程度、网络信息侵害权益的类型和程度等因素综合判断。

第五条 其发布的信息被采取删除、屏蔽、断开链接等措施的网络用户，主张网络服务提供者承担违约责任或者侵权责任，网络服务提供者以收到民法典第一千一百九十五条第一款规定的有效通知为由抗辩的，人民法院应予支持。

《最高人民法院关于审理侵害信息网络传播权民事纠纷案件适用法律若干问题的规定》

第十四条 人民法院认定网络服务提供者转送通知、采取必要措施是否及时，应当根据权利人提交通知的形式，通知的准确程度，采取措施的难易程度，网络服务的性质，所涉作品、表演、录音录像制品的类型、知名度、数量等因素综合判断。

《信息网络传播权保护条例》

第十四条 对提供信息存储空间或者提供搜索、链接服务的网络服务提供者，权利人认为其服务所涉及的作品、表演、录音录像制品，侵犯自己的信息网络传播权或者被删除、改变了自己的权利管理电子信息的，可以向该网络服务提供者提交书面通知，要求网络服务提供者删除该作品、表演、录音录像制品，或者断开与该作品、表演、录音录像制品的链接。通知书应当包含下列内容：

（一）权利人的姓名（名称）、联系方式和地址；

（二）要求删除或者断开链接的侵权作品、表演、录音录像制品的名称和网络地址；

（三）构成侵权的初步证明材料。

权利人应当对通知书的真实性负责。

第十五条 网络服务提供者接到权利人的通知书后，应当立即删除涉嫌侵权的作品、表演、录音录像制品，或者断开与涉嫌侵权的作品、表演、录音录像制品的链接，并同时将通知书转送提供作品、表演、录音录像制品的服务对象；服务对象网络地址不明、无法转送的，应当将通知书的内容同时在信息网络上公告。

第十七条 网络服务提供者接到服务对象的书面说明后，应当立即恢复被删除的作品、表演、录音录像制品，或者可以恢复与被断开的作品、表演、录音录像制品的链接，同时将服务对象的书面说明转送权利人。权利人不得再通知网络服务提供者删除该作品、表演、录音录像制品，或者断开与该作品、表演、录音录像制品的链接。

第二十四条 因权利人的通知导致网络服务提供者错误删除作品、表演、录音录像制品，或者错误断开与作品、表演、录音录像制品的链接，给服务对象造成损失的，权利人应当承担赔偿责任。

《最高人民法院关于审理使用人脸识别技术处理个人信息相关民事案件适用法律若干问题的规定》

第七条 多个信息处理者处理人脸信息侵害自然人人格权益，该自然人主张多个信息处理者按照过错程度和造成损害结果的大小承担侵权责任的，人民法院依法予以支持；符合民法典第一千一百六十八条、第一千一百六十九条第一款、第一千一百七十条、第一千一百七十一条等规定的相应情形，该自然人主张多个信息处理者承担连带责任的，人民法院依法予以支持。

信息处理者利用网络服务处理人脸信息侵害自然人人格权益的，适用民法典第一千一百九十五条、第一千一百九十六条、第一千一百九十七条等规定。

九、"反通知"制度

> **第一千一百九十六条** 网络用户接到转送的通知后,可以向网络服务提供者提交不存在侵权行为的声明。声明应当包括不存在侵权行为的初步证据及网络用户的真实身份信息。
>
> 网络服务提供者接到声明后,应当将该声明转送发出通知的权利人,并告知其可以向有关部门投诉或者向人民法院提起诉讼。网络服务提供者在转送声明到达权利人后的合理期限内,未收到权利人已经投诉或者提起诉讼通知的,应当及时终止所采取的措施。

(一)实务问答

1. 收到网站转送的通知的网络用户,认为自己并未实施侵权行为的,应当采取哪些行动?

依据《民法典》第 1196 条规定,网络用户在收到转送的通知后,可以向网络服务提供者提交不存在侵权行为的声明。该声明应当包括网络用户不存在侵权行为的初步证据及网络用户的真实身份信息。声明应当与权利人的通知具有对应性,即对权利人的通知中的初步证据进行反驳和抗辩,证明自己的行为不构成对权利人合法权益的侵犯。

《民法典》第 1196 条结合前述第 1195 条,在权利人、网络服务提供者、网络用户之间构成了网络侵权的简易诉前解决程序。在该程序中,权利人和网络用户都可以向网络服务提供者提供简单的初步证据以证明侵权事实的存在与否,网络服务提供者则在收到各方的通知和声明后,采取删除、屏蔽、断开链接或恢复的措施,以及时定分止争,简易、快捷地解决纠纷。

2. 网站在接到网络用户的声明后,应当采取哪些行动?

依据《民法典》第 1196 条规定,网络服务提供者收到网络用户的声明的,应当采取两步行动。

一是将该声明及时转送权利人，并告知其可以向有关部门投诉或者向人民法院提起诉讼。权利人有权知晓网络用户针对其通知提出的抗辩，并判断是否采取进一步维权行动。网络服务提供者作为网络用户和权利人之间的沟通渠道，应当及时在双方之间传达信息，从而促成纠纷的解决。

二是在转送声明到达权利人的合理期限内，如果网络服务提供者未收到权利人已经投诉或者提起诉讼通知的信息的，应当及时终止此前所采取的必要措施，恢复原状。权利人在收到转送的声明后，如果仍认为自己的权利受到侵害，应当向有关部门投诉或人民法院提起诉讼，并将其采取的进一步措施告知网络服务提供者。在合理期限内，如果权利人未能如此做，则证明网络用户的抗辩有效对抗了权利人的主张。因此，网络服务提供者应当及时终止所采取的措施，恢复原状，以维护网络用户的权益。一般而言，法院应当依据相关法律法规的规定及有权机关受理投诉或起诉所需要的时间来判断合理期限为多久。例如，《电子商务法》第43条规定，电子商务平台经营者在转送声明到达知识产权权利人后十五日内，未收到权利人已经投诉或者起诉通知的，应当及时终止所采取的措施。

3. 权利人在收到转送的声明后，可以采取哪些行动？

权利人在收到转送的声明后，如仍认为自己的权利受到网络用户侵害的，应当在合理期限内向有关部门投诉或者向人民法院提起诉讼，并将自己采取的行动及时告知网络服务提供者。

在网络侵权中，常见的有关部门包括市场监督管理局、知识产权局及版权局等。与商标权、专利权及网络商品交易等有关的侵权行为，权利人可以向市场监督管理局提起投诉。与商标权、专利权、地理标志等有关的侵权行为，权利人可以向知识产权局提起诉讼。与著作权有关的侵权行为，权利人可以向版权局提起投诉。

权利人也可以不进行投诉，或在投诉后向有管辖权的人民法院依据《民法典》等法律法规提起诉讼，要求实施侵权行为的网络用户承担责任。依据《民事诉讼法》及司法解释的有关规定，因侵权行为提起的诉讼，侵权行为地及被告住所地的人民法院都有管辖权。侵权行为地则包括行为实施地、结果发生地。对于网络侵权而言，行为实施地还包括用以实施侵权行为的计算机等信息设备的所在地，结果发生地则包括被侵权人住所地。

(二) 关联规定

《中华人民共和国电子商务法》

第四十三条　平台内经营者接到转送的通知后，可以向电子商务平台经营者提交不存在侵权行为的声明。声明应当包括不存在侵权行为的初步证据。

电子商务平台经营者接到声明后，应当将该声明转送发出通知的知识产权权利人，并告知其可以向有关主管部门投诉或者向人民法院起诉。电子商务平台经营者在转送声明到达知识产权权利人后十五日内，未收到权利人已经投诉或者起诉通知的，应当及时终止所采取的措施。

《信息网络传播权保护条例》

第十五条　网络服务提供者接到权利人的通知书后，应当立即删除涉嫌侵权的作品、表演、录音录像制品，或者断开与涉嫌侵权的作品、表演、录音录像制品的链接，并同时将通知书转送提供作品、表演、录音录像制品的服务对象；服务对象网络地址不明、无法转送的，应当将通知书的内容同时在信息网络上公告。

第十六条　服务对象接到网络服务提供者转送的通知书后，认为其提供的作品、表演、录音录像制品未侵犯他人权利的，可以向网络服务提供者提交书面说明，要求恢复被删除的作品、表演、录音录像制品，或者恢复与被断开的作品、表演、录音录像制品的链接。书面说明应当包含下列内容：

（一）服务对象的姓名（名称）、联系方式和地址；

（二）要求恢复的作品、表演、录音录像制品的名称和网络地址；

（三）不构成侵权的初步证明材料。

服务对象应当对书面说明的真实性负责。

《最高人民法院关于审理使用人脸识别技术处理个人信息相关民事案件适用法律若干问题的规定》

第七条　多个信息处理者处理人脸信息侵害自然人人格权益，该自然人主张多个信息处理者按照过错程度和造成损害结果的大小承担侵权责任的，人民法院依法予以支持；符合民法典第一千一百六十八条、第一千一百六十九条第一款、第一千一百七十条、第一千一百七十一条等规定的相应情形，该自然人主张多个信息处理者承担连带责任的，人民法院依法予以支持。

信息处理者利用网络服务处理人脸信息侵害自然人人格权益的，适用民法典第一千一百九十五条、第一千一百九十六条、第一千一百九十七条等规定。

十、网络服务提供者与网络用户的连带责任

> **第一千一百九十七条** 网络服务提供者知道或者应当知道网络用户利用其网络服务侵害他人民事权益,未采取必要措施的,与该网络用户承担连带责任。

(一)实务问答

1. 如何判断网络服务提供者是否知道或者应当知道网络用户利用其网络服务实施侵权行为?

一方面,有法律法规、司法解释已经对如何判断网络服务提供者的"知道或者应当知道"状态进行了具体规定。例如,《最高人民法院关于审理侵害信息网络传播权民事纠纷案件适用法律若干问题的规定》(2020修正)第9条列举了下列应当综合考虑的因素:其一,基于网络服务提供者提供服务的性质、方式及其引发侵权的可能性大小,应当具备的管理信息的能力;其二,传播的作品、表演、录音录像制品的类型、知名度及侵权信息的明显程度;其三,网络服务提供者是否主动对作品、表演、录音录像制品进行了选择、编辑、修改、推荐等;其四,网络服务提供者是否积极采取了预防侵权的合理措施;其五,网络服务提供者是否设置便捷程序接收侵权通知并及时对侵权通知作出合理的反应;其六,网络服务提供者是否针对同一网络用户的重复侵权行为采取了相应的合理措施。第10条明确,网络服务提供者对热播影视作品等以设置榜单、目录、索引、描述性段落、内容简介等方式进行推荐,且公众可以在其网页上直接以下载、浏览或者其他方式获得的,人民法院可以认定其应知网络用户侵害信息网络传播权。第12条列举了对于提供信息存储空间服务的网络服务提供者是否处于应知状态的判断标准,包括:是否将热播影视作品等置于首页或者其他主要页面等能够为网络服务提供者明显感知的位置的;是否对热播影视作品等的主题、内容主动进行选择、编辑、整理、推荐,或者为其设立专门的排行榜的;是否有其他可以明显感

知相关作品、表演、录音录像制品为未经许可提供，仍未采取合理措施的情形。

另一方面，在没有具体规定的情况下，可以基于所提供的网络服务的类型、侵权行为的具体内容、权利人及侵权人的具体情况，在个案中以一般理性人的视角判断网络服务提供者是否处于"知道或者应当知道"的心理状态。

2. 网络服务提供者知道或者应当知道网络用户利用其网络服务实施侵权行为的，应当承担什么责任？

依据《民法典》第1197条规定，网络服务提供者未采取删除、屏蔽、断开链接等必要措施的，应当与侵权人承担连带责任。与第1195条规定的情形不同的是，在本条规定的情形下，网络服务提供者对于侵权行为是处于知道或者应当知道的心理状态下的，因此其对知道或者应当知道侵权行为之时起产生的全部损害与网络用户一起承担连带责任。而在第1195条规定的情形下，网络服务提供者只对收到权利人的通知之后，因其未及时采取必要措施从而扩大的损害部分承担连带责任。因此，如果权利人认为可以证明网络服务提供者对侵权行为处于知道或者应当知道的心理状态的，可以不依据第1195条的规定发出通知，而是直接向法院起诉要求网络服务提供者承担《民法典》第1197条规定的连带侵权责任。

3. 某公司为客户做搜索引擎竞价排名，该客户的推广关键词侵犯他人商标权的，某公司是否应当承担责任？

甲公司是专门负责某地区百度竞价排名的地区总代理，先后与乙、丙两家公司签订了《百度竞价排名服务合同书》。在甲公司与丙公司签订的合同中，约定甲公司可以免费提供不限量关键词，丙公司可以把意向推广的关键词填在附表里面，具体的关键词由甲公司关键词专家免费整理后经甲公司确认提交。后，乙公司认为丙公司的推广关键词侵犯了其商标权，诉至法院要求甲公司、丙公司对其遭受损害承担连带赔偿责任。

一审法院认为，甲公司仅系搜索服务的提供者。涉案侵权的关键字、相关内容链接设置均系丙公司自行完成。乙公司无证据证明甲公司为丙公司选择、添加了侵权字眼作为关键词，亦无证据证明甲公司在合理谨慎的情况下知道或者应当知道丙公司设置的涉及侵权的关键词、相关内容链接涉嫌对乙公司注册商标的侵害。综上，甲公司主观上没有过错，不构成侵权，不应承担法律责任。

对此，二审法院则认为，甲公司与乙公司、丙公司都签订了《百度竞价排名服务合同书》，且对丙公司的推广关键词进行整理和确认。因此，甲公司对丙公司的侵权行为属于明知，其关于对丙公司侵权行为不知情的辩解不能成立，应对本案被控侵权行为承担连带责任。①

从以上案例可以看出，应当结合具体个案案情综合判断网络服务提供者是否对网络用户利用其网络服务实施侵权行为处于知道或者应当知道的心理状态。如果属于知道或者应当知道的，网络服务提供者应当对侵权行为承担连带责任。

（二）关联规定

《中华人民共和国电子商务法》

第四十五条　电子商务平台经营者知道或者应当知道平台内经营者侵犯知识产权的，应当采取删除、屏蔽、断开链接、终止交易和服务等必要措施；未采取必要措施的，与侵权人承担连带责任。

《最高人民法院关于审理侵害信息网络传播权民事纠纷案件适用法律若干问题的规定》

第九条　人民法院应当根据网络用户侵害信息网络传播权的具体事实是否明显，综合考虑以下因素，认定网络服务提供者是否构成应知：

（一）基于网络服务提供者提供服务的性质、方式及其引发侵权的可能性大小，应当具备的管理信息的能力；

（二）传播的作品、表演、录音录像制品的类型、知名度及侵权信息的明显程度；

（三）网络服务提供者是否主动对作品、表演、录音录像制品进行了选择、编辑、修改、推荐等；

（四）网络服务提供者是否积极采取了预防侵权的合理措施；

（五）网络服务提供者是否设置便捷程序接收侵权通知并及时对侵权通知作出合理的反应；

（六）网络服务提供者是否针对同一网络用户的重复侵权行为采取了相应的合理措施；

（七）其他相关因素。

第十条　网络服务提供者在提供网络服务时，对热播影视作品等以设置榜

---

① 案号：福建省高级人民法院（2016）闽民终649号。

单、目录、索引、描述性段落、内容简介等方式进行推荐,且公众可以在其网页上直接以下载、浏览或者其他方式获得的,人民法院可以认定其应知网络用户侵害信息网络传播权。

第十一条 网络服务提供者从网络用户提供的作品、表演、录音录像制品中直接获得经济利益的,人民法院应当认定其对该网络用户侵害信息网络传播权的行为负有较高的注意义务。

网络服务提供者针对特定作品、表演、录音录像制品投放广告获取收益,或者获取与其传播的作品、表演、录音录像制品存在其他特定联系的经济利益,应当认定为前款规定的直接获得经济利益。网络服务提供者因提供网络服务而收取一般性广告费、服务费等,不属于本款规定的情形。

第十二条 有下列情形之一的,人民法院可以根据案件具体情况,认定提供信息存储空间服务的网络服务提供者应知网络用户侵害信息网络传播权:

(一)将热播影视作品等置于首页或者其他主要页面等能够为网络服务提供者明显感知的位置的;

(二)对热播影视作品等的主题、内容主动进行选择、编辑、整理、推荐,或者为其设立专门的排行榜的;

(三)其他可以明显感知相关作品、表演、录音录像制品为未经许可提供,仍未采取合理措施的情形。

第十三条 网络服务提供者接到权利人以书信、传真、电子邮件等方式提交的通知及构成侵权的初步证据,未及时根据初步证据和服务类型采取必要措施的,人民法院应当认定其明知相关侵害信息网络传播权行为。

《最高人民法院关于审理食品药品纠纷案件适用法律若干问题的规定》

第九条 消费者通过网络交易第三方平台购买食品、药品遭受损害,网络交易第三方平台提供者不能提供食品、药品的生产者或者销售者的真实名称、地址与有效联系方式,消费者请求网络交易第三方平台提供者承担责任的,人民法院应予支持。

网络交易第三方平台提供者承担赔偿责任后,向生产者或者销售者行使追偿权的,人民法院应予支持。

网络交易第三方平台提供者知道或者应当知道食品、药品的生产者、销售者利用其平台侵害消费者合法权益,未采取必要措施,给消费者造成损害,消费者要求其与生产者、销售者承担连带责任的,人民法院应予支持。

《最高人民法院关于审理利用信息网络侵害人身权益民事纠纷案件适用法律若干问题的规定》

第二条 原告依据民法典第一千一百九十五条、第一千一百九十七条的规定起诉网络用户或者网络服务提供者的，人民法院应予受理。

原告仅起诉网络用户，网络用户请求追加涉嫌侵权的网络服务提供者为共同被告或者第三人的，人民法院应予准许。

原告仅起诉网络服务提供者，网络服务提供者请求追加可以确定的网络用户为共同被告或者第三人的，人民法院应予准许。

第六条 人民法院依据民法典第一千一百九十七条认定网络服务提供者是否"知道或者应当知道"，应当综合考虑下列因素：

（一）网络服务提供者是否以人工或者自动方式对侵权网络信息以推荐、排名、选择、编辑、整理、修改等方式作出处理；

（二）网络服务提供者应当具备的管理信息的能力，以及所提供服务的性质、方式及其引发侵权的可能性大小；

（三）该网络信息侵害人身权益的类型及明显程度；

（四）该网络信息的社会影响程度或者一定时间内的浏览量；

（五）网络服务提供者采取预防侵权措施的技术可能性及其是否采取了相应的合理措施；

（六）网络服务提供者是否针对同一网络用户的重复侵权行为或者同一侵权信息采取了相应的合理措施；

（七）与本案相关的其他因素。

第七条 人民法院认定网络用户或者网络服务提供者转载网络信息行为的过错及其程度，应当综合以下因素：

（一）转载主体所承担的与其性质、影响范围相适应的注意义务；

（二）所转载信息侵害他人人身权益的明显程度；

（三）对所转载信息是否作出实质性修改，是否添加或者修改文章标题，导致其与内容严重不符以及误导公众的可能性。

第八条 网络用户或者网络服务提供者采取诽谤、诋毁等手段，损害公众对经营主体的信赖，降低其产品或者服务的社会评价，经营主体请求网络用户或者网络服务提供者承担侵权责任的，人民法院应依法予以支持。

第九条 网络用户或者网络服务提供者，根据国家机关依职权制作的文书和公开实施的职权行为等信息来源所发布的信息，有下列情形之一，侵害他人人身权益，被侵权人请求侵权人承担侵权责任的，人民法院应予支持：

（一）网络用户或者网络服务提供者发布的信息与前述信息来源内容不符；

（二）网络用户或者网络服务提供者以添加侮辱性内容、诽谤性信息、不当标题或者通过增删信息、调整结构、改变顺序等方式致人误解；

（三）前述信息来源已被公开更正，但网络用户拒绝更正或者网络服务提供者不予更正；

（四）前述信息来源已被公开更正，网络用户或者网络服务提供者仍然发布更正之前的信息。

第十条 被侵权人与构成侵权的网络用户或者网络服务提供者达成一方支付报酬，另一方提供删除、屏蔽、断开链接等服务的协议，人民法院应认定为无效。

擅自篡改、删除、屏蔽特定网络信息或者以断开链接的方式阻止他人获取网络信息，发布该信息的网络用户或者网络服务提供者请求侵权人承担侵权责任的，人民法院应予支持。接受他人委托实施该行为的，委托人与受托人承担连带责任。

《信息网络传播权保护条例》

第二十二条 网络服务提供者为服务对象提供信息存储空间，供服务对象通过信息网络向公众提供作品、表演、录音录像制品，并具备下列条件的，不承担赔偿责任：

（一）明确标示该信息存储空间是为服务对象所提供，并公开网络服务提供者的名称、联系人、网络地址；

（二）未改变服务对象所提供的作品、表演、录音录像制品；

（三）不知道也没有合理的理由应当知道服务对象提供的作品、表演、录音录像制品侵权；

（四）未从服务对象提供作品、表演、录音录像制品中直接获得经济利益；

（五）在接到权利人的通知书后，根据本条例规定删除权利人认为侵权的作品、表演、录音录像制品。

第二十三条 网络服务提供者为服务对象提供搜索或者链接服务，在接到权利人的通知书后，根据本条例规定断开与侵权的作品、表演、录音录像制品的链接的，不承担赔偿责任；但是，明知或者应知所链接的作品、表演、录音录像制品侵权的，应当承担共同侵权责任。

《最高人民法院关于审理使用人脸识别技术处理个人信息相关民事案件适用法律若干问题的规定》

第七条 多个信息处理者处理人脸信息侵害自然人人格权益,该自然人主张多个信息处理者按照过错程度和造成损害结果的大小承担侵权责任的,人民法院依法予以支持;符合民法典第一千一百六十八条、第一千一百六十九条第一款、第一千一百七十条、第一千一百七十一条等规定的相应情形,该自然人主张多个信息处理者承担连带责任的,人民法院依法予以支持。

信息处理者利用网络服务处理人脸信息侵害自然人人格权益的,适用民法典第一千一百九十五条、第一千一百九十六条、第一千一百九十七条等规定。

十一、安全保障义务人责任

> **第一千一百九十八条** 宾馆、商场、银行、车站、机场、体育场馆、娱乐场所等经营场所、公共场所的经营者、管理者或者群众性活动的组织者,未尽到安全保障义务,造成他人损害的,应当承担侵权责任。
>
> 因第三人的行为造成他人损害的,由第三人承担侵权责任;经营者、管理者或者组织者未尽到安全保障义务的,承担相应的补充责任。经营者、管理者或者组织者承担补充责任后,可以向第三人追偿。

(一) 实务问答

1. 什么是安全保障义务?

依据《民法典》第1198条规定,安全保障义务指的是宾馆、商场、银行、车站、机场、体育场馆、娱乐场所等经营场所、公共场所的经营者、管理者,以及群众性活动的组织者,对进入上述场所或参与活动的人承担保护其人身和财产安全的义务。如果其未尽到安全保障义务,导致他人受到损害的,其应当承担侵权责任。如果该损害是由第三人造成的,其应当承担相应的补充责任,并可以向第三人追偿。

需要承担安全保障义务的主体包括：经营场所的经营者、公共场所的管理者、群众性活动的组织者。经营场所是用于商业活动，向消费者提供商品或服务的地点，包括宾馆、商场、银行、车站、机场、体育场馆、娱乐场所等。经营场所的管理者通常是从事经营场所运营管理的法人、自然人或其他主体。公共场所是对公众开放，供人们进行各种社会活动、交流、娱乐、休闲等的区域或设施，包括公园、花园、广场、体育场、图书馆等。公共场所的管理者需要根据相关法律法规及场所的具体性质确定。群众性活动是非官方组织的、由多人参与的集体活动，包括音乐节、马拉松、书展、公开课等，筹划、承办上述活动的主体是群众性活动的组织者。

上述主体应当遵守相关法律法规的规定，切实履行安全保障义务，包括：保证场所、设施的安全性、可用性；配备安全保障相关的工作人；事先制订安全防范方案；对现场秩序进行管理等。举例而言，《互联网上网服务营业场所管理条例》（2022修正）第24条规定了网吧等经营场所应履行的消防安全职责，即禁止明火照明和吸烟并悬挂禁止吸烟标志；禁止带入和存放易燃、易爆物品；不得安装固定的封闭门窗栅栏；营业期间禁止封堵或者锁闭门窗、安全疏散通道和安全出口；不得擅自停止实施安全技术措施。

2. 旅客在入住宾馆期间被犯罪分子杀害、财物被劫，受害人家属起诉宾馆，宾馆是否应当承担责任？

1998年，王某为参加药品交流会来沪，入住某宾馆。下午2时40分左右，王某经宾馆服务总台登记后，由服务员领入1911客房，下午4时40分左右在该客房被犯罪分子仝某某杀害，随身携带的财物也被劫走。事后查明，仝某某于当日下午2时零2分进入宾馆伺机作案，在按1911客房门铃待王某开门后，即强行入室将其杀害并抢劫财物，下午4时52分离开宾馆。其间，某宾馆未对其作访客登记，且对其行踪也未能引起注意。后，王某家属诉至法院，要求某宾馆承担责任。

一审法院认为，王某的死亡和财物被劫是罪犯仝某某的加害行为所致，某宾馆并非共同加害行为人。某宾馆在管理工作中的过失，同王某的死亡和财物被劫没有法律上的因果关系，因此某宾馆不应当承担侵权责任。而某宾馆基于对宾馆的管理以及对入住宾馆客人的优质服务而作出"24小时的保安巡视，确保您的人身安全"的服务质量承诺，则应予以兑现，现未能兑现承诺，则应承担违约责任。

二审法院认为，王某在宾馆内被害、财物被劫，是仝某某犯罪的直接、必然结果。某宾馆和仝某某的犯罪行为既没有主观上的共同故意，又没有客观上的行为牵连。某宾馆的行为虽有不当之处，但这些行为不会必然地导致王某死亡。因此，某宾馆与仝某某不构成共同侵权，不应承担侵权的民事责任。而根据住宿合同的性质、目的和行业习惯，避免旅客人身、财产受到侵害，就成为此类合同的附随义务。本案中，某宾馆向旅客承诺"24小时的保安巡视，确保您的人身安全"，自愿将合同的附随义务上升为合同的主义务，更应当恪尽职守履行这一义务。某宾馆履行义务不符合合同的目的，导致王某陷入危险的环境，应当承担违约责任。①

需要注意的是，当时的法律法规，并未规定未尽到安全保障义务的经营者应当承担侵权责任。因此，法院只能通过将安全保障义务解释为住宿合同的附随义务的方式，让某宾馆承担违约责任，以对受害人进行一定的救济。随着法律法规的进一步完善，现在可以直接依据《民法典》第1198条规定，要求未尽到安全保障义务的经营者、管理者、组织者承担侵权责任，从而为受害人提供更全面的救济。

3. 老人在景区内未经允许私自上树采摘杨梅，不慎坠落受伤并致死亡，景区是否应当承担责任？

某景区为国家AAA级旅游景区，不设门票，某村民委员会系景区内河道旁杨梅树的所有人。2017年，年近六十的吴某私自上树采摘杨梅不慎从树上跌落受伤。随后，有村民将吴某送到村医务室，但当时医务室没有人员。有村民拨打120电话，但120救护车迟迟未到。后，村民李某自行开车送吴某到医院治疗，后吴某因抢救无效于当天死亡。吴某的亲属诉至法院，主张某村民委员会未尽到安全保障义务，应对吴某的死亡承担责任。

一审法院认为，某村民委员会作为杨梅树的所有人及景区的管理者，应当意识到景区内有游客或者村民上树采摘杨梅，存在可能危及人身财产安全的情况，但其没有对采摘杨梅及攀爬杨梅树的危险性作出一定的警示告知，存在一定的过错。在吴某从杨梅树上坠落受伤后，某村民委员会虽设有医务室，但相关人员已经下班，且某村民委员会没有设立必要的突发事件处理预案，导致吴某不能及时

---

① 参见王利毅、张丽霞诉上海银河宾馆赔偿纠纷案，载《最高人民法院公报》2001年第2期。

得到医疗救助，对损害的扩大存在一定的过错。最终法院判决某村民委员会承担5%的责任。二审法院对一审判决结果予以维持。

该案判决在社会上得到了广泛传播和关注，判决结果引发了众多批评和争议。2019年，该案进入再审程序。再审法院认为，某村民委员会并未向村民或游客提供免费采摘杨梅的活动，杨梅树本身并无安全隐患，不能要求村民委员会对景区内所有树木加以围蔽、设置警示标志。吴某作为具有完全民事行为能力的成年人，应当充分预见攀爬杨梅树采摘杨梅的危险性，某村民委员会对于吴某的死亡不存在过错，其亦未违反安全保障义务，不应承担赔偿责任。[①]

从以上案例可以看出，即使《民法典》第1198条规定了相关主体的安全保障义务，但不能出于为受害人分担损害的目的滥用该条规定。安全保障义务应限于相关主体管理和控制能力范围内。

（二）关联规定

《最高人民法院关于适用〈中华人民共和国民法典〉侵权责任编的解释（一）》

第二十四条　物业服务企业等建筑物管理人未采取必要的安全保障措施防止从建筑物中抛掷物品或者从建筑物上坠落的物品造成他人损害，具体侵权人、物业服务企业等建筑物管理人作为共同被告的，人民法院应当依照民法典第一千一百九十八条第二款、第一千二百五十四条的规定，在判决中明确，未采取必要安全保障措施的物业服务企业等建筑物管理人在人民法院就具体侵权人的财产依法强制执行后仍不能履行的范围内，承担与其过错相应的补充责任。

第二十五条　物业服务企业等建筑物管理人未采取必要的安全保障措施防止从建筑物中抛掷物品或者从建筑物上坠落的物品造成他人损害，经公安等机关调查，在民事案件一审法庭辩论终结前仍难以确定具体侵权人的，未采取必要安全保障措施的物业服务企业等建筑物管理人承担与其过错相应的责任。被侵权人其余部分的损害，由可能加害的建筑物使用人给予适当补偿。

具体侵权人确定后，已经承担责任的物业服务企业等建筑物管理人、可能加害的建筑物使用人向具体侵权人追偿的，人民法院依照民法典第一千一百九十八条第二款、第一千二百五十四条第一款的规定予以支持。

---

① 案号：广东省广州市中级人民法院（2019）粤01民再273号。

《中华人民共和国消费者权益保护法》

第十八条　经营者应当保证其提供的商品或者服务符合保障人身、财产安全的要求。对可能危及人身、财产安全的商品和服务，应当向消费者作出真实的说明和明确的警示，并说明和标明正确使用商品或者接受服务的方法以及防止危害发生的方法。

宾馆、商场、餐馆、银行、机场、车站、港口、影剧院等经营场所的经营者，应当对消费者尽到安全保障义务。

《最高人民法院关于审理铁路运输人身损害赔偿纠纷案件适用法律若干问题的解释》

第八条　铁路机车车辆与机动车发生碰撞造成机动车驾驶人员以外的人人身损害的，由铁路运输企业与机动车一方对受害人承担连带赔偿责任。铁路运输企业与机动车一方之间的责任份额根据各自责任大小确定；难以确定责任大小的，平均承担责任。对受害人实际承担赔偿责任超出应当承担份额的一方，有权向另一方追偿。

铁路机车车辆与机动车发生碰撞造成机动车驾驶人员人身损害的，按照本解释第四条至第六条的规定处理。

《最高人民法院关于审理旅游纠纷案件适用法律若干问题的规定》

第七条　旅游经营者、旅游辅助服务者未尽到安全保障义务，造成旅游者人身损害、财产损失，旅游者请求旅游经营者、旅游辅助服务者承担责任的，人民法院应予支持。

因第三人的行为造成旅游者人身损害、财产损失，由第三人承担责任；旅游经营者、旅游辅助服务者未尽安全保障义务，旅游者请求其承担相应补充责任的，人民法院应予支持。

《互联网上网服务营业场所管理条例》

第二十四条　互联网上网服务营业场所经营单位应当依法履行信息网络安全、治安和消防安全职责，并遵守下列规定：

（一）禁止明火照明和吸烟并悬挂禁止吸烟标志；
（二）禁止带入和存放易燃、易爆物品；
（三）不得安装固定的封闭门窗栅栏；
（四）营业期间禁止封堵或者锁闭门窗、安全疏散通道和安全出口；
（五）不得擅自停止实施安全技术措施。

《物业管理条例》

第四十六条 物业服务企业应当协助做好物业管理区域内的安全防范工作。发生安全事故时,物业服务企业在采取应急措施的同时,应当及时向有关行政管理部门报告,协助做好救助工作。

物业服务企业雇请保安人员的,应当遵守国家有关规定。保安人员在维护物业管理区域内的公共秩序时,应当履行职责,不得侵害公民的合法权益。

十二、教育机构对无民事行为能力人受到人身损害的过错推定责任

> **第一千一百九十九条** 无民事行为能力人在幼儿园、学校或者其他教育机构学习、生活期间受到人身损害的,幼儿园、学校或者其他教育机构应当承担侵权责任;但是,能够证明尽到教育、管理职责的,不承担侵权责任。

(一) 实务问答

1. 孩子在幼儿园受伤,幼儿园一定要承担责任吗?

依据《民法典》第 1199 条规定,无民事行为能力人在幼儿园、学校或者其他教育机构学习、生活期间受到人身损害的,上述教育机构应当承担侵权责任;但是,如果其能够证明尽到教育、管理职责的,则不承担侵权责任。

年龄不满八周岁的未成年人,属于无民事行为能力人,其无法认知、辨认、控制自己的行为。因此,幼儿园等教育机构应当对其尽到教育、管理和保护的义务。如上述教育机构无法证明已经尽到相关义务,则应当对无民事行为能力人受到的损害承担侵权责任。

上述教育机构应当遵守相关法律法规规定,切实履行教育、管理职责,包括对其硬件设施、内部人员、学员进行教育管理。举例而言,《中小学幼儿园安全管理办法》规定了中小学幼儿园的安全管理职责的详细内容,包括:保证学校围墙、校舍、场地、教学设施、教学用具、生活设施和饮用水源等办学条件符合国

家安全质量标准；配置紧急照明装置和消防设施与器材，保证学校教学楼、图书馆、实验室、师生宿舍等场所的照明、消防条件符合国家安全规定；定期对校舍安全进行检查，对需要维修的，及时予以维修；对确认的危房，及时予以改造；有条件的，学校举办者应当为学校购买责任保险。

2. 幼儿在幼儿园生活期间互相发生推撞，导致人身损害，幼儿园需要承担责任吗？

邓某某与游某某系某幼儿园大二班学生。某日，邓某某与游某某在老师组织上厕所期间，发生肢体推撞，邓某某在推撞过程中导致颈部受伤，后被诊断为十级伤残。邓某某父母诉至法院，要求游某某及某幼儿园对邓某某的人身损害承担责任。

一审法院认为，作为年幼的学龄前儿童，具有活泼好动、自控能力差等特点，同时对如何正确交往、妥善处理冲突亦缺乏经验，故根据其年龄及认知水平，尚难充分预见相应举动的危险后果。而其在幼儿园生活期间的行为举止亦主要通过幼儿园保教人员的教育、引导和提示等方式来规范，相较儿童监护人，幼儿园具有实时看护的能力与条件，教育管理保护职责不容推卸。两儿童在上厕所时，老师并未进行合理引导，二人发生推撞时，并未及时发现、制止，故某幼儿园应承担相应的民事责任。最终，一审法院确认某幼儿园承担60%的责任。二审法院对一审判决结果予以维持，再审法院亦驳回某幼儿园的再审申请。①

从以上案例可以看出，由于无民事行为能力人的年龄较小、认知水平较低，幼儿园应当承担更高的注意义务，切实地对学员进行教育管理。否则，幼儿园应当对无民事行为能力人在园期间受到的人身损害承担侵权责任。

3. 儿童在全寄宿制武术学校学习，在练习侧手翻落地时导致骨折，武术学校是否应当承担责任？

某武术学校为全寄宿学校，每个班有30人，按照年龄段进行分班，凌某于2016年入学，其属于插班生，需要插到老生班中进行训练。在某日晚上的武术训练课中，凌某在练习侧手翻落地时导致骨折，在凌某练习时并未有教练在旁进行指导。凌某被送往医院进行住院治疗，被认定为十级残疾。凌某父母诉至法院，

---

① 案号：重庆市高级人民法院（2018）渝民申417号。

要求某武术学校对凌某的损害承担责任。

一审法院认为,凌某作为无民事行为能力人,寄宿在某武术学校内,某武术学校应当对其负起较高程度的教育及管理职责。侧手翻虽然是武术训练中的基本动作,但练习该动作亦应当掌握一定的方法和技巧,亦需要武术教练进行指导。凌某作为新生,某武术学校将凌某插入老生班中进行武术训练,虽然教练已教授其学习侧手翻,但在单独练习时并未有他人在场进行指导和帮扶,现凌某在练习中受伤,应当认为某武术学校未对其尽到教育和管理职责,某武术学校应对其损害后果承担相应的赔偿责任。另外,凌某到某武术学校进行学习,应当知道从事武术训练具有一定的风险,凌某自己应自负部分风险。综合全案案情,法院判定凌某自己承担20%的责任,某武术学校承担80%的责任。

二审法院认为,凌某是无民事行为能力人,不具有成年人的意思能力和判断能力,不存在过错。某武术学校未能举证证明其已尽到教育、管理职责,应当承担全部责任。[1]

从以上案例可以看出,由于无民事行为能力人不具备相应的意思能力和判断能力,其对损害的发生不具有过错。如果教育机构不能证明其已尽到教育、管理职责的,就应当对其损害承担全部责任。

(二) 关联规定

《中华人民共和国残疾人保障法》

第二十六条 残疾幼儿教育机构、普通幼儿教育机构附设的残疾儿童班、特殊教育机构的学前班、残疾儿童福利机构、残疾儿童家庭,对残疾儿童实施学前教育。

初级中等以下特殊教育机构和普通教育机构附设的特殊教育班,对不具有接受普通教育能力的残疾儿童、少年实施义务教育。

高级中等以上特殊教育机构、普通教育机构附设的特殊教育班和残疾人职业教育机构,对符合条件的残疾人实施高级中等以上文化教育、职业教育。

提供特殊教育的机构应当具备适合残疾人学习、康复、生活特点的场所和设施。

---

[1] 案号:北京市第一中级人民法院(2018)京01民终11号。

十三、教育机构对限制民事行为能力人受到人身损害的过错责任

第一千二百条 限制民事行为能力人在学校或者其他教育机构学习、生活期间受到人身损害,学校或者其他教育机构未尽到教育、管理职责的,应当承担侵权责任。

(一) 实务问答

1. 初中生在学校受伤,学校一定要承担责任吗?

依据《民法典》第1200条规定,限制民事行为能力人在学校或者其他教育机构学习、生活期间受到人身损害的,上述教育机构未尽到教育、管理职责的,应当承担侵权责任。

不同于第1199条关于无民事行为能力人受到人身损害的规定,对于限制民事行为能力人受到人身损害的情形,法律采用了过错责任的原则,即教育机构具有未尽到教育、管理职责的过错时,才承担侵权责任。由于限制民事行为能力人为八周岁以上的未成年人,其心智较无民事行为能力人更为成熟,对自己的行为已经具有一定程度的辨识和控制能力。同时,如果对教育机构加以较重的举证责任,则其很可能因此减少学生的课外活动,从而不利于学生的身心健康。因此,只有当教育机构未尽到教育、管理职责时,其才对学生受到的人身损害承担与其过错相应的侵权责任。

2. 中学生在体育课中因活动受伤,学校是否应当承担责任?

金某是某中学的学生,高某是其体育老师。在上体育课时,高某要求每个同学跑操场十圈,但金某未听从老师的教导,只跑了四圈,后金某在做坐位体前屈时腰部椎间盘膨出,被确认为十级伤残。金某诉至法院,要求高某、某中学对其损伤承担责任。

一审法院认为，高某在上金某所在班级的体育课时，要求学生先绕本校操场跑十圈后再做坐位体前屈动作，但因为学生的体质不同、身体素质不一样，金某在做该动作时受伤。作为教师，高某的出发点是善意的，但忽视了学生体质差异会造成损伤的后果，因此，高某和某中学对金某的损伤存在一定过错。最终，一审法院判决某中学补偿金某经济损失 15186.08 元。

二审法院认为，金某是在上体育课的过程中受到的损害，其所提交的证据并不能证实某中学及高某在授课时存有违反教育大纲、规程的行为，亦未举证证实某中学及高某存有未尽管理、教育等注意义务的行为，故金某要求某中学及高某承担民事赔偿责任的主张不成立，本院不予支持。结合本案体育教学是为了金某取得良好的中考成绩的实情，在上诉人及被上诉人对本案损害均无过错的情况下，一审判决酌情确定由某中学补偿金某经济损失 15186.08 元并无不当，本院予以维持。

再审法院认为，在学生热身时，某中学及高某轻信学生能够按照老师要求进行热身，未尽到足够的督促责任，导致金某热身不够在做坐位体前屈时腰部受伤，存在过失，应承担与其过错相应的赔偿责任。本案中，高某作为某中学的教师，属于正常履行教师职务，在教学活动过程中由于过失造成金某受伤，损害后果应当由某中学承担。①

从以上案例可以看出，限制民事行为能力人在校学习、生活期间受到人身损害，教育机构在未尽管理、教育等注意义务的情况下承担侵权责任。在司法实践中，教育机构是否尽到相关义务为案件的主要争议点，应当在个案中结合具体情况进行判断。

3. 中学生不慎被教学楼楼道向内开的窗扇碰伤右眼，学校是否应当承担责任？

某中学教学楼窗户窗扇为内开结构，楼道宽 1.8 米，窗扇下沿距楼道水平面 1.4 米，窗扇宽 0.56 米，窗扇打开时伸出占用楼道宽 0.43 米。某日，中学生马某在课间休息返回教室上晚自习途中，不慎被教学楼楼道向内开的窗扇碰伤右眼，后经鉴定确认为十级伤残。马某诉至法院，要求某中学对其损害承担责任。

一审法院认为，某中学教学楼楼道外墙窗户为内开式，窗扇下沿距楼道水平面较低，且楼道较窄，窗扇打开时影响行人通行，存在明显安全隐患，未采取其

---

① 案号：云南省昆明市中级人民法院（2014）昆民再终字第 30 号民事判决书。

他必要安全防范措施，造成马某在校学习期间人身受到损害，构成侵权，应承担相应的民事赔偿责任。马某受伤时15周岁，系限制民事行为能力人，应有一定的安全意识，但由于其疏忽大意，造成自身伤害，亦有过错，可减轻某中学的赔偿责任。

二审法院认为，一审判决某中学承担80%的赔偿责任，马某自负20%的责任，责任比例适当，并驳回上诉，维持原判。①

从以上案例可以看出，限制民事行为能力人心智水平较无民事行为能力人更为成熟，应具有一定的安全意识。其对于自身损害具有过错的，可以减轻教育机构的赔偿责任。

（二）关联规定

《学生伤害事故处理办法》

第九条 因下列情形之一造成的学生伤害事故，学校应当依法承担相应的责任：

（一）学校的校舍、场地、其他公共设施，以及学校提供给学生使用的学具、教育教学和生活设施、设备不符合国家规定的标准，或者有明显不安全因素的；

（二）学校的安全保卫、消防、设施设备管理等安全管理制度有明显疏漏，或者管理混乱，存在重大安全隐患，而未及时采取措施的；

（三）学校向学生提供的药品、食品、饮用水等不符合国家或者行业的有关标准、要求的；

（四）学校组织学生参加教育教学活动或者校外活动，未对学生进行相应的安全教育，并未在可预见的范围内采取必要的安全措施的；

（五）学校知道教师或者其他工作人员患有不适宜担任教育教学工作的疾病，但未采取必要措施的；

（六）学校违反有关规定，组织或者安排未成年学生从事不宜未成年人参加的劳动、体育运动或者其他活动的；

（七）学生有特异体质或者特定疾病，不宜参加某种教育教学活动，学校知道或者应当知道，但未予以必要的注意的；

（八）学生在校期间突发疾病或者受到伤害，学校发现，但未根据实际情况

---

① 案号：甘肃省庆阳市中级人民法院（2012）庆中民终字第523号。

及时采取相应措施，导致不良后果加重的；

（九）学校教师或者其他工作人员体罚或者变相体罚学生，或者在履行职责过程中违反工作要求、操作规程、职业道德或者其他有关规定的；

（十）学校教师或者其他工作人员在负有组织、管理未成年学生的职责期间，发现学生行为具有危险性，但未进行必要的管理、告诫或者制止的；

（十一）对未成年学生擅自离校等与学生人身安全直接相关的信息，学校发现或者知道，但未及时告知未成年学生的监护人，导致未成年学生因脱离监护人的保护而发生伤害的；

（十二）学校有未依法履行职责的其他情形的。

十四、在教育机构第三人侵权时的责任分担

> 第一千二百零一条　无民事行为能力人或者限制民事行为能力人在幼儿园、学校或者其他教育机构学习、生活期间，受到幼儿园、学校或者其他教育机构以外的第三人人身损害的，由第三人承担侵权责任；幼儿园、学校或者其他教育机构未尽到管理职责的，承担相应的补充责任。幼儿园、学校或者其他教育机构承担补充责任后，可以向第三人追偿。

（一）实务问答

1. 学生受到幼儿园、学校或者其他教育机构以外的第三人人身损害的，由谁承担侵权责任？

依据《民法典》第1201条规定，无民事行为能力人或者限制民事行为能力人在幼儿园、学校或者其他教育机构学习、生活期间，受到第三人人身损害的，由第三人承担侵权责任；幼儿园、学校或者其他教育机构未尽到管理职责的，承担相应的补充责任。幼儿园、学校或者其他教育机构承担补充责任后，可以向第三人追偿。

《最高人民法院关于适用〈中华人民共和国民法典〉侵权责任编的解释

（一）》第 14 条对此进行了进一步明确，被侵权人可以将第三人即教育机构列为共同被告，要求其依法承担侵权责任。在此情形下，第三人承担全部的侵权责任，教育机构仅在第三人的财产被依法强制执行后仍不能履行的范围内，承担与其未尽到管理职责的过错相应的补充责任。如果被侵权人不起诉第三人，仅起诉教育机构的，人民法院应告知被侵权人可以将第三人列为共同被告。在第三人不确定的情况下，未尽到管理职责的教育机构先承担与其过错相应的责任，并可以在之后再向已经确定的第三人进行追偿。

2. 学校的学生在离校期间，闯入学校对其他学生实施侵害行为，是否属于教育机构外第三人侵权？

属于。

第三人不是教育机构的老师、工作人员等，也不是正在教育机构内学习、生活的学生。但是，如果某教育机构的学生在离校期间，闯入教育机构内，对其他学生实施了侵害行为，则该学生应当被认定为第三人，由其承担全部侵权责任，教育机构承担与其过错相应的补充责任。如果学生是在教育机构内学习、生活期间，对其他学生实施侵害，则教育机构对此具有更高的管理和注意义务。如教育机构未尽到教育、管理职责的，不能仅承担补充责任，而应依据《民法典》第 1199 条、第 1200 条的规定承担侵权责任。

3. 两名中学生玩耍时，一人将另一人绊倒造成骨折，谁应当承担责任？

张某与石某同为某中学的学生。某日上体育课时，体育老师让同学们自由活动，在自由活动期间，张某和石某玩耍时，石某将张某绊倒，致张某锁骨骨折。张某诉至法院，要求石某、某中学承担责任。

一审法院认为，张某在校园内上体育课期间受伤，学校疏于组织管理未尽到教育管理职责，对张某的经济损失，有责任予以赔偿，鉴于张某受到的伤害，石某也有一定的责任，故可以适当减轻学校的赔偿责任。最终，一审法院判决某中学承担 80% 的责任。

某中学不服，认为张某受伤系石某所致，张某的损失应当由石某的监护人承担。张某系限制民事行为能力人，适用过错责任原则，学校有过错才能承担责任，且系补充责任。本案中，张某的受伤虽然发生在体育课上，但系由于与同班学生石某玩耍时造成，且事发突然，在玩耍的过程中石某将张某绊倒，并非一个持续性的争执的过程。当时体育老师亦在场监督,已经尽到了教育、管理职责。张某应举证证明学校未尽到教育管理职责,而张某并未能举证证明,故学校对此不承担责任。

对此,二审法院指出,石某系张某同班同学,而非来自学校以外的人员,故某中学不能主张适用第三人侵害的情形承担补充责任。而本案侵权发生在学校体育课上,即学校组织学生参加教育教学活动的期间,侵权行为发生的时间和地点已经证明了学校未尽到教育、监管职责。最终,二审法院驳回某中学的上诉,维持原判。①

从以上案例可以看出,若学生在校期间受到其他学生损害的,该其他学生不能被认定为是教育机构以外的第三人,教育机构不能援引《民法典》第1201条规定主张承担补充责任。

(二) 关联规定

《最高人民法院关于适用〈中华人民共和国民法典〉侵权责任编的解释(一)》

第十四条 无民事行为能力人或者限制民事行为能力人在幼儿园、学校或者其他教育机构学习、生活期间,受到教育机构以外的第三人人身损害,第三人、教育机构作为共同被告且依法应承担侵权责任的,人民法院应当在判决中明确,教育机构在人民法院就第三人的财产依法强制执行后仍不能履行的范围内,承担与其过错相应的补充责任。

被侵权人仅起诉教育机构的,人民法院应当向原告释明申请追加实施侵权行为的第三人为共同被告。

第三人不确定的,未尽到管理职责的教育机构先行承担与其过错相应的责任;教育机构承担责任后向已经确定的第三人追偿的,人民法院依照民法典第一千二百零一条的规定予以支持。

---

① 案号:安徽省亳州市中级人民法院(2016)皖16民终661号。

第四章 产品责任

一、产品生产者侵权责任

> **第一千二百零二条** 因产品存在缺陷造成他人损害的，生产者应当承担侵权责任。

（一）实务问答

1. 如何认定"产品存在缺陷"？

《民法典》第1202条规定，因产品存在缺陷造成他人损害的，生产者应当承担侵权责任。由此可见，生产者承担侵权责任的前提是，其生产的产品存在缺陷。《产品质量法》第46条规定："本法所称缺陷，是指产品存在危及人身、他人财产安全的不合理的危险；产品有保障人体健康和人身、财产安全的国家标准、行业标准的，是指不符合该标准。"

但现在学界通常认为，产品缺陷之实质要件即为产品存在危及人身、他人财产安全的不合理的危险，即使该产品符合相应的"国家标准、行业标准"，但如果可以通过证明该标准不能保证产品不存在缺陷，则仍要承担产品责任。换言之，产品符合"保障人体健康和人身、财产安全的国家标准、行业标准"并非产品缺陷的实质要件。[①]

本条规定并未对产品缺陷进行类型化处理，通常在学理上产品缺陷包括以下

[①] 杨立新主编：《中华人民共和国侵权责任法草案建议稿及说明》，法律出版社2007年版，第226页。

四种类型：①

（1）设计缺陷，是指产品因为设计方面的原因使得产品在结构、配方等方面存在不合理的危险。

（2）制造缺陷，是指产品在制造过程中产生的不合理危险，它可以发生在从原材料、零部件的选择到产品的制造、加工和装配工序等各个环节。制造缺陷的情形在实践中最为常见。

（3）警示缺陷，是指因产品提供者未对产品的危险性和正确使用做出必要的说明与警告所造成的不合理的危险。在司法实务中，对于产品警示缺陷判断的通常标准是，当一个产品存在致害的危险，且有合理说明或者警示的必要性时，就必须进行充分的警示和说明。一般而言要具备：正确说明产品存在的危险，以及正确使用该产品、避免发生产品存在的危险，达到使用的合理安全。

（4）跟踪观察缺陷，是指产品因为在投放市场以后未被及时跟踪观察而产生的不合理危险。这属于随着经济科技的发展应当确定的新的产品缺陷类型。产品制造商对于投放市场的新产品没有尽到跟踪观察义务，应当发现而没有发现新产品存在的缺陷，或者已经发现新产品存在缺陷而没有及时召回，致使消费者受到侵害的，应当认定构成跟踪观察缺陷。

2. 产品的商标所有人是产品的生产者吗？

2020年12月29日，最高人民法院作出《关于产品侵权案件的受害人能否以产品的商标所有人为被告提起民事诉讼的批复》（2020修正）【法释〔2020〕20号】，认为：任何将自己的姓名、名称、商标或者可资识别的其他标识体现在产品上，表示其为产品制造者的企业或个人，均属于《民法典》和《产品质量法》规定的"生产者"。

3. 购买的电饭煲坏了，厂家以"一经售出，概不退换"拒绝退换货合法吗？

"一经售出，概不退换"的规定在某些情况下，可能会被视为一种排除或限制消费者权利的规定，因为它可能试图排除消费者在商品存在质量问题时的退换货权利。根据《消费者权益保护法》第26条的规定，经营者不得以格式条款、

---

① 最高人民法院民法典贯彻实施工作领导小组主编：《中华人民共和国民法典侵权责任编理解与适用》，人民法院出版社2020年版，第317—318页。

通知、声明、店堂告示等方式作出对消费者不公平、不合理的规定，如排除或者限制消费者权利、减轻或者免除经营者责任、加重消费者责任等。

如果商品存在质量问题，经营者应当按照国家规定或当事人约定履行退货、更换、修理等义务。如果经营者以"一经售出，概不退换"的规定拒绝履行这些义务，则该规定可能被视为无效。但是，对于某些特定类型的商品，如消费者定作的、鲜活易腐的、在线下载或拆封的音像制品、计算机软件等数字化商品，以及交付的报纸、期刊等，消费者可能无权无理由退货。

4. 被别人买来燃放的爆竹炸伤了，可以请求生产者、销售者承担赔偿责任吗？

根据最高人民法院发布涉产品质量典型案例显示①，2021年1月，奶某某的亲戚伍某某从某烟花爆竹专营店处购买了一批烟花爆竹。燃放过程中，其中一箱爆竹出现侧面喷射及倾倒现象，导致奶某某以及在场多人受伤。奶某某右脚被炸伤，送至医院住院治疗，住院49天。因赔偿事宜协商未果，奶某某遂起诉要求某烟花爆竹专营店赔偿其医疗费、护理费、营养费、伙食补助费、交通费等共计14万余元。

审理法院认为，《产品质量法》第13条规定："可能危及人体健康和人身、财产安全的工业产品，必须符合保障人体健康和人身、财产安全的国家标准、行业标准；未制定国家标准、行业标准的，必须符合保障人体健康和人身、财产安全的要求。禁止生产、销售不符合保障人体健康和人身、财产安全的标准和要求的工业产品。具体管理办法由国务院规定。"第43条规定："因产品存在缺陷造成人身、他人财产损害的，受害人可以向产品的生产者要求赔偿，也可以向产品的销售者要求赔偿。属于产品的生产者的责任，产品的销售者赔偿的，产品的销售者有权向产品的生产者追偿。属于产品的销售者的责任，产品的生产者赔偿的，产品的生产者有权向产品的销售者追偿。"国家标准《烟花爆竹安全与质量》（GB10631—2013）明确规定烟花爆竹在燃放时不应产生倾倒，应符合发射偏斜角的要求。本案中，案涉烟花在燃放时存在侧面喷射和倾倒现象，不符合国家标准，具有质量缺陷。缺陷产品造成人身、财产损害时，受害人有权请求生产者和

---

① 最高人民法院发布涉产品质量典型案例一：非直接购买缺陷产品的受害人有权依法请求生产者、销售者承担赔偿责任——奶某某诉某烟花爆竹专营店产品责任纠纷案，载最高人民法院官网，https://www.court.gov.cn/zixun/xiangqing/444261.html，最后访问日期：2024年10月25日。

销售者承担责任。受害人既包括直接购买并使用缺陷产品的人，也包括非直接购买使用缺陷产品但受到缺陷产品损害的其他人。奶某某虽非直接购买人，但属于因产品缺陷受到损害的人，其就人身损害请求赔偿具有事实和法律依据。法院判决某烟花爆竹专营店向奶某某支付医疗费、护理费、营养费、伙食补助费、交通费等各项损失共计13万余元。

产品责任是产品存在缺陷导致人身或者财产损害，生产者、销售者应当承担的赔偿责任。缺陷产品侵权纠纷中受害人既可能是产品的购买者，也可能是购买者之外的其他人。本案认定非直接购买使用缺陷产品但受到缺陷产品损害的受害人有权向产品生产者、销售者请求赔偿，符合法律规定，对于督促生产者提升产品质量、销售者销售合格产品，保护受害人权益具有积极意义。

（二）关联规定

《中华人民共和国产品质量法》

第二条 在中华人民共和国境内从事产品生产、销售活动，必须遵守本法。

本法所称产品是指经过加工、制作，用于销售的产品。

建设工程不适用本法规定；但是，建设工程使用的建筑材料、建筑构配件和设备，属于前款规定的产品范围的，适用本法规定。

第二十六条 生产者应当对其生产的产品质量负责。

产品质量应当符合下列要求：

（一）不存在危及人身、财产安全的不合理的危险，有保障人体健康和人身、财产安全的国家标准、行业标准的，应当符合该标准；

（二）具备产品应当具备的使用性能，但是，对产品存在使用性能的瑕疵作出说明的除外；

（三）符合在产品或者其包装上注明采用的产品标准，符合以产品说明、实物样品等方式表明的质量状况。

第四十一条 因产品存在缺陷造成人身、缺陷产品以外的其他财产（以下简称他人财产）损害的，生产者应当承担赔偿责任。

生产者能够证明有下列情形之一的，不承担赔偿责任：

（一）未将产品投入流通的；

（二）产品投入流通时，引起损害的缺陷尚不存在的；

（三）将产品投入流通时的科学技术水平尚不能发现缺陷的存在的。

第四十二条 由于销售者的过错使产品存在缺陷，造成人身、他人财产损害的，销售者应当承担赔偿责任。

销售者不能指明缺陷产品的生产者也不能指明缺陷产品的供货者的，销售者应当承担赔偿责任。

第四十五条 因产品存在缺陷造成损害要求赔偿的诉讼时效期间为二年，自当事人知道或者应当知道其权益受到损害时起计算。

因产品存在缺陷造成损害要求赔偿的请求权，在造成损害的缺陷产品交付最初消费者满十年丧失；但是，尚未超过明示的安全使用期的除外。

第四十六条 本法所称缺陷，是指产品存在危及人身、他人财产安全的不合理的危险；产品有保障人体健康和人身、财产安全的国家标准、行业标准的，是指不符合该标准。

《最高人民法院关于审理道路交通事故损害赔偿案件适用法律若干问题的解释》

第九条 机动车存在产品缺陷导致交通事故造成损害，当事人请求生产者或者销售者依照民法典第七编第四章的规定承担赔偿责任的，人民法院应予支持。

《最高人民法院关于适用〈中华人民共和国民法典〉侵权责任编的解释（一）》

第十九条 因产品存在缺陷造成买受人财产损害，买受人请求产品的生产者或者销售者赔偿缺陷产品本身损害以及其他财产损害的，人民法院依照民法典第一千二百零二条、第一千二百零三条的规定予以支持。

二、被侵权人请求损害赔偿的途径和先行赔偿人追偿权

第一千二百零三条 因产品存在缺陷造成他人损害的，被侵权人可以向产品的生产者请求赔偿，也可以向产品的销售者请求赔偿。

产品缺陷由生产者造成的，销售者赔偿后，有权向生产者追偿。因销售者的过错使产品存在缺陷的，生产者赔偿后，有权向销售者追偿。

（一）实务问答

1. 联合收割机因电气线路故障自燃并造成损害，但产品已经过了保修期，销售公司能免责吗？

根据最高人民法院发布涉产品质量典型案例四显示①，2021年5月18日，檀某某在某农业机械销售有限公司购买了一台联合收割机，支付28万元价款，保修期为出售之日起12个月。2022年9月16日，该收割机着火自燃。消防部门经勘测调查作出调查认定书，列明"起火部位为收割机后侧，起火点为收割机左后侧下方，起火原因为电气线路故障引燃周围可燃物蔓延成灾"。事故发生时，该收割机已使用16个月。经人民法院委托鉴定机构出具评估报告认定，火灾事故给檀某某造成的损失为202200元。因协商无果，檀某某起诉请求依法判令某农业机械销售有限公司赔偿其车辆损失202200元。

审理法院认为，《民法典》第1202条规定："因产品存在缺陷造成他人损害的，生产者应当承担侵权责任。"第1203条规定："因产品存在缺陷造成他人损害的，被侵权人可以向产品的生产者请求赔偿，也可以向产品的销售者请求赔偿。产品缺陷由生产者造成的，销售者赔偿后，有权向生产者追偿。因销售者的过错使产品存在缺陷的，生产者赔偿后，有权向销售者追偿。"案涉收割机发生事故时虽已购买16个月，但收割机电气线路故障为危害人身、财产安全的不合理危险，属于产品缺陷，不因超过12个月保修期而免除责任。法院判决某农业机械销售有限公司赔偿檀某某损失202200元。

本案为一起涉农用机械产品缺陷引发的产品责任纠纷。妥善处理每一起涉农资产品责任纠纷，确保农机产品质量过硬、农业生产秩序良好，以司法手段护航农业生产是人民法院应尽的职责。即使产品过了保修期，如果产品存在危及人身财产安全的重大产品缺陷，生产者仍应当依法承担责任。农业机械是农民的重要生产工具和财产，本案依法判决经营者赔偿农机产品缺陷造成的损失，对于维护农民合法权益、保护农业生产具有积极意义。

---

① 最高人民法院发布涉产品质量典型案例四：经营者对于产品存在缺陷造成的损害不因产品过保修期而免责——檀某某诉某农业机械销售有限公司产品责任纠纷案，载最高人民法院官网，https://www.court.gov.cn/zixun/xiangqing/444261.html，最后访问日期：2024年10月25日。

2. 空调线路故障引发起火造成损失，空调产品生产者要承担赔偿责任吗？

根据最高人民法院发布涉产品质量典型案例六显示[1]，某奶粉店内安装有某空调股份有限公司生产的立式空调一台。2022年7月，某奶粉店发生火灾，该县消防救援大队作出火灾事故认定书，对起火原因认定如下：起火部位位于某奶粉店东北角处，起火点位于奶粉店东北角立式空调部位，认定起火原因为立式空调线路故障引发起火。某奶粉店遂诉至法院，请求判令某空调股份有限公司赔偿货物损失、房屋修复费用、停止经营期间损失、停止经营期间租金损失、赔偿他人损失等各项损失60余万元。

审理法院认为，作为火灾事故调查和处理的职能机构，某县消防救援大队作出的火灾事故认定书认定，起火原因为某奶粉店立式空调线路故障引发起火。火灾事故认定书认定的起火原因可以证明某奶粉店内的空调存在质量缺陷，该缺陷与损害事实之间具有因果关系。某空调股份有限公司作为案涉空调的生产者，应当对某奶粉店因案涉火灾事故遭受的损失承担赔偿责任。法院根据某奶粉店的实际损失情况判决某空调股份有限公司赔偿40余万元。

火灾是生产生活中常见的由产品质量缺陷引发的事故，对人民群众生命财产安全和生产经营秩序造成严重危害。近年来，因电动自行车、家用电器等产品存在质量缺陷而引发的火灾事故屡见报端。关于生产者应对缺陷产品造成的损失承担赔偿责任的法律制度，旨在促使生产者加强产品质量监控和管理，保护质量安全。本案判决空调生产者对缺陷产品造成损失承担赔偿责任，充分发挥了司法裁判在社会治理中的规范引导作用，对于警示违法生产经营行为、保护购买者合法权益、筑牢安全生产经营防线具有积极意义。

3. 生产者自行出具的产品质量检验合格报告能成为生产者的免责证明吗？

马水法诉陕西重型汽车有限公司等健康权纠纷案中[2]，2013年7月15日，被告王岗将其驾驶的案涉车辆送至位于江苏省南京市江宁区麒麟街道的"许昌传动轴厂东南维修站"进行水箱维修。因该车水箱位于驾驶室下部，该修理站维修工

---

[1] 最高人民法院发布涉产品质量典型案例六：空调产品生产者对于产品缺陷造成损失应承担赔偿责任——某奶粉店诉某空调股份有限公司产品责任纠纷案，载最高人民法院官网，https://www.court.gov.cn/zixun/xiangqing/444261.html，最后访问日期：2024年10月25日。

[2] 马水法诉陕西重型汽车有限公司等健康权纠纷案，载《最高人民法院公报》2015年第12期。

原告马水法在将驾驶室举升起来,进入驾驶室下面修理水箱的过程中,案涉车辆的驾驶室举升缸轴座托架总成突然断裂,导致驾驶室落下将其砸伤。马水法在中国人民解放军八一医院住院治疗17天,经该院治疗诊断为:创伤性截瘫,腰1椎体爆裂性骨折。截至2013年8月1日,共花去医疗费89989.6元(其中,马水法出具并主张的医疗费票据金额为86007.6元,被告王岗另提供的医疗费票据金额为3982元)。

另查明,案涉车辆生产厂商为被告陕重公司,该车系被告鸿安公司于2010年9月18日购买。事故发生之时,该车已进行了正常的年检,并办理了道路运输证。案涉车辆驾驶员被告王岗持有B2驾驶证,并拥有道路货物运输驾驶员资格。案涉车辆自购买后未进行过改装。

一审法院认为:该案的争议焦点在于,案涉车辆的举升缸轴座托架总成零部件断裂是由什么原因导致的。对此,被告陕重公司应承担举证责任证明其生产的案涉车辆和零部件为合格产品,但其提供的车辆检测的合格证及零部件理化检验报告等证据均系陕重公司内部自行出具,且经法庭释明后,其并未对案涉车辆举升缸轴座托架总成零部件的断裂原因申请司法鉴定,故应推定为案涉车辆举升缸轴座托架总成零部件存在产品质量缺陷。

二审法院认为:《产品质量法》第46条规定,产品缺陷是指产品存在危及人身、他人财产安全的不合理的危险;产品有保障人体健康和人身、财产安全的国家标准、行业标准的,是指不符合该标准。法院认为,国家标准和行业标准是产品应当符合的最低标准,符合"标准"的产品,也存在具有不合理危险的可能性。本案中,驾驶室举升缸轴座托架总成突然断裂,导致驾驶室落下致马水法受伤。上诉人陕重公司辩称该车系合格产品,不存在产品缺陷,故其应对该零部件断裂原因提供证据,以证明该零部件断裂并非产品固有缺陷或由其他原因造成,但陕重公司以马水法应承担零部件断裂原因的举证责任为由,拒绝对零部件断裂原因提供证据及申请鉴定,故陕重公司应当承担举证不能的法律后果。一审法院认定该零部件断裂属于产品缺陷,有事实和法律依据,法院予以支持。

4. 买电视送电吹风,赠送的电吹风致人损害的,商家要承担责任吗?

在日常生活中大家经常会遇到购买商品取得赠品的情形,那赠品出现质量问题致人损害商家是否应承担赔偿责任呢?

《民法典》第662条规定,赠与的财产有瑕疵的,赠与人不承担责任。附义务的赠与，赠与的财产有瑕疵的，赠与人在附义务的限度内承担与出卖人相同的责任。赠与人故意不告知瑕疵或者保证无瑕疵，造成受赠人损失的，应当承担赔偿责任。《零售商促销行为管理办法》第12条也规定，零售商开展促销活动，不得降低促销商品（包括有奖销售的奖品、赠品）的质量和售后服务水平，不得将质量不合格的物品作为奖品、赠品。

商家在提供赠品时，虽然消费者没有直接支付对价，但赠品通常是购买其他商品或服务的附带条件。因此，赠品实际上也是商家销售行为的一部分，商家应当对赠品的质量和安全性负责。如果因赠品存在缺陷导致消费者受到损害，商家应当承担赔偿责任。

（二）关联规定

《中华人民共和国产品质量法》

第二十六条　生产者应当对其生产的产品质量负责。

产品质量应当符合下列要求：

（一）不存在危及人身、财产安全的不合理的危险，有保障人体健康和人身、财产安全的国家标准、行业标准的，应当符合该标准；

（二）具备产品应当具备的使用性能，但是，对产品存在使用性能的瑕疵作出说明的除外；

（三）符合在产品或者其包装上注明采用的产品标准，符合以产品说明、实物样品等方式表明的质量状况。

第四十二条　由于销售者的过错使产品存在缺陷，造成人身、他人财产损害的，销售者应当承担赔偿责任。

销售者不能指明缺陷产品的生产者也不能指明缺陷产品的供货者的，销售者应当承担赔偿责任。

第四十三条　因产品存在缺陷造成人身、他人财产损害的，受害人可以向产品的生产者要求赔偿，也可以向产品的销售者要求赔偿。属于产品的生产者的责任，产品的销售者赔偿的，产品的销售者有权向产品的生产者追偿。属于产品的销售者的责任，产品的生产者赔偿的，产品的生产者有权向产品的销售者追偿。

第四十六条　本法所称缺陷，是指产品存在危及人身、他人财产安全的不合理的危险；产品有保障人体健康和人身、财产安全的国家标准、行业标准的，是指不符合该标准。

《中华人民共和国农产品质量安全法》

第五十四条 生产、销售本法第三十三条所列农产品,给消费者造成损害的,依法承担赔偿责任。

农产品批发市场中销售的农产品有前款规定情形的,消费者可以向农产品批发市场要求赔偿;属于生产者、销售者责任的,农产品批发市场有权追偿。消费者也可以直接向农产品生产者、销售者要求赔偿。

《中华人民共和国消费者权益保护法》

第四十条 消费者在购买、使用商品时,其合法权益受到损害的,可以向销售者要求赔偿。销售者赔偿后,属于生产者的责任或者属于向销售者提供商品的其他销售者的责任的,销售者有权向生产者或者其他销售者追偿。

消费者或者其他受害人因商品缺陷造成人身、财产损害的,可以向销售者要求赔偿,也可以向生产者要求赔偿。属于生产者责任的,销售者赔偿后,有权向生产者追偿。属于销售者责任的,生产者赔偿后,有权向销售者追偿。

消费者在接受服务时,其合法权益受到损害的,可以向服务者要求赔偿。

《最高人民法院关于审理食品药品纠纷案件适用法律若干问题的规定》

第二条 因食品、药品存在质量问题造成消费者损害,消费者可以分别起诉或者同时起诉销售者和生产者。

消费者仅起诉销售者或者生产者的,必要时人民法院可以追加相关当事人参加诉讼。

第三条 因食品、药品质量问题发生纠纷,购买者向生产者、销售者主张权利,生产者、销售者以购买者明知食品、药品存在质量问题而仍然购买为由进行抗辩的,人民法院不予支持。

第四条 食品、药品生产者、销售者提供给消费者的食品或者药品的赠品发生质量安全问题,造成消费者损害,消费者主张权利,生产者、销售者以消费者未对赠品支付对价为由进行免责抗辩的,人民法院不予支持。

《最高人民法院关于审理道路交通事故损害赔偿案件适用法律若干问题的解释》

第九条 机动车存在产品缺陷导致交通事故造成损害,当事人请求生产者或者销售者依照民法典第七编第四章的规定承担赔偿责任的,人民法院应予支持。

《乳品质量安全监督管理条例》

第四十三条 乳制品销售者应当向消费者提供购货凭证,履行不合格乳制品的更换、退货等义务。

乳制品销售者依照前款规定履行更换、退货等义务后，属于乳制品生产企业或者供货商的责任的，销售者可以向乳制品生产企业或者供货商追偿。

《最高人民法院关于适用〈中华人民共和国民法典〉侵权责任编的解释（一）》

第十九条 因产品存在缺陷造成买受人财产损害，买受人请求产品的生产者或者销售者赔偿缺陷产品本身损害以及其他财产损害的，人民法院依照民法典第一千二百零二条、第一千二百零三条的规定予以支持。

三、生产者、销售者的第三人追偿权

> **第一千二百零四条** 因运输者、仓储者等第三人的过错使产品存在缺陷，造成他人损害的，产品的生产者、销售者赔偿后，有权向第三人追偿。

（一）实务问答

1. 因仓储者保管不善，猪饲料发生霉变致损，责任由谁承担？

王某曾向律师咨询：王某作为养猪专业户饲养了超过一百头猪。某日，在投喂幼猪时，他加入了新购置的幼猪饲料。然而，仅过了两天，三十余头幼猪中就有二十多头死亡，其余几头也变得奄奄一息。随后，这些幼猪被送至检疫站进行检查，结果确诊为食物中毒。李某将新购置的饲料送检，发现由于储存不当，饲料早已发生霉变，产生了大量有毒物质。由于幼猪抵抗力较弱，摄入含有霉菌毒素的饲料后不幸中毒身亡。进一步调查发现，该批次饲料在销售前曾由某仓储公司负责储存，但因未及时入库且管理不善，导致饲料被雨水浸湿而发生霉变。那么，王某所遭受的损失，究竟应由谁来承担责任呢？

在现实生活中，产品从生产到最终用户手中，需要经过生产、储存、运输、销售等多个环节。被侵权人往往不清楚运输者和仓储者是谁，也不清楚产品缺陷具体是由哪个环节造成的。因此，当损害发生后，最简单、方便的做法是向生产者或销售者请求赔偿。因为产品使用者通常知道产品是从哪里购买的，即使不是直接购买者，也容易找到产品的生产者。

为了充分保护被侵权人的利益，方便其请求赔偿，根据相关法律规定，即使产品缺陷是由于运输者、仓储者等第三人的过错造成的，被侵权人仍然可以先向产品的生产者或销售者请求赔偿。生产者或销售者在承担赔偿责任后，可以根据法律规定，向造成产品缺陷的有过错的运输者、仓储者等第三人行使追偿权，要求其承担赔偿费用。

在产品运输和流通过程中，运输者和仓储者应当按照相关法规和产品包装上标明的储藏、运输标准进行操作。如果运输者或仓储者未按上述规定进行运输或仓储，可能会导致产品缺陷。对于因自身过错造成产品缺陷的行为人，应当对其过错导致的损害承担赔偿责任。因此，如果产品缺陷是由运输者、仓储者等第三人引起的，并造成他人损害，应当根据过错责任原则承担赔偿责任。

（二）关联规定

《中华人民共和国产品质量法》

第四十六条　本法所称缺陷，是指产品存在危及人身、他人财产安全的不合理的危险；产品有保障人体健康和人身、财产安全的国家标准、行业标准的，是指不符合该标准。

四、产品缺陷危及他人人身、财产安全的侵权责任

> **第一千二百零五条**　因产品缺陷危及他人人身、财产安全的，被侵权人有权请求生产者、销售者承担停止侵害、排除妨碍、消除危险等侵权责任。

（一）实务问答

1. 购买的热水器在使用过程中出现漏电现象，消费者可以要求商家承担什么责任？

如果漏电是由于热水器本身缺陷引起的，且该缺陷危害到消费者的人身、财产安全的，依照《民法典》第1205条的规定，消费者有权请求生产者、销售者承

担停止侵害、排除妨碍、消除危险等侵权责任。

需要注意的是，产品责任中，被侵权人有权请求生产者、销售者承担停止侵害、排除妨碍、消除危险等侵权责任需要具备两个前提条件：一是产品存在缺陷；二是危及他人人身、财产安全。

产品缺陷可能对他人产生两种影响：一是造成实际损害。这种损害已经发生，是现实存在的。被侵权人有权请求生产者或销售者承担停止侵害、排除妨碍等侵权责任。二是产生潜在危险。这种影响表现为对他人人身、财产安全的威胁，存在不安全因素。从某种角度来说，这是一种尚未发生、非现实存在的损害。如果不采取相应措施，这种潜在的危险随时可能变成实际损害，给受害人带来实际损失。为了避免潜在损害变为现实，减少或杜绝受害人的损失，并方便被侵权人请求损害赔偿，因产品缺陷危及他人人身、财产安全的，被侵权人有权要求生产者或销售者承担排除妨碍、消除危险等侵权责任。

2. 购买的电磁炉爆炸造成伤残十级，可以请求精神损害赔偿吗？

伤残十级属于较轻的伤残等级，但如果还是对消费者的精神造成了实际损害（如因为爆炸导致毁容），消费者仍然有权请求精神损害赔偿。《最高人民法院关于确定民事侵权精神损害赔偿责任若干问题的解释》第1条规定，因人身权益或者具有人身意义的特定物受到侵害，自然人或者其近亲属向人民法院提起诉讼请求精神损害赔偿的，人民法院应当依法予以受理。

该规定和《民法典》的相关规定并没有冲突，因此，当消费者的生命权、健康权、身体权等人格权利因产品缺陷问题受到非法侵害时，消费者依然有权向人民法院起诉请求赔偿精神损害。

司法实践中，人民法院一般会根据以下因素确定精神损害的赔偿数额：(1) 侵权人的过错程度，但是法律另有规定的除外；(2) 侵权行为的目的、方式、场合等具体情节；(3) 侵权行为所造成的后果；(4) 侵权人的获利情况；(5) 侵权人承担责任的经济能力；(6) 受理诉讼法院所在地的平均生活水平。

3. 消费者因产品缺陷受伤的，请求生产者、销售者承担停止侵害、排除妨碍、消除危险的，适用诉讼时效吗？

《民法典》第188条规定，向人民法院请求保护民事权利的诉讼时效期间为三年。法律另有规定的，依照其规定。《产品质量法》第45条规定，因产品存在缺陷造成损害要求赔偿的诉讼时效期间为二年,自当事人知道或者应当知道其权益受到损害时起计算。因产品存在缺陷造成损害要求赔偿的请求权,在造成损害的缺陷产品交付最初消费者满十年丧失;但是,尚未超过明示的安全使用期的除外。综合前述两个法律条文来看,因《产品质量法》有特别规定,所以,产品致害侵权责任的诉讼时效期间应为二年。但是,当侵权责任和违约责任发生竞合时,如果受害人以产品买卖合同为由主张违约责任的,其诉讼时效仍应适用《民法典》关于诉讼时效的一般规定。

另外,消费者因产品缺陷受伤的,除了可以请求侵权损失赔偿责任之外,还可以请求生产者、销售者停止侵害、排除妨碍、消除危险。对此,《民法典》第196条第1款规定,请求停止侵害、排除妨碍、消除危险不适用诉讼时效的规定。

这是因为,停止侵害、排除妨碍和消除危险是所有权和其他物权的功能,旨在清除物权行使过程中的障碍、确保物的有效利用,并恢复权利人对物权客体的全面控制。基于物权法的原则,无论时间流逝多久,法律绝不允许侵害物权的行为获得法律上的正当性。若将请求停止侵害、排除妨碍和消除危险的权利纳入诉讼时效的范畴,将导致物权人不得不忍受他人对其物权行使的侵害,这不仅对权利人极不公平,也违背了物权法的基本原理。因此,在民法学界与司法实践中,均普遍认同这三种请求权不应受制于诉讼时效的限制。

(二) 关联规定

《中华人民共和国产品质量法》

第四十六条 本法所称缺陷,是指产品存在危及人身、他人财产安全的不合理的危险;产品有保障人体健康和人身、财产安全的国家标准、行业标准的,是指不符合该标准。

《中华人民共和国食品安全法》

第六十三条 国家建立食品召回制度。食品生产者发现其生产的食品不符合食品安全标准或者有证据证明可能危害人体健康的,应当立即停止生产,召回已经上市销售的食品,通知相关生产经营者和消费者,并记录召回和通知情况。

食品经营者发现其经营的食品有前款规定情形的,应当立即停止经营,通知相关生产经营者和消费者,并记录停止经营和通知情况。食品生产者认为应当召回的,应当立即召回。由于食品经营者的原因造成其经营的食品有前款规定情形的,食品经营者应当召回。

食品生产经营者应当对召回的食品采取无害化处理、销毁等措施，防止其再次流入市场。但是，对因标签、标志或者说明书不符合食品安全标准而被召回的食品，食品生产者在采取补救措施且能保证食品安全的情况下可以继续销售；销售时应当向消费者明示补救措施。

食品生产经营者应当将食品召回和处理情况向所在地县级人民政府食品安全监督管理部门报告；需要对召回的食品进行无害化处理、销毁的，应当提前报告时间、地点。食品安全监督管理部门认为必要的，可以实施现场监督。

食品生产经营者未依照本条规定召回或者停止经营的，县级以上人民政府食品安全监督管理部门可以责令其召回或者停止经营。

第一百零三条 发生食品安全事故的单位应当立即采取措施，防止事故扩大。事故单位和接收病人进行治疗的单位应当及时向事故发生地县级人民政府食品安全监督管理、卫生行政部门报告。

县级以上人民政府农业行政等部门在日常监督管理中发现食品安全事故或者接到事故举报，应当立即向同级食品安全监督管理部门通报。

发生食品安全事故，接到报告的县级人民政府食品安全监督管理部门应当按照应急预案的规定向本级人民政府和上级人民政府食品安全监督管理部门报告。县级人民政府和上级人民政府食品安全监督管理部门应当按照应急预案的规定上报。

任何单位和个人不得对食品安全事故隐瞒、谎报、缓报，不得隐匿、伪造、毁灭有关证据。

《中华人民共和国消费者权益保护法》

第四十九条 经营者提供商品或者服务，造成消费者或者其他受害人人身伤害的，应当赔偿医疗费、护理费、交通费等为治疗和康复支出的合理费用，以及因误工减少的收入。造成残疾的，还应当赔偿残疾生活辅助具费和残疾赔偿金。造成死亡的，还应当赔偿丧葬费和死亡赔偿金。

《最高人民法院关于审理道路交通事故损害赔偿案件适用法律若干问题的解释》

第九条 机动车存在产品缺陷导致交通事故造成损害，当事人请求生产者或者销售者依照民法典第七编第四章的规定承担赔偿责任的，人民法院应予支持。

《最高人民法院关于审理食品药品纠纷案件适用法律若干问题的规定》

第三条 因食品、药品质量问题发生纠纷，购买者向生产者、销售者主张权利，生产者、销售者以购买者明知食品、药品存在质量问题而仍然购买为由进行抗辩的，人民法院不予支持。

第四条 食品、药品生产者、销售者提供给消费者的食品或者药品的赠品发生质量安全问题，造成消费者损害，消费者主张权利，生产者、销售者以消费者未对赠品支付对价为由进行免责抗辩的，人民法院不予支持。

五、流通后发现有缺陷的补救措施和侵权责任

> **第一千二百零六条** 产品投入流通后发现存在缺陷的，生产者、销售者应当及时采取停止销售、警示、召回等补救措施；未及时采取补救措施或者补救措施不力造成损害扩大的，对扩大的损害也应当承担侵权责任。
>
> 依据前款规定采取召回措施的，生产者、销售者应当负担被侵权人因此支出的必要费用。

（一）实务问答

1. 汽车生产商在将某型号汽车投入流通销售后，发现该车型存在爆胎隐患，对此类情况汽车生产商和销售商应该如何处理？

近年来，汽车投入流通销售后发现存在爆胎、断轴、起火等安全隐患的新闻时而有之。在汽车产品投入流通时，生产者、销售者可能因某种原因或者技术水平等未能发现产品存在缺陷，在汽车售出已经进入流通后才发现产品存在缺陷。在这种情形下，生产者、销售者应当及时以合理、有效的方式进行处理，或者停止销售，或者第一时间向使用人发出警示，或者尽快召回缺陷产品，以防止损害的发生或者进一步扩大。具体而言：

停止销售是对正在销售的产品采取下架、封存等不再出售的措施。停止销售可以避免侵权行为的扩大化，最大限度减少损失。

警示是一种对产品相关危险或正确使用方法的说明与提醒，旨在唤起使用者对产品已知或潜在危险的注意，从而预防危险的发生，并减少可能给使用者带来的伤害。其双重作用体现在：首先，向使用者揭示产品存在的风险及潜在缺陷；

其次，指导使用者如何在操作产品时规避这些风险，确保人身安全与财产安全。

召回则是产品生产者或销售者依据法定流程，采取换货、退货、更换零部件等措施，对其生产或销售的缺陷产品实施的一种即时危害消除或减少行为。召回的核心价值在于提前预防，与某些消除危险的侵权责任手段有相似之处，它要求生产者或销售者将缺陷产品从市场流通中撤回，切断潜在危害的源头，通常被视为停止销售后的进一步行动方案。

2. 汽车存在质量瑕疵可以要求厂家和商家召回吗？

通常，我们所说的产品质量问题一般包含两种：一是质量瑕疵；二是质量缺陷。

质量瑕疵指的是产品在使用性能上未能达到预期标准，未能满足约定的品质要求，这主要影响了产品的效用或功能性。

相比之下，质量缺陷则是指产品在安全性方面存在不合理之处，具体表现为存在可能危害人身或财产安全的隐患，这严重影响到产品的安全性能。

《消费者权益保护法》第33条第2款规定，有关行政部门发现并认定经营者提供的商品或者服务存在缺陷，有危及人身、财产安全危险的，应当立即责令经营者采取停止销售、警示、召回、无害化处理、销毁、停止生产或者服务等措施。

《缺陷汽车产品召回管理条例》第1条规定，为了规范缺陷汽车产品召回，加强监督管理，保障人身、财产安全，制定本条例。第3条进一步规定，本条例所称缺陷，是指由于设计、制造、标识等原因导致的在同一批次、型号或者类别的汽车产品中普遍存在的不符合保障人身、财产安全的国家标准、行业标准的情形或者其他危及人身、财产安全的不合理的危险。本条例所称召回，是指汽车产品生产者对其已售出的汽车产品采取措施消除缺陷的活动。

综上可见，汽车产品只有在存在质量缺陷问题时，才会被召回。如果只是一般的质量瑕疵问题，不危及人身、财产安全，不存在安全性能风险的，汽车不会被召回。

3. 汽车因存在安全隐患被厂家和商家召回的，车主可以获得哪些补偿？

《民法典》第1206条规定，采取召回措施的，生产者、销售者应当负担被侵权人因此支出的必要费用。而且，《消费者权益保护法》（2013修正）第19条规定，经营者发现其提供的商品或者服务存在缺陷，有危及人身、财产安全危险的，应当立即向有关行政部门报告和告知消费者，并采取停止销售、警示、召回、无害化处理、销毁、停止生产或者服务等措施。采取召回措施的，经营者应当承担消费者因商品被召回支出的必要费用。

由此可见，车主因车辆被召回所支出的必要费用是由生产者和销售者来承担的。

2010年，我国第一例汽车召回补偿案件中，一汽丰田在召回车辆后，同意对RAV4车主提供代步车、允许全额退还订金和补偿经济损失。经济补偿的标准和金额当时并未公布。实务中，该补偿一般包括交通费、误工费等必要费用。

（二）关联规定

《中华人民共和国食品安全法》

第六十三条　国家建立食品召回制度。食品生产者发现其生产的食品不符合食品安全标准或者有证据证明可能危害人体健康的，应当立即停止生产，召回已经上市销售的食品，通知相关生产经营者和消费者，并记录召回和通知情况。

食品经营者发现其经营的食品有前款规定情形的，应当立即停止经营，通知相关生产经营者和消费者，并记录停止经营和通知情况。食品生产者认为应当召回的，应当立即召回。由于食品经营者的原因造成其经营的食品有前款规定情形的，食品经营者应当召回。

食品生产经营者应当对召回的食品采取无害化处理、销毁等措施，防止其再次流入市场。但是，对因标签、标志或者说明书不符合食品安全标准而被召回的食品，食品生产者在采取补救措施且能保证食品安全的情况下可以继续销售；销售时应当向消费者明示补救措施。

食品生产经营者应当将食品召回和处理情况向所在地县级人民政府食品安全监督管理部门报告；需要对召回的食品进行无害化处理、销毁的，应当提前报告时间、地点。食品安全监督管理部门认为必要的，可以实施现场监督。

食品生产经营者未依照本条规定召回或者停止经营的，县级以上人民政府食品安全监督管理部门可以责令其召回或者停止经营。

《中华人民共和国产品质量法》

第四十六条　本法所称缺陷，是指产品存在危及人身、他人财产安全的不合理的危险；产品有保障人体健康和人身、财产安全的国家标准、行业标准的，是指不符合该标准。

《中华人民共和国消费者权益保护法》

第十九条 经营者发现其提供的商品或者服务存在缺陷，有危及人身、财产安全危险的，应当立即向有关行政部门报告和告知消费者，并采取停止销售、警示、召回、无害化处理、销毁、停止生产或者服务等措施。采取召回措施的，经营者应当承担消费者因商品被召回支出的必要费用。

第三十三条 有关行政部门在各自的职责范围内，应当定期或者不定期对经营者提供的商品和服务进行抽查检验，并及时向社会公布抽查检验结果。

有关行政部门发现并认定经营者提供的商品或者服务存在缺陷，有危及人身、财产安全危险的，应当立即责令经营者采取停止销售、警示、召回、无害化处理、销毁、停止生产或者服务等措施。

《乳品质量安全监督管理条例》

第三十六条 乳制品生产企业发现其生产的乳制品不符合乳品质量安全国家标准、存在危害人体健康和生命安全危险或者可能危害婴幼儿身体健康或者生长发育的，应当立即停止生产，报告有关主管部门，告知销售者、消费者，召回已经出厂、上市销售的乳制品，并记录召回情况。

乳制品生产企业对召回的乳制品应当采取销毁、无害化处理等措施，防止其再次流入市场。

第四十二条 对不符合乳品质量安全国家标准、存在危害人体健康和生命安全或者可能危害婴幼儿身体健康和生长发育的乳制品，销售者应当立即停止销售，追回已经售出的乳制品，并记录追回情况。

乳制品销售者自行发现其销售的乳制品有前款规定情况的，还应当立即报告所在地工商行政管理等有关部门，通知乳制品生产企业。

《医疗器械召回管理办法》

第三条 本办法所称医疗器械召回，是指医疗器械生产企业按照规定的程序对其已上市销售的某一类别、型号或者批次的存在缺陷的医疗器械产品，采取警示、检查、修理、重新标签、修改并完善说明书、软件更新、替换、收回、销毁等方式进行处理的行为。

前款所述医疗器械生产企业，是指境内医疗器械产品注册人或者备案人、进口医疗器械的境外制造厂商在中国境内指定的代理人。

第十四条 医疗器械生产企业按照本办法第十条、第十二条的要求进行调查评估后，确定医疗器械产品存在缺陷的，应当立即决定并实施召回，同时向社会发布产品召回信息。

实施一级召回的,医疗器械召回公告应当在国家食品药品监督管理总局网站和中央主要媒体上发布;实施二级、三级召回的,医疗器械召回公告应当在省、自治区、直辖市食品药品监督管理部门网站发布,省、自治区、直辖市食品药品监督管理部门网站发布的召回公告应当与国家食品药品监督管理总局网站链接。

六、产品责任惩罚性赔偿

> **第一千二百零七条** 明知产品存在缺陷仍然生产、销售,或者没有依据前条规定采取有效补救措施,造成他人死亡或者健康严重损害的,被侵权人有权请求相应的惩罚性赔偿。

(一) 实务问答

1. 销售有效成分含量与包装标识严重不符的化肥构成消费欺诈的,是否应承担惩罚性赔偿责任?

最高人民法院发布涉产品质量典型案例二显示[①],2022年3月,敬某种植打瓜需购买化肥,在某生物科技有限公司处购买钾肥99吨,共计支付货款435600元。2023年3月,敬某认为2022年度打瓜减产与使用该化肥有关,随即联系该公司要求对上述钾肥进行质量成分检测。2023年3月28日,某生物科技有限公司指派人员与敬某共同委托某地产品质量监督检验研究院进行检测,检验结论为水溶性氧化钾的质量分数为27%,硫的质量分数为12%,氯离子的质量分数为13.1%,不符合国家标准《农业用硫酸钾》(GB/T20406—2017)的规定,也与包装袋上载明的硫酸钾≥51%,硫≥17%,氯离子≤1.5%的成分标识严重不符。敬

[①] 最高人民法院发布涉产品质量典型案例二:销售有效成分含量与包装标识严重不符的化肥构成消费欺诈的,应承担惩罚性赔偿责任——敬某诉某生物科技有限公司、魏某产品责任纠纷案,载最高人民法院官网,https://www.court.gov.cn/zixun/xiangqing/444261.html,最后访问日期:2024年10月25日。

某与某生物科技有限公司多次协商未果后，起诉请求某生物科技有限公司退还化肥款并支付货款三倍的赔偿金。

审理法院认为，《产品质量法》第27条规定："产品或者其包装上的标识必须真实，并符合下列要求：（一）有产品质量检验合格证明；（二）有中文标明的产品名称、生产厂厂名和厂址；（三）根据产品的特点和使用要求，需要标明产品规格、等级、所含主要成份的名称和含量的，用中文相应予以标明；需要事先让消费者知晓的，应当在外包装上标明，或者预先向消费者提供有关资料；（四）限期使用的产品，应当在显著位置清晰地标明生产日期和安全使用期或者失效日期；（五）使用不当，容易造成产品本身损坏或者可能危及人身、财产安全的产品，应当有警示标志或者中文警示说明。裸装的食品和其他根据产品的特点难以附加标识的裸装产品，可以不附加产品标识。"第36条规定："销售者销售的产品的标识应当符合本法第二十七条的规定。"案涉钾肥有效成分含量与包装标识严重不符，违反法律规定。根据国家市场监督管理总局《侵害消费者权益行为处罚办法》第5条、第6条和第16条规定，经营者在销售的商品中以假充真、以次充好，或以虚假的商品说明、商品标准等方式销售商品，以及夸大所提供商品的质量、性能等与消费者有重大利害关系的信息误导消费者属欺诈行为。本案中，某生物科技有限公司作为钾肥的经营者，没有向敬某提供产品的真实信息，其销售的钾肥有效成分含量等质量性能指标与外包装标识严重不符，误导消费者购买化肥，其行为已经构成欺诈。故，根据《消费者权益保护法》第55条第1款、第62条规定判决某生物科技有限公司退还敬某化肥款并支付货款三倍的赔偿金。

消费欺诈惩罚性赔偿制度设立的主要目的是对经营者欺诈行为予以惩罚，并威慑、警告其他经营者，防止欺诈行为的发生，净化市场环境。化肥、农药等农资产品质量关乎农业生产和农民收入，涉及广大农民群体的切身利益。本案中，农资经营者向农民销售的化肥产品与国家标准严重不符，化肥有效成分含量与包装标识严重不符，已构成欺诈行为，审理法院依法适用"退一赔三"的惩罚性赔偿制度，判决经营者承担惩罚性赔偿责任，态度鲜明地依法打击坑农害农行为，营造健康有序的农资市场环境，切实保障农民合法权益，为推进乡村全面振兴提供有力的司法服务和保障。

2. 商家明知高压锅存在缺陷仍然继续销售，造成消费者健康严重受损，责任如何承担？

某一家电商场销售了多台某品牌高压锅，后有消费者陆陆续续找到商场，说高压锅发生爆炸。经过专业检测，商场确认该品牌高压锅存在质量瑕疵，有极大风险引发爆炸事故。然而，鉴于该品牌高压锅的高销量与可观利润，商场并未及时下架，也未将这一情况告知制造商，而是打算将库存产品全部销售出去。随后，不幸发生了一起事故：一名顾客购买的高压锅无故爆炸，导致顾客在厨房做饭时严重受伤。在此情境下，该顾客无疑有权向商场索赔，但是否有权同时要求商场承担惩罚性赔偿，成为一个待解决的法律问题。

在一般的缺陷产品致人损害的案件中，产品的生产者或销售者只需要根据被侵权人的实际损害承担赔偿责任，对受害人的损失起到填补作用。但是在前述这类主观恶意较大、损害结果较重的产品缺陷侵权中，被侵权人可以主张惩罚性赔偿。

《民法典》第1207条规定，明知产品存在缺陷仍然生产、销售，或者没有依据前条规定采取有效补救措施，造成他人死亡或者健康严重损害的，被侵权人有权请求相应的惩罚性赔偿。

依据该规定，被侵权人请求惩罚性赔偿需要符合以下三个条件：

一是侵权行为的成立需以侵权人具备主观故意为前提。实践中，部分企业及销售者无视他人生命财产安全与法律规定，表现出极大的主观恶意，此类行为应受到严厉惩处。

二是损害事实需达到严重程度，即造成他人死亡或健康受到严重损害，而非一般性的损害。

三是因果关系是判定责任的关键，即被侵权人的死亡或健康严重受损需由侵权人生产或销售的缺陷产品直接导致，或生产者、销售者未按规定采取有效补救措施所致。

此外，本条明确了惩罚性赔偿的适用范围，仅限于被侵权人死亡或健康受到严重损害的情形，不包括财产损害等其他类型损害。为防止滥用惩罚性赔偿，确保赔偿数额合理，本条还规定，被侵权人有权请求相应的惩罚性赔偿，其中，"相应"意指赔偿金额应与侵权人的恶意程度、损害后果及威慑效果相匹配，具体数额由人民法院根据案件情况判定。

值得强调的是，惩罚性赔偿的主要目的并非弥补被侵权人的损失，而是惩罚主观故意的侵权行为，并遏制此类行为的再次发生。从功能上看，其首要作用在于威慑，然后才是补偿。尽管在某些个案中，被侵权人获得的赔偿可能高于实际损失，但从长远来看，这种赔偿机制能够促使侵权人提高警惕，避免类似事件重演。

（二）关联规定

《中华人民共和国食品安全法》

第一百四十八条 消费者因不符合食品安全标准的食品受到损害的，可以向经营者要求赔偿损失，也可以向生产者要求赔偿损失。接到消费者赔偿要求的生产经营者，应当实行首负责任制，先行赔付，不得推诿；属于生产者责任的，经营者赔偿后有权向生产者追偿；属于经营者责任的，生产者赔偿后有权向经营者追偿。

生产不符合食品安全标准的食品或者经营明知是不符合食品安全标准的食品，消费者除要求赔偿损失外，还可以向生产者或者经营者要求支付价款十倍或者损失三倍的赔偿金；增加赔偿的金额不足一千元的，为一千元。但是，食品的标签、说明书存在不影响食品安全且不会对消费者造成误导的瑕疵的除外。

《中华人民共和国产品质量法》

第四十六条 本法所称缺陷，是指产品存在危及人身、他人财产安全的不合理的危险；产品有保障人体健康和人身、财产安全的国家标准、行业标准的，是指不符合该标准。

第四十九条 生产、销售不符合保障人体健康和人身、财产安全的国家标准、行业标准的产品的，责令停止生产、销售，没收违法生产、销售的产品，并处违法生产、销售产品（包括已售出和未售出的产品，下同）货值金额等值以上三倍以下的罚款；有违法所得的，并处没收违法所得；情节严重的，吊销营业执照；构成犯罪的，依法追究刑事责任。

《中华人民共和国消费者权益保护法》

第五十五条 经营者提供商品或者服务有欺诈行为的，应当按照消费者的要求增加赔偿其受到的损失，增加赔偿的金额为消费者购买商品的价款或者接受服务的费用的三倍；增加赔偿的金额不足五百元的，为五百元。法律另有规定的，依照其规定。

经营者明知商品或者服务存在缺陷,仍然向消费者提供,造成消费者或者其他受害人死亡或者健康严重损害的,受害人有权要求经营者依照本法第四十九条、第五十一条等法律规定赔偿损失,并有权要求所受损失二倍以下的惩罚性赔偿。

《最高人民法院关于审理旅游纠纷案件适用法律若干问题的规定》

第十五条 旅游经营者违反合同约定,有擅自改变旅游行程、遗漏旅游景点、减少旅游服务项目、降低旅游服务标准等行为,旅游者请求旅游经营者赔偿未完成约定旅游服务项目等合理费用的,人民法院应予支持。

旅游经营者提供服务时有欺诈行为,旅游者依据消费者权益保护法第五十五条第一款规定请求旅游经营者承担惩罚性赔偿责任的,人民法院应予支持。

《最高人民法院关于审理食品药品纠纷案件适用法律若干问题的规定》

第三条 因食品、药品质量问题发生纠纷,购买者向生产者、销售者主张权利,生产者、销售者以购买者明知食品、药品存在质量问题而仍然购买为由进行抗辩的,人民法院不予支持。

第四条 食品、药品生产者、销售者提供给消费者的食品或者药品的赠品发生质量安全问题,造成消费者损害,消费者主张权利,生产者、销售者以消费者未对赠品支付对价为由进行免责抗辩的,人民法院不予支持。

第十五条 生产不符合安全标准的食品或者销售明知是不符合安全标准的食品,消费者除要求赔偿损失外,依据食品安全法等法律规定向生产者、销售者主张赔偿金的,人民法院应予支持。

生产假药、劣药或者明知是假药、劣药仍然销售、使用的,受害人或者其近亲属除请求赔偿损失外,依据药品管理法等法律规定向生产者、销售者主张赔偿金的,人民法院应予支持。

《最高人民法院关于审理医疗损害责任纠纷案件适用法律若干问题的解释》

第二十三条 医疗产品的生产者、销售者、药品上市许可持有人明知医疗产品存在缺陷仍然生产、销售,造成患者死亡或者健康严重损害,被侵权人请求生产者、销售者、药品上市许可持有人赔偿损失及二倍以下惩罚性赔偿的,人民法院应予支持。

《最高人民法院关于审理道路交通事故损害赔偿案件适用法律若干问题的解释》

第九条 机动车存在产品缺陷导致交通事故造成损害,当事人请求生产者或者销售者依照民法典第七编第四章的规定承担赔偿责任的,人民法院应予支持。

第五章　机动车交通事故责任

一、机动车交通事故责任的法律适用

> **第一千二百零八条**　机动车发生交通事故造成损害的，依照道路交通安全法律和本法的有关规定承担赔偿责任。

（一）实务问答

1. 机动车撞伤行人，行人遭受人身损害可以要求机动车车主赔偿哪些项目费用？相应的赔偿标准是什么？

依据《最高人民法院关于审理人身损害赔偿案件适用法律若干问题的解释》（2022 修正），因交通事故遭受人身损害的，可以主张以下项目的费用赔偿。

（1）医疗费：

第六条　医疗费根据医疗机构出具的医药费、住院费等收款凭证，结合病历和诊断证明等相关证据确定。赔偿义务人对治疗的必要性和合理性有异议的，应当承担相应的举证责任。

医疗费的赔偿数额，按照一审法庭辩论终结前实际发生的数额确定。器官功能恢复训练所必要的康复费、适当的整容费以及其他后续治疗费，赔偿权利人可以待实际发生后另行起诉。但根据医疗证明或者鉴定结论确定必然发生的费用，可以与已经发生的医疗费一并予以赔偿。

（2）误工费：

第七条　误工费根据受害人的误工时间和收入状况确定。

误工时间根据受害人接受治疗的医疗机构出具的证明确定。受害人因伤致残持续误工的,误工时间可以计算至定残日前一天。

受害人有固定收入的,误工费按照实际减少的收入计算。受害人无固定收入的,按照其最近三年的平均收入计算;受害人不能举证证明其最近三年的平均收入状况的,可以参照受诉法院所在地相同或者相近行业上一年度职工的平均工资计算。

(3) 护理费:

第八条　护理费根据护理人员的收入状况和护理人数、护理期限确定。

护理人员有收入的,参照误工费的规定计算;护理人员没有收入或者雇用护工的,参照当地护工从事同等级别护理的劳务报酬标准计算。护理人员原则上为一人,但医疗机构或者鉴定机构有明确意见的,可以参照确定护理人员人数。

护理期限应计算至受害人恢复生活自理能力时止。受害人因残疾不能恢复生活自理能力的,可以根据其年龄、健康状况等因素确定合理的护理期限,但最长不超过二十年。

受害人定残后的护理,应当根据其护理依赖程度并结合配制残疾辅助器具的情况确定护理级别。

(4) 交通费

第九条　交通费根据受害人及其必要的陪护人员因就医或者转院治疗实际发生的费用计算。交通费应当以正式票据为凭;有关凭据应当与就医地点、时间、人数、次数相符合。

(5) 住院伙食补助费

第十条　住院伙食补助费可以参照当地国家机关一般工作人员的出差伙食补助标准予以确定。

受害人确有必要到外地治疗,因客观原因不能住院,受害人本人及其陪护人员实际发生的住宿费和伙食费,其合理部分应予赔偿。

(6) 营养费

第十一条　营养费根据受害人伤残情况参照医疗机构的意见确定。

(7) 残疾赔偿金

第十二条　残疾赔偿金根据受害人丧失劳动能力程度或者伤残等级,按照受诉法院所在地上一年度城镇居民人均可支配收入标准,自定残之日起按二十年计算。但六十周岁以上的,年龄每增加一岁减少一年;七十五周岁以上的,按五年计算。

受害人因伤致残但实际收入没有减少,或者伤残等级较轻但造成职业妨害严重影响其劳动就业的,可以对残疾赔偿金作相应调整。

(8)残疾辅助器具费

第十三条 残疾辅助器具费按照普通适用器具的合理费用标准计算。伤情有特殊需要的,可以参照辅助器具配制机构的意见确定相应的合理费用标准。

辅助器具的更换周期和赔偿期限参照配制机构的意见确定。

(9)丧葬费

第十四条 丧葬费按照受诉法院所在地上一年度职工月平均工资标准,以六个月总额计算。

(10)死亡赔偿金

第十五条 死亡赔偿金按照受诉法院所在地上一年度城镇居民人均可支配收入标准,按二十年计算。但六十周岁以上的,年龄每增加一岁减少一年;七十五周岁以上的,按五年计算。

(11)被扶养人生活费

第十七条 被扶养人生活费根据扶养人丧失劳动能力程度,按照受诉法院所在地上一年度城镇居民人均消费支出标准计算。被扶养人为未成年人的,计算至十八周岁;被扶养人无劳动能力又无其他生活来源的,计算二十年。但六十周岁以上的,年龄每增加一岁减少一年;七十五周岁以上的,按五年计算。

被扶养人是指受害人依法应当承担扶养义务的未成年人或者丧失劳动能力又无其他生活来源的成年近亲属。被扶养人还有其他扶养人的,赔偿义务人只赔偿受害人依法应当负担的部分。被扶养人有数人的,年赔偿总额累计不超过上一年度城镇居民人均消费支出额。

2. 机动车撞伤老人,老人没有过错,但因年事已高、骨质疏松导致损害后果严重,机动车驾驶员可以减轻责任吗?

在最高人民法院指导案例 24 号:荣宝英诉王阳、永诚财产保险股份有限公司江阴支公司机动车交通事故责任纠纷案中[①],法院认为:交通事故的受害人没有

[①] 最高人民法院指导案例 24 号:荣宝英诉王阳、永诚财产保险股份有限公司江阴支公司机动车交通事故责任纠纷案,载最高人民法院官网,https://www.court.gov.cn/shenpan/xiangqing/13327.html,最后访问日期:2025 年 3 月 8 日。

过错，其体质状况对损害后果的影响不属于可以减轻侵权人责任的法定情形。

该案件中，法院经审理查明：2012年2月10日14时45分许，王阳驾驶号牌为苏MT1888的轿车，沿江苏省无锡市滨湖区蠡湖大道由北往南行驶至蠡湖大道大通路口人行横道线时，碰擦行人荣宝英致其受伤。2月11日，滨湖交警大队作出《道路交通事故认定书》，认定王阳负事故的全部责任，荣宝英无责。

荣宝英申请并经无锡市中西医结合医院司法鉴定所鉴定，结论为：1. 荣宝英左桡骨远端骨折的伤残等级评定为十级；左下肢损伤的伤残等级评定为九级。损伤参与度评定为75%，其个人体质的因素占25%。

被告永诚财产保险股份有限公司江阴支公司（以下简称永诚保险公司）辩称：因鉴定意见结论中载明"损伤参与度评定为75%，其个人体质的因素占25%"，故确定残疾赔偿金应当乘以损伤参与度系数0.75，认可20743.54元。

法院生效裁判认为：《侵权责任法》第26条规定："被侵权人对损害的发生也有过错的，可以减轻侵权人的责任。"①《道路交通安全法》第76条第1款第2项规定，机动车与非机动车驾驶人、行人之间发生交通事故，非机动车驾驶人、行人没有过错的，由机动车一方承担赔偿责任；有证据证明非机动车驾驶人、行人有过错的，根据过错程度适当减轻机动车一方的赔偿责任。因此，交通事故中在计算残疾赔偿金是否应当扣减时，应当根据受害人对损失的发生或扩大是否存在过错进行分析。本案中，虽然原告荣宝英的个人体质状况对损害后果的发生具有一定的影响，但这不是侵权责任法等法律规定的过错，荣宝英不应因个人体质状况对交通事故导致的伤残存在一定影响而自负相应责任。

从交通事故受害人发生损伤及造成损害后果的因果关系来看，本起交通事故的引发系肇事者王阳驾驶机动车穿越人行横道线时，未尽到安全注意义务碰擦行人荣宝英所致；本起交通事故造成的损害后果系受害人荣宝英被机动车碰撞、跌倒发生骨折所致，事故责任认定荣宝英对本起事故不负责任，其对事故的发生及损害后果的造成均无过错。虽然荣宝英年事已高，但其年老骨质疏松仅是事故造成后果的客观因素，并无法律上的因果关系。因此，受害人荣宝英对于损害的发生或者扩大没有过错，不存在减轻或者免除加害人赔偿责任的法定情形。同时，机动车应当遵守文明行车、礼让行人的一般交通规则和社会公德。本案所涉事故

---

① 现为《民法典》第1173条：被侵权人对同一损害的发生或者扩大有过错的，可以减轻侵权人的责任。

发生在人行横道线上，正常行走的荣宝英对将被机动车碰撞这一事件无法预见，而王阳驾驶机动车在路经人行横道线时未依法减速慢行、避让行人，导致事故发生。因此，依法应当由机动车一方承担事故引发的全部赔偿责任。

根据我国道路交通安全法的相关规定，机动车发生交通事故造成人身伤亡、财产损失的，由保险公司在机动车第三者责任强制保险责任限额范围内予以赔偿。而我国交强险立法并未规定在确定交强险责任时应依据受害人体质状况对损害后果的影响作相应扣减，保险公司的免责事由也仅限于受害人故意造成交通事故的情形，即便是投保机动车无责，保险公司也应在交强险无责限额内予以赔偿。因此，对于受害人符合法律规定的赔偿项目和标准的损失，均属交强险的赔偿范围，参照"损伤参与度"确定损害赔偿责任和交强险责任均没有法律依据。

3. 因交通事故受伤死亡的，受害人死亡时其妻子已怀有身孕，侵权人对该胎儿出生后的抚养费是否需要承担赔偿责任？

在 2006 年第 3 期《最高人民法院公报》"王德钦诉杨德胜、泸州市汽车二队交通事故损害赔偿纠纷案"中，就该问题，法院认为：

《民法通则》第 119 条规定，① 侵害公民身体造成死亡的，加害人应当向被害人一方支付死者生前扶养的人必要的生活费等费用。"死者生前扶养的人"，既包括死者生前实际扶养的人，也包括应当由死者抚养，但因为死亡事故发生，死者尚未抚养的子女。原告王德钦与王先强系父子关系，是王先强应当抚养的人。王德钦出生后，向加害王先强的人主张赔偿，符合民法通则的这一规定。由于被告杨德胜的加害行为，致王德钦出生前王先强死亡，使王德钦不能接受其父王先强的抚养。本应由王先强负担的王德钦生活费、教育费等必要费用的二分之一，理应由杨德胜赔偿。生活费按泸州市 2002 年最低生活保障每月 130 元标准，教育费

---

① 该条文并未被《民法典》直接收录。但《民法典》第 16 条"涉及遗产继承、接受赠与等胎儿利益保护的，胎儿视为具有民事权利能力。但是，胎儿娩出时为死体的，其民事权利能力自始不存在"之规定已经对"胎儿"是否享有民事权利能力问题进行了更加明确的肯定。该条规定虽然没有明确列举胎儿享有死亡赔偿金和被扶养人生活费的赔偿请求权（具备相应的权利能力），但在文字表述上使用了一个"等"字。根据法律解释学规则，"等"字所蕴含的内容，应当与前述列举的遗产继承、接受赠与具有同等的利益衡量，立法的本意是留待司法实践中，由法官根据实际情况进行扩充解释。该条立法的本意就是对胎儿进行特殊保护，而根据本案实际情况，从死亡赔偿金的基本属性和儿童最大利益原则角度考虑，认定被继承人因侵权死亡后，遗腹子享有死亡赔偿金和被扶养人生活费的赔偿请求权，是完全符合立法本意的，理所当然具备相应的民事权利能力。

按每年444元标准，计算至王德钦18周岁时止。

（二）关联规定

《中华人民共和国道路交通安全法》

第二条 中华人民共和国境内的车辆驾驶人、行人、乘车人以及与道路交通活动有关的单位和个人，都应当遵守本法。

第十七条 国家实行机动车第三者责任强制保险制度，设立道路交通事故社会救助基金。具体办法由国务院规定。

第二十一条 驾驶人驾驶机动车上道路行驶前，应当对机动车的安全技术性能进行认真检查；不得驾驶安全设施不全或者机件不符合技术标准等具有安全隐患的机动车。

第二十三条 公安机关交通管理部门依照法律、行政法规的规定，定期对机动车驾驶证实施审验。

第七十六条 机动车发生交通事故造成人身伤亡、财产损失的，由保险公司在机动车第三者责任强制保险责任限额范围内予以赔偿；不足的部分，按照下列规定承担赔偿责任：

（一）机动车之间发生交通事故的，由有过错的一方承担赔偿责任；双方都有过错的，按照各自过错的比例分担责任。

（二）机动车与非机动车驾驶人、行人之间发生交通事故，非机动车驾驶人、行人没有过错的，由机动车一方承担赔偿责任；有证据证明非机动车驾驶人、行人有过错的，根据过错程度适当减轻机动车一方的赔偿责任；机动车一方没有过错的，承担不超过百分之十的赔偿责任。

交通事故的损失是由非机动车驾驶人、行人故意碰撞机动车造成的，机动车一方不承担赔偿责任。

《机动车交通事故责任强制保险条例》

第二条 在中华人民共和国境内道路上行驶的机动车的所有人或者管理人，应当依照《中华人民共和国道路交通安全法》的规定投保机动车交通事故责任强制保险。

机动车交通事故责任强制保险的投保、赔偿和监督管理，适用本条例。

第三条 本条例所称机动车交通事故责任强制保险，是指由保险公司对被保险机动车发生道路交通事故造成本车人员、被保险人以外的受害人的人身伤亡、财产损失，在责任限额内予以赔偿的强制性责任保险。

第二十一条 被保险机动车发生道路交通事故造成本车人员、被保险人以外的受害人人身伤亡、财产损失的，由保险公司依法在机动车交通事故责任强制保险责任限额范围内予以赔偿。

道路交通事故的损失是由受害人故意造成的，保险公司不予赔偿。

第二十三条 机动车交通事故责任强制保险在全国范围内实行统一的责任限额。责任限额分为死亡伤残赔偿限额、医疗费用赔偿限额、财产损失赔偿限额以及被保险人在道路交通事故中无责任的赔偿限额。

机动车交通事故责任强制保险责任限额由国务院保险监督管理机构会同国务院公安部门、国务院卫生主管部门、国务院农业主管部门规定。

二、租赁、借用机动车交通事故责任

> **第一千二百零九条** 因租赁、借用等情形机动车所有人、管理人与使用人不是同一人时，发生交通事故造成损害，属于该机动车一方责任的，由机动车使用人承担赔偿责任；机动车所有人、管理人对损害的发生有过错的，承担相应的赔偿责任。

（一）实务问答

1. 把机动车出借给没有驾照的朋友，朋友驾车撞伤他人，车主要承担责任吗？

王某和李某是好朋友。一天，王某向李某借车出游，李某知道王某只是自学了车辆驾驶，车技不错，而且之前王某也向其他朋友借车开过，但是王某并没有取得驾照。因为两人是好朋友，出于情面，李某不好拒绝，于是在半推半就之下同意把车辆借给王某。不料，王某在驾车出游过程中，不幸将一名行人撞伤。为此，李某是否要对该事故承担责任呢？

本案涉及：因租赁、借用等机动车所有人和使用人不是同一人时，发生交通事故后如何承担责任的问题。李某明知王某尚未取得驾驶资格，理应预见其驾驶可能带来的风险,却仍将车辆出借,主观上对潜在危害持放任或轻信态度,未履行应尽的注意义务。因此,李某对车辆给他人造成的损害负有过错,应依法承担相应的赔偿责任。

通常,在机动车所有人与使用人分离的情况下,由于所有人对车辆无直接控制权,无法决定车辆是否会对他人造成伤害,因此,一般不承担使用人侵权行为的责任。然而,若机动车所有人自身存在过错,则需依法承担相应责任。《民法典》第1209条规定,因租赁、借用等情形机动车所有人、管理人与使用人不是同一人时,发生交通事故造成损害,属于该机动车一方责任的,由机动车使用人承担赔偿责任;机动车所有人、管理人对损害的发生有过错的,承担相应的赔偿责任。

在现实生活中,机动车所有人的过错主要体现在出租、出借车辆时未尽到必要的审查义务,包括未核实承租人、借用人的驾驶资格、是否醉酒,以及未检查出借车辆的安全性能是否符合要求等。若机动车所有人在租赁、借用过程中未履行上述审查义务,其过错可能成为导致交通事故发生的因素之一,从而需承担相应的赔偿责任。

2. 把机动车号牌出借给他人套牌使用,套牌机动车发生交通事故造成他人损害的,机动车所有人要承担责任吗?

在最高人民法院指导案例19号[①]案中:

2008年11月25日5时30分许,被告林则东驾驶套牌的鲁F41703货车在同三高速公路某段行驶时,与同向行驶的被告周亚平驾驶的客车相撞,两车冲下路基,客车翻滚致车内乘客冯永菊当场死亡。经交警部门认定,货车司机林则东负事故主要责任,客车司机周亚平负事故次要责任,冯永菊不负事故责任。原告赵春明、赵某某、冯某某、侯某某分别系死者冯永菊的丈夫、儿子、父亲和母亲。

鲁F41703号牌在车辆管理部门登记的货车并非肇事货车,该号牌登记货车的所有人系被告烟台市福山区汽车运输公司(以下简称福山公司),实际所有人系被告卫德平,该货车在被告永安财产保险股份有限公司烟台中心支公司(以下简

[①] 最高人民法院指导案例19号:赵春明等诉烟台市福山区汽车运输公司、卫德平等机动车交通事故责任纠纷案,载最高人民法院官网,https://www.court.gov.cn/shenpan/xiangqing/6001.html,最后访问日期:2025年3月8日。

称永安保险公司）投保机动车第三者责任强制保险。

套牌使用鲁 F41703 号牌的货车（肇事货车）实际所有人为被告卫广辉，林则东系卫广辉雇用的司机。据车辆管理部门登记信息反映，鲁 F41703 号牌登记货车自 2004 年 4 月 26 日至 2008 年 7 月 2 日，先后 15 次被以损坏或灭失为由申请补领号牌和行驶证。2007 年 8 月 23 日，卫广辉申请补领行驶证的申请表上有福山公司的签章。事发后，福山公司曾派人到交警部门处理相关事宜。审理中，卫广辉表示，卫德平对套牌事宜知情并收取套牌费，事发后卫广辉还向卫德平借用鲁 F41703 号牌登记货车的保单去处理事故，保单仍在卫广辉处。

发生事故的客车的登记所有人系被告朱荣明，但该车辆几经转手，现实际所有人系周亚平，朱荣明对该客车既不支配也未从该车运营中获益。被告上海腾飞建设工程有限公司（以下简称腾飞公司）系周亚平的雇主，但事发时周亚平并非履行职务。该客车在中国人民财产保险股份有限公司上海市分公司（以下简称人保公司）投保了机动车第三者责任强制保险。

法院生效裁判认为：根据本案交通事故责任认定，肇事货车司机林则东负事故主要责任，而卫广辉是肇事货车的实际所有人，也是林则东的雇主，故卫广辉和林则东应就本案事故损失连带承担主要赔偿责任。永安保险公司承保的鲁 F41703 货车并非实际肇事货车，其也不知道鲁 F41703 机动车号牌被肇事货车套牌，故永安保险公司对本起事故不承担赔偿责任。根据交通事故责任认定，本案客车司机周亚平对事故负次要责任，周亚平也是该客车的实际所有人，故周亚平应对本起事故损失承担次要赔偿责任。朱荣明虽系该客车的登记所有人，但该客车已几经转手，朱荣明既不支配该车，也未从该车运营中获益，故其对本起事故不承担责任。周亚平虽受雇于腾飞公司，但本案事发时周亚平并非在为腾飞公司履行职务，故腾飞公司对本案亦不承担责任。至于承保该客车的人保公司，因死者冯永菊系车内人员，依法不适用机动车交通事故责任强制保险，故人保公司对本案不承担责任。另，卫广辉和林则东一方、周亚平一方虽各自应承担的责任比例有所不同，但车祸的发生系两方的共同侵权行为所致，故卫广辉、林则东对于周亚平的应负责任份额、周亚平对于卫广辉、林则东的应负责任份额，均应互负连带责任。

鲁 F41703 货车的登记所有人福山公司和实际所有人卫德平，明知卫广辉等人套用自己的机动车号牌而不予阻止，且提供方便，纵容套牌货车在公路上行驶，福山公司与卫德平的行为已属于出借机动车号牌给他人使用的情形，该行为违反了《道路交通安全法》等有关机动车管理的法律规定。将机动车号牌出借他人套牌使用，将会纵容不符合安全技术标准的机动车通过套牌在道路上行驶，增加道路交通的危险性，危及公共安全。套牌机动车发生交通事故造成损害，号牌出借人同样存在过错，对于肇事的套牌车一方应负的赔偿责任，号牌出借人应当承担连带责任。故，福山公司和卫德平应对卫广辉与林则东一方的赔偿责任份额承担连带责任。

（二）关联规定

《最高人民法院关于审理道路交通事故损害赔偿案件适用法律若干问题的解释》

第一条 机动车发生交通事故造成损害，机动车所有人或者管理人有下列情形之一，人民法院应当认定其对损害的发生有过错，并适用民法典第一千二百零九条的规定确定其相应的赔偿责任：

（一）知道或者应当知道机动车存在缺陷，且该缺陷是交通事故发生原因之一的；

（二）知道或者应当知道驾驶人无驾驶资格或者未取得相应驾驶资格的；

（三）知道或者应当知道驾驶人因饮酒、服用国家管制的精神药品或者麻醉药品，或者患有妨碍安全驾驶机动车的疾病等依法不能驾驶机动车的；

（四）其他应当认定机动车所有人或者管理人有过错的。

三、转让并交付但未办理登记的机动车侵权责任

> **第一千二百一十条** 当事人之间已经以买卖或者其他方式转让并交付机动车但是未办理登记，发生交通事故造成损害，属于该机动车一方责任的，由受让人承担赔偿责任。

（一）实务问答

1. 未办理登记但已买卖并交付的机动车辆发生交通事故，责任由谁承担？

甲将使用了四年的小轿车卖给乙，乙付完全款后，甲已经将车辆交付给了

乙，而且乙在车辆交接清单上已经签字确认。因甲临时需要出差，双方约定，在甲出差回来后，也就是三天后再一起去车管所办理更名的相关登记手续。然而，第二天乙在驾驶车辆行驶过程中撞伤了人，经确定，乙对事故负全责。

本案是关于车辆已经买卖并交付，但未办理所有权转移登记的机动车造成他人损害，登记车主是否承担责任的法律问题。在车辆交付后，甲就已不再是肇事车辆的实际所有人，对肇事车辆不具有直接控制力和事故防范力，对事故发生不具有过错，再要求甲承担责任，显然是不公平也不合理的。

根据《民法典》第1210条的规定，当事人之间已经以买卖或者其他方式转让并交付机动车但是未办理登记，发生交通事故造成损害，属于该机动车一方责任的，由受让人承担赔偿责任。因此，虽然机动车未进行所有权变更登记，但甲已经不是该机动车实际占有人，而乙属于事实占有人、机动车驾驶人，并且交通事故责任方在于乙，因此，损害赔偿责任应由乙自行承担。当然，相关损害依法是先由保险公司在机动车强制保险责任限额范围内予以赔偿，不足部分，受害人有权向实际所有人乙追偿。甲无须对此承担任何责任。

（二）关联规定

《中华人民共和国道路交通安全法》

第十二条　有下列情形之一的，应当办理相应的登记：

（一）机动车所有权发生转移的；

（二）机动车登记内容变更的；

（三）机动车用作抵押的；

（四）机动车报废的。

《最高人民法院关于审理道路交通事故损害赔偿案件适用法律若干问题的解释》

第二条　被多次转让但是未办理登记的机动车发生交通事故造成损害，属于该机动车一方责任，当事人请求由最后一次转让并交付的受让人承担赔偿责任的，人民法院应予支持。

四、挂靠机动车交通事故责任

> **第一千二百一十一条** 以挂靠形式从事道路运输经营活动的机动车，发生交通事故造成损害，属于该机动车一方责任的，由挂靠人和被挂靠人承担连带责任。

（一）实务问答

1. 被挂靠人能否和挂靠人约定免除被挂靠人应承担的工伤保险责任？

在《最高人民法院公报》2022年第11期（总第315期）载明的"项红敏诉六盘水市人民政府改变原行政行为行政复议决定案"中，法院认为：在车辆挂靠关系中，被挂靠人向挂靠人收取挂靠费，应与挂靠人共同承担经营运输风险，仅以协议约定不能免除其作为被挂靠人应承担的风险和责任。个人挂靠其他单位对外经营，其聘用的人员因工伤亡，被挂靠单位以不存在劳动关系为由，主张不承担工伤保险责任的，人民法院不予支持。

案件中，罗某聘请周永鹏为案涉车辆贵BB1619油罐车驾驶员，案涉车辆登记所有人为第三人快易通公司。2017年9月29日，以罗某母亲作为乙方与快易通公司作为甲方就案涉车辆签订货运车代管协议。约定：乙方每年向甲方交纳管理费12000元，由甲方办理车辆的所有权年审及其他事务。案涉车辆使用公司营运资质、以甲方公司名义对外运营，驾驶员的安全责任由乙方负责。2019年11月19日18时30分周永鹏驾驶案涉车辆行驶至人民路白鹤村独木冲砂场路段处时，因操作不当，致使车辆冲下路坎侧翻，造成燃油泄漏的交通事故，驾驶员周永鹏当场死亡。项红敏于2019年12月16日向第三人六盘水市人社局提交周永鹏工伤认定申请，该局于2020年1月7日作出100036号认定工伤决定，认定周永鹏所受伤害为工伤，快易通公司不服。

贵州省高级人民法院认为：

一般而言，社会保险行政部门认定工伤，应当以劳动者和用人单位之间存在劳动关系为前提，除非法律、法规及司法解释另有规定。《最高人民法院关于审理工伤保险行政案件若干问题的规定》第3条第1款第5项明确规定，个人挂靠其他单位对外经营，其聘用的人员因工伤亡的，被挂靠单位为承担工伤保险责任的单位。该条规定遵照劳动者倾斜保护原则，对将劳动关系作为工伤认定前提的一般规定作了相应补充。只要存在个人挂靠其他单位对外经营的情形时，被挂靠单位承担工伤保险责任不以存在劳动关系为前提。工伤保险本质上是一种社会保障，国家建立工伤保险制度，是维护劳动者合法权益的重要手段，强调对工伤劳动者及其家人基本生活需求的保障。相较于用人单位而言，劳动者往往处于弱势地位。在车辆挂靠关系中，被挂靠人向挂靠人收取挂靠费，应与挂靠人共同承担经营运输的风险，仅以协议约定不能免除其同意挂靠后应承担的风险和责任。被挂靠人承担工伤保险责任，符合《宪法》《劳动法》《工伤保险条例》中"保护劳动者合法权益"的立法宗旨。

2. 挂靠者与被挂靠者约定，由挂靠者自行承担道路交通事故责任，该约定在双方内部之间的效力如何？

我国道路交通运输需要一定的资质，个人虽然拥有机动车，但是很难取得道路交通运输资质。所以，个人为了使用道路交通运输企业的资质而挂靠运输公司的现象非常普遍。实践中，双方往往会签订协议，约定挂靠车辆在挂靠期间发生交通事故，相关责任由挂靠方全权负责，被挂靠方不承担任何责任。对于此类约定的法律效力，司法实践中有一定的争议：

比如，《江苏省高级人民法院2001年全省民事审判工作座谈会纪要》（现已失效）认为："挂靠人与被挂靠人之间约定被挂靠人对交通事故的后果免责的，仅在双方之间具有约束力，不能对抗第三人。"

但是，《安徽省高级人民法院审理人身损害赔偿案件若干问题的指导意见》第10条规定，挂户单位（个人）收取管理费用，又与车辆实际所有人有"发生交通事故后不承担任何责任"等类似约定，要求车辆实际所有人承担全部责任的，不予支持。

对此，笔者倾向于认同安徽省高级人民法院的观点。我国规定道路运输经营者必须满足特定条件并获得相应资质，核心缘由在于道路运输活动具有高度危险性，因此有必要通过公司这一组织形式来强化对驾驶人员及机动车辆的监管，以保障道路运输的安全性。依据《安全生产法》等相关法律法规，被挂靠企业不仅应收取管理费用，更需切实履行安全生产管理的职责，不得仅享受利益而不承担管理责任及相应风险。

(二) 关联规定

《中华人民共和国道路运输条例》

第三十三条 道路运输车辆应当随车携带车辆营运证，不得转让、出租。

《道路旅客运输及客运站管理规定》

第五条 国家实行道路客运企业质量信誉考核制度，鼓励道路客运经营者实行规模化、集约化、公司化经营，禁止挂靠经营。

五、擅自驾驶他人机动车交通事故责任

> **第一千二百一十二条** 未经允许驾驶他人机动车，发生交通事故造成损害，属于该机动车一方责任的，由机动车使用人承担赔偿责任；机动车所有人、管理人对损害的发生有过错的，承担相应的赔偿责任，但是本章另有规定的除外。

(一) 实务问答

1. 未经车主同意擅自驾驶他人车辆发生交通事故的，由谁来承担责任？

在暑假期间，已成年的儿子甲未征得父亲乙的同意，擅自驾驶乙的车辆和朋友一起外出旅游。不幸的是，在行驶途中，甲因低头看手机不小心撞伤了一名行人，该行人在送医救治后不幸去世。公安机关交通管理部门作出事故责任认定书，认定甲作为驾驶者承担此次事故的全部责任。根据《民法典》第1212条的规定，对于未经允许驾驶他人机动车并导致交通事故造成损害的情形，若责任归属于驾驶该机动车的一方，即由机动车的实际使用人，也就是甲来承担赔偿责任。同时，如果机动车的所有人或管理人，在此案例中即甲的父亲乙，对损害的发生存在明显过错，他们也应承担相应的赔偿责任，除非法律另有特别规定。因

此，甲作为擅自驾驶并导致事故的直接责任人，必须承担此次交通事故的相应责任。而乙，作为车辆的合法所有人，若被证实对事故的发生有过错，同样需承担一定的责任。

（二）关联规定

《中华人民共和国道路交通安全法》

第七十六条 机动车发生交通事故造成人身伤亡、财产损失的，由保险公司在机动车第三者责任强制保险责任限额范围内予以赔偿；不足的部分，按照下列规定承担赔偿责任：

（一）机动车之间发生交通事故的，由有过错的一方承担赔偿责任；双方都有过错的，按照各自过错的比例分担责任。

（二）机动车与非机动车驾驶人、行人之间发生交通事故，非机动车驾驶人、行人没有过错的，由机动车一方承担赔偿责任；有证据证明非机动车驾驶人、行人有过错的，根据过错程度适当减轻机动车一方的赔偿责任；机动车一方没有过错的，承担不超过百分之十的赔偿责任。

交通事故的损失是由非机动车驾驶人、行人故意碰撞机动车造成的，机动车一方不承担赔偿责任。

六、交通事故责任承担主体赔偿顺序

> **第一千二百一十三条** 机动车发生交通事故造成损害，属于该机动车一方责任的，先由承保机动车强制保险的保险人在强制保险责任限额范围内予以赔偿；不足部分，由承保机动车商业保险的保险人按照保险合同的约定予以赔偿；仍然不足或者没有投保机动车商业保险的，由侵权人赔偿。

（一）实务问答

1. 机动车撞伤行人，该机动车购买的保险已经过期，行人应该找谁赔偿损失？

现实生活中，机动车车主有时候会因为保费过高而没有续保，有时候会因为工作忙一时没有注意续保,这都是很大的隐患。一旦不幸发生交通事故,保险公司有权以车辆不在保单期限内拒绝出险。

依据《民法典》第1213条的规定,机动车发生交通事故造成损害,属于该机动车一方责任的,先由承保机动车强制保险的保险人在强制保险责任限额范围内予以赔偿;不足部分,由承保机动车商业保险的保险人按照保险合同的约定予以赔偿;仍然不足或者没有投保机动车商业保险的,由侵权人赔偿。因此,机动车撞伤行人时,如果肇事机动车没有购买任何保险或者车辆不在保险期间内的,因交通事故受伤的行人仅能找侵权人(一般是机动车使用人,特殊情况下机动车所有人和管理人承担与其过错相应的责任)赔偿,如果侵权人没有赔偿的能力,受伤行人的权益将很难得到保障。

2. 碰瓷者因为碰瓷受伤,机动车驾驶人要赔偿吗?

《民法典》第1208条规定,机动车发生交通事故造成损害的,依照道路交通安全法律和本法的有关规定承担赔偿责任。《道路交通安全法》(2021修正)第76条规定,机动车发生交通事故造成人身伤亡、财产损失的,由保险公司在机动车第三者责任强制保险责任限额范围内予以赔偿;不足的部分,按照下列规定承担赔偿责任:(一)机动车之间发生交通事故的,由有过错的一方承担赔偿责任;双方都有过错的,按照各自过错的比例分担责任。(二)机动车与非机动车驾驶人、行人之间发生交通事故,非机动车驾驶人、行人没有过错的,由机动车一方承担赔偿责任;有证据证明非机动车驾驶人、行人有过错的,根据过错程度适当减轻机动车一方的赔偿责任;机动车一方没有过错的,承担不超过百分之十的赔偿责任。

综上所述,法律规定明显倾向于维护行人的权益,这主要是基于行人在交通事故中往往更容易遭受严重伤害的现实考量。即便机动车驾驶者无任何过错,行人在事故中依然处于相对弱势的地位。在处理机动车与行人的交通事故时,责任的判定并非一概而论地归咎于机动车,而是应依据双方的过错程度来分配责任。然而,鉴于行人的弱势地位,即便机动车驾驶者没有过错,也可能需要承担不超过10%的赔偿责任,这体现了我国法律对行人权益的特别保护。当然,如果存在确凿证据,交通事故的损失是由非机动车驾驶者或行人故意撞击机动车所导致,且在此情况下机动车一方完全无过错且无法预见或避免此类损害,再要求机动车承担责任显然有失公正。因此,对于碰瓷等故意制造事故的行为,机动车一方有权免责。

（二）关联规定

《中华人民共和国道路交通安全法》

第七十六条 机动车发生交通事故造成人身伤亡、财产损失的，由保险公司在机动车第三者责任强制保险责任限额范围内予以赔偿；不足的部分，按照下列规定承担赔偿责任：

（一）机动车之间发生交通事故的，由有过错的一方承担赔偿责任；双方都有过错的，按照各自过错的比例分担责任。

（二）机动车与非机动车驾驶人、行人之间发生交通事故，非机动车驾驶人、行人没有过错的，由机动车一方承担赔偿责任；有证据证明非机动车驾驶人、行人有过错的，根据过错程度适当减轻机动车一方的赔偿责任；机动车一方没有过错的，承担不超过百分之十的赔偿责任。

交通事故的损失是由非机动车驾驶人、行人故意碰撞机动车造成的，机动车一方不承担赔偿责任。

《最高人民法院关于审理道路交通事故损害赔偿案件适用法律若干问题的解释》

第十三条 同时投保机动车第三者责任强制保险（以下简称交强险）和第三者责任商业保险（以下简称商业三者险）的机动车发生交通事故造成损害，当事人同时起诉侵权人和保险公司的，人民法院应当依照民法典第一千二百一十三条的规定，确定赔偿责任。

被侵权人或者其近亲属请求承保交强险的保险公司优先赔偿精神损害的，人民法院应予支持。

第十四条 投保人允许的驾驶人驾驶机动车致使投保人遭受损害，当事人请求承保交强险的保险公司在责任限额范围内予以赔偿的，人民法院应予支持，但投保人为本车上人员的除外。

第十五条 有下列情形之一导致第三人人身损害，当事人请求保险公司在交强险责任限额范围内予以赔偿，人民法院应予支持：

（一）驾驶人未取得驾驶资格或者未取得相应驾驶资格的；

（二）醉酒、服用国家管制的精神药品或者麻醉药品后驾驶机动车发生交通事故的；

（三）驾驶人故意制造交通事故的。

保险公司在赔偿范围内向侵权人主张追偿权的，人民法院应予支持。追偿权的诉讼时效期间自保险公司实际赔偿之日起计算。

第十六条 未依法投保交强险的机动车发生交通事故造成损害，当事人请求投保义务人在交强险责任限额范围内予以赔偿的，人民法院应予支持。

投保义务人和侵权人不是同一人，当事人请求投保义务人和侵权人在交强险责任限额范围内承担相应责任的，人民法院应予支持。

第十七条 具有从事交强险业务资格的保险公司违法拒绝承保、拖延承保或者违法解除交强险合同，投保义务人在向第三人承担赔偿责任后，请求该保险公司在交强险责任限额范围内承担相应赔偿责任的，人民法院应予支持。

第十八条 多辆机动车发生交通事故造成第三人损害，损失超出各机动车交强险责任限额之和的，由各保险公司在各自责任限额范围内承担赔偿责任；损失未超出各机动车交强险责任限额之和，当事人请求由各保险公司按照其责任限额与责任限额之和的比例承担赔偿责任的，人民法院应予支持。

依法分别投保交强险的牵引车和挂车连接使用时发生交通事故造成第三人损害，当事人请求由各保险公司在各自的责任限额范围内平均赔偿的，人民法院应予支持。

多辆机动车发生交通事故造成第三人损害，其中部分机动车未投保交强险，当事人请求先由已承保交强险的保险公司在责任限额范围内予以赔偿的，人民法院应予支持。保险公司就超出其应承担的部分向未投保交强险的投保义务人或者侵权人行使追偿权的，人民法院应予支持。

第十九条 同一交通事故的多个被侵权人同时起诉的，人民法院应当按照各被侵权人的损失比例确定交强险的赔偿数额。

第二十条 机动车所有权在交强险合同有效期内发生变动，保险公司在交通事故发生后，以该机动车未办理交强险合同变更手续为由主张免除赔偿责任的，人民法院不予支持。

机动车在交强险合同有效期内发生改装、使用性质改变等导致危险程度增加的情形，发生交通事故后，当事人请求保险公司在责任限额范围内予以赔偿的，人民法院应予支持。

前款情形下，保险公司另行起诉请求投保义务人按照重新核定后的保险费标准补足当期保险费的，人民法院应予支持。

第二十一条 当事人主张交强险人身伤亡保险金请求权转让或者设定担保的行为无效的，人民法院应予支持。

《机动车交通事故责任强制保险条例》

第二十三条 机动车交通事故责任强制保险在全国范围内实行统一的责任限额。责任限额分为死亡伤残赔偿限额、医疗费用赔偿限额、财产损失赔偿限额以及被保险人在道路交通事故中无责任的赔偿限额。

机动车交通事故责任强制保险责任限额由国务院保险监督管理机构会同国务院公安部门、国务院卫生主管部门、国务院农业主管部门规定。

七、拼装车、报废车交通事故责任

> **第一千二百一十四条** 以买卖或者其他方式转让拼装或者已经达到报废标准的机动车，发生交通事故造成损害的，由转让人和受让人承担连带责任。

（一）实务问答

1. 什么是拼装车？

拼装车较为复杂，根据《报废机动车回收管理办法》以及原国家工商行政管理总局、公安部等七部门联合颁布的《关于禁止非法拼（组）装汽车、摩托车的通告》的规定，拼装车至少包括三类：一是利用报废汽车零件组装的机动车；二是利用进口汽车零部件组装成的机动车；三是未经国家批准，私自组装的机动车。拼装车在实践中还有其他表现形式，如"山寨版"汽车、仿造的汽车（由没有生产机动车资格的企业违法生产的汽车）等。[①] 针对这一问题，有学者指出，"拼装车"应作广义理解，即凡是没有生产机动车的资质、等级而生产的机动车，均可纳入"拼装车"的范畴。[②]

---

① 最高人民法院民法典贯彻实施工作领导小组主编：《中华人民共和国民法典侵权责任编理解与适用》，人民法院出版社2020年版，第391页。

② 王利明：《侵权责任法研究》（第二版）（下卷），中国人民大学出版社2016年版，第334页。

2. 什么是已达报废标准的机动车？

报废车，是指达到国家报废标准，或虽未达到报废标准，但发动机或者底盘严重损坏，经检验不符合国家机动车运行安全技术条件或者国家机动车污染物排放标准的机动车。考虑到部分达到报废年限的机动车，性能仍足以保障安全运行，《汽车报废标准》规定了可延缓报废，对此类机动车规定了每年应增加年检次数。如果连续3次检验都不符合国家规定的安全行驶条件，公安交通管理部门应收回行驶证和号牌并通知办理注销。有观点认为，根据《汽车报废标准》的规定，经修理和调整或采用排污控制技术后，排污仍超过汽车排放标准的，也符合本条规定的报废机动车。该观点理由在于，本条并未区分报废原因，也未规定报废与侵权责任之间存在因果关系。且此种情形下，让转让人继续承担连带责任，可以减少尾气排放，有利于保护环境。我们认为，本条虽然使用的是"已达到报废标准"的表述，但道路交通事故的发生与不符合环保标准报废之间并没有关联性，转让人的转让行为不存在侵权法上的过错。此种情况，不应适用本条的规定。[①]

3. 王某在不知车辆已达报废标准的情形下将车辆转让给胡某，胡某发生交通事故造成损害的，王某要承担连带责任吗？

《道路交通安全法》第14条规定："国家实行机动车强制报废制度，根据机动车的安全技术状况和不同用途，规定不同的报废标准。应当报废的机动车必须及时办理注销登记。达到报废标准的机动车不得上道路行驶。报废的大型客、货车及其他营运车辆应当在公安机关交通管理部门的监督下解体。"《民法典》第1214条规定："以买卖或者其他方式转让拼装或者已经达到报废标准的机动车，发生交通事故造成损害的，由转让人和受让人承担连带责任。"由此可知，已经报废的车辆发生交通事故造成损害的，转让人和受让人要承担无过错的连带责任。

就转让人而言，作为拼装车或报废车的所有人，应当知道车辆的基本情况。虽然当事人经常以"不知道或不应知道该机动车属于拼装车或报废车"作为抗辩

[①] 最高人民法院民法典贯彻实施工作领导小组主编：《中华人民共和国民法典侵权责任编理解与适用》，人民法院出版社2020年版，第391页。

事由，但多为当事人陈述，很少能对此加以充分举证。此外，不以不知道作为免责事由有其法律依据和现实意义。本条规定连带责任的立法本意之一是预防并制裁转让、驾驶拼装的或者已达到报废标准的机动车的行为，让转让人承担连带责任可以更好地防止上述机动车重新上路行驶，增加道路风险，损害社会公共利益。因此，不知道拼装或报废车的主观认识，不应成为本条的免责事由。

因此，就题述问题，即便王某抗辩声称在转让车辆时不知车辆已达到报废标准，受让人胡某受让车辆后发生交通事故造成损害的，王某作为转让人还是要承担连带责任。

对于本条，还有一种观点认为，本条是严格责任，不存在任何免责事由。我们认为，本条的理解仍需要结合《道路交通安全法》第76条的规定，受到一般规定的限制。转让的拼装车、报废车发生交通事故，都应当适用本条，但并非不考虑引发交通事故的原因。在举证责任方面，被侵权人只需证明肇事车辆是拼装车或报废车即可。但如果损害并非因机动车属于拼装车或报废车造成，而是因为非机动车驾驶人、行人故意碰撞机动车造成或者第三人的原因造成，此时，车辆属于拼装、报废的缺陷与损害发生并没有因果关系，则不能机械适用本条[①]。

（二）关联规定

《中华人民共和国道路交通安全法》

第十四条 国家实行机动车强制报废制度，根据机动车的安全技术状况和不同用途，规定不同的报废标准。

应当报废的机动车必须及时办理注销登记。

达到报废标准的机动车不得上道路行驶。报废的大型客、货车及其他营运车辆应当在公安机关交通管理部门的监督下解体。

第十六条 任何单位或者个人不得有下列行为：

（一）拼装机动车或者擅自改变机动车已登记的结构、构造或者特征；

（二）改变机动车型号、发动机号、车架号或者车辆识别代号；

（三）伪造、变造或者使用伪造、变造的机动车登记证书、号牌、行驶证、检验合格标志、保险标志；

---

① 最高人民法院民法典贯彻实施工作领导小组主编：《中华人民共和国民法典侵权责任编理解与适用》，人民法院出版社2020年版，第393-394页。

(四)使用其他机动车的登记证书、号牌、行驶证、检验合格标志、保险标志。

第一百条 驾驶拼装的机动车或者已达到报废标准的机动车上道路行驶的,公安机关交通管理部门应当予以收缴,强制报废。

对驾驶前款所列机动车上道路行驶的驾驶人,处二百元以上二千元以下罚款,并吊销机动车驾驶证。

出售已达到报废标准的机动车的,没收违法所得,处销售金额等额的罚款,对该机动车依照本条第一款的规定处理。

第一百零三条 国家机动车产品主管部门未按照机动车国家安全技术标准严格审查,许可不合格机动车型投入生产的,对负有责任的主管人员和其他直接责任人员给予降级或者撤职的行政处分。

机动车生产企业经国家机动车产品主管部门许可生产的机动车型,不执行机动车国家安全技术标准或者不严格进行机动车成品质量检验,致使质量不合格的机动车出厂销售的,由质量技术监督部门依照《中华人民共和国产品质量法》的有关规定给予处罚。

擅自生产、销售未经国家机动车产品主管部门许可生产的机动车型的,没收非法生产、销售的机动车成品及配件,可以并处非法产品价值三倍以上五倍以下罚款;有营业执照的,由工商行政管理部门吊销营业执照,没有营业执照的,予以查封。

生产、销售拼装的机动车或者生产、销售擅自改装的机动车的,依照本条第三款的规定处罚。

有本条第二款、第三款、第四款所列违法行为,生产或者销售不符合机动车国家安全技术标准的机动车,构成犯罪的,依法追究刑事责任。

《最高人民法院关于审理道路交通事故损害赔偿案件适用法律若干问题的解释》

第四条 拼装车、已达到报废标准的机动车或者依法禁止行驶的其他机动车被多次转让,并发生交通事故造成损害,当事人请求由所有的转让人和受让人承担连带责任的,人民法院应予支持。

《报废机动车回收管理办法》

第二条 本办法所称报废机动车,是指根据《中华人民共和国道路交通安全法》的规定应当报废的机动车。

不属于《中华人民共和国道路交通安全法》规定的应当报废的机动车,机动车所有人自愿作报废处理的,依照本办法的规定执行。

第十五条 禁止任何单位或者个人利用报废机动车"五大总成"和其他零部

件拼装机动车，禁止拼装的机动车交易。

除机动车所有人将报废机动车依法交售给报废机动车回收企业外，禁止报废机动车整车交易。

八、盗抢机动车交通事故责任

> **第一千二百一十五条** 盗窃、抢劫或者抢夺的机动车发生交通事故造成损害的，由盗窃人、抢劫人或者抢夺人承担赔偿责任。盗窃人、抢劫人或者抢夺人与机动车使用人不是同一人，发生交通事故造成损害，属于该机动车一方责任的，由盗窃人、抢劫人或者抢夺人与机动车使用人承担连带责任。
>
> 保险人在机动车强制保险责任限额范围内垫付抢救费用的，有权向交通事故责任人追偿。

（一）实务问答

1. 小偷甲偷盗乙的车辆后，将车辆出借给不知情的丙驾驶，丙在驾驶过程中撞伤他人，责任由谁来承担？

依据《民法典》第1215条的规定，盗窃、抢劫或者抢夺的机动车发生交通事故造成损害的，由盗窃人、抢劫人或者抢夺人承担赔偿责任。盗窃人、抢劫人或者抢夺人与机动车使用人不是同一人，发生交通事故造成损害的，属于该机动车一方责任的，由盗窃人、抢劫人或者抢夺人与机动车使用人承担连带责任。就题述问题，丙虽然不是偷盗车辆的人，也不清楚甲的车辆是偷盗所得来的，但是如果交通事故责任在机动车一方，丙还是需要和甲共同承担连带责任。

在盗抢人与驾驶人不一致的情况下，驾驶、使用盗抢车辆的人，对发生交通事故造成的损害应当承担责任。但若仅由使用人承担责任，不法盗抢机动车的人反而不承担责任，既不符合公平原则，也不符合风险控制理论。此外，盗抢人以触犯刑法之行为，非法控制他人机动车，并允许他人驾驶车辆，是造成风险和事故的直接原因。况且，一般而言，盗抢人与驾驶人对车辆为被盗抢皆为明知，驾驶被盗抢车辆也通常为了继续进行不法行为。因此，由盗抢人与使用人共同承担连带责任，既符合使用人承担责任的一般原则，也能更好地惩戒盗抢行为人①。

但是，车辆的原所有人和管理人乙对此不需要承担责任。这是因为，车辆被偷盗的情况下，机动车所有人、管理人不是因为自己意愿，也不是因为自己过错脱离了对车辆的控制，对之后的交通事故既无法预见也无法预防，对交通事故的发生不存在过错，自然无须承担责任。

（二）关联规定

《机动车交通事故责任强制保险条例》

第二十二条 有下列情形之一的，保险公司在机动车交通事故责任强制保险责任限额范围内垫付抢救费用，并有权向致害人追偿：

（一）驾驶人未取得驾驶资格或者醉酒的；

（二）被保险机动车被盗抢期间肇事的；

（三）被保险人故意制造道路交通事故的。

有前款所列情形之一，发生道路交通事故的，造成受害人的财产损失，保险公司不承担赔偿责任。

九、驾驶人逃逸责任承担规则

> **第一千二百一十六条** 机动车驾驶人发生交通事故后逃逸，该机动车参加强制保险的，由保险人在机动车强制保险责任限额范围内予以赔偿；机动车不明、该机动车未参加强制保险或者抢救费用超过机动车强制保险责任限额，需要支付被侵权人人身伤亡的抢救、丧葬等费用的，由道路交通事故社会救助基金垫付。道路交通事故社会救助基金垫付后，其管理机构有权向交通事故责任人追偿。

---

① 最高人民法院民法典贯彻实施工作领导小组主编：《中华人民共和国民法典侵权责任编理解与适用》，人民法院出版社2020年版，第396页。

（一）实务问答

1. 发生交通事故后，机动车驾驶人弃车而逃，责任由谁来承担？

胡某在乡间公路驾车行驶期间，一辆丰田车突然从旁侧小路猛然冲出，猛烈撞击到胡某车辆的前部，导致双方车辆均遭受重大损坏，胡某当场陷入昏迷。丰田车司机下车查看后，见胡某伤势严重且失去意识，误以为其已不幸遇难，于是选择弃车逃离现场。随后赶到的救护车紧急救治胡某，使其脱离生命危险，但丰田车司机却始终未能寻获。面对此种情形，胡某的损失应由何方承担成为关键问题。

本案涉及机动车驾驶人发生交通事故逃逸后，机动车参加强制保险的，保险公司的赔偿责任问题。丰田车肇事后，其驾驶人逃逸，丰田车的交强险保险公司应当在强制保险责任限额范围内予以赔偿。

根据《道路交通安全法》的规定，机动车驾驶人在发生交通事故后，应当立即停车、保护现场、立即抢救受伤人员并及时报案，但现实生活中，有的机动车驾驶人为了逃避责任，常常会驾车逃逸或者弃车逃逸，给受害人的生命健康造成了难以弥补的损害，具有很大的社会危害性。因此，在刑事处罚中，我国对交通肇事后具有逃逸情节的机动车驾驶人规定了较低的定罪标准和较高的刑罚，在交通事故责任认定上，也对逃逸人课以较重的责任。

《民法典》第1216条规定："机动车驾驶人发生交通事故后逃逸，该机动车参加强制保险的，由保险人在机动车强制保险责任限额范围内予以赔偿；机动车不明、该机动车未参加强制保险或者抢救费用超过机动车强制保险责任限额，需要支付被侵权人人身伤亡的抢救、丧葬等费用的，由道路交通事故社会救助基金垫付。道路交通事故社会救助基金垫付后，其管理机构有权向交通事故责任人追偿。"由于机动车交通事故强制保险责任具有强制性，其设立意义在于能够对机动车交通事故受害人予以及时有效的救济，因此，无论驾驶人是否逃逸，只要被保险车辆肇事，保险公司都应当赔付，但限额限定在强制保险责任限额范围内。

本案中，丰田车肇事后，司机为逃避法律责任，置张某的安危于不顾，弃车逃走。对于张某受到的损失，应由保险公司在机动车强制保险责任限额范围内予以赔偿。超出强制保险责任限额范围的费用，能够找到丰田车司机的，由司机或其他责任人承担，不能找到责任人的，可由道路交通事故社会救助基金先行垫付抢救、丧葬费用。

2. 道路交通事故社会救助基金的来源有哪些？

实务中，机动车不明、该机动车未参加强制保险或者抢救费用超过机动车强制保险责任限额，需要支付被侵权人人身伤亡的抢救、丧葬等费用的，由道路交通事故社会救助基金垫付。那么，道路交通事故社会救助基金的来源有哪些？

救助基金的来源包括：按照机动车交通事故责任强制保险的保险费的一定比例提取的资金；对未按照规定投保机动车交通事故责任强制保险的机动车的所有人、管理人的罚款；救助基金管理机构依法向道路交通事故责任人追偿的资金；救助基金孳息；其他资金。

（二）关联规定

《中华人民共和国道路交通安全法》

第十七条 国家实行机动车第三者责任强制保险制度，设立道路交通事故社会救助基金。具体办法由国务院规定。

第七十条 在道路上发生交通事故，车辆驾驶人应当立即停车，保护现场；造成人身伤亡的，车辆驾驶人应当立即抢救受伤人员，并迅速报告执勤的交通警察或者公安机关交通管理部门。因抢救受伤人员变动现场的，应当标明位置。乘车人、过往车辆驾驶人、过往行人应当予以协助。

在道路上发生交通事故，未造成人身伤亡，当事人对事实及成因无争议的，可以即行撤离现场，恢复交通，自行协商处理损害赔偿事宜；不即行撤离现场的，应当迅速报告执勤的交通警察或者公安机关交通管理部门。

在道路上发生交通事故，仅造成轻微财产损失，并且基本事实清楚的，当事人应当先撤离现场再进行协商处理。

第七十五条 医疗机构对交通事故中的受伤人员应当及时抢救，不得因抢救费用未及时支付而拖延救治。肇事车辆参加机动车第三者责任强制保险的，由保险公司在责任限额范围内支付抢救费用；抢救费用超过责任限额的，未参加机动车第三者责任强制保险或者肇事后逃逸的，由道路交通事故社会救助基金先行垫付部分或者全部抢救费用，道路交通事故社会救助基金管理机构有权向交通事故责任人追偿。

《最高人民法院关于审理道路交通事故损害赔偿案件适用法律若干问题的解释》

第十六条　未依法投保交强险的机动车发生交通事故造成损害，当事人请求投保义务人在交强险责任限额范围内予以赔偿的，人民法院应予支持。

投保义务人和侵权人不是同一人，当事人请求投保义务人和侵权人在交强险责任限额范围内承担相应责任的，人民法院应予支持。

《机动车交通事故责任强制保险条例》

第二十四条　国家设立道路交通事故社会救助基金（以下简称救助基金）。有下列情形之一时，道路交通事故中受害人人身伤亡的丧葬费用、部分或者全部抢救费用，由救助基金先行垫付，救助基金管理机构有权向道路交通事故责任人追偿：

（一）抢救费用超过机动车交通事故责任强制保险责任限额的；

（二）肇事机动车未参加机动车交通事故责任强制保险的；

（三）机动车肇事后逃逸的。

第二十五条　救助基金的来源包括：

（一）按照机动车交通事故责任强制保险的保险费的一定比例提取的资金；

（二）对未按照规定投保机动车交通事故责任强制保险的机动车的所有人、管理人的罚款；

（三）救助基金管理机构依法向道路交通事故责任人追偿的资金；

（四）救助基金孳息；

（五）其他资金。

《中华人民共和国道路交通安全法实施条例》

第九十二条　发生交通事故后当事人逃逸的，逃逸的当事人承担全部责任。但是，有证据证明对方当事人也有过错的，可以减轻责任。

当事人故意破坏、伪造现场、毁灭证据的，承担全部责任。

十、好意同乘的责任承担

> **第一千二百一十七条**　非营运机动车发生交通事故造成无偿搭乘人损害，属于该机动车一方责任的，应当减轻其赔偿责任，但是机动车使用人有故意或者重大过失的除外。

（一）实务问答

1. 好意同乘搭顺风车，乘客意外身亡，司机责任几何？[①]

在充满人情味的乡村，邻里之间常常相互帮助、彼此照应，有时这份好意却可能引发意想不到的悲剧。某圩日，黄某某好意搭载同乡远亲上街圩赶集，谁知下车后发现乘客竟没了气息，对这样的意外，这位司机需要承担责任吗？

黄某某、黎某某和杨某某均为天等县某村不同屯的村民。2021年某圩日，黄某某从屯里出发，驾驶自家三轮车搭运割草机、抽水机到街圩赶集，副驾驶位上坐着搭顺风车的黎某某。行至半路，黄某某看到杨某某招手拦车，便同意其上车，让其独自坐在三轮车后的车厢里。路上三人还闲聊了几句，谁知到了街上停车后，发现杨某某侧躺在车厢里，竟已经没有了鼻息，脸色也已经发紫。报警后，黎某某留在现场，黄某某开车将割草机、抽水机运到修理店修理。约5分钟后黄某某步行回到现场，不久后，当地派出所民警到达现场，确认杨某某死亡，并将黄某某带到派出所做进一步调查。事发后，杨某某亲属未要求对杨某某进行尸检。杨某某亲属认为，黄某某驾驶非客运车辆载客，车厢没有安装座椅，未能提供足够的安全保障，杨某某在其车辆上昏厥，黄某某在发现后并没有及时采取救助措施，消极地逃离现场，导致杨某某错过了最佳的治疗时机。黄某某的行为系导致杨某某死亡的根本原因，应承担全部责任，于是将黄某某诉至法院，要求赔偿经济损失合计583207元。

[①] 来源：微信公众号"广西高院"2024年10月28日。

天等县人民法院经审理认为，黄某某驾驶自家非营运三轮车搭运割草机、抽水机去赶集，途中遇到熟人黎某某、远亲杨某某，好心免费让二人搭顺风车一同前往乡里，属好意同乘。在行驶过程中，黄某某驾驶的三轮车没有发生碰撞或交通事故，其已经尽到安全驾驶的义务。杨某某独自坐在三轮车后的车厢，途中没有从车厢掉落，不能过于严苛要求司机黄某某或坐在副驾驶位置的黎某某能时刻关注身后车厢里杨某某的健康、精神状态，从而尽早发现其倒下并及时送医治疗。在停车发现杨某某异常后，黄某某和黎某某通过查看鼻息、眼睛和脸色等体征，并结合现场群众意见，判断杨某某已经死亡，此举符合普通人对死亡标准的认知，不应对黄某某作出超出一般标准的要求。因此，黄某某不拨打120急救电话而离开现场将割草机、抽水机运去修理并无不妥。杨某某死亡后未进行尸检，死因不明，而现有证据足以证明其死亡原因不是黄某某驾驶三轮车发生碰撞或交通事故的外部因素所致，不能因此推定黄某某对杨某某死亡存在过错并承担赔偿责任。综上所述，黄某某好意搭乘杨某某，其意外死亡已经超出能够预见或者可能预见的范围，黄某某不存在过错，判决驳回原告诉讼请求。原告不服一审判决，上诉至崇左市中级人民法院。二审法院认为，黄某某与杨某某是远亲关系，在杨某某招手拦车后停车搭乘一同赶集，结合三轮车主要用于卖鸭以及当日开车上街主要是为了修理割草机、抽水机等的事实，应认定黄某某行为属于好意同乘具有高度盖然性。黄某某在行驶过程中没有发生碰撞或交通事故，应认定其已尽到安全驾驶的义务。在停车查看杨某某鼻息、眼睛、脸色等体征，并有热心群众帮忙查看确认杨某某已死亡后，黄某某才暂时离开5分钟，不存在未及时施救情形。杨某某亲属未对死者遗体进行死亡原因的检验分析，致使其死亡原因不能最终查明，应由杨某某亲属承担举证不能的不利后果。一审判决认定事实清楚，适用法律正确，应予维持。最终判决驳回上诉，维持原判。

综上，《民法典》第1217条规定，非营运机动车发生交通事故造成无偿搭乘人损害，属于该机动车一方责任的，应当减轻其赔偿责任，但是机动车使用人有故意或者重大过失的除外。好意同乘是指驾驶人基于好意而无偿搭乘他人的行为，无偿性是判断构成好意同乘与否的核心要件，具体应当参考当事人之间的熟悉程度、车辆是否用于营运、乘坐时间及地点、交易习惯等因素综合认定。依据已查明的事实，法院认为黄某某行为属于好意同乘具有高度盖然性。在好意同乘中，非营运机动车一方应承担责任的情形是发生交通事故并造成无偿搭乘人损害后果，本案造成杨某某死亡并非交通事故，因此，在杨某某死亡后果上，不应以过于严苛、乃至超出一般标准来要求和衡量作为好意搭乘的黄某某。好意同乘属于乐于助人行为，是中华民族传统美德，值得弘扬并予以保护，不应受到司法的否定性评价。

（二）关联规定

《中华人民共和国民法典》

第八百二十三条　承运人应当对运输过程中旅客的伤亡承担赔偿责任；但是，伤亡是旅客自身健康原因造成的或者承运人证明伤亡是旅客故意、重大过失造成的除外。

前款规定适用于按照规定免票、持优待票或者经承运人许可搭乘的无票旅客。

《最高人民法院关于适用〈中华人民共和国民法典〉时间效力的若干规定》

第十八条　民法典施行前，因非营运机动车发生交通事故造成无偿搭乘人损害引起的民事纠纷案件，适用民法典第一千二百一十七条的规定。

第六章　医疗损害责任

一、医疗损害责任归责原则

> **第一千二百一十八条**　患者在诊疗活动中受到损害，医疗机构或者其医务人员有过错的，由医疗机构承担赔偿责任。

(一) 实务问答

1. 医疗损害责任是看谁有过错谁承担责任吗？

不完全是。在法律没有特别规定的情况下，医疗损害责任适用过错责任原则，即如果医疗机构或者其医务人员在诊疗活动中有过错的，才对在该医疗机构就医的患者所受损害承担赔偿责任。如果法律另有规定的，适用无过错责任原则，如《民法典》第1223条规定的医疗产品损害责任，即尽管医疗机构或其医务人员在诊疗活动中没有过错，但患者遭受了损失，医疗机构仍要承担赔偿责任。

2. 医疗机构承担赔偿责任之后，可否向有重大过失的医务人员追偿？

依照《民法典》第1191条第1款规定："用人单位的工作人员因执行工作任务造成他人损害的，由用人单位承担侵权责任。用人单位承担侵权责任后，可以向有故意或者重大过失的工作人员追偿。"因此，医务人员在工作期间造成患者损害，属于"执行工作任务"的范围，应当由医疗机构承担替代责任。医疗机构承担赔偿责任之后，根据第1218条的规定，医疗机构可以向有重大过失的医务人员进行追偿。

3. 顾客在医美过程中受到损害应适用何种法律进行救济？

《最高人民法院关于审理医疗损害责任纠纷案件适用法律若干问题的解释》第1条规定："患者以在诊疗活动中受到人身或者财产损害为由请求医疗机构、医疗产品的生产者、销售者、药品上市许可持有人或者血液提供机构承担侵权责任的案件，适用本解释。患者以在美容医疗机构或者开设医疗美容科室的医疗机构实施的医疗美容活动中受到人身或者财产损害为由提起的侵权纠纷案件，适用本解释。当事人提起的医疗服务合同纠纷案件，不适用本解释。"可见，医疗美容应属于《民法典》第1218条规定的诊疗活动，因此若患者在医美过程中受到损害也应适用《民法典》第1218条的规定。

（二）关联规定

《中华人民共和国民法典》

第一千一百六十五条 行为人因过错侵害他人民事权益造成损害的，应当承担侵权责任。

依照法律规定推定行为人有过错，其不能证明自己没有过错的，应当承担侵权责任。

《最高人民法院关于审理医疗损害责任纠纷案件适用法律若干问题的解释》

第四条 患者依据民法典第一千二百一十八条规定主张医疗机构承担赔偿责任的，应当提交到该医疗机构就诊、受到损害的证据。

患者无法提交医疗机构或者其医务人员有过错、诊疗行为与损害之间具有因果关系的证据，依法提出医疗损害鉴定申请的，人民法院应予准许。

医疗机构主张不承担责任的，应当就民法典第一千二百二十四条第一款规定情形等抗辩事由承担举证证明责任。

《医疗事故处理条例》

第二条 本条例所称医疗事故，是指医疗机构及其医务人员在医疗活动中，违反医疗卫生管理法律、行政法规、部门规章和诊疗护理规范、常规，过失造成患者人身损害的事故。

第十五条 发生或者发现医疗过失行为，医疗机构及其医务人员应当立即采取有效措施，避免或者减轻对患者身体健康的损害，防止损害扩大。

第四十九条 医疗事故赔偿，应当考虑下列因素，确定具体赔偿数额：

（一）医疗事故等级；

（二）医疗过失行为在医疗事故损害后果中的责任程度；

（三）医疗事故损害后果与患者原有疾病状况之间的关系。

不属于医疗事故的，医疗机构不承担赔偿责任。

《医疗机构管理条例实施细则》

第二条 条例及本细则所称医疗机构，是指依据条例和本细则的规定，经登记取得《医疗机构执业许可证》的机构。

第三条 医疗机构的类别：

（一）综合医院、中医医院、中西医结合医院、民族医医院、专科医院、康复医院；

（二）妇幼保健院、妇幼保健计划生育服务中心；

（三）社区卫生服务中心、社区卫生服务站；

（四）中心卫生院、乡（镇）卫生院、街道卫生院；

（五）疗养院；

（六）综合门诊部、专科门诊部、中医门诊部、中西医结合门诊部、民族医门诊部；

（七）诊所、中医诊所、民族医诊所、卫生所、医务室、卫生保健所、卫生站；

（八）村卫生室（所）；

（九）急救中心、急救站；

（十）临床检验中心；

（十一）专科疾病防治院、专科疾病防治所、专科疾病防治站；

（十二）护理院、护理站；

（十三）医学检验实验室、病理诊断中心、医学影像诊断中心、血液透析中心、安宁疗护中心；

（十四）其他诊疗机构。

第八十八条 条例及本细则中下列用语的含义：

诊疗活动：是指通过各种检查、使用药物、器械及手术等方法，对疾病作出判断和消除疾病、缓解病情、减轻痛苦、改善功能、延长生命、帮助患者恢复健康的活动。

医疗美容：是指使用药物以及手术、物理和其他损伤性或者侵入性手段进行的美容。

特殊检查、特殊治疗：是指具有下列情形之一的诊断治疗活动：

（一）有一定危险性，可能产生不良后果的检查和治疗；

（二）由于患者体质特殊或者病情危笃，可能对患者产生不良后果和危险的检查和治疗；

（三）临床试验性检查和治疗；

（四）收费可能对患者造成较大经济负担的检查和治疗。

卫生技术人员：是指按照国家有关法律、法规和规章的规定取得卫生技术人员资格或者职称的人员。

技术规范：是指由国家卫生计生委、国家中医药管理局制定或者认可的与诊疗活动有关的技术标准、操作规程等规范性文件。

军队的医疗机构：是指中国人民解放军和中国人民武装警察部队编制内的医疗机构。

二、医务人员说明义务和患者知情同意权

> 第一千二百一十九条 医务人员在诊疗活动中应当向患者说明病情和医疗措施。需要实施手术、特殊检查、特殊治疗的，医务人员应当及时向患者具体说明医疗风险、替代医疗方案等情况，并取得其明确同意；不能或者不宜向患者说明的，应当向患者的近亲属说明，并取得其明确同意。
>
> 医务人员未尽到前款义务，造成患者损害的，医疗机构应当承担赔偿责任。

（一）实务问答

1. 医务人员在治疗过程中，必须要向患者履行说明义务吗？

《民法典》第 1219 条明确规定了医务人员的说明义务。为了保障患者的知情同意权，医务人员在诊疗过程中，要向患者说明病情和医疗措施。需要实施手

术、特殊检查、特殊治疗的，医务人员应当及时向患者具体说明医疗风险、替代医疗方案等情况，并取得其明确同意；不能或者不宜向患者说明的，应当向患者的近亲属说明，并取得其明确同意。当患者将采用价格较贵的特殊治疗时，医疗机构未告知患者其他替代性方案可供其根据自身经济状况、受伤情况自由选择的，即侵害了患者的知情同意权，存在过错，导致患者的额外经济损失，医疗机构应承担赔偿责任。

2. 对于年纪较大的老年患者医疗机构应如何履行告知义务

有些患者可能只是年纪较大，但是意识清醒，不属于无民事行为能力人或限制民事行为能力人，这时是否属于《民法典》第1219条所说的"不能"或"不宜"向其本人告知的情形，较难判断。在医院治疗过程中涉及的治疗方案、手术风险等，对于年纪较大的老人来说可能是比较难理解的，因此，为了避免出现理解偏差引起纠纷，建议医务人员同时向老年患者本人及其近亲属履行告知义务，并要求双方都签字确认表示知情同意，从而降低医务人员的执业风险。

3. 患者签署了知情同意书是否意味着医疗机构能够当然免除责任？

回答：从法律的角度，签署知情同意书实际上是一种授权行为，即允许医生在身体上开刀以治疗患者疾病，使医疗机构及其医务人员实施的具有一定"破坏性"的手术合法化。根据《民法典》第1219条的规定，患者本人及其近亲属是享有知情权的，不仅对自身的病情及相应的治疗方式有知情权，而且对诊疗活动中可能出现的风险也享有知情权。签署知情同意书只能代表患者或其亲属同意授权医疗机构对患者进行治疗，并不代表医疗机构对患者造成损害也不进行追究。医疗机构是否要承担侵权责任，关键要看是否对患者造成损害事实及后果，而不能以患者已经签署了知情同意书为理由来推卸责任。

4. 应当由哪一方证明患者知情同意权受到侵害？

在处理此类纠纷时，由于患者缺乏专业知识及信息不对称等因素，其举证面临一定挑战。因此，处理这类案件时，既要坚守"谁主张，谁举证"的基本原则，又需兼顾患者的举证难度。

依据《最高人民法院关于审理医疗损害责任纠纷案件适用法律若干问题的解释》第5条，我们可归纳出两点：

首先，医疗损害责任以过错为前提，若医疗机构未充分履行说明义务，其举证责任在司法实践中常落在患者肩上，需证明：在被告医院就诊过程中遭受损害，医疗机构因未履行告知义务而存在过错，且此过错与患者的损害结果直接相关。

其次，医疗机构可通过提供明确同意的证据，来表明其已积极履行说明义务并获得了患者或其近亲属的明确同意，从而证明其已尽责。患者则有权申请鉴定以反驳医院的举证。值得注意的是，法院在司法实践中通常会鼓励当事人针对医疗机构是否尽到告知义务做鉴定。

综上所述，如果患者认为自己的知情权受到损害，应当由患者方对医疗机构未充分履行告知义务进行举证。

（二）关联规定

《中华人民共和国基本医疗卫生与健康促进法》

第三十二条　公民接受医疗卫生服务，对病情、诊疗方案、医疗风险、医疗费用等事项依法享有知情同意的权利。

需要实施手术、特殊检查、特殊治疗的，医疗卫生人员应当及时向患者说明医疗风险、替代医疗方案等情况，并取得其同意；不能或者不宜向患者说明的，应当向患者的近亲属说明，并取得其同意。法律另有规定的，依照其规定。

开展药物、医疗器械临床试验和其他医学研究应当遵守医学伦理规范，依法通过伦理审查，取得知情同意。

《最高人民法院关于审理医疗损害责任纠纷案件适用法律若干问题的解释》

第五条　患者依据民法典第一千二百一十九条规定主张医疗机构承担赔偿责任的，应当按照前条第一款规定提交证据。

实施手术、特殊检查、特殊治疗的，医疗机构应当承担说明义务并取得患者或者患者近亲属明确同意，但属于民法典第一千二百二十条规定情形的除外。医疗机构提交患者或者患者近亲属明确同意证据的，人民法院可以认定医疗机构尽到说明义务，但患者有相反证据足以反驳的除外。

第十七条　医务人员违反民法典第一千二百一十九条第一款规定义务，但未造成患者人身损害，患者请求医疗机构承担损害赔偿责任的，不予支持。

《医疗机构管理条例》

第三十二条　医务人员在诊疗活动中应当向患者说明病情和医疗措施。需要实施手术、特殊检查、特殊治疗的，医务人员应当及时向患者具体说明医疗风险、替代医疗方案等情况，并取得其明确同意；不能或者不宜向患者说明的，应当向患者的近亲属说明，并取得其明确同意。因抢救生命垂危的患者等紧急情况，不能取得患者或者其近亲属意见的，经医疗机构负责人或者授权的负责人批准，可以立即实施相应的医疗措施。

《医疗事故处理条例》

第十一条 在医疗活动中，医疗机构及其医务人员应当将患者的病情、医疗措施、医疗风险等如实告知患者，及时解答其咨询；但是，应当避免对患者产生不利后果。

《医疗机构管理条例实施细则》

第六十二条 医疗机构应当尊重患者对自己的病情、诊断、治疗的知情权利。在实施手术、特殊检查、特殊治疗时，应当向患者作必要的解释。因实施保护性医疗措施不宜向患者说明情况的，应当将有关情况通知患者家属。

第八十八条 条例及本细则中下列用语的含义：

诊疗活动：是指通过各种检查，使用药物、器械及手术等方法，对疾病作出判断和消除疾病、缓解病情、减轻痛苦、改善功能、延长生命、帮助患者恢复健康的活动。

医疗美容：是指使用药物以及手术、物理和其他损伤性或者侵入性手段进行的美容。

特殊检查、特殊治疗：是指具有下列情形之一的诊断治疗活动：

（一）有一定危险性，可能产生不良后果的检查和治疗；

（二）由于患者体质特殊或者病情危笃，可能对患者产生不良后果和危险的检查和治疗；

（三）临床试验性检查和治疗；

（四）收费可能对患者造成较大经济负担的检查和治疗。

卫生技术人员：是指按照国家有关法律、法规和规章的规定取得卫生技术人员资格或者职称的人员。

技术规范：是指由国家卫生计生委、国家中医药管理局制定或者认可的与诊疗活动有关的技术标准、操作规程等规范性文件。

军队的医疗机构：是指中国人民解放军和中国人民武装警察部队编制内的医疗机构。

《卫生部关于印发〈病历书写基本规范〉的通知》

第十条 对需取得患者书面同意方可进行的医疗活动，应当由患者本人签署知情同意书。患者不具备完全民事行为能力时，应当由其法定代理人签字；患者因病无法签字时，应当由其授权的人员签字；为抢救患者，在法定代理人或被授权人无法及时签字的情况下，可由医疗机构负责人或者授权的负责人签字。因实施保护性医疗措施不宜向患者说明情况的，应当将有关情况告知患者近亲属，由患者近亲属签署知情同意书，并及时记录。患者无近亲属的或者患者近亲属无法签署同意书的，由患者的法定代理人或者关系人签署同意书。

三、紧急情况下实施的医疗措施

> **第一千二百二十条** 因抢救生命垂危的患者等紧急情况，不能取得患者或者其近亲属意见的，经医疗机构负责人或者授权的负责人批准，可以立即实施相应的医疗措施。

（一）实务问答

1. 医院可以自行决定抢救生命垂危的患者吗？

依据《民法典》第1220条的规定，如果患者正处于意识不清，生命垂危的紧急状态，医院无法向其本人告知治疗风险，并且该患者就医时，身边没有近亲属陪同且无法获取其近亲属的联系方式，此时，患者的生命权是高于《民法典》第1219条规定的患者的知情同意权，医院可以自行决定抢救生命垂危的患者。

2. 危重病患家属不签字，医疗机构进行抢救需要担责吗？

《最高人民法院关于审理医疗损害责任纠纷案件适用法律若干问题的解释》第18条第1款规定："因抢救生命垂危的患者等紧急情况且不能取得患者意见时，下列情形可以认定为民法典第一千二百二十条规定的不能取得患者近亲属意见：（一）近亲属不明的；（二）不能及时联系到近亲属的；（三）近亲属拒绝发表意见的；（四）近亲属达不成一致意见的；（五）法律、法规规定的其他情形。"

前款情形，医务人员经医疗机构负责人或者授权的负责人批准立即实施相应医疗措施，患者因此请求医疗机构承担赔偿责任的，不予支持；医疗机构及其医务人员怠于实施相应医疗措施造成损害，患者请求医疗机构承担赔偿责任的，应予支持。"

由上可知，按照上述第3项、第4项的规定，近亲属拒绝发表意见的，或者近亲属达不成一致意见的，为了抢救生命垂危的患者，经过医疗机构负责人或者授权的负责人批准，医生可以立即进行救治。因此，如果病重患者的家属不愿意签字，治疗后患者或其家属提出索赔要求的，人民法院不予支持。但是，如果医院和医生没有及时救治，"怠于实施相应医疗措施"而造成损害的，对患者的索赔要求，人民法院"应予支持"。也就是说，如果因为医院和医生这边的过错导致患者损害，人民法院会支持患者的索赔要求。

3. 若患者遇到不危及生命的紧急情况，医疗机构可否自行实施医疗措施？

在刘某某诉重庆红岭医院一案①中，患者手臂受伤，情况危急，医疗机构未取得患者书面签字就立即进行手术，在认定重庆红岭医院沟通等事项上是否存在过错时，法院认为，重庆红岭医院在未取得刘某某书面授权的情况下即由随同人员签字存在过错。虽然本例事件紧急，但相关规范对在不能由本人签字或受托人员签字的情况下有明确规定，重庆红岭医院显然未按相关规定书写沟通记录、同意书等。而重庆红岭医院未能进一步举证证明其已经向病患本人或有选择权的他人进行沟通说明。因此，本案中重庆红岭医院在沟通等事项上存在过错。法院酌情确定医院对患者的损害承担25%的责任。

因此，若医疗机构遇到患者不危及生命的紧急情况，建议医疗机构仍应当履行说明义务，患者或其亲属无法书面签字的，可通过录音等方式确保患者或其亲属知情，以免发生上述案例的类似纠纷。

---

① 案号：重庆市渝中区人民法院（2014）中区法民初第00207号判决书。

(二) 关联规定

《最高人民法院关于审理医疗损害责任纠纷案件适用法律若干问题的解释》

第十八条　因抢救生命垂危的患者等紧急情况且不能取得患者意见时，下列情形可以认定为民法典第一千二百二十条规定的不能取得患者近亲属意见：

（一）近亲属不明的；

（二）不能及时联系到近亲属的；

（三）近亲属拒绝发表意见的；

（四）近亲属达不成一致意见的；

（五）法律、法规规定的其他情形。

前款情形，医务人员经医疗机构负责人或者授权的负责人批准立即实施相应医疗措施，患者因此请求医疗机构承担赔偿责任的，不予支持；医疗机构及其医务人员怠于实施相应医疗措施造成损害，患者请求医疗机构承担赔偿责任的，应予支持。

《医疗纠纷预防和处理条例》

第十三条　医务人员在诊疗活动中应当向患者说明病情和医疗措施。需要实施手术，或者开展临床试验等存在一定危险性、可能产生不良后果的特殊检查、特殊治疗的，医务人员应当及时向患者说明医疗风险、替代医疗方案等情况，并取得其书面同意；在患者处于昏迷等无法自主作出决定的状态或者病情不宜向患者说明等情形下，应当向患者的近亲属说明，并取得其书面同意。

紧急情况下不能取得患者或者其近亲属意见的，经医疗机构负责人或者授权的负责人批准，可以立即实施相应的医疗措施。

四、医务人员过错诊疗的赔偿责任

第一千二百二十一条　医务人员在诊疗活动中未尽到与当时的医疗水平相应的诊疗义务，造成患者损害的，医疗机构应当承担赔偿责任。

（一）实务问答

1. 术后患者发生并发症，医务人员是否要对此承担赔偿责任？

并发症是指在某一种疾病的治疗过程中，发生与这种疾病治疗行为有关的另一种或几种疾病。主要由以下三种原因产生：（1）患者因素：解剖异常，个体差异，病情轻重等。（2）医生因素：手术者技术生疏，操作粗糙，诊断失误等。（3）护理因素：护理操作失误，护理管理混乱等。可见手术并发症的发生有一部分和医院的医疗过失行为有关。

并发症一般分为四种情况：（1）不能预见。对于不能预见的并发症，如没有违反诊疗常规或规范，可以免责；如有违反诊疗常规或规范，且不能排除对并发症的发生有因果关系的，不能免责。（2）可以预见、不能避免的并发症，可以免责。（3）可以预见、难以避免的并发症，这种情况要看医方是否尽到高度的注意义务，如果没有违反诊疗常规或规范，且已尽到高度之注意义务，可以免责；否则不能免责。可以预见、可以避免的并发症，不能免责。

如何判断并发症是"可以避免"还是"无法避免"，具体要结合当前、当地、同等医学专业技术水平的发展状况来综合认定。并发症必须是难以避免，才可以成为免责的条件。

对于并发症发生后，医务人员未尽到注意义务，也没有采取措施加以避免或减轻后果的进一步扩大，导致本可以避免的损害发生，其存在过错，并且和患者的损害后果存在因果关系，医院是应当承担相应的赔偿责任的。

2. 如果医务人员在诊疗中遵循了最新的医学指南和标准，患者仍然受到了损害，这种情况下医疗机构是否还需承担责任？

根据《民法典》第1221条的规定，只有当医务人员在诊疗活动中未尽到与当时的医疗水平相应的诊疗义务，造成患者损害的，医疗机构才承担赔偿责任。如果医务人员在诊疗中遵循了最新的医学指南和标准，在对患者治疗过程中没有过错，但是根据当时的医疗水平对患者的病情无能为力，即使医院未能成功治疗患者的疾病，也无须承担赔偿责任。

3. 医院误诊，导致病情扩大，医院是否担责？

假设，小杰在家中与朋友们玩耍时，突然感到胸口疼痛并伴有剧烈的咳嗽。小杰的妈妈非常担心，立刻带着小杰前往镇医院。在医院里，医生为小杰进行了常规的体检和血液检查，并根据检查结果判断小杰为支气管炎，随后开了为期一周的治疗支气管炎的药物，并要求小杰进行口服治疗。

然而，经过一周的治疗，小杰的症状并未得到缓解，反而咳嗽更加剧烈了，甚至还出现了呼吸困难的情况。小杰的妈妈心急如焚，决定带小杰前往市区的中心医院进行复查。经过一系列详细的检查，医生诊断出小杰实际上患的是气胸，即肺部的一部分空气泄漏到胸腔中，压迫了肺部，导致呼吸困难。由于治疗时机被延误，小杰的气胸已经较为严重，需要立即进行胸腔穿刺引流手术。

随后，小杰在市中心医院接受了紧急手术，并经过几天的住院治疗，才逐渐恢复了健康。小杰的妈妈认为，镇医院的误诊直接导致了小杰治疗时机的延误，给小杰的身体带来了极大的损害，同时也给小杰的家庭带来了不小的经济和精神压力。那么，镇医院是否应该为此承担责任呢？

根据《民法典》第 1221 条的规定，在上述案例中，根据现有的医疗水平，气胸的诊断并不是医学难题。中心医院也顺利诊断出小杰患有气胸。因此，镇医院的医生对小杰的病情发生误诊，导致小杰病情加重，属于"没有尽到与当时的医疗水平相应的诊疗义务"的情形，因此镇医院应当对小杰遭受的损失承担赔偿责任。

（二）关联规定

《医疗机构管理条例》

第十五条 申请医疗机构执业登记，应当具备下列条件：（一）按照规定应当办理设置医疗机构批准书的，已取得设置医疗机构批准书；（二）符合医疗机构的基本标准；（三）有适合的名称、组织机构和场所；（四）有与其开展的业务相适应的经费、设施、设备和专业卫生技术人员；（五）有相应的规章制度；（六）能够独立承担民事责任。

《医疗事故处理条例》

第五条 医疗机构及其医务人员在医疗活动中，必须严格遵守医疗卫生管理法律、行政法规、部门规章和诊疗护理规范、常规，恪守医疗服务职业道德。

五、医疗机构过错推定的情形

> **第一千二百二十二条** 患者在诊疗活动中受到损害,有下列情形之一的,推定医疗机构有过错:
> (一)违反法律、行政法规、规章以及其他有关诊疗规范的规定;
> (二)隐匿或者拒绝提供与纠纷有关的病历资料;
> (三)遗失、伪造、篡改或者违法销毁病历资料。

(一)实务问答

1. 患者手术失败,院方涂改病历,是否承担责任?

当患者手术失败,且院方存在涂改病历的行为时,院方应当承担责任。

首先,手术失败本身可能涉及医疗技术、操作过程或术后护理等多个环节的问题。若手术失败是由于院方的过失或不当操作导致的,院方自然需承担相应的医疗责任。

其次,病历作为记录患者诊疗过程的重要文件,具有法律效力。院方涂改病历,不仅违反了医疗行业的规定,更可能掩盖了医疗过程中的真实情况,导致患者及其家属无法了解手术失败的真正原因,进而无法维护自身权益。

因此,根据《民法典》第1222条的规定,当患者手术失败,且发现院方存在涂改病历的行为时,可以直接推定医院对患者手术失败存在过错,从而应当对患者承担损害赔偿责任。

2. 医院往封存的病例中加插材料,是否可以推定医院对患者损害有过错?

在曹某、丁某与湖南省某医院之间的医疗损害责任纠纷一案[①]中,患者丁某因颈部疼痛等症状入住人民医院治疗,接受颈椎手术后出现呼吸困难等症状,最

---

① 案号:最高人民法院(2016)最高法民再285号。

终死亡。医院与当事人对死因诊断及医疗过程存在分歧，曹某、丁某认为医院存在医疗过错，遂提起诉讼要求赔偿。案件历经一审、二审及再审，争议的焦点包括人民医院的医疗行为是否存在过错、丁某死亡与医疗行为间是否存在因果关系及责任承担比例。

最高人民法院认为，从本案已查明的事实来看，患者丁某于2011年7月11日死亡后，患者亲属与某医院共同封存病历资料。7月22日，某医院与患者亲属共同启封病历资料时，在未告知丁某亲属的情况下，医院工作人员往封存病历中加插材料。某医院在一审中称不能确认加插材料的内容，二审中称所加插材料为死亡记录、死亡讨论记录等法律规定可以在患者死亡后补记的相关病历资料，但曹某、丁某对此不予认可，某医院亦未举证证明其加插材料的内容。本院认为，某医院往已经封存的病历中加插材料的行为破坏了已封存病历的完整性、真实性和客观性，明显系故意篡改病历的行为，推定医院有过错，有事实和法律依据。

根据上述案例可知，如果医院无故往封存的病例中加插材料，破坏了已封存病历的完整性、真实性和客观性，符合《民法典》第1222条的规定，应当推定医院有过错。

3. 患者不能对其主张医疗机构有伪造、篡改病历的嫌疑进行举证的，能否推定医疗机构存在过错？

在陈某娟与武汉市某区妇幼保健院医疗损害责任纠纷一案[①]中，陈某娟于2009年9月29日在被告医院分娩并接受剖腹产手术。术后次日，陈某娟出现高烧（38.5℃），向医护人员反映后，被误诊为正常生理反应（奶水胀）而未获有效治疗，导致住院期间持续发热。10月3日出院后，陈某娟病情恶化，转到其他医院确诊尿毒症等疾病。陈某娟主张被告医院有伪造、篡改病历的嫌疑，但不能对此举证证明。

关于病历内容是否真实的问题，法院认为，根据《最高人民法院关于民事诉讼证据的若干规定》第2条第2款"没有证据或者证据不足以证明当事人的事实主张的，由负有举证责任的当事人承担不利后果"的规定，陈某娟对相关病历封存前有被伪造、篡改嫌疑的主张，负有举证责任。陈某娟虽提出相关病历内容涉

[①] 案号：湖北省武汉市中级人民法院（2014）鄂武汉中民二终字第00213号，载最高人民法院中国应用法学研究所编：《人民法院案例选》2014年第3辑（总第89辑），人民法院出版社2015年版。

嫌不真实的主张,却未提交证据证明,因此法院不予支持。

由上述案例可知,如果患者认为主张医疗机构有伪造、篡改病历的嫌疑,应当对其主张进行证明,如果没有证据证明医疗机构有伪造、篡改病历的行为,按照《民法典》第1222条的规定,不能推定医疗机构存在过错。

(二) 关联规定

《最高人民法院关于审理医疗损害责任纠纷案件适用法律若干问题的解释》

第六条 民法典第一千二百二十二条规定的病历资料包括医疗机构保管的门诊病历、住院志、体温单、医嘱单、检验报告、医学影像检查资料、特殊检查(治疗)同意书、手术同意书、手术及麻醉记录、病理资料、护理记录、出院记录以及国务院卫生行政主管部门规定的其他病历资料。

患者依法向人民法院申请医疗机构提交由其保管的与纠纷有关的病历资料等,医疗机构未在人民法院指定期限内提交的,人民法院可以依照民法典第一千二百二十二条第二项规定推定医疗机构有过错,但是因不可抗力等客观原因无法提交的除外。

《医疗机构管理条例》

第二十四条 医疗机构执业,必须遵守有关法律、法规和医疗技术规范。

《医疗事故处理条例》

第九条 严禁涂改、伪造、隐匿、销毁或者抢夺病历资料。

六、因药品、消毒产品、医疗器械的缺陷或输入不合格的血液的侵权责任

> **第一千二百二十三条** 因药品、消毒产品、医疗器械的缺陷,或者输入不合格的血液造成患者损害的,患者可以向药品上市许可持有人、生产者、血液提供机构请求赔偿,也可以向医疗机构请求赔偿。患者向医疗机构请求赔偿的,医疗机构赔偿后,有权向负有责任的药品上市许可持有人、生产者、血液提供机构追偿。

（一）实务问答

1. 如果因为用了不合格的医疗器械，导致患者受到了伤害，那患者要找谁来负责呢？

根据《民法典》第 1223 条的规定，患者既可以请求医疗机构赔偿，也可以请求医疗器械的生产者赔偿。简单来说，谁卖给我们这个不合格的东西，或者谁给我们用了这个不合格的东西，我们就应该找谁负责。这就像是我们在商店买了一件坏的东西，我们肯定会去找商店理论一样。例如，要是医院给你用了不合格的医疗器械，那你就可以找医院承担责任。要是这个不合格的医疗器械是某个厂家生产的，那厂家也得承担责任。

因此，如果因为用了不合格的医疗器械，导致患者受到了伤害，患者可以请求医疗机构或者医疗器械的生产者赔偿。

2. 安装在患者体内的医疗器械在正常使用期间断裂，是否能认定为属于缺陷产品，并请求医疗机构予以赔偿？

在刘某某与北京某医院医疗产品责任纠纷一案[①]中，刘某某在北京某医院接受手术治疗，手术中使用了由威联德骨科公司提供的膝关节假体。术后，刘某某体内的膝关节假体发生断裂，导致其受到损害。刘某某认为假体断裂是由于产品缺陷所致，因此向法院提起诉讼，要求某医院和威联德骨科公司承担赔偿责任。

对于刘某某遭受的损害应当由哪一方承担侵权责任，法院认为，刘某某因右膝疼痛至积水潭医院就诊，经相关检查诊断为右股骨远端骨肉瘤，在进行阶段性化疗后进行了相应治疗，并继续实施辅助性化疗。上述诊疗过程符合患者实际病情及相关诊疗规范要求。积水潭医院在实施上述诊疗行为中，就其的病情、治疗方式的选择、医疗方式替代方案以及相关手术风险等，向其进行了完整全面的告知，履行了充分的知情告知义务，在此过程中，积水潭医院的诊疗行为均无不妥。

而根据在案鉴定报告的分析以及威联德骨科公司提供的产品说明书中记载的内容，假体断裂的概率是极小的，在排除可能导致假体断裂的其他因素后，能够推定涉案产品存在缺陷并导致发生断裂，故威联德骨科公司应当对于刘某某体内

---

① 案号：北京市高级人民法院（2022）京民申 7785 号。

的膝关节假体发生断裂,承担完全的民事赔偿责任。

从上述案例可知,安装在患者体内的医疗器械在正常使用期间断裂,若医疗机构在治疗过程中没有过错,医疗机构无须承担侵权责任。医疗器械因为自身质量问题断裂,则应当由医疗器械的生产者承担侵权责任。

3. 在医院输血后导致感染,由谁担责?

假设,小朋友小明因失血过多被紧急送往健康医院进行救治。在治疗过程中,医生为小明进行了输血,而这些血液来源于健康血液中心。康复出院后,小明在一次常规体检中发现自己患上了丙型肝炎。而在此之前小明身体健康,从无病史。考虑到丙型肝炎主要通过血液传播,小明开始怀疑在健康医院接受的输血可能是问题的根源。

根据《民法典》第1223条的规定,如果是因为不合格的血液导致小明感染肝炎,那么小明既可以请求血液提供机构即健康血液中心赔偿,也可以请求医疗机构即健康医院进行赔偿。

(二) 关联规定

《中华人民共和国民法典》

第一千二百零三条 因产品存在缺陷造成他人损害的,被侵权人可以向产品的生产者请求赔偿,也可以向产品的销售者请求赔偿。

产品缺陷由生产者造成的,销售者赔偿后,有权向生产者追偿。因销售者的过错使产品存在缺陷的,生产者赔偿后,有权向销售者追偿。

《中华人民共和国药品管理法》

第四十八条 药品包装应当适合药品质量的要求,方便储存、运输和医疗使用。

发运中药材应当有包装。在每件包装上,应当注明品名、产地、日期、供货单位,并附有质量合格的标志。

《医疗器械监督管理条例》

第七十六条 对可能存在有害物质或者擅自改变医疗器械设计、原材料和生产工艺并存在安全隐患的医疗器械,按照医疗器械国家标准、行业标准规定的检验项目和检验方法无法检验的,医疗器械检验机构可以使用国务院药品监督管理部门批准的补充检验项目和检验方法进行检验;使用补充检验项目、检验方法得出的检验结论,可以作为负责药品监督管理的部门认定医疗器械质量的依据。

《血液制品管理条例》
第四十五条 本条例下列用语的含义：
血液制品，是特指各种人血浆蛋白制品。
原料血浆，是指由单采血浆站采集的专用于血液制品生产原料的血浆。
供血浆者，是指提供血液制品生产用原料血浆的人员。
单采血浆站，是指根据地区血源资源，按照有关标准和要求并经严格审批设立，采集供应血液制品生产用原料血浆的单位。

《最高人民法院关于审理医疗损害责任纠纷案件适用法律若干问题的解释》
第七条 患者依据民法典第一千二百二十三条规定请求赔偿的，应当提交使用医疗产品或者输入血液、受到损害的证据。

患者无法提交使用医疗产品或者输入血液与损害之间具有因果关系的证据，依法申请鉴定的，人民法院应予准许。

医疗机构，医疗产品的生产者、销售者、药品上市许可持有人或者血液提供机构主张不承担责任的，应当对医疗产品不存在缺陷或者血液合格等抗辩事由承担举证证明责任。

第二十一条 因医疗产品的缺陷或者输入不合格血液受到损害，患者请求医疗机构，缺陷医疗产品的生产者、销售者、药品上市许可持有人或者血液提供机构承担赔偿责任的，应予支持。

医疗机构承担赔偿责任后，向缺陷医疗产品的生产者、销售者、药品上市许可持有人或者血液提供机构追偿的，应予支持。

因医疗机构的过错使医疗产品存在缺陷或者血液不合格，医疗产品的生产者、销售者、药品上市许可持有人或者血液提供机构承担赔偿责任后，向医疗机构追偿的，应予支持。

第二十二条 缺陷医疗产品与医疗机构的过错诊疗行为共同造成患者同一损害，患者请求医疗机构与医疗产品的生产者、销售者、药品上市许可持有人承担连带责任的，应予支持。

医疗机构或者医疗产品的生产者、销售者、药品上市许可持有人承担赔偿责任后，向其他责任主体追偿的，应当根据诊疗行为与缺陷医疗产品造成患者损害的原因力大小确定相应的数额。

输入不合格血液与医疗机构的过错诊疗行为共同造成患者同一损害的，参照适用前两款规定。

七、医疗机构免责情形

> **第一千二百二十四条** 患者在诊疗活动中受到损害,有下列情形之一的,医疗机构不承担赔偿责任:
> (一)患者或者其近亲属不配合医疗机构进行符合诊疗规范的诊疗;
> (二)医务人员在抢救生命垂危的患者等紧急情况下已经尽到合理诊疗义务;
> (三)限于当时的医疗水平难以诊疗。
> 前款第一项情形中,医疗机构或者其医务人员也有过错的,应当承担相应的赔偿责任。

(一)实务问答

1. 如果患者在治疗过程中没有配合医生的检查,导致病情加重,医院是否会因此免责?

假设,小明因为感冒去医院治疗。在治疗过程中,医生多次嘱咐小明要进行一系列必要的检查,以确定感冒是否引发了其他并发症,从而制订更精确的治疗方案。然而,小明因为担心检查费用过高,或者对检查过程存在误解和恐惧,多次拒绝了医生的建议。结果感冒发展成了肺炎,那么医院是否要对此负责呢?

如果医院能够证明自己在诊疗过程中没有过错,且小明的病情加重是由于其不配合检查导致的,那么医院可以免责。虽然医院在这种情况下可以免责,但并不意味着医院可以完全置之不理。医院仍然有义务向患者解释检查的必要性和重要性,以及不配合检查可能带来的后果。

如果医院在诊疗过程中存在过错(如没有充分告知患者检查的必要性、提供了不合理的诊疗建议等),那么即使患者不配合检查,医院也可能需要承担相应的赔偿责任。

2. 对生命垂危患者已尽力救治但无力回天，医院需要担责吗？

《民法典》第 1224 条第 1 款第 2 项明确指出了医务人员在抢救生命垂危的患者等紧急情况下，如果已经尽到了合理诊疗义务，即使患者最终未能救治成功，医疗机构也是不需要承担赔偿责任的。这里的"尽力救治但无力回天"就对应了这种情形。"尽力救治"是指医院在救治生命垂危的患者时，已经按照医疗规范和专业标准，采取了所有必要的、合理的救治措施。"无力回天"是指尽管医院已经尽力，但由于病情严重或其他不可抗力因素，患者最终还是未能救治成功。在这种情况下，医院已经履行了自己的职责和义务，因此不需要承担额外的赔偿责任。

这一规定旨在平衡医患双方的权益，鼓励医务人员在紧急情况下能够积极、大胆地进行救治，而不必过于担心可能面临的法律风险。同时，也提醒患者和家属在面对生命垂危的亲人时，要理性看待医疗救治的结果，尊重医务人员的努力和专业判断。

3. 高血压患者未遵医嘱，私自停药，导致高血压危象，责任由谁承担？

假设，李先生是一位高血压患者，医生为他制订了详细的治疗方案，包括定期服药、监测血压等。然而，李先生因为担心药物的副作用或出于其他考虑，私自停用了降压药物。不久后，他因高血压危象被紧急送往医院救治。此时应当由谁承担该后果？

《民法典》第 1224 条明确指出，患者在诊疗活动中受到损害，若存在"患者或者其近亲属不配合医疗机构进行符合诊疗规范的诊疗"的情形，医疗机构不承担赔偿责任。这一规定意味着，如果患者未按照医嘱进行治疗，如私自停药，导致自身健康受损，那么主要责任应由患者自行承担。因此，在本例中，李先生私自停药，未遵医嘱进行治疗，这是导致高血压危象的主要原因。因此，他应对自己的行为负责。如果医院在李先生就诊时已经明确告知了降压药物的重要性，并提醒了他私自停药可能带来的风险，那么医院已经尽到了合理的告知和提醒义务。在李先生私自停药导致高血压危象的情况下，医院不需要承担额外的赔偿责任。

(二) 关联规定

《中华人民共和国民法典》

第一千一百七十三条　被侵权人对同一损害的发生或者扩大有过错的，可以减轻侵权人的责任。

第一千一百七十四条　损害是因受害人故意造成的，行为人不承担责任。

《医疗纠纷预防和处理条例》

第十五条　医疗机构及其医务人员应当按照国务院卫生主管部门的规定，填写并妥善保管病历资料。

因紧急抢救未能及时填写病历的，医务人员应当在抢救结束后6小时内据实补记，并加以注明。

任何单位和个人不得篡改、伪造、隐匿、毁灭或者抢夺病历资料。

第二十条　患者应当遵守医疗秩序和医疗机构有关就诊、治疗、检查的规定，如实提供与病情有关的信息，配合医务人员开展诊疗活动。

八、医疗机构对病历的义务及患者对病历的权利

> 第一千二百二十五条　医疗机构及其医务人员应当按照规定填写并妥善保管住院志、医嘱单、检验报告、手术及麻醉记录、病理资料、护理记录等病历资料。
>
> 患者要求查阅、复制前款规定的病历资料的，医疗机构应当及时提供。

(一) 实务问答

1. 患者有权查阅并复制自己的手术资料吗?

根据《民法典》第1225条的规定，患者有权查看和复印自己的手术记录。具体来说，该条规定医疗机构及其医务人员应当按照规定填写并妥善保管住院志、医嘱单、检验报告、手术及麻醉记录、病理资料、护理记录等病历资料。当

患者要求查阅、复制这些病历资料时，医疗机构应当及时提供。

手术记录是病历资料的一部分，因此患者有权要求查阅和复制。这一权利是患者知情同意权的延伸，旨在保障患者对自身健康状况和治疗过程的知情权。医疗机构有义务配合患者的这一要求，并确保所提供的病历资料是真实、准确的。

2. 患者提出的病历异议成立，是否能够依此认定医疗机构承担侵权责任？

根据《民法典》第1218条的规定："患者在诊疗活动中受到损害，医疗机构或者其医务人员有过错的，由医疗机构承担赔偿责任。"因此，构成医疗侵权责任需同时满足医疗行为实施、存在过错、直接的因果关系以及明确的损害结果四个要素。单独的医疗记录书写或保存上的错误，并不足以构成完整的侵权责任要件，故不能单凭患者指出病历问题就直接判定医疗机构需担责。若患者试图依据有争议的病历来追究医疗机构的侵权责任，患者还需进一步证实医疗机构在病历制作上存在过错、患者确实遭受了伤害，并且该伤害与病历问题之间有直接的因果联系。如果患者仅能证明病历存在错误，而未满足医疗机构承担侵权责任的所有条件，则其要求医院赔偿的诉求将无法得到法律支持。

3. 医院是否可以拒绝患者查阅、复制其病历资料？

关于医院是否可以拒绝患者查阅、复制其病历资料的问题，答案是否定的。根据《民法典》第1225条的明确规定，医疗机构及其医务人员有责任妥善填写并保管患者的病历资料，包括住院志、医嘱单、检验报告等。当患者提出查阅或复制这些病历资料的要求时，医疗机构必须及时提供，不得无故拒绝。这一规定确保了患者的合法权益，使他们能够充分了解自己的治疗过程和健康状况。如果医院拒绝提供，可能会承担法律责任。因此，医院有义务按照患者要求，及时提供病历资料。

（二）关联规定

《医疗纠纷预防和处理条例》

第十五条 医疗机构及其医务人员应当按照国务院卫生主管部门的规定，填写并妥善保管病历资料。

因紧急抢救未能及时填写病历的，医务人员应当在抢救结束后6小时内据实补记，并加以注明。

任何单位和个人不得篡改、伪造、隐匿、毁灭或者抢夺病历资料。

第十六条 患者有权查阅、复制其门诊病历、住院志、体温单、医嘱单、化验单（检验报告）、医学影像检查资料、特殊检查同意书、手术同意书、手术及麻醉记录、病理资料、护理记录、医疗费用以及国务院卫生主管部门规定的其他属于病历的全部资料。

患者要求复制病历资料的，医疗机构应当提供复制服务，并在复制的病历资料上加盖证明印记。复制病历资料时，应当有患者或者其近亲属在场。医疗机构应患者的要求为其复制病历资料，可以收取工本费，收费标准应当公开。

患者死亡的，其近亲属可以依照本条例的规定，查阅、复制病历资料。

《医疗事故处理条例》

第八条 医疗机构应当按照国务院卫生行政部门规定的要求，书写并妥善保管病历资料。

因抢救急危患者，未能及时书写病历的，有关医务人员应当在抢救结束后6小时内据实补记，并加以注明。

第九条 严禁涂改、伪造、隐匿、销毁或者抢夺病历资料。

第十条 患者有权复印或者复制其门诊病历、住院志、体温单、医嘱单、化验单（检验报告）、医学影像检查资料、特殊检查同意书、手术同意书、手术及麻醉记录单、病理资料、护理记录以及国务院卫生行政部门规定的其他病历资料。

患者依照前款规定要求复印或者复制病历资料的，医疗机构应当提供复印或者复制服务并在复印或者复制的病历资料上加盖证明印记。复印或者复制病历资料时，应当有患者在场。

医疗机构应患者的要求，为其复印或者复制病历资料，可以按照规定收取工本费。具体收费标准由省、自治区、直辖市人民政府价格主管部门会同同级卫生行政部门规定。

第十六条 发生医疗事故争议时，死亡病例讨论记录、疑难病例讨论记录、上级医师查房记录、会诊意见、病程记录应当在医患双方在场的情况下封存和启封。封存的病历资料可以是复印件，由医疗机构保管。

《国家卫生和计划生育委员会、国家中医药管理局关于印发〈医疗机构病历管理规定（2013年版）〉的通知》

第十五条 除为患者提供诊疗服务的医务人员，以及经卫生计生行政部门、中医药管理部门或者医疗机构授权的负责病案管理、医疗管理的部门或者人员外，其他任何机构和个人不得擅自查阅患者病历。

第十六条　其他医疗机构及医务人员因科研、教学需要查阅、借阅病历的，应当向患者就诊医疗机构提出申请，经同意并办理相应手续后方可查阅、借阅。查阅后应当立即归还，借阅病历应当在3个工作日内归还。查阅的病历资料不得带离患者就诊医疗机构。

第十七条　医疗机构应当受理下列人员和机构复制或者查阅病历资料的申请，并依规定提供病历复制或者查阅服务：

（一）患者本人或者其委托代理人；

（二）死亡患者法定继承人或者其代理人。

第十八条　医疗机构应当指定部门或者专（兼）职人员负责受理复制病历资料的申请。受理申请时，应当要求申请人提供有关证明材料，并对申请材料的形式进行审核。

（一）申请人为患者本人的，应当提供其有效身份证明；

（二）申请人为患者代理人的，应当提供患者及其代理人的有效身份证明，以及代理人与患者代理关系的法定证明材料和授权委托书；

（三）申请人为死亡患者法定继承人的，应当提供患者死亡证明、死亡患者法定继承人的有效身份证明，死亡患者与法定继承人关系的法定证明材料；

（四）申请人为死亡患者法定继承人代理人的，应当提供患者死亡证明、死亡患者法定继承人及其代理人的有效身份证明，死亡患者与法定继承人关系的法定证明材料，代理人与法定继承人代理关系的法定证明材料及授权委托书。

第十九条　医疗机构可以为申请人复制门（急）诊病历和住院病历中的体温单、医嘱单、住院志（入院记录）、手术同意书、麻醉同意书、麻醉记录、手术记录、病重（病危）患者护理记录、出院记录、输血治疗知情同意书、特殊检查（特殊治疗）同意书、病理报告、检验报告等辅助检查报告单、医学影像检查资料等病历资料。

第二十条　公安、司法、人力资源社会保障、保险以及负责医疗事故技术鉴定的部门，因办理案件、依法实施专业技术鉴定、医疗保险审核或仲裁、商业保险审核等需要，提出审核、查阅或者复制病历资料要求的，经办人员提供以下证明材料后，医疗机构可以根据需要提供患者部分或全部病历：

（一）该行政机关、司法机关、保险或者负责医疗事故技术鉴定部门出具的调取病历的法定证明；

(二) 经办人本人有效身份证明;

(三) 经办人本人有效工作证明 (需与该行政机关、司法机关、保险或者负责医疗事故技术鉴定部门一致)。

保险机构因商业保险审核等需要,提出审核、查阅或者复制病历资料要求的,还应当提供保险合同复印件、患者本人或者其代理人同意的法定证明材料;患者死亡的,应当提供保险合同复印件、死亡患者法定继承人或者其代理人同意的法定证明材料。合同或者法律另有规定的除外。

第二十一条 按照《病历书写基本规范》和《中医病历书写基本规范》要求,病历尚未完成,申请人要求复制病历时,可以对已完成病历先行复制,在医务人员按照规定完成病历后,再对新完成部分进行复制。

第二十二条 医疗机构受理复制病历资料申请后,由指定部门或者专(兼)职人员通知病案管理部门或专(兼)职人员,在规定时间内将需要复制的病历资料送至指定地点,并在申请人在场的情况下复制;复制的病历资料经申请人和医疗机构双方确认无误后,加盖医疗机构证明印记。

第二十三条 医疗机构复制病历资料,可以按照规定收取工本费。

第二十四条 依法需要封存病历时,应当在医疗机构或者其委托代理人、患者或者其代理人在场的情况下,对病历共同进行确认,签封病历复制件。

医疗机构申请封存病历时,医疗机构应当告知患者或者其代理人共同实施病历封存;但患者或者其代理人拒绝或者放弃实施病历封存的,医疗机构可以在公证机构公证的情况下,对病历进行确认,由公证机构签封病历复制件。

第二十五条 医疗机构负责封存病历复制件的保管。

第二十六条 封存后病历的原件可以继续记录和使用。

按照《病历书写基本规范》和《中医病历书写基本规范》要求,病历尚未完成,需要封存病历时,可以对已完成病历先行封存,当医师按照规定完成病历后,再对新完成部分进行封存。

第二十七条 开启封存病历应当在签封各方在场的情况下实施。

第二十八条 医疗机构可以采用符合档案管理要求的缩微技术等对纸质病历进行处理后保存。

第二十九条 门(急)诊病历由医疗机构保管的,保存时间自患者最后一次就诊之日起不少于15年;住院病历保存时间自患者最后一次住院出院之日起不少于30年。

第三十条 医疗机构变更名称时，所保管的病历应当由变更后医疗机构继续保管。

医疗机构撤销后，所保管的病历可以由省级卫生计生行政部门、中医药管理部门或者省级卫生计生行政部门、中医药管理部门指定的机构按照规定妥善保管。

九、患者隐私和个人信息保护

> **第一千二百二十六条** 医疗机构及其医务人员应当对患者的隐私和个人信息保密。泄露患者的隐私和个人信息，或者未经患者同意公开其病历资料的，应当承担侵权责任。

（一）实务问答

1. 患者以隐私为由拒绝提供既往史，多次沟通后无效，医院可否拒绝为其治疗？

在医疗活动中，患者以隐私为由拒绝提供既往史，即使多次沟通无效，医院也不能因此拒绝为其治疗。根据《民法典》第1226条的规定，医疗机构及其医务人员有义务保护患者的隐私和个人信息，但这并不意味着患者可以拒绝提供必要的医疗信息。既往史是医生诊断病情和制订治疗方案的重要依据，患者应当配合医疗机构进行符合诊疗规范的诊疗。如果患者坚持拒绝提供，医院可以告知其可能面临的医疗风险，但在法律上，医院不能因患者保护隐私而拒绝提供基本医疗服务。

2. 医院是否可以以教学为由，组织学生观摩患者的治疗过程？

如果患者治疗过程涉及其隐私，则医院无权以教学为由，组织学生观摩治疗过程。

在医疗教学与临床实践中，需明确以下几点：首先，教学医院承担临床教学任务，这一任务或基于部门规章的行政法律关系确立，或由医学院与教学医院间的委托培养合同及相应费用支付构成商业行为。患者就医时，与医院建立的是民事法律关系下的医疗服务合同，双方权利义务平等。因此，医院与实习生、患者之间的法律关系界限清晰，医院不应将自身的教学任务强加于患者，这种做法可能构成对患者权益的侵犯，显然不妥。其次，根据《执业医师法》的相关规定，见习医生因未取得医师资格，并不具备提供医疗服务的法律身份，故不必然享有对患者的知情权。最后，关于实习观摩等教学活动，尽管有医院主张这是惯例且普遍存在，但随着社会对患者隐私权保护的日益重视及法治的不断进步，此类可能侵害患者权益的"惯例"应当被摈弃，医院的教学实践应与先进的法律观念和社会共识相适应。

3. 患者病历资料能否用作宣传？

若未经患者同意，则医院不能擅自将患者的病历资料用作宣传。在实践中，医院可能会遇到患上疑难杂症的患者，但医院拼尽全力终于治好了该患者。因此希望利用该患者的情况，对医院的医疗实力作宣传。但根据《民法典》第1226条的规定，医疗机构及其医务人员应当对患者的隐私和个人信息保密。这意味着，该患者的情况确实罕见，医院也不能随意公开患者的病历资料来作为宣传材料。

此外，除了法律层面的约束，医疗机构还应当认识到，保护患者隐私既是医疗伦理的基本要求，也是建立医患信任关系的重要基石。公开病历资料可能会让患者感到被侵犯，进而损害医院与患者之间的信任，从长远来看，这对医院的声誉和未来发展也是不利的。

因此，医院在宣传自身医疗技术和服务时，应当采取合法、合规的方式，如通过分享成功案例的统计数据（在确保不泄露个人隐私的前提下）、介绍医疗团队的专业背景、展示医院的先进设备等方式，来展现医院的实力和服务水平，而不是依赖于公开具体患者的病历资料来吸引患者。这样既能保护患者隐私，又能有效提升医院的知名度和信誉。

（二）关联规定

《中华人民共和国民法典》

第一千零三十二条 自然人享有隐私权。任何组织或者个人不得以刺探、侵扰、泄露、公开等方式侵害他人的隐私权。

隐私是自然人的私人生活安宁和不愿为他人知晓的私密空间、私密活动、私密信息。

第一千零三十四条 自然人的个人信息受法律保护。

个人信息是以电子或者其他方式记录的能够单独或者与其他信息结合识别特定自然人的各种信息，包括自然人的姓名、出生日期、身份证件号码、生物识别信息、住址、电话号码、电子邮箱、健康信息、行踪信息等。

个人信息中的私密信息，适用有关隐私权的规定；没有规定的，适用有关个人信息保护的规定。

十、禁止不必要检查

> **第一千二百二十七条** 医疗机构及其医务人员不得违反诊疗规范实施不必要的检查。

（一）实务问答

1. 如何判断医院构成"过度医疗行为"？

过度医疗是医疗侵权行为的一种类型，其构成要件包括以下几个方面：

第一，过度医疗的行为主体必须是医疗机构，其主体不包括非法行医者、药店服务人员。

第二，医疗机构提供了超过患者实际需要的医疗服务。如实施了不必要的检查等。此种医疗服务行为超出了治疗疾病的实际需要，对疾病的诊断没有积极效果，是多余且不合理的。

第三，过度医疗行为造成患者损害，虽然有过度医疗行为，但没有损害后果的，不属于法律意义上的过度医疗。

第四，过度医疗行为和损害后果之间有因果关系。虽存在过度医疗行为，但患者的不良后果是由于患者体质特殊、病情异常或者意外事件、不可抗力等原因导致的，亦不属于过度医疗。

第五，医疗机构存在过错，即医疗机构违反了法律法规规定的合理诊疗义务。过度诊疗表现为过度检查、过度诊断与过度治疗。具体表现在以下几个方面：一是在医疗检查方面，重复检查，应用高档医疗设备做一般检查以及进行不必要的检查。二是在治疗方面，小病大治，开大处方，用高价药；滥用抗生素；延长疗程或住院时间；诱导患者进行不必要的手术。三是在医疗保健方面，用高档设备进行普通检查，用吃补药或补品的方式代替保健。①

2. 医院能否为避免遗漏必要检查，而要求患者进行全面检查？

在南京某医院诉张某1、周某1、周某2、张某2案②中，张某1、周某1、周某2、张某2认为是因为南京某医院的原因导致张某死亡，要求医院承担赔偿责任。一审法院认为，医院对张某进行诊断时，遗漏了必要检查，医院的该行为对张某的死亡结果具有一定的因果关系，判决南京某医院应承担张某3死亡损害后果的30%。南京某医院在二审中提出一审判决其承担医疗损害责任会导致医院在未来的诊疗活动中为规避责任而对患者进行非对症的全面检查，二审法院认为，根据《侵权责任法》第63条（现《民法典》第1227条）的规定，医疗机构及其医务人员不得违反诊疗规范实施不必要的检查。医方实施检查的必要性基于其科学性，南京某医院对张某实施检查应基于其科学的诊疗进行，此系其积极性诊疗义务，而不得实施不必要检查系其消极性诊疗义务，两义务并行不悖，只有两义务的恰当、充分履行方能保障患者的合法权益。南京某医院该项上诉意见，不构成其遗漏必要检查的违法阻却事由，本院不予采纳。

从上述案例可知，一方面，医疗机构及其医务人员必须遵守诊疗规范，避免过度检查。另一方面，按照规范要求的必要检查必须执行，若因检查不足而遗漏潜在疾病，导致患者受损，医院需承担医疗过错责任。在本案例中，南京某医院根据南京医学会及江苏省医学会的鉴定意见，被认定存在对张某3可能患有胆管痛认识不足、诊断思路存在偏差的问题，且未充分认识到对张某3进行肠镜检查的重要性，从而延误了对其结肠癌的诊断。因此，医院要承担赔偿责任。

---

① 杜万华等主编：《最高人民法院医疗损害责任司法解释理解与适用》，人民法院出版社2018年版，第300—301页。

② 案号：江苏省南京市中级人民法院（2014）宁少民终字第108号。

3. 医院不顾患者实际情况，随意开检查单需要承担责任吗?

医院随意开具检查单，侵犯了患者权益，患者有权要求医疗机构赔偿。根据《民法典》第1219条的规定，医生在诊断时须明确告知患者病情及所需医疗措施。针对需手术治疗或特殊检查的情况，医护人员需详尽阐述医疗风险及替代方案，确保患者充分理解并明确同意后方可实施。若无法直接告知患者，则应向其家属或近亲说明情况，并征得他们的同意。未如实或拒绝告知，即损害患者知情权和诊疗权。

患者去医院看病，医生应该告知患者其病情的相关情况，以及为什么需要做检查的原因，而不是只开检查单，让患者进行检查。若患者无法从医生处获取有效的信息，表明医院可能故意隐瞒，使患者在不知情的情况下继续受制于医院。遇到此类情况，患者可申请医院赔偿。

（二）关联规定

无。

十一、医疗机构及医务人员合法权益的维护

> **第一千二百二十八条** 医疗机构及其医务人员的合法权益受法律保护。
> 干扰医疗秩序，妨碍医务人员工作、生活，侵害医务人员合法权益的，应当依法承担法律责任。

（一）实务问答

1. 在医院违法闹事需要承担法律责任吗?

在方某1、方某2、方某3、吴某诉徐某案[①]中，方某1、方某2、方某3、吴

[①] 案号：浙江省金华市中级人民法院（2015）浙金民终字第852号。

某在医院与徐某沟通的过程中发生冲突,导致医务人员徐某受伤。在认定四人是否应当对徐某的损失承担赔偿责任时,二审法院认为,涉案事件系因医疗纠纷而引起,四上诉人在解决纠纷时采取措施不当,导致矛盾激化,造成医务人员徐某受伤,应承担相应的侵权责任。

根据《民法典》第1228条的规定,医务人员的合法权益与其他民事主体的合法权益一样受到保护。若他人在医院违法闹事,导致医务人员损害或严重扰乱医院的正常秩序的,闹事者需要承担法律责任。

2. 进入医院的人员拒绝安检,医院是否有权拒绝其进入?

根据《民法典》第1228条及多地医院安全管理规定,医院有权阻止拒绝安检的人员进入。

为了保护医务工作人员的人身安全以及维护医院正常秩序,目前,全国多地已有不少医院实施了安检制度,避免有不法分子携带管制刀具等危险物品进入医院。医院作为公共场所,有责任采取措施确保环境安全。安检是预防暴力伤医等事件发生的重要一环。若有人拒不接受安检,医院有权依据相关规定拒绝其进入,以保障医院内部的和谐与安全。

(二) 关联规定

《中华人民共和国刑法》

第二百八十九条 聚众"打砸抢",致人伤残、死亡的,依照本法第二百三十四条、第二百三十二条的规定定罪处罚。毁坏或者抢走公私财物的,除判令退赔外,对首要分子,依照本法第二百六十三条的规定定罪处罚。

第二百九十条 聚众扰乱社会秩序,情节严重,致使工作、生产、营业和教学、科研、医疗无法进行,造成严重损失的,对首要分子,处三年以上七年以下有期徒刑;对其他积极参加的,处三年以下有期徒刑、拘役、管制或者剥夺政治权利。

聚众冲击国家机关,致使国家机关工作无法进行,造成严重损失的,对首要分子,处五年以上十年以下有期徒刑;对其他积极参加的,处五年以下有期徒刑、拘役、管制或者剥夺政治权利。

多次扰乱国家机关工作秩序,经行政处罚后仍不改正,造成严重后果的,处三年以下有期徒刑、拘役或者管制。

多次组织、资助他人非法聚集，扰乱社会秩序，情节严重的，依照前款的规定处罚。

《中华人民共和国治安管理处罚法》

第二十三条 有下列行为之一的，处警告或者二百元以下罚款；情节较重的，处五日以上十日以下拘留，可以并处五百元以下罚款：

（一）扰乱机关、团体、企业、事业单位秩序，致使工作、生产、营业、医疗、教学、科研不能正常进行，尚未造成严重损失的；

（二）扰乱车站、港口、码头、机场、商场、公园、展览馆或者其他公共场所秩序的；

（三）扰乱公共汽车、电车、火车、船舶、航空器或者其他公共交通工具上的秩序的；

（四）非法拦截或者强登、扒乘机动车、船舶、航空器以及其他交通工具，影响交通工具正常行驶的；

（五）破坏依法进行的选举秩序的。

聚众实施前款行为的，对首要分子处十日以上十五日以下拘留，可以并处一千元以下罚款。

《医疗事故处理条例》

第五十九条 以医疗事故为由，寻衅滋事、抢夺病历资料，扰乱医疗机构正常医疗秩序和医疗事故技术鉴定工作，依照刑法关于扰乱社会秩序罪的规定，依法追究刑事责任；尚不够刑事处罚的，依法给予治安管理处罚。

第七章　环境污染和生态破坏责任

一、污染环境、破坏生态致损的侵权责任

> 第一千二百二十九条　因污染环境、破坏生态造成他人损害的，侵权人应当承担侵权责任。

（一）实务问答

1. 破坏环境导致的侵权责任，构成要件有哪些？

通常情况下，侵权责任包含侵权行为、损害结果、因果关系、主观过错等四个要件。但根据《民法典》第1229条有关规定，因污染环境、破坏生态造成他人损害的，侵权人应当承担侵权责任。根据该条文，只要行为人有破坏环境的侵权行为，且因为该侵权行为，产生了对他人的损害结果，即可成立污染环境、破坏生态致损的侵权责任，至于侵权人是否有过错在所不问。可见我国对于环境污染采取的是无过错责任原则。

2. 排污标准符合国家要求了是否就能免责？

在陈某与陕西某煤田公司环境污染责任纠纷案[①]中，受害人陈某种植了大片苗圃，但由于侵权企业陕西某煤田公司开采煤田的行为，导致地下水位下降，无法抽水灌溉苗圃，最终致使苗木大量死亡，要求该企业承担侵权责任。受害人陈

[①] 案号：最高人民法院（2021）最高法民再287号，载人民法院案例库，最后访问日期：2024年10月25日。

某提供了《司法鉴定意见书》，证明了企业采矿行为与损害结果之间的因果关系。陕西某煤田公司认为其排污行为符合国家或者地方污染物排放标准，并且已向有关部门缴纳环境治理补偿费等补救措施的相关主张。最高人民法院对此认定如下："首先，……地下水位下降主要系陕西某煤田公司采矿所致，因陕西某煤田公司采煤导致地下水位下降而造成的损害，属于生态破坏行为造成的损害，根据当时的《民事案件案由规定》，应将本案确定为环境污染责任纠纷。其次，关于因果关系判定。《司法鉴定意见书》及榆林市水务局2012年《地下水通报》显示，昌汗界地下水位数据下降主要由于中能煤田开采导致，大量地下水被排泄入沙漠，几乎造成全部农灌井枯竭。因此，案涉5块苗圃的苗木死亡与陕西某煤田公司采煤具有因果关系，陕西某煤田公司应对陈某的苗木损失承担赔偿责任。"[1]对陕西某煤田公司的抗辩理由，最高人民法院不予支持。

在环境保护领域，国家为了平衡经济发展与环境保护之间的关系，往往会设置各项标准，违者将面临行政责任，严重的还可能被追究刑事责任。但是，在民事责任领域，达到国家指定标准并不意味着拿到了"免死金牌"，并不意味着企业可以据此免责，究其原因还是我国对环境污染侵权责任采取的是无过错责任原则，除非法律另有规定，只要造成他人损害，即使达到了国家标准，企业仍应承担侵权责任。

3. 哪些行为将构成环境污染？破坏古迹、捕获野生动物是否也属于环境污染侵权行为？

环境污染，是指向环境排放超过自净能力的物质，导致环境质量降低，使得环境无法发挥其应有功能的现象。一般来说，自然环境能够发挥供给服务、调节服务、文化服务、支撑服务等多项服务功能作用。环境包含水、大气、土地、海洋、森林、草原等生态系统，相应的也就存在水污染、大气污染、噪声污染等环境污染行为。针对不同类型的环境保护和环境污染行为，我国也出台了相应的专门法律加以规制，如《大气污染防治法》《水污染防治法》《土壤污染防治法》《噪声污染防治法》《海洋环境保护法》《长江保护法》等。

对于一些非常规意义上的破坏环境行为，如破坏古迹、建筑群的行为，司法实践认为："因破坏古迹、建筑群、遗址等人文遗迹造成生态资源损害的，侵权

---

[1] 案号：最高人民法院（2021）最高法民再287号。

人应当承担侵权责任。检察机关可以依法对破坏人文遗迹造成生态资源损害的案件提起环境民事公益诉讼。在没有鉴定机构对古建筑损坏导致的人文生态资源损失作出鉴定的情况下，经当庭质证的专家意见可以作为认定根据。人民法院应综合考虑检察机关的公益诉讼请求、人文遗迹所在地经济发展水平、人文遗迹自身的社会影响力、被告的主观过错及其经济条件、对人文遗迹整体性的破坏程度和专家意见等要素，依法酌定人文生态资源损失。"[1]

禁渔期捕鱼行为同样属于法律规制的破坏环境的侵权行为，问题在于对非法捕捞之后又放生，野生动物受惊应激在野外死亡的行为应当如何评价？是否也应承担污染环境、破坏生态致损的侵权责任？答案是肯定的，在江西省金溪县人民检察院诉徐华文等人人文遗迹保护民事公益诉讼案中，法院结合专家意见，认为："当事人采用网捕方式，理论上放流个体均能重返自然环境参与自然生活史过程，但由于当事人在捕捞和暂养过程中均会因操作过程、摆拍过程、养殖水体问题等致使长江鲟产生应激反应，尤其是经一定时间暂养后，因饥饿等因素影响，放流后无法自然存活。基于此，判断本案相关个体在捕捞后均无法存活，成鱼损失应基于全部死亡的基础进行估算生态服务功能损害价值。由此可看出，由于长江鲟物种的特殊性，即使放流后仍无法自然存活，也无法参与自然繁殖。因此，只要实施了非法捕捞行为，即使已放生，仍应按长江鲟死体计算生态损害赔偿数额。"[2] 由此可见，环境侵权行为和损害结果的发生之间并不一定是同步产生的关系，司法实践中会对侵权行为的影响进行持续评价，只要满足侵权行为、损害结果、因果关系三要件，侵权人都应当承担污染环境、破坏生态致损的侵权责任。

（二）关联规定

《中华人民共和国环境保护法》

第六十四条 因污染环境和破坏生态造成损害的，应当依照《中华人民共和国侵权责任法》的有关规定承担侵权责任。

第六十五条 环境影响评价机构、环境监测机构以及从事环境监测设备和防

---

[1] 江西省金溪县人民检察院诉徐华文、方雨平人文遗迹保护民事公益诉讼案，载《最高人民法院公报》2022年第9期。

[2] 江西省金溪县人民检察院诉徐华文、方雨平人文遗迹保护民事公益诉讼案，载《最高人民法院公报》2022年第9期。

治污染设施维护、运营的机构，在有关环境服务活动中弄虚作假，对造成的环境污染和生态破坏负有责任的，除依照有关法律法规规定予以处罚外，还应当与造成环境污染和生态破坏的其他责任者承担连带责任。

第六十六条　提起环境损害赔偿诉讼的时效期间为三年，从当事人知道或者应当知道其受到损害时起计算。

《中华人民共和国噪声污染防治法》

第八十六条　受到噪声侵害的单位和个人，有权要求侵权人依法承担民事责任。

对赔偿责任和赔偿金额纠纷，可以根据当事人的请求，由相应的负有噪声污染防治监督管理职责的部门、人民调解委员会调解处理。

国家鼓励排放噪声的单位、个人和公共场所管理者与受到噪声侵害的单位和个人友好协商，通过调整生产经营时间、施工作业时间，采取减少振动、降低噪声措施，支付补偿金、异地安置等方式，妥善解决噪声纠纷。

《中华人民共和国野生动物保护法》

第四十一条　国务院野生动物保护主管部门应当会同国务院有关部门加强对放生野生动物活动的规范、引导。任何组织和个人将野生动物放生至野外环境，应当选择适合放生地野外生存的当地物种，不得干扰当地居民的正常生活、生产，避免对生态系统造成危害。具体办法由国务院野生动物保护主管部门制定。随意放生野生动物，造成他人人身、财产损害或者危害生态系统的，依法承担法律责任。

二、环境污染、生态破坏侵权举证责任

> 第一千二百三十条　因污染环境、破坏生态发生纠纷，行为人应当就法律规定的不承担责任或者减轻责任的情形及其行为与损害之间不存在因果关系承担举证责任。

(一) 实务问答

1. 环境污染侵权案件中举证责任如何分配?

侵权责任的举证责任，在没有法律法规明确规定的情形下，遵循"谁主张积极事实，谁承担证明责任"的原则。《民法典》第1229条特别规定了污染环境侵权行为的三要件：侵权行为、损害后果、因果关系。《民法典》第1230条规定了环境污染、生态破坏侵权案件的特殊举证责任，根据本条规定，侵权行为人应当就法律规定的不承担责任或者减轻责任的情形及其行为与损害之间不存在因果关系承担举证责任。即环境污染、生态破坏侵权案件中，由被告对于法定免责事由、不存在因果关系的消极事实承担举证责任。之所以采取举证责任倒置，是为了平衡实践中被侵权人处于劣势地位，举证难度大的问题，以更好维护被侵权人的利益。

虽然《民法典》第1230条规定了侵权行为人部分举证责任倒置规则，但这并不意味着受害人的举证责任因此彻底免除。诉讼过程中，受害人至少需要提供一定证据证明侵权行为人实施了环境污染、破坏生态的侵权行为，以及受害人存在损失的证明。实行举证责任倒置也不意味使得受害人完全免予因果关系的证明责任，受害人应当证明侵权行为与自身损害结果之间存在着一定程度的可能性，至少应当能够通过一般常识推出二者具有一定的因果关系。为了能在诉讼中占据主动地位，受害人最好能够通过提供有关部门的鉴定报告、检测意见来初步证明侵权行为与自身损害后果之间的因果关系。

2. 环境污染侵权案件中的免责事由有哪些?

虽然法律加重了被告在环境污染、生态破坏侵权案件中的举证责任，但被告仍能通过积极举证，争取免责的机会，对于污染损害的免责事由，主要包含以下几种类型：

(1) 不可抗力导致的污染损害结果。《海洋环境保护法》第116条对不可抗力进行了较为全面的列举："完全属于下列情形之一，经过及时采取合理措施，仍然不能避免对海洋环境造成污染损害的，造成污染损害的有关责任者免予承担责任：(一) 战争；(二) 不可抗拒的自然灾害；(三) 负责灯塔或者其他助航设备的主管部门，在执行职责时的疏忽，或者其他过失行为。"

(2) 受害人自身存在过错导致的侵权结果。如果被告能够证明受害人对损害结果的发生具有故意或重大过失，能够据此主张免予承担侵权责任。另外，如果环境污染损害是由第三者造成的，虽然不能构成直接免责事由，但是排污方在承担赔偿责任后，有权向第三者追偿。这里的第三者可以是任何非排污方的第三方主体，如其他排污者、破坏环境者等。但需要注意的是，排污方需要证明损害是由第三者造成的，并且自己已经采取了合理措施来防止或减轻损害。

(3) 其他法律法规明文规定的免责事由，如正当防卫、紧急避险，也同样适用于环境污染侵权案件中。

3. 噪声是否属于环境污染？装修声音太大是否有权主张环境污染侵权责任？

噪声污染同样属于环境污染的一种，产生噪声的责任人同样应当承担侵权责任。

在南宁市良庆区人民法院审理的某一有关噪声污染的侵权责任纠纷案件①中，被侵权人李某某购买了广西某房地产公司的商品房，入住后，被侵权人发现该商品房配套的电梯运行声音过大，严重影响日常生活，于是委托专业鉴定机构在房屋内对进行噪声监测，监测结果为电梯运行发出的噪声超出国家法定标准。法院经审理认为：广西某房地产公司作为涉案房屋的开发商，在开发建设房屋时，应对与电梯有关的事宜进行合理的设计、选购、安装等，有义务对电梯相关设施采取有效的隔声降噪措施，以保证电梯在运行中产生的噪声符合国家相关标准，且不对住宅中的居民造成噪声污染。本案中，开发商未能证明电梯运行与噪声超标造成的损害不存在因果关系，也未能提出其他免责事由，法院最终判令房地产公司向被侵权人赔偿精神损害抚慰金5000元、承担鉴定检测费5000元，合计1万元。

根据上述案件的精神，日常生活中应当注意控制生活音量，维护邻里关系稳定和谐的同时，也避免行为不当为自身带来侵权责任的负担。

4. 政府有关机关组织杀虫，导致水塘鱼苗大量死亡，能否要求政府部门承担赔偿责任？

政府机关组织杀虫对环境造成了污染，由此造成的当事人损失，只要有关部

---

① 费文彬：《电梯噪音扰民 有"法"解忧》，载《人民法院报》2023年7月17日，总第9128期，第3版。

门机关无法证明免责事由,也不能否定因果关系的情形下,受害人同样有权要求该部门机关承担民事侵权责任。

在某家庭农场诉某县自然资源与规划局环境污染责任纠纷案[①]中,对政府部门组织飞机喷洒农药破坏水生态环境造成损害承担环境污染的侵权责任进行了较为详细的认定。本案中,某县自然资源与规划局(以下简称某自规局)与一家航空飞行服务公司签订了飞机租赁服务合同,旨在通过飞防作业防治春尺蠖害虫(宁晋片区)。某自规局已在官方公众号上提前发布了飞防通告,预告了作业时间、区域及注意事项。此后,该局再次发布并转发了相同内容的通告至乡镇林业微信群。此次飞防作业覆盖了包括327省道、京港澳高速在内的多个区域,涉及12个乡镇和132个村庄。原告的家庭农场位置在通告的飞防区域内。航空飞行服务公司按计划在上午实施了飞防作业。原告下午即发现池塘中的鲈鱼出现吃食异常,随后大量死亡。为此,原告向法院申请鉴定其鲈鱼损失。法院委托某农业司法鉴定中心进行鉴定,该中心于次年4月5日出具鉴定意见,认为在正常养殖管理下,涉案池塘的鲈鱼可获得的总价值为803520元。原告为此支付了55000元的鉴定费用。

邢台市中院对本案的性质以及侵权责任认定作出了详细认定:关于案件性质,法院认为本案属于民事案件而非行政案件。某自规局将病虫害防治工作委托他人飞防作业的行为属于民事行为,不是行政机关或行政机关工作人员行使行政职权的行政行为,不符合《行政诉讼法》第2条"公民、法人或者其他组织认为行政机关和行政机关工作人员的行政行为侵犯其合法权益,有权依照本法向人民法院提起诉讼。前款所称行政行为,包括法律、法规、规章授权的组织作出的行政行为"有关行政行为的特征。即使认为本案行政机关从事的是行政行为,我国法律明确规定,行政机关及其工作人员在行使职权过程中,侵犯公民、法人或其他组织合法权益并造成损害的,应依法承担赔偿责任。无论其行为性质如何,只要给公民、法人、非法人组织造成损害,就应依法承担相应责任。

关于本案的侵权责任认定方面,本案为环境污染责任纠纷。某自规局通过合同委托某航空飞行服务有限公司进行飞防作业,导致原告池塘内鲈鱼死亡。此事实符合环境污染责任的法律特征,应适用民事法律法规进行审理。某自规局未依法完成举证责任。根据民法典规定,因污染环境发生纠纷,行为人应就其行为与

---

① 案号:河北省邢台市中级人民法院(2023)冀05民终2798号,载人民法院案例库,最后访问日期:2024年10月25日。

损害之间不存在因果关系承担举证责任。本案中，某自规局提供的证据无法证明其飞防行为与原告鲈鱼死亡之间不存在因果关系，相反，其提交的证据表明其明知飞防会对环境造成损害，某自规局应承担赔偿责任。作为飞防作业的组织者，某自规局具备机关法人资格，应依法承担民事责任。同时，其在路线规划、药剂使用、通知防护等方面存在过错，导致原告损失，应依法承担赔偿责任。

最终，本案一审判令某自规局赔偿某家庭农场损失 803520 元和鉴定费 55000 元。河北省邢台市中级人民法院驳回某自规局的上诉，维持原判。

（二）关联规定

《最高人民法院关于审理生态环境损害赔偿案件的若干规定（试行）》

第六条 原告主张被告承担生态环境损害赔偿责任的，应当就以下事实承担举证责任：

（一）被告实施了污染环境、破坏生态的行为或者具有其他应当依法承担责任的情形；

（二）生态环境受到损害，以及所需修复费用、损害赔偿等具体数额；

（三）被告污染环境、破坏生态的行为与生态环境损害之间具有关联性。

第七条 被告反驳原告主张的，应当提供证据加以证明。被告主张具有法律规定的不承担责任或者减轻责任情形的，应当承担举证责任。

第八条 已为发生法律效力的刑事裁判所确认的事实，当事人在生态环境损害赔偿诉讼案件中无须举证证明，但有相反证据足以推翻的除外。

对刑事裁判未予确认的事实，当事人提供的证据达到民事诉讼证明标准的，人民法院应当予以认定。

《最高人民法院关于审理生态环境侵权责任纠纷案件适用法律若干问题的解释》

第一条 侵权人因实施下列污染环境、破坏生态行为造成他人人身、财产损害，被侵权人请求侵权人承担生态环境侵权责任的，人民法院应予支持：

（一）排放废气、废水、废渣、医疗废物、粉尘、恶臭气体、放射性物质等污染环境的；

（二）排放噪声、振动、光辐射、电磁辐射等污染环境的；

（三）不合理开发利用自然资源的；

（四）违反国家规定，未经批准，擅自引进、释放、丢弃外来物种的；

（五）其他污染环境、破坏生态的行为。

第七条　两个以上侵权人分别污染环境、破坏生态，部分侵权人的行为足以造成全部损害，部分侵权人的行为只造成部分损害，被侵权人请求足以造成全部损害的侵权人对全部损害承担责任，并与其他侵权人就共同造成的损害部分承担连带责任的，人民法院应予支持。

被侵权人依照前款规定请求足以造成全部损害的侵权人与其他侵权人承担责任的，受偿范围应以侵权行为造成的全部损害为限。

第八条　两个以上侵权人分别污染环境、破坏生态，部分侵权人能够证明其他侵权人的侵权行为已先行造成全部或者部分损害，并请求在相应范围内不承担责任或者减轻责任的，人民法院应予支持。

三、两个以上侵权人造成损害的责任分担

> 第一千二百三十一条　两个以上侵权人污染环境、破坏生态的，承担责任的大小，根据污染物的种类、浓度、排放量，破坏生态的方式、范围、程度，以及行为对损害后果所起的作用等因素确定。

（一）实务问答

1. 多人共同侵权的情形下，侵权责任如何认定？

环境侵权纠纷本身就具有损害结果成因复杂的特点，为此，《民法典》特别规定了因果关系的举证责任倒置规则。问题在于，当存在多个侵权人时，原因力大小如何证明？侵权责任又应当如何认定？《民法典》第1231条为解决这一问题作出了参考性的规定，即综合考虑污染物的种类、浓度、排放量，破坏生态的方式、范围、程度，以及行为对损害后果所起的作用等因素确定。但实践中，由于环境侵权纠纷本身的专业性特点，专家意见以及鉴定意见相比于其他侵权纠纷，会更受法官关注。在衡量因果关系以及原因力大小时，专家意见或者鉴定意见往往会起到重要作用。

2. 为他人运输污染物，但未参与污染物排放，是否需要承担侵权责任？

应当承担侵权责任。《最高人民法院关于审理生态环境侵权责任纠纷案件适用法律若干问题的解释》第10条明确了为侵权人污染环境、破坏生态提供场地或者储存、运输等帮助，被侵权人根据《民法典》第1169条的规定请求行为人与侵权人承担连带责任的，人民法院应予支持。

在新疆维吾尔自治区伊犁哈萨克自治州人民检察院诉乌鲁木齐市某运输公司、伊犁某材料公司、山东省某化工厂环境污染民事公益诉讼案①中，山东省某化工厂委托伊犁某材料公司联系乌鲁木齐市某运输公司运输危险化学品，乌鲁木齐市某运输公司无运输资质，运输过程中化学品发生泄漏。乌鲁木齐市某运输公司辩称其并不知晓托运物为危险品，伊犁某材料公司称其员工在装载托运物过程中没有核对运输车辆的资质存在过错，山东省某化工厂对泄漏事故不承担责任。山东省某化工厂辩称案涉化学品尚未完成交付，其不是案涉邻甲酚的所有权人亦非货物托运人，其对涉案泄漏事故的发生无任何关系和过错，其不是本案适格主体，不应承担责任。

对此，新疆高级人民法院认为三个主体均应承担侵权责任，其中乌鲁木齐市某运输公司超越经营范围承接运输危险化学品的业务，对案涉危险化学品邻甲酚泄漏事故的发生存在重大过错；伊犁某材料公司在未取得危险化学品经营许可证的情况下，生产危险化学品并进行销售，且在选用上述危险化学品运输单位时，委托不具有合法运输危险化学品资质的乌鲁木齐市某运输公司进行运输，以及在装载危险化学品中未履行审验义务，亦存在一定程度的过错；山东省某化工厂作为危险化学品经营企业，向未经许可从事危险化学品生产、经营活动的伊犁某材料公司采购危险化学品邻甲酚，并且其作为案涉危险化学品邻甲酚的所有人，对于运输途中的危险化学品邻甲酚，怠于履行监督管理职责，亦存在相当过错。法院认为，乌鲁木齐市某运输公司应当承担本次事故损失50%的赔偿责任，伊犁某材料公司承担事故损失30%的赔偿责任，山东省某化工厂承担事故损失20%的赔偿责任。

---

① 案号：新疆维吾尔自治区高级人民法院（2022）新民终41号，载人民法院案例库，最后访问日期：2024年10月25日。

3. 破坏森林生态，滥砍滥伐，如何确定损害责任大小？如何确定赔偿金额？

对于破坏森林植被、滥砍滥伐的侵权行为，可以考虑森林绿植在环境中的主要生态功能，即固碳调节服务功能。再通过测量被砍伐树木的立木蓄积量，结合专家意见测算出森林碳汇损失量，并参照市场价格折算为碳汇损失赔偿金，以形成较为科学、便捷的森林碳汇损失计量方法和损害赔偿规则体系。

4. 隔壁装修气味太大，导致受害人不得不停业歇业，是否有权要求隔壁就歇业期间的损失承担侵权责任？

在重庆某体育文化传播有限公司与重庆某体育俱乐部有限公司等相邻污染侵害纠纷上诉案[1]中，被侵权人重庆某体育俱乐部有限公司所在的场所日常用于青少年乒乓球培训。重庆某体育文化传播有限公司经营位置与重庆某体育俱乐部有限公司相邻。重庆某体育文化传播有限公司装修期间，在被侵权人处参与培训的学生家长发微信告知因隔壁装修时散发刺激性气味，学员、家长、教练出现不同程度的身体不适。被侵权人为身体不适的相关人员垫付了医疗检查费用，并且有数名学员申请退学费。

关于被侵权人停业所造成的垫付医疗费以及学员退费是否与侵权行为之间有因果关系，二审法院对此论述如下：由于本案双方相邻经营场所均地处空气流动性较差的负一层相对密闭空间，特别是双方均系从事青少年培训工作的经营机构，对其正常经营所需空气质量应有较高要求。在综合本案证人证言、儿童就医证明、双方微信聊天记录、报警记录、物业整改通知、空气检测报告并咨询专家证人等系列证据，可以认定被侵权人的停业损失并非出于自身经营不当原因引起，而是因受上诉人重庆某体育文化传播有限公司装修污染行为影响所致。根据《民法典》第1230条："因污染环境、破坏生态发生纠纷，行为人应当就法律规定的不承担责任或者减轻责任的情形及其行为与损害之间不存在因果关系承担举证责任"之规定，侵权人未提供法律规定其不承担责任或者减轻责任的情形，以及其行为与损害之间不存在因果关系的相关证据，应承担举证不能的不利后果。因此，上诉人重庆某体育文化传播有限公司的污染行为与被上诉人重庆某体育俱乐部有限公司的停业损失之间具有因果关系。最终，法院认为被侵权人的损失应

---

[1] 案号：重庆市第五中级人民法院（2020）渝05民终8609号。

包含已支付的学员体检费、合理停业期间的租金、员工基本工资、经营利润损失、已付款的学生家长解除合同的损失。

(二) 关联规定

《最高人民法院关于审理生态环境侵权责任纠纷案件适用法律若干问题的解释》

第六条 两个以上侵权人分别污染环境、破坏生态,每一个侵权人的行为都不足以造成全部损害,被侵权人根据民法典第一千一百七十二条的规定请求侵权人承担责任的,人民法院应予支持。

侵权人主张其污染环境、破坏生态行为不足以造成全部损害的,应当承担相应举证责任。

第七条 两个以上侵权人分别污染环境、破坏生态,部分侵权人的行为足以造成全部损害,部分侵权人的行为只造成部分损害,被侵权人请求足以造成全部损害的侵权人对全部损害承担责任,并与其他侵权人就共同造成的损害部分承担连带责任的,人民法院应予支持。

被侵权人依照前款规定请求足以造成全部损害的侵权人与其他侵权人承担责任的,受偿范围应以侵权行为造成的全部损害为限。

四、环境污染、生态破坏侵权的惩罚性赔偿

第一千二百三十二条 侵权人违反法律规定故意污染环境、破坏生态造成严重后果的,被侵权人有权请求相应的惩罚性赔偿。

(一) 实务问答

1. 污染环境情节严重的,将面临怎样的责任?

根据所违反的规定不同以及损害结果轻重,污染环境所可能需要承担的法律责任包含行政责任、民事责任以及刑事责任。值得一提的是,这三类责任是相互独立的,侵权人不能以承担行政责任为由主张免除民事责任,侵权人被追究刑事

责任也不意味着无须继续承担民事责任,实践中也存在着大量因环境污染行为引起的民刑交叉案件。

行政责任方面,违反相关行政法规或者部门规章,有关政府部门可以责令侵权人限期改正,或者缴纳罚款。刑事责任作为最严苛的法律责任,只有在环境污染情节严重,造成严重损害后果的情形下才会产生,且需要达到严格的证明标准。

民事责任方面,故意污染环境造成严重后果的,根据《民法典》第1232条规定,侵权人违反法律规定故意污染环境、破坏生态造成严重后果的,被侵权人有权请求相应的惩罚性赔偿。

法律一词有狭义和广义的含义,狭义的法律特指全国人大及其常委会制定的规范性文件,而广义的法律除全国人大及其常委会制定的规范性文件外,还包含国务院或者地方政府、政府部门制定的规范性文件,也就是通俗意义上的行政法规。《民法典》第1232条并未对违反法律规定作出具体说明,但是《最高人民法院关于审理生态环境侵权纠纷案件适用惩罚性赔偿的解释》第5条明确了在判断是否违反法律规定时,应当以法律、法规为依据,可以参照规章的规定。该司法解释释明本条的法律应当为广义上包含行政法规以及部门规章的文件。

2. 惩罚性赔偿是否有上限?惩罚性赔偿金的用途是什么?

我国民事侵权责任一般以损害填平为基本原则,不鼓励受害人从侵权行为中获益,因此,在民事责任中以惩罚性赔偿为例外。即使规定了惩罚性赔偿,也不意味着法院就能随意认定惩罚性赔偿金额。《最高人民法院关于审理生态环境侵权纠纷案件适用惩罚性赔偿的解释》强调惩罚性赔偿的适用应当严格审慎。第10条明确了惩罚性赔偿的参考要素,要求法院在确定惩罚性赔偿金数额时,综合考虑侵权人的恶意程度、侵权后果的严重程度、侵权人因污染环境、破坏生态行为所获得的利益或者侵权人所采取的修复措施及其效果等因素,但一般不超过人身损害赔偿金、财产损失数额的二倍。虽然缴纳行政罚款或者被判处罚金不能免予民事侵权责任,但是在确定惩罚性赔偿金额时,可以结合相关处罚情节进行调整。

3. 环境污染侵权案件中的故意如何认定?

根据《民法典》第1232条的规定,只有侵权人满足故意的主观要件,即侵权人应当能够预见侵权行为造成的损害结果,但是希望或者放任损害结果发生的主观心态。最高人民法院对于环境侵权案件中的故意进行了列举式规定①，具体包含如下情形：

（1）因同一污染环境、破坏生态行为，已被人民法院认定构成破坏环境资源保护犯罪的；

（2）建设项目未依法进行环境影响评价，或者提供虚假材料导致环境影响评价文件严重失实，被行政主管部门责令停止建设后拒不执行的；

（3）未取得排污许可证排放污染物，被行政主管部门责令停止排污后拒不执行，或者超过污染物排放标准或者重点污染物排放总量控制指标排放污染物，经行政主管机关责令限制生产、停产整治或者给予其他行政处罚后仍不改正的；

（4）生产、使用国家明令禁止生产、使用的农药，被行政主管部门责令改正后拒不改正的；

（5）无危险废物经营许可证而从事收集、贮存、利用、处置危险废物经营活动，或者知道或者应当知道他人无许可证而将危险废物提供或者委托给其从事收集、贮存、利用、处置等活动的；

（6）将未经处理的废水、废气、废渣直接排放或者倾倒的；

（7）通过暗管、渗井、渗坑、灌注，篡改、伪造监测数据，或者以不正常运行防治污染设施等逃避监管的方式，违法排放污染物的；

（8）在相关自然保护区域、禁猎（渔）区、禁猎（渔）期使用禁止使用的猎捕工具、方法猎捕、杀害国家重点保护野生动物、破坏野生动物栖息地的；

（9）未取得勘查许可证、采矿许可证，或者采取破坏性方法勘查开采矿产资源的；

（10）其他故意情形。

根据《最高人民法院关于审理生态环境侵权纠纷案件适用惩罚性赔偿的解释》第8条的规定，人民法院认定侵权人污染环境、破坏生态行为是否造成严重后果，应当根据污染环境、破坏生态行为的持续时间、地域范围、造成环境污染、生态破坏的范围和程度，以及造成的社会影响等因素综合判断。侵权人污染环境、破坏生态行为造成他人死亡、健康严重损害，重大财产损失，生态环境严重损害或者重大不良社会影响的，人民法院应当认定为造成严重后果。

---

① 《最高人民法院关于审理生态环境侵权纠纷案件适用惩罚性赔偿的解释》第7条。

（二）关联规定

《最高人民法院印发〈关于为实施乡村振兴战略提供司法服务和保障的意见〉的通知》

19. 依法妥善审理环境资源民事案件，引导树立良好的环境保护理念。依法妥善审理涉及乡村土壤、水源污染等环境侵权案件，准确认定责任主体，严格追究民事责任，探索惩罚性赔偿制度在环境污染和生态破坏纠纷案件中的适用，积极营造不敢污染、不愿污染的法治环境。积极稳妥审理乡村生态补偿案件，推动形成生态损害者赔偿、受益者付费、保护者受偿的工作机制。依法妥善审理在发展乡村生态旅游过程中产生的合同纠纷和人身、财产损害等侵权纠纷案件，保障各方当事人合法权益，促进农业生态产品和服务供给。

《最高人民法院关于充分发挥审判职能作用为推进生态文明建设与绿色发展提供司法服务和保障的意见》

第二十三条　发挥环境资源民事审判救济和修复功能。充分发挥行为保全和先予执行的预防、减损功能。坚持损害担责、全面赔偿原则，依法追究污染环境、破坏生态的法律责任。妥善审理各类环境资源纠纷案件，依法救济自然人、法人和其他组织的人身权、财产权及各项环境权益。落实生态环境修复制度，探索适用惩罚性赔偿责任，确保责任人依法承担生态环境修复费用和生态环境服务功能的损失，维护环境公共利益，让人民群众有更多的获得感。

五、因第三人过错污染环境、破坏生态的责任

> 第一千二百三十三条　因第三人的过错污染环境、破坏生态的，被侵权人可以向侵权人请求赔偿，也可以向第三人请求赔偿。侵权人赔偿后，有权向第三人追偿。

（一）实务问答

1. 因其他人过错造成的环境损害，各个主体如何承担侵权责任？

本条款明确了因第三人过错导致的环境污染、生态破坏，被侵权人既可以向侵权人请求赔偿，也可以向第三人请求赔偿。本条规定同样是考虑到环境污染侵权纠纷中被侵权人的弱势地位，未避免侵权主体相互推诿责任导致被侵权人陷入维权难的不利处境，本条规定赋予了被侵权人选择权，既可以选择向侵权人请求赔偿，也可以向第三人请求赔偿。侵权人在承担责任后，可以继续向第三人追偿。

在张某等12户农户诉某运输公司、李某、罗某、某盐矿、某保险公司等盐卤水泄露环境污染责任纠纷案[1]中，罗某驾驶货车倒车时，因未确认周围环境状况，与某盐矿管道发生碰撞，导致厂内盐卤水管道泄漏，盐卤水流进张某等12户农户田地里，造成农户农作物、水井、鱼塘等经济作物污染受损。交警认定罗某负事故的全部责任。李某系事故车辆的实际所有人，某运输公司系挂靠公司，应当对此次事故承担连带责任。

关于原告损失赔偿义务主体的问题，富顺县人民法院认为，本案系因第三人过错污染环境的侵权案件，依照《民法典》第1233条"因第三人的过错污染环境、破坏生态的，被侵权人可以向侵权人请求赔偿，也可以向第三人请求赔偿。侵权人赔偿后，有权向第三人追偿"之规定，某盐矿系环境污染的直接侵权人，而盐卤水泄漏系因交通事故所致，因此，交通事故的责任人系环境侵权的第三人，12户农户明确表示选择向第三人请求赔偿，故某盐矿不承担赔偿责任。本案中，由于张某等12农户明确表示选择向对此次事故存在过错的第三人请求赔偿，故法院最终认定某盐矿不承担赔偿责任。

2. 环境污染侵权与交通事故侵权相竞合的，如何认定侵权责任？保险公司是否需要对环境侵权的损害后果承担责任？

在前一问提到的张某等12户农户诉某运输公司、李某、罗某、某盐矿、某保险公司等盐卤水泄漏环境污染责任纠纷案[2]中，正是因交通事故引起的环境侵权

---

[1] 案号：四川省富顺县人民法院（2023）川0322民初2589号。
[2] 案号：四川省富顺县人民法院（2023）川0322民初2589号。

纠纷案件。本案中,《道路交通事故责任认定书》认定罗某负事故的全部责任。李某系事故车辆的实际所有人,某运输公司系挂靠公司,应当对此次事故承担连带责任。法院综合全案事实证据,认为交通事故导致被撞盐卤水管道中盐卤水泄漏,而原告等人的田土、树木等恰好位于被撞盐卤水管道位置下方,根据"水往低处流"的自然法则,盐卤水泄漏后必然会流进管道下方区域,对原告田土、树木等造成污染,因此,法院首先认可了原告的损失与案涉交通事故具有关联性。

案涉事故货车在某保险公司投保了交强险和第三者责任险,赔偿责任应由某保险公司承担。道路交通事故的直接财产损失是指道路交通事故造成的财产利益的直接减损,而间接损失是指交通事故给受害人造成的可得利益的损失。12户农户主张的因盐卤水泄漏导致稻谷减产、菜地受损、鱼类死亡、树木和果树死亡、进水污染等损失后果,系交通事故造成的直接财产损失而非可得利益损失。法院最终判决由某保险公司承担本次事故的全部赔偿责任。

3. 在环境污染公益诉讼中获得的赔偿金,通常会如何处理?

损害填平是侵权责任的基本赔偿原则之一,在环境污染侵权案件中尤为如此。《最高人民法院关于审理生态环境侵权纠纷案件适用惩罚性赔偿的解释》更是强调了惩罚性赔偿应当以保护民事主体合法权益,统筹生态环境保护和经济社会发展为原则。实践中,在被侵权人难以确定的情形下,会由检察机关承担公共职能,就环境侵权行为提起公益诉讼,侵权人缴纳的赔偿金额将用于修复环境功能。虽然我国尚未建立完善的环境修复资金和惩罚性赔偿金管理使用制度,但实践中针对赔偿金的适用管理已经开始进行探索,尤其是环境侵权本身就具有较高的专业性,为更好地利用修复资金,保证惩罚性赔偿金能够真正落实到生态修复上,已经有公共机关尝试采取委托第三方监管生态环境修复资金模式,如以公益信托的方式将赔偿金托管于环境保护基金会,由专业环保组织管理和监督使用环境公益诉讼所涉生态环境修复资金、惩罚性赔偿金,实现环境公益诉讼与生态环境修复的有效衔接。①

4. 装修不合格,产生空气污染,对他人造成损害的,如何承担责任?

装修不合格导致空气污染,进而对他人造成损害的,首先应当明确责任主

---

① 胡淑珠、章光园:《生态环境修复资金和惩罚性赔偿金可公益信托监管使用》,载《人民司法·案例》2022年第14期,第54—57页。

体。在装修过程中，若因装修材料、施工工艺等问题导致空气污染，进而对他人（如邻居、租户等）造成损害，责任主体可能包括装修公司、装修承揽人、材料供应商等。具体责任主体需根据实际情况进行判断，如装修承揽人使用不符合国家标准的装饰装修材料造成空气污染超标的，承揽人应当承担赔偿责任。

造成空气污染的责任主体，可能面临民事责任或者行政责任。民事责任方面，根据《民法典》第1229条规定，因污染环境、破坏生态造成他人损害的，侵权人应当承担侵权责任。因此，装修不合格导致空气污染并造成他人损害的，责任主体需承担相应的民事责任。行政责任方面，若装修行为违反了《环境保护法》等相关法律法规的规定，责任主体还可能面临行政处罚，如罚款、责令停业等。

综上所述，装修不合格导致空气污染并对他人造成损害的，责任主体需承担相应的民事责任和可能的行政责任。具体责任承担方式包括人身损害赔偿、财产损害赔偿以及消除污染、恢复原状等。

（二）关联规定

《中华人民共和国海洋环境保护法》

第一百一十四条 对污染海洋环境、破坏海洋生态，造成他人损害的，依照《中华人民共和国民法典》等法律的规定承担民事责任。

对污染海洋环境、破坏海洋生态，给国家造成重大损失的，由依照本法规定行使海洋环境监督管理权的部门代表国家对责任者提出损害赔偿要求。

前款规定的部门不提起诉讼的，人民检察院可以向人民法院提起诉讼。前款规定的部门提起诉讼的，人民检察院可以支持起诉。

《中华人民共和国水污染防治法》

第二十三条 实行排污许可管理的企业事业单位和其他生产经营者应当按照国家有关规定和监测规范，对所排放的水污染物自行监测，并保存原始监测记录。重点排污单位还应当安装水污染物排放自动监测设备，与环境保护主管部门的监控设备联网，并保证监测设备正常运行。具体办法由国务院环境保护主管部门规定。

应当安装水污染物排放自动监测设备的重点排污单位名录，由设区的市级以上地方人民政府环境保护主管部门根据本行政区域的环境容量、重点水污染物排放总量控制指标的要求以及排污单位排放水污染物的种类、数量和浓度等因素，商同级有关部门确定。

《中华人民共和国石油天然气管道保护法》

第四十条 管道泄漏的石油和因管道抢修排放的石油造成环境污染的，管道企业应当及时治理。因第三人的行为致使管道泄漏造成环境污染的，管道企业有权向第三人追偿治理费用。

环境污染损害的赔偿责任，适用《中华人民共和国侵权责任法》和防治环境污染的法律的有关规定。

六、生态环境修复责任

> **第一千二百三十四条** 违反国家规定造成生态环境损害，生态环境能够修复的，国家规定的机关或者法律规定的组织有权请求侵权人在合理期限内承担修复责任。侵权人在期限内未修复的，国家规定的机关或者法律规定的组织可以自行或者委托他人进行修复，所需费用由侵权人负担。

（一）实务问答

1. 损害生态环境应当承担哪些责任？

环境污染、生态破坏具有紧迫及不可逆的特点，因此发生损害生态环境的案件时，最紧迫、必要且首要的是应当立即承担修复责任，防止侵权行为对生态环境造成进一步不可逆的伤害。为此，《民法典》第1234条明确规定了侵权人违反国家规定，造成生态环境损害，生态环境能够修复的，侵权人应当在合理期限内承担修复责任。侵权人在期限内未修复的，国家规定的机关或者法律规定的组织可以自行或者委托他人进行修复，所需费用由侵权人负担。在生态环境不能修复时，侵权人应当赔偿生态环境功能永久性损害造成的损失，产生的修复效果后评估费用，也应纳入修复费用范围。

2. 公益诉讼中，涉及多个侵权人如何认定侵权责任份额大小？

在湖州市生态环境局诉被告周某荣、许某建、陆某明、张某春、郑某川、谭某强、朱某方生态环境损害赔偿诉讼案①中，被告周某荣在明知自己无危险废物处置资质的情形之下，仍违法收购、处置大量废弃化学品，相关废弃化学品由被告周某荣从其他被告处回收。被告周某荣收储、转运废弃化学品的过程中造成土壤和水体污染。被告许某建则是在无危险品运输资质的情况下与周某荣非法运输废弃化学品并造成环境污染。案发后，湖州市吴兴区某镇人民政府先行垫付场地内危险废物处置费用 2862614.04 元。湖州市生态环境局认为，被告周某荣、许某建、陆某明、张某春、郑某川、谭某强、朱某方共同实施污染环境、破坏生态的行为，并造成案发地土壤及水体污染的损害结果，依法均应承担生态环境修复责任。

关于责任分担的具体比例，根据《民法典》第 1168 条规定："二人以上共同实施侵权行为，造成他人损害的，应当承担连带责任。"第 1169 条第 1 款规定："教唆、帮助他人实施侵权行为的，应当与行为人承担连带责任。"法院认为本案中，废化学品作为危险废物，其处置、运输、存储等各环节均应按照相应的合法流程予以操作，而本案各被告却在处置、运输、存储废甲酯油过程中违反相关规定，各违法环节相互关联，各被告对于废甲酯油可能造成的污染存在放任，且通过违法利益链条，最终导致了涉案地块因废甲酯油而造成严重的环境污染、生态破坏的损害后果。被告周某荣购买废化学品并将其存储于涉案地块，应当对涉案地块的污染结果承担全部的侵权责任。其他被告陆某明、张某春、朱某方、谭某强、郑某川系分别将废化学品出售给没有资质的周某荣处置，应当就各自的违法利益链条与周某荣承担连带责任。而被告许某建为周某荣提供运输帮助，应当就整个违法利益链条承担连带责任。最终认定陆某明、张某春、许某建共同对周某荣承担全部责任的 22%即 4181835.25 元承担连带责任；朱某方、许某建对周某荣承担全部责任的 21%即 3991751.83 元承担连带责任；谭某强、郑某川、许某建共同对周某荣承担全部责任的 9%即 1710750.78 元承担连带责任。

由此可见，在多人共同侵权的案件中，法院会综合考虑侵权链条上各个行为人的侵权行为作用力大小，侵权行为发起人贯穿侵权链条始终，对于造成的损失应当承担全部责任。对于为侵权行为提供帮助行为的主体，在其提供帮助、负责的范围内承担连带责任。

---

① 案号：浙江省湖州市中级人民法院（2023）浙 05 民初 30 号。

3. 非法捕捞应当如何承担修复责任？

违反有关规定非法捕捞水产品，将严重影响水域的生态平衡，破坏该区域范围内的物种、种群生态平衡，破坏该区域生态链，威胁生物多样性。水产品在水域中往往还能发挥清洁水质的功能，非法捕捞水产品将间接污染该区域的水质。因此，对于非法捕捞造成的环境污染，最直接的修复方式就是往该水域中重新投放数量、规格相同的同种水产品，或者投入能够恢复水域生态至侵权行为发生前的种群。

在黄某辉、陈某等8人非法捕捞水产品刑事附带民事公益诉讼案[①]中，被告人黄某辉、陈某在长江流域重点水域禁捕区湖南省岳阳市东洞庭湖江豚自然保护区实验区和东洞庭湖鲤、鲫、黄颡国家级水产种质资源保护区捕鱼。经鉴定，黄某辉等人的非法捕捞行为导致5000000尾鱼种间接减少；建议通过补偿性鱼类放流的方式对破坏的鱼类资源进行生态修复。岳阳县价格认证中心认定，本案鱼类资源损失价值为211000元，同样建议采取向东洞庭湖水域放流草、鲤鱼等鱼苗的方式对渔业资源和水域生态环境进行修复。

岳阳县人民法院最终判令八被告按照生态损失评估报告提出的生态修复建议确定的放流种类、规格和数量，以及物价鉴定意见，在各自参与非法捕捞渔获物范围内共同购置相应价值的成鱼和苗种，在洞庭湖水域进行放流，修复渔业资源与环境，并进一步与被告达成调解协议。根据最终专业评估意见，被告人李某忠、谢某兵、丁某勇及其他被告人家属在东洞庭湖鹿角码头投放3-5厘米鱼苗446万尾，其中鲢鱼150万尾、鳙鱼150万尾、草鱼100万尾、青鱼46万尾，符合增殖放流的规定。

4. 环境污染中以检察院为起诉主体的民事公益诉讼是什么程序？

《民事诉讼法》第58条对民事公益诉讼进行了概括性阐述：对污染环境、侵害众多消费者合法权益等损害社会公共利益的行为，法律规定的机关和有关组织可以向人民法院提起诉讼。人民检察院在履行职责中发现破坏生态环境和资源保护、食品药品安全领域侵害众多消费者合法权益等损害社会公共利益的行为，在没有前款规定的机关和组织或者前款规定的机关和组织不提起诉讼的情况下，可以向人民法院提起诉讼。前款规定的机关或者组织提起诉讼的，人民检察院可以支持起诉。

[①] 案号：湖南省岳阳县人民法院（2021）湘0621刑初244号。

在《最高人民法院、最高人民检察院关于检察公益诉讼案件适用法律若干问题的解释》第13条中，进一步说明了检察院提请公益诉讼的程序：人民检察院在履行职责中发现破坏生态环境和资源保护、食品药品安全领域侵害众多消费者合法权益，侵害英雄烈士等的姓名、肖像、名誉、荣誉等损害社会公共利益的行为，拟提起公益诉讼的，应当依法公告，公告期间为三十日。公告期满，法律规定的机关和有关组织、英雄烈士等的近亲属不提起诉讼的，人民检察院可以向人民法院提起诉讼。人民检察院办理侵害英雄烈士等的姓名、肖像、名誉、荣誉的民事公益诉讼案件，也可以直接征询英雄烈士等的近亲属的意见。

实践中，环境污染行为既会对其他公民造成损害，也是我国《刑法》严厉打击的违法行为。为了减少讼累，节约司法资源，检察院针对环境污染的犯罪行为、针对破坏生态环境和资源保护等损害公共利益的犯罪行为提起刑事公诉时，可以附带向审理刑事案件的法院提起，请求判令致使公益利益受到损害的有责主体承担民事责任的诉讼。这就是环境污染刑事附带民事公益诉讼。它将刑事公益诉讼与民事公益诉讼相结合，旨在同时追究犯罪行为的刑事责任和民事责任。

（二）关联规定

《中华人民共和国环境保护法》

第五十八条 对污染环境、破坏生态，损害社会公共利益的行为，符合下列条件的社会组织可以向人民法院提起诉讼：

（一）依法在设区的市级以上人民政府民政部门登记；

（二）专门从事环境保护公益活动连续五年以上且无违法记录。

符合前款规定的社会组织向人民法院提起诉讼，人民法院应当依法受理。

提起诉讼的社会组织不得通过诉讼牟取经济利益。

《最高人民法院关于审理环境民事公益诉讼案件适用法律若干问题的解释》

第二十条 原告请求修复生态环境的，人民法院可以依法判决被告将生态环境修复到损害发生之前的状态和功能。无法完全修复的，可以准许采用替代性修复方式。

人民法院可以在判决被告修复生态环境的同时，确定被告不履行修复义务时应承担的生态环境修复费用；也可以直接判决被告承担生态环境修复费用。

生态环境修复费用包括制定、实施修复方案的费用，修复期间的监测、监管费用，以及修复完成后的验收费用、修复效果后评估费用等。

《最高人民法院关于审理生态环境损害赔偿案件的若干规定（试行）》

第十一条 被告违反国家规定造成生态环境损害的，人民法院应当根据原告的诉讼请求以及具体案情，合理判决被告承担修复生态环境、赔偿损失、停止侵害、排除妨碍、消除危险、赔礼道歉等民事责任。

第十二条 受损生态环境能够修复的，人民法院应当依法判决被告承担修复责任，并同时确定被告不履行修复义务时应承担的生态环境修复费用。

生态环境修复费用包括制定、实施修复方案的费用，修复期间的监测、监管费用，以及修复完成后的验收费用、修复效果后评估费用等。

原告请求被告赔偿生态环境受到损害至修复完成期间服务功能损失的，人民法院根据具体案情予以判决。

七、生态环境损害赔偿的范围

> **第一千二百三十五条** 违反国家规定造成生态环境损害的，国家规定的机关或者法律规定的组织有权请求侵权人赔偿下列损失和费用：
> （一）生态环境受到损害至修复完成期间服务功能丧失导致的损失；
> （二）生态环境功能永久性损害造成的损失；
> （三）生态环境损害调查、鉴定评估等费用；
> （四）清除污染、修复生态环境费用；
> （五）防止损害的发生和扩大所支出的合理费用。

（一）实务问答

1. 造成生态环境损害，提请公益诉讼的，如何确定侵权人的赔偿金额？

根据本条规定，违反国家规定造成生态环境损害的，国家规定的机关或者法律规定的组织有权请求侵权人赔偿下列损失和费用：（1）生态环境受到损害至修复完成期间服务功能丧失导致的损失；（2）生态环境功能永久性损害造成的损失；（3）生态环境损害调查、鉴定评估等费用；（4）清除污染、修复生态环境费用；(5)防止损害的发生和扩大所支出的合理费用。本条所针对的是环境侵权的公益诉讼中，缺乏特定被侵权人的情形下，如何认定损赔偿责任的问题，因此有权主张的主体，本条特别限定为国家规定的机关或者法律规定的组织。

当然，如果侵权行为明确造成了某一特定主体的经济损失，甚至造成人身损害的，被侵权人同样能够起诉，要求侵权人承担一般的侵权责任。即要求侵权人停止侵害、排除妨碍、消除危险、恢复原状、赔礼道歉、赔偿损失。

2. 什么是生态系统服务功能？

生态系统服务功能是环境学的专门术语，是指在生态过程中，生态系统、生态环境对人类社会的不同方面产生的积极影响，对人类生活产生的各种效益。主要包括以下几类功能：(1)为人类提供生活生产材料的供应功能，如水资源、食物，以及其他能够从环境中获取的矿物、森林资源等，能够满足人类的生活和生产需求；(2)维持整体生态平衡稳定的调节功能，如气候调节、洪水控制、疾病防控等，滥砍滥伐导致森林面积下降，从而造成的全球气候变暖现象，就是生态系统服务功能失控的表现之一；(3)满足人类休闲娱乐、精神需求的文化功能。

总而言之，生态系统服务功能对人类社会生产生活具有重要意义，通过科学管理和合理利用生态系统服务，可以更好地满足人类社会的需求，同时保护和维持生态系统的健康和稳定。

3. 对于确实缺乏赔偿能力的侵权主体，能否通过其他方式履行赔偿责任？

实践中，许多侵权人由于文化水平程度较低，法治意识较为薄弱，未能正确认识自身侵权行为的危害，以及损害后果的严重性。也经常出现侵权人家庭环境较为困难，难以承担巨额赔偿款的情形，对此法院也会根据实际情况采取分期支付，甚至通过履行其他义务代偿的方式，让侵权人承担相应的赔偿责任。

在天津市人民检察院第二分院、孙某浩等生态破坏民事公益诉讼案[①]中，孙某浩、张某良在禁渔期、禁渔区内非法捕捞水产品的行为损害了社会公共利益，于2023年3月17日立案，2023年4月19日履行公告程序。经查明，自2022年7月以来，孙某浩、张某良多次在禁渔期、禁渔区内采取电击方式在天津市静海区××镇大清河水域非法捕捞水产品，数量高达62.28公斤，种类包含为鲫鱼、白

[①] 案号：天津市第二中级人民法院（2023）津02民初313号。

鲢、草鱼、黑鱼。根据农业农村部印发的《非法捕捞案件涉案物品认（鉴）定和水生生物资源损害评估及修复办法（试行）》有关规定，孙某浩、张某良造成水生生物资源的直接损害和间接损害价值共计40832元。

孙某浩与张某良对侵权事实均予认可，但辩称，其无固定工作、无稳定收入，其母年岁已高且需其长期在家照顾，家庭经济困难，无力负担修复费用。

天津市第二中级人民法院综合考虑了侵权人的家庭情况，以及主观故意、危害后果、悔改态度等侵权情节有关事实，侵权人本人和天津市人民检察院第二分院均同意通过提供生态环境公益劳动，承担修复费用40832元。由天津市静海区××镇人民政府安排公益劳动，天津市静海区××镇某村村民委员会进行记录、核对（生态环境公益劳动小时数＝40832元÷履行期间有效的本市非全日制用工的最低小时工资标准），最迟于2024年12月31日前完成，如被告孙某浩、张某良逾期未履行或未完全履行前述生态环境公益劳动，则应在2025年1月15日前承担对剩余修复费用的给付责任（剩余修复费用＝40832元－履行期间有效的本市非全日制用工的最低小时工资标准×已完成小时数）。

（二）关联规定

《最高人民法院关于审理环境民事公益诉讼案件适用法律若干问题的解释》

第十九条　原告为防止生态环境损害的发生和扩大，请求被告停止侵害、排除妨碍、消除危险的，人民法院可以依法予以支持。

原告为停止侵害、排除妨碍、消除危险采取合理预防、处置措施而发生的费用，请求被告承担的，人民法院可以依法予以支持。

第二十条　原告请求修复生态环境的，人民法院可以依法判决被告将生态环境修复到损害发生之前的状态和功能。无法完全修复的，可以准许采用替代性修复方式。

人民法院可以在判决被告修复生态环境的同时，确定被告不履行修复义务时应承担的生态环境修复费用；也可以直接判决被告承担生态环境修复费用。

生态环境修复费用包括制定、实施修复方案的费用，修复期间的监测、监管费用，以及修复完成后的验收费用、修复效果后评估费用等。

第二十一条　原告请求被告赔偿生态环境受到损害至修复完成期间服务功能丧失导致的损失、生态环境功能永久性损害造成的损失的，人民法院可以依法予以支持。

第二十二条 原告请求被告承担以下费用的,人民法院可以依法予以支持:
(一)生态环境损害调查、鉴定评估等费用;
(二)清除污染以及防止损害的发生和扩大所支出的合理费用;
(三)合理的律师费以及为诉讼支出的其他合理费用。

第二十三条 生态环境修复费用难以确定或者确定具体数额所需鉴定费用明显过高的,人民法院可以结合污染环境、破坏生态的范围和程度,生态环境的稀缺性,生态环境恢复的难易程度,防治污染设备的运行成本,被告因侵害行为所获得的利益以及过错程度等因素,并可以参考负有环境资源保护监督管理职责的部门的意见、专家意见等,予以合理确定。

第二十四条 人民法院判决被告承担的生态环境修复费用、生态环境受到损害至修复完成期间服务功能丧失导致的损失、生态环境功能永久性损害造成的损失等款项,应当用于修复被损害的生态环境。

其他环境民事公益诉讼中败诉原告所需承担的调查取证、专家咨询、检验、鉴定等必要费用,可以酌情从上述款项中支付。

第八章　高度危险责任

一、高度危险责任一般规定

> 第一千二百三十六条　从事高度危险作业造成他人损害的，应当承担侵权责任。

（一）实务问答

1. 什么是高度危险责任？

高度危险责任，通俗来说是指在特定情境下，当行为人从事具有高度危险性的活动或负责管理极具潜在危害性的物品时，若这些行为或物品不慎导致他人遭受人身伤害或财产损失，行为人则需依法承担的一种特殊类型的侵权责任，即需对受害方进行相应的损害赔偿。

高度危险责任具有以下几个核心特征：一是所涉及的活动或物品本身对周围环境（而非行为人本身）存在显著且高度的风险性；二是尽管存在高风险，但这类活动或物品的使用及管理在法律上是被允许的，至少没有被明确禁止；三是在追究高度危险责任时，采用的是无过错责任原则，即不论行为人是否存在主观过错，只要损害结果与高度危险行为或物品间有因果关系，行为人即需承担赔偿责任。这一原则体现了法律对公共安全及受害者权益的特别保护。

2. 高度危险作业致人损害的责任如何承担？

根据《民法典》第 1236 条规定，进行高度危险性作业并导致他人受损的，应承担侵权责任。鉴于高度危险性作业的高风险特性，必须采取适当的安全措施来控制活动中的危险，减少损害的可能性。因此，法律对高度危险性作业提出了更高的注意义务要求，并遵循无过错责任原则，即一旦高度危险性作业造成损害，无论行为人是否存在过错，均需承担赔偿责任，除非有法律规定的免责事由。

3. 放炮炸石，碎石滚落致害他人，由谁承担责任？

有人在山上放炮炸石后，尽管已经清理了散落在周围的碎石，但是放炮行为导致周围的岩石产生松动，一些岩石从山上滚落砸伤路人。此类情况根据《民法典》第1236条的规定，放炮炸石属于高度危险行为，若操作不当将对他人的人身造成极大损害，尽管放炮炸石后行为人已经清理了散落的碎石，但是炸石还导致了其他岩石的松动，掉落下来砸伤路人，属于危害行为导致了损害结果，危害行为与损害结果之间有因果关系，因此放炮炸石的行为人应对行人遭受的损害承担赔偿责任。

（二）关联规定

《中华人民共和国电力法》

第六十条 因电力运行事故给用户或者第三人造成损害的，电力企业应当依法承担赔偿责任。

电力运行事故由下列原因之一造成的，电力企业不承担赔偿责任：

（一）不可抗力；

（二）用户自身的过错。

因用户或者第三人的过错给电力企业或者其他用户造成损害的，该用户或者第三人应当依法承担赔偿责任。

《中华人民共和国铁路法》

第五十八条 因铁路行车事故及其他铁路运营事故造成人身伤亡的，铁路运输企业应当承担赔偿责任；如果人身伤亡是因不可抗力或者由于受害人自身的原因造成的，铁路运输企业不承担赔偿责任。

违章通过平交道口或者人行过道，或者在铁路线路上行走、坐卧造成的人身伤亡，属于受害人自身的原因造成的人身伤亡。

二、民用核设施或者核材料致害责任

> **第一千二百三十七条** 民用核设施或者运入运出核设施的核材料发生核事故造成他人损害的，民用核设施的营运单位应当承担侵权责任；但是，能够证明损害是因战争、武装冲突、暴乱等情形或者受害人故意造成的，不承担责任。

（一）实务问答

1. 核电站因自身故障导致泄漏，责任该怎样承担？

根据《民法典》第1237条的规定，当核电站因自身故障导致泄露并造成他人损害时，其营运单位应当承担侵权责任。《民法典》第1237条明确了责任主体，即核电站的营运单位，无论其是否存在过错，只要因核电站故障导致泄漏并造成损害，就需依法承担赔偿责任。当然，也存在免责事由，如营运单位能证明损害是由不可抗力或受害人故意造成的，则可相应免除责任。在事故发生后，营运单位不仅需赔偿受害人的损失，还应积极采取补救措施，以减轻事故对环境和公众健康的影响。

2. 发生海啸导致核电站泄漏，核电站需要承担责任吗？

关于发生海啸导致核电站泄露，核电站是否需要承担责任的问题，根据《民法典》第1237条的规定，我们可以这样理解：通常情况下，核电站作为民用核设施的营运单位，在核事故造成他人损害时应当承担侵权责任。然而，这一责任并非绝对。如果核电站能够证明损害是因战争、武装冲突、暴乱等情形或者受害人故意造成的，那么它可以不承担责任。海啸虽然不属于法条明文列举的免责情形（如战争、武装冲突、暴乱等），但海啸属于不可抗力的一种，其不可抗力程度通常被认为高于战争等情形。因此，从法理上讲，核电站有可能因海啸导致的核泄漏事故而被认定为不需要承担责任。但具体是否免责，还需根据实际情况、相关证据及法律解释来综合判断。

(二) 关联规定

《中华人民共和国核安全法》

第二条 在中华人民共和国领域及管辖的其他海域内，对核设施、核材料及相关放射性废物采取充分的预防、保护、缓解和监管等安全措施，防止由于技术原因、人为原因或者自然灾害造成核事故，最大限度减轻核事故情况下的放射性后果的活动，适用本法。

核设施，是指：

（一）核电厂、核热电厂、核供汽供热厂等核动力厂及装置；

（二）核动力厂以外的研究堆、实验堆、临界装置等其他反应堆；

（三）核燃料生产、加工、贮存和后处理设施等核燃料循环设施；

（四）放射性废物的处理、贮存、处置设施。

核材料，是指：

（一）铀-235材料及其制品；

（二）铀-233材料及其制品；

（三）钚-239材料及其制品；

（四）法律、行政法规规定的其他需要管制的核材料。

放射性废物，是指核设施运行、退役产生的，含有放射性核素或者被放射性核素污染，其浓度或者比活度大于国家确定的清洁解控水平，预期不再使用的废弃物。

第五条 核设施营运单位对核安全负全面责任。

为核设施营运单位提供设备、工程以及服务等的单位，应当负相应责任。

第九十条 因核事故造成他人人身伤亡、财产损失或者环境损害的，核设施营运单位应当按照国家核损害责任制度承担赔偿责任，但能够证明损害是因战争、武装冲突、暴乱等情形造成的除外。

为核设施营运单位提供设备、工程以及服务等的单位不承担核损害赔偿责任。核设施营运单位与其有约定的，在承担赔偿责任后，可以按照约定追偿。

核设施营运单位应当通过投保责任保险、参加互助机制等方式，作出适当的财务保证安排，确保能够及时、有效履行核损害赔偿责任。

第九十三条 本法中下列用语的含义：

核事故，是指核设施内的核燃料、放射性产物、放射性废物或者运入运出核设施的核材料所发生的放射性、毒害性、爆炸性或者其他危害性事故，或者一系列事故。

纵深防御，是指通过设定一系列递进并且独立的防护、缓解措施或者实物屏障，防止核事故发生，减轻核事故后果。

核设施营运单位，是指在中华人民共和国境内，申请或者持有核设施安全许可证，可以经营和运行核设施的单位。

核安全设备，是指在核设施中使用的执行核安全功能的设备，包括核安全机械设备和核安全电气设备。

乏燃料，是指在反应堆堆芯内受过辐照并从堆芯永久卸出的核燃料。

停闭，是指核设施已经停止运行，并且不再启动。

退役，是指采取去污、拆除和清除等措施，使核设施不再使用的场所或者设备的辐射剂量满足国家相关标准的要求。

经验反馈，是指对核设施的事件、质量问题和良好实践等信息进行收集、筛选、评价、分析、处理和分发，总结推广良好实践经验，防止类似事件和问题重复发生。

托运人，是指在中华人民共和国境内，申请将托运货物提交运输并获得批准的单位。

《中华人民共和国放射性污染防治法》

第五十九条 因放射性污染造成他人损害的，应当依法承担民事责任。

第六十二条 本法中下列用语的含义：

（一）放射性污染，是指由于人类活动造成物料、人体、场所、环境介质表面或者内部出现超过国家标准的放射性物质或者射线。

（二）核设施，是指核动力厂（核电厂、核热电厂、核供汽供热厂等）和其他反应堆（研究堆、实验堆、临界装置等）；核燃料生产、加工、贮存和后处理设施；放射性废物的处理和处置设施等。

（三）核技术利用，是指密封放射源、非密封放射源和射线装置在医疗、工业、农业、地质调查、科学研究和教学等领域中的使用。

（四）放射性同位素，是指某种发生放射性衰变的元素中具有相同原子序数但质量不同的核素。

（五）放射源，是指除研究堆和动力堆核燃料循环范畴的材料以外，永久密封在容器中或者有严密包层并呈固态的放射性材料。

（六）射线装置，是指 X 线机、加速器、中子发生器以及含放射源的装置。

（七）伴生放射性矿，是指含有较高水平天然放射性核素浓度的非铀矿（如稀土矿和磷酸盐矿等）。

（八）放射性废物，是指含有放射性核素或者被放射性核素污染，其浓度或者比活度大于国家确定的清洁解控水平，预期不再使用的废弃物。

三、民用航空器致害责任

> **第一千二百三十八条** 民用航空器造成他人损害的，民用航空器的经营者应当承担侵权责任；但是，能够证明损害是因受害人故意造成的，不承担责任。

（一）实务问答

1. 乘客在飞机上摔倒受伤，应该由谁担责？

当乘客在飞机上摔倒受伤时，根据《民法典》第 1238 条的规定，民用航空器的经营者，即航空公司，通常需要承担侵权责任。因为该条款明确，除非损害是由受害人故意造成的，否则航空公司应对民用航空器造成的他人损害负责。在飞机上摔倒这一情境下，如果摔倒是由于航空公司未能提供一个安全的环境或服务导致的，如地面湿滑或座椅问题，那么航空公司就需要承担赔偿责任。当然，如果航空公司能证明乘客的摔倒是乘客自己故意造成的，那么航空公司就可以免除责任。

2. 飞机因天气原因失事，掉落碎片砸坏居民房屋，航空公司需要承担责任吗？

大家都知道飞机是世界上最安全的交通工具之一，但尽管概率极低，也不排除会发生飞机失事的小概率事件。若飞机因天气原因失事，掉落的残骸砸坏了周围居民的房屋，航空公司需要承担责任。

根据《民法典》第1238条的规定，如果民用航空器（包括飞机）在使用中造成他人损害，除非能证明损害是由受害人故意造成的，否则民用航空器的经营者应当承担侵权责任。这里的"使用中"指的是从飞机实际起飞到着陆的整个过程。

对于飞机因天气原因失事，掉落碎片砸坏居民房屋的情况，虽然失事是由天气原因导致的，但这属于不可抗力事件，并不构成免责条件中的"受害人故意"。因此，按照《民法典》第1238条的规定，航空公司作为飞机的经营者，需要承担因飞机失事掉落碎片砸坏居民房屋的责任。简言之，即使是因为天气原因，航空公司仍需对造成的损害负责。

3. 航空学校在教学过程中，学生被螺旋桨桨叶击中死亡，学校需承担责任吗？

在何某仁、符某与中国某航空飞行学院民用航空器损害责任纠纷[①]案中，飞行学员唐某轩与何某斌驾驶飞机计划执行学生机长转场训练后，飞机在机场正常落地，唐某轩按照管制指挥将飞机滑行至停机位，机头向西停放，设置停留刹车，并将发动机设置到慢车功率，约1000转/分。后，何某斌下机后与飞机螺旋桨相撞导致当场死亡。

对于中国某航空飞行学院是否要对何某斌的死亡承担侵权责任，法院认为，航空是高度危险作业，正基于此，航空教学与其他教学在风险系数、风险控制、风险防范等方面的要求具有本质的区别。因此，对于民用航空教学中学员发生安全事故，不能适用校园损害赔偿中的一般过错责任原则，而应当以《侵权责任法》第9章（现《民法典》第8章）的高度危险责任的相关规定进行过错认定和责任划分。根据《侵权责任法》第69条（现《民法典》第1236条）"从事高度危险作业造成他人损害的，应当承担侵权责任"、《侵权责任法》第71条（现《民法典》第1238条）"民用航空器造成他人损害的，民用航空器的经营者应当承担侵权责任，但能够证明损害是因受害人故意造成的，不承担责任"之规定，在没有证据证明本次事故是何某斌故意为之的情况下，中国某航空飞行学院仍应承担相应赔偿责任。但何某斌在事故发生前已经取得私用驾驶员执照，但下飞机时未按安全路线绕行，导致了事故的发生，具有重大过错，应当减轻中国某航空飞行学院的赔偿责任。对此，本院酌定由该航空学院承担20%的责任。

从上述案例可知，若学员在航空学校学习过程中发生安全事故，应当按照

---

① 案号：四川省南充市中级人民法院（2016）川13民终530号。

《民法典》中的高度危险责任相关规定进行过错认定和责任划分,即第1238条民用航空器致人损害规则。若学员对事故的发生不具有故意心态,航空学院一般应承担赔偿责任。

4. 民用航空器造成他人损害的,除了"受害人故意"的情形,还有其他免责事由吗?

《民法典》第1238条仅规定在民用航空器导致第三方受损的情况下,若经营者能证实损害系受害人故意所为,则无须担责。但本法及其他相关法律对于免责或责任减轻的具体情况还有其他规定时,应遵循其他规定。因此,《民用航空法》等相关法规所列明的免责条件同样具备适用效力。

《民用航空法》详细列举了多种不承担责任及责任减轻的情形,以适应不同状况。举例来说,若旅客的人身伤害完全源于其个人健康状况,承运方无须担责;对于货物或行李的灭失、遗失或损毁,若完全归因于行李自身的自然特性、品质问题或缺陷,货物本身的固有属性、质量问题或瑕疵,非承运人及其雇员、代理人包装的货物因包装不当,战争或武装冲突,以及政府部门与货物出入境相关的行为,承运人均不承担责任。

另外,对于飞行中的民用航空器或其上人员、物品掉落导致的地面损害,除非为故意行为,否则承运人不负责任。同样,民用航空器经营者对于因武装冲突或骚乱直接引起的人员伤亡及财产损失,亦不承担任何责任。

(二) 关联规定

《中华人民共和国民用航空法》

第五条 本法所称民用航空器,是指除用于执行军事、海关、警察飞行任务外的航空器。

第一百二十四条 因发生在民用航空器上或者在旅客上、下民用航空器过程中的事件,造成旅客人身伤亡的,承运人应当承担责任;但是,旅客的人身伤亡完全是由于旅客本人的健康状况造成的,承运人不承担责任。

第一百二十七条 在旅客、行李运输中,经承运人证明,损失是由索赔人的过错造成或者促成的,应当根据造成或者促成此种损失的过错的程度,相应免除或者减轻承运人的责任。旅客以外的其他人就旅客死亡或者受伤提出赔偿请求时,经承运人证明,死亡或者受伤是旅客本人的过错造成或者促成的,同样应当根据造成或者促成此种损失的过错的程度,相应免除或者减轻承运人的责任。

在货物运输中,经承运人证明,损失是由索赔人或者代行权利人的过错造成或者促成的,应当根据造成或者促成此种损失的过错的程度,相应免除或者减轻承运人的责任。

四、高度危险物致害责任

> **第一千二百三十九条** 占有或者使用易燃、易爆、剧毒、高放射性、强腐蚀性、高致病性等高度危险物造成他人损害的,占有人或者使用人应当承担侵权责任;但是,能够证明损害是因受害人故意或者不可抗力造成的,不承担责任。被侵权人对损害的发生有重大过失的,可以减轻占有人或者使用人的责任。

(一) 实务问答

1. 因地震导致加油站爆炸,致使附近民居受损,加油站是否可以免责?

汽油属于易燃易爆高危物品,加油站作为占有高度危险物的经营管理者,对汽油负有高度的管理义务,以防止发生爆炸等危害事故。根据《民法典》第1239条的规定,若高度危险物品造成他人损害,由占有人或使用人承担侵权责任。但是,能够证明损害是因受害人故意或者不可抗力造成的,不承担责任。那么不可抗力是指什么?不可抗力是指当事人不能预见,不能避免或者不能克服的客观现象,包括地震、海啸等自然事件,也包括战争等社会事件。因此,若因为地震导致加油站爆炸造成周围居民损害,地震属于不可抗力,加油站可以免责。

2. 在爆竹市场吸烟,导致自己被炸伤,责任如何承担?

根据《民法典》第1239条的规定,占有或使用易燃、易爆等高度危险物造成他人损害的,占有人或使用人应承担侵权责任。但在这个问题中,是吸烟者在爆竹市场吸烟导致自己被炸伤,情况有所不同。

首先，吸烟者自身存在明显过错，因为吸烟行为在易燃、易爆物品集中的地方是极度危险的，吸烟者应当预见到可能的风险并采取措施避免。若因吸烟导致爆炸，吸烟者对该结果具有重大过失，可能需承担主要的责任。

其次，如果爆竹市场的管理方未尽到足够的安全管理和警示义务，如未设置明显的禁止吸烟标志或者未对吸烟行为进行有效管理，那么管理方也可能需要承担一定的责任，但责任会相对较小。

总的来说，吸烟者自身需要承担主要责任，而市场管理方如果未尽到安全管理义务，也可能需要承担一定的责任。

3. 拾荒者拾到他人抛弃的危险物品，在处理过程中发生爆炸导致损害，由谁担责？

在内蒙古某红旗化工有限公司与贺某梅、贺某龙、贺某堂、李某桃，原审被告孙某强、李某非、侯某刚高度危险责任纠纷案①中，常某花是从事废旧品回收的个体经营户。贺某小与常某花系同居关系，双方共同经营废旧品回收站。某天，常某花收回一个废弃的母液接收器。同年，贺某小在废品回收站内使用氧焊切割机切割回收的母液接收器时，发生爆炸，导致其死亡。

对于内蒙古某红旗化工有限公司（以下简称红旗化工）是否要对贺某小的死亡承担侵权责任，法院认为，本案中，红旗化工作为生产民用爆炸品的企业，应当对其使用的具有危险性的设备进行妥善管理，因其管理不善，未按照国家有关规定对废旧设备进行统一销毁处理，导致具有高度危险的废旧设备流入社会，因其废旧设备而产生的侵权属于高度危险物致人损害，应当由红旗化工举证证明不是该厂废弃的母液接收器爆炸导致贺某小死亡，虽其依据的公安厅物证检验报告系爆炸发生后作出的，但不足以证明废弃母液接收器爆炸不是其公司生产使用的爆炸性物品残留而引起，故红旗化工应当承担赔偿责任。

从上述案例可知，若高度危险物品的占有者或使用者管理不善，导致高度危险物品流入社会，造成他人损害，应适用《民法典》第1239条的规定，承担侵权责任。

---

① 案号：呼和浩特市中级人民法院（2015）呼民一终字第00618号。

4. 燃放烟花爆竹，掉落的烟花碎片致人损害，由谁担责？

根据《民法典》第1239条的规定，燃放烟花爆竹时，掉落的烟花碎片致人损害，应由烟花的占有人或使用人承担侵权责任。因为烟花爆竹属于易燃易爆的高度危险物，法律赋予其占有人、使用人较强的安全保障责任。除非能够证明损害是因受害人故意或者不可抗力造成的，否则致人损害的赔偿责任应由其占有人、使用人承担。如果受害人非故意，而是由于占有人或使用人未尽到合理的审慎义务，如选择不当的燃放地点等，占有人或使用人显然应承担责任。被侵权人对损害的发生有重大过失的，可以减轻占有人或者使用人的责任。

（二）关联规定

《中华人民共和国安全生产法》

第一百一十一条　有关地方人民政府、负有安全生产监督管理职责的部门，对生产安全事故隐瞒不报、谎报或者迟报的，对直接负责的主管人员和其他直接责任人员依法给予处分；构成犯罪的，依照刑法有关规定追究刑事责任。

第一百一十二条　生产经营单位违反本法规定，被责令改正且受到罚款处罚，拒不改正的，负有安全生产监督管理职责的部门可以自作出责令改正之日的次日起，按照原处罚数额按日连续处罚。

《中华人民共和国放射性污染防治法》

第五十九条　因放射性污染造成他人损害的，应当依法承担民事责任。

第六十二条　本法中下列用语的含义：

（一）放射性污染，是指由于人类活动造成物料、人体、场所、环境介质表面或者内部出现超过国家标准的放射性物质或者射线。

（二）核设施，是指核动力厂（核电厂、核热电厂、核供汽供热厂等）和其他反应堆（研究堆、实验堆、临界装置等）；核燃料生产、加工、贮存和后处理设施；放射性废物的处理和处置设施等。

（三）核技术利用，是指密封放射源、非密封放射源和射线装置在医疗、工业、农业、地质调查、科学研究和教学等领域中的使用。

（四）放射性同位素，是指某种发生放射性衰变的元素中具有相同原子序数但质量不同的核素。

（五）放射源，是指除研究堆和动力堆核燃料循环范畴的材料以外，永久密封在容器中或者有严密包层并呈固态的放射性材料。

（六）射线装置，是指X线机、加速器、中子发生器以及含放射源的装置。

（七）伴生放射性矿，是指含有较高水平天然放射性核素浓度的非铀矿（如稀土矿和磷酸盐矿等）。

（八）放射性废物，是指含有放射性核素或者被放射性核素污染，其浓度或者比活度大于国家确定的清洁解控水平，预期不再使用的废弃物。

五、高度危险活动致害责任

> **第一千二百四十条** 从事高空、高压、地下挖掘活动或者使用高速轨道运输工具造成他人损害的，经营者应当承担侵权责任；但是，能够证明损害是因受害人故意或者不可抗力造成的，不承担责任。被侵权人对损害的发生有重大过失的，可以减轻经营者的责任。

（一）实务问答

1. 户外钓鱼不小心接触高压电身亡，责任由谁承担？

在鲍某某、陈某等与某电力有限公司当阳市供电公司、朱某甲生命权纠纷案[①]中，朱某乙随朋友外出用餐，用餐过程中，朱某乙饮用了白酒。餐后，朱某乙到鱼池钓鱼，因钓鱼线缠绕高压线而触电身亡。

法院生效裁判认为：（1）引起本案纠纷的法律事实发生在民法典施行前，应当适用侵权责任法的规定。《侵权责任法》第73条（现《民法典》第1240条）规定，从事高空、高压、地下挖掘活动或者使用高速轨道运输工具造成他人损害的，经营者应当承担侵权责任，但是能够证明损害是受害人故意或者不可抗力造成的，不承担责任。被侵权人对损害的发生有过失的，可以减轻经营者的责任。据此，高度危险责任实行无过错责任原则，即无须考虑加害人的过错。高度危险

---

① 案号：湖北省宜昌市中级人民法院（2023）鄂05民再14号。

责任中的"经营者",是指能够支配高压、高空和地下挖掘等高度危险活动的运行并从中享受运行利益的主体。本案中,导致受害人朱某乙死亡的原因是持续运行的高压电流,电力公司对高压线路的运行具有绝对支配地位并从中享受运行利益,应认定为"经营者",依法承担赔偿责任。此外,本案纠纷系因侵权导致,电力公司与鲍某某签订的高压供用电合同关于产权及责任的划分,不能约定排除电力公司的赔偿责任。(2)鲍某某和陈某虽然自身无法对案涉事故段高压线路进行实际维护,但其作为引入高压电的用电人,对高压线路可能给周边人员带来的潜在危险理应有所预见。鲍某某和陈某疏于履行自身义务,未及时督促提醒电力公司积极履行管理职责,也没有在高压线路附近特别是鱼池处设置基本的提示性、警示性标识,是导致事故发生的部分原因,鲍某某夫妇应承担相应的赔偿责任。

从上述案例可知,高度危险责任实行无过错责任原则,即无须考虑加害人的过错。高度危险责任中的"经营者",是指能够支配高压、高空和地下挖掘等高度危险活动的运行并从中享受运行利益的主体;电力企业作为高压电的经营者,对他人因钓鱼触高压电线身亡,应当承担无过错责任。但若是引入高压电的用电人,也应当对高压线路尽到相应的管理义务,如设置警示性标示等。若未尽到相应的管理义务,用电人可能也需承担侵权责任。

2. 台风吹落高压电线,电死路人,责任由谁承担?

根据《民法典》第1240条的规定,若高压电线电死路人,则由高压电线的经营者承担侵权责任。若损害是因受害人故意或者不可抗力造成的,则可以免责。那么经营者可以因发生台风而免责吗?

对于台风这类自然灾害是否属于不可抗力,在实践中需分情况判断。台风作为一种严重的自然灾害,确实是难以避免的。但是,在气象等相关科学高度发展的今天,台风是可以预见的,通过采取适当的措施,台风过境造成的影响也是能够减小到最低限度的。政府已经对台风即将登陆发出了通告,当事人对于受台风袭击致损害事故发生,并非不能预见、不能避免,经营者不能因发生台风免责。但若由于技术条件的限制,台风的实际情况与预报不符,此时台风则属于不能预见、不能避免的不可抗力,经营者可以因发生台风而免责。

3. 因受害人自身过错导致损害发生，由谁担责？

在刘某清与孔某玲、谭某昊、谭某德、吴某秀、某供电公司、某玻璃有限公司、张某、某幼儿园触电人身损害责任纠纷案①中，谭某明从张某经营的登记字号为万豪酒店内拉电脑网线，经过某幼儿园院内至其宿舍，爬木梯至某幼儿园院内高压电线杆上接线时，被高压电击伤，当即被送至医院经抢救无效死亡。

对于某供电公司是否要承担侵权责任，法院认为，根据《侵权责任法》第73条（现《民法典》第1240条）关于"从事高空、高压、地下挖掘活动或者使用高速轨道运输工具造成他人损害的，经营者应当承担侵权责任，但能够证明损害是因受害人故意或者不可抗力造成的，不承担责任。被侵权人对损害的发生有重大过失的，可以减轻经营者的责任"的规定，高压触电侵权应由"经营者"承担侵权责任。造成高压触电损害的原因是受害人接触到带有高压电的输电线路或供电设施，但造成电击伤害的危险源，是输电线路或供电设施上的高压电流，而不是输电线路或供电设施本身，仅有输电线路或供电设施而没有高压电流不会造成高压触电损害。另外，高压电流是通过输电线路或供电设施作为载体而造成损害，没有输电线路或供电设施，高压电流无法输送，也不会造成高压触电损害。因此，《侵权责任法》第73条（现《民法典》第1240条）规定的"经营者"既可能是高压电的经营者，也可能是输电线路或供电设施的经营者。只要高压电的经营者或输电线路、供电设施的经营者的经营行为与受害人遭受损害之间存在因果关系，高压电的经营者或输电线路、供电设施的经营者就应承担侵权责任。原审根据谭某明的过失程度，认定谭某明对损害后果承担35%的责任，是原审行使法官的自由裁量权。

从上述案例可知，若是由于受害人的过错导致损害发生，从事高空、高压、地下挖掘活动或者使用高速轨道运输工具造成他人损害的，经营者仍应承担无过错的侵权责任。但受害人对损害的发生有重大过失的，可以减轻经营者的责任。

4. 乘客故意卧轨自杀，铁路经营者需要担责吗？

根据《民法典》第1240条的规定，当个人或组织从事诸如高空作业、高压操作、地下挖掘以及使用高速轨道运输工具等高风险活动时，一旦这些活动造成

---

① 案号：湖北省高级人民法院（2014）鄂民监二再终字第00028号。

他人损害，相关的经营者必须承担侵权责任。然而，存在例外情况，即如果经营者能够明确证明损害是由于受害人的故意行为或是由于不可抗力因素导致的，那么便无须承担侵权责任。同时，如果受害人在损害发生过程中存在重大过失，那么经营者的责任可以得到一定程度的减轻。在铁路运输中，若乘客因行车事故遭受人身伤害，铁路运输企业需承担赔偿责任，但若损害是受害人故意造成，如卧轨自杀等，铁路运营者对损害不承担侵权责任。如果能够证明受害人对损害的发生有重大过失，可以减轻铁路运营者的责任。

（二）关联规定

《中华人民共和国电力法》

第六十条　因电力运行事故给用户或者第三人造成损害的，电力企业应当依法承担赔偿责任。

电力运行事故由下列原因之一造成的，电力企业不承担赔偿责任：

（一）不可抗力；

（二）用户自身的过错。

因用户或者第三人的过错给电力企业或者其他用户造成损害的，该用户或者第三人应当依法承担赔偿责任。

六、遗失、抛弃高度危险物致害责任

> **第一千二百四十一条**　遗失、抛弃高度危险物造成他人损害的，由所有人承担侵权责任。所有人将高度危险物交由他人管理的，由管理人承担侵权责任；所有人有过错的，与管理人承担连带责任。

（一）实务问答

1. 替他人保管危险物，发生火灾致人伤亡，谁该承担责任？

若高度危险物品的所有人将高度危险物品交给你保管，一定对此提高警惕。

根据《民法典》第1241条的规定，替他人保管危险物时，若因管理不善发生火灾并导致人员伤亡，作为危险物的管理人，若因你的过失导致火灾，你需承担侵权责任。如果危险物的所有人在委托保管时未明确告知危险物的性质或存在其他过错，所有人也可能需与管理人共同承担责任。简言之，火灾致人伤亡的责任应由管理人承担，所有人若有过错则与管理人承担连带责任。

2. 如果工地上有人遗失了装有危险化学品的容器，造成周围居民受伤，遗失人是否要承担责任？

根据《民法典》第1241条的规定，遗失、抛弃高度危险物造成他人损害的，由所有人承担侵权责任。首先，危险化学品的所有人应当承担侵权责任。这是因为危险化学品本身具有高度危险性，所有人应当对其妥善保管，防止其遗失或泄漏对他人造成伤害。其次，如果所有人将危险化学品交由工地上的管理人员或其他相关人员保管，而这些人员因管理不善导致容器遗失，那么这些管理人员或相关人员也应当承担侵权责任。这是因为他们作为危险化学品的实际管理人，有义务确保化学品的安全，防止其造成损害。如果所有人在委托保管或运输过程中存在过错，如未选择有资质的管理单位或未明确告知危险化学品的性质，那么所有人还需与管理人共同承担连带责任。

3. 如果某工厂把危险物品交给第三方运输公司运输，运输途中危险物品泄漏，造成沿途居民受伤，谁应当赔偿？

应当由第三方运输公司承担责任。根据《民法典》第1241条的规定，所有人将高度危险物交由他人管理的，由管理人承担侵权责任。鉴于高度危险性物品的存储与运输需求严苛，物主有权依据个人需求，将其持有的此类物品交付给具备资格的危险化学品仓储或运输机构进行专业管理和运送。这些单位不仅持有相应资质，还须遵循国家颁布的安全标准，以确保高度危险性物品得到妥善处理。倘若因管理上的疏忽，导致物品受损、遗失或被随意弃置，进而造成他人伤害，那么管理方需依法承担相应的侵权赔偿责任。

（二）关联规定

《中华人民共和国安全生产法》

第一百一十一条　有关地方人民政府、负有安全生产监督管理职责的部门，对生产安全事故隐瞒不报、谎报或者迟报的，对直接负责的主管人员和其他直接责任人员依法给予处分；构成犯罪的，依照刑法有关规定追究刑事责任。

第一百一十二条 生产经营单位违反本法规定，被责令改正且受到罚款处罚，拒不改正的，负有安全生产监督管理职责的部门可以自作出责令改正之日的次日起，按照原处罚数额按日连续处罚。

七、非法占有高度危险物致害责任

> **第一千二百四十二条** 非法占有高度危险物造成他人损害的，由非法占有人承担侵权责任。所有人、管理人不能证明对防止非法占有尽到高度注意义务的，与非法占有人承担连带责任。

（一）实务问答

1. 小偷偷取危险化学品后致人损害，由谁担责？

根据《民法典》第1242条的规定，小偷偷取危险化学品后致人损害，主要由小偷（非法占有人）承担侵权责任。因为小偷明知自己无权占有却通过非法手段将危险化学品据为己有，并因此造成了损害，此时小偷作为非法占有人应当承担侵权责任。同时，如果危险化学品的所有人或管理人无法证明他们已尽到防止非法占有行为的高度注意义务，他们也可能需要与小偷一起承担连带责任。

2. 如何判断是否尽到"高度注意义务"？

有理论将注意义务划分为三类：普通注意、处理自身事务时的同等注意，以及善良管理人的注意。显然，《民法典》第1242条的"高度注意义务"与善良管理人的注意义务相契合。善良管理人的注意义务是指，作为管理者或控制者，在处理事务时应尽到如同一个谨慎、勤勉、有良心的管理人那样的注意，以确保事务的安全与妥善处理，避免或减少损害的发生。但《民法典》第1242条并未明确界定"高度注意义务"的具体含义。而在司法实践中，对高度注意义务的把握可综合考虑以下几个方面：(1) 所有人及管理人对高度危险物的潜在风险有全面深入的理解；(2) 他们已采取周密且谨慎的措施，确保高度危险物的安全，并严格遵守法律法规，防止危险物的失控；(3) 在发生失控情况时，所有人及管理人应能迅速采取行动，有效防止损害的发生。

（二）关联规定

《中华人民共和国电力法》

第五十三条 电力管理部门应当按照国务院有关电力设施保护的规定，对电力设施保护区设立标志。

任何单位和个人不得在依法划定的电力设施保护区内修建可能危及电力设施安全的建筑物、构筑物，不得种植可能危及电力设施安全的植物，不得堆放可能危及电力设施安全的物品。

在依法划定电力设施保护区前已经种植的植物妨碍电力设施安全的，应当修剪或者砍伐。

《核电厂核事故应急管理条例》

第二十七条 因核事故应急响应需要，可以实行地区封锁。省、自治区、直辖市行政区域内的地区封锁，由省、自治区、直辖市人民政府决定；跨省、自治区、直辖市的地区封锁，以及导致中断干线交通或者封锁国境的地区封锁，由国务院决定。

地区封锁的解除，由原决定机关宣布。

第三十九条 本条例中下列用语的含义：

（一）核事故应急，是指为了控制或者缓解核事故、减轻核事故后果而采取的不同于正常秩序和正常工作程序的紧急行动。

（二）场区，是指由核电厂管理的区域。

（三）应急计划区，是指在核电厂周围建立的，制定有核事故应急计划、并预计采取核事故应急对策和应急防护措施的区域。

（四）烟羽应急计划区，是指针对放射性烟云引起的照射而建立的应急计划区。

（五）食入应急计划区，是指针对食入放射性污染的水或者食物引起照射而建立的应急计划区。

（六）干预水平，是指预先规定的用于在异常状态下确定需要对公众采取应急防护措施的剂量水平。

（七）导出干预水平，是指由干预水平推导得出的放射性物质在环境介质中的浓度或者水平。

（八）应急防护措施，是指在核事故情况下用于控制工作人员和公众所接受的剂量而采取的保护措施。

（九）核安全重要物项，是指对核电厂安全有重要意义的建筑物、构筑物、系统、部件和设施等。

八、未经许可进入高度危险作业区域的致害责任

> **第一千二百四十三条** 未经许可进入高度危险活动区域或者高度危险物存放区域受到损害，管理人能够证明已经采取足够安全措施并尽到充分警示义务的，可以减轻或者不承担责任。

（一）实务问答

1. 擅自进入高度危险作业场所捡垃圾导致受伤，责任由谁承担？

根据《民法典》第 1243 条的规定，对于擅自进入高度危险作业场所捡垃圾导致受伤的责任承担需视情况而定。

行为人未经许可进入高度危险作业场所捡垃圾，主要责任由行为人自己承担。如果高度危险作业场所的管理人能够充分证明，他们已经按照相关法律法规和行业标准，采取了足够且合理的安全措施，并且在场所的显著位置设置了明显的警示标志，尽到了充分的警示义务，那么在这种情况下，如果仍然有人擅自进入并因此受伤，管理人可能减轻甚至不承担赔偿责任。

然而，如果管理人无法证明他们已经尽到了上述的安全保障和警示义务，或者虽然设置了警示标志但并未采取足够的安全措施，导致擅自进入者受伤，那么管理人就需要承担相应的赔偿责任。

2. 擅自进入高度危险活动区域受到损害，管理人必须担责吗？

《民法典》第1243条明确指出，若个人未经授权擅自闯入高度危险活动区域或高危险物品存放地，并因此遭受伤害，该区域的管理者能够证明其已经实施了充分且有效的安全措施，并尽到了全面的警示告知义务的，可以减轻或免除其责任。高度危险物品因其固有的高风险性，即便人们对此给予了合理的注意，也仍有发生损害的可能性。鉴于此，管理这些高度危险区域或物品的责任方，必须严格执行安全防范措施，并尽到充分警示义务。一旦因管理疏忽导致事故，造成他人损害，管理者将难辞其咎。然而，值得注意的是，这些高度危险区域往往与社会公众的日常生活空间相隔离。如果管理者已经尽到了应尽的安全保护与警示责任，而受害者却无视规定，擅自闯入这些高度危险区域，那么这种行为本身就构成了对损害发生的一种过错。在此类情境下，只要管理者能够提供充分证据证明其已经采取了所有必要的安全措施，并尽到了全面的警示告知义务，他们就有可能减轻甚至免除因受害者擅自闯入而导致的责任。

3. 乘客不听劝阻在车站内横穿轨道，被驶入的列车撞击身亡，铁路经营者需要担责吗？

在杨本波、侯章素与中国铁路上海局集团有限公司、中国铁路上海局集团有限公司南京站铁路运输人身损害责任纠纷案[1]中，死者杨尧横向穿越轨道，列车值乘司机发现有人跃下站台，立即采取紧急制动措施并鸣笛示警，数据显示，列车速度急速下降。杨尧在列车车头前，努力向站台攀爬，未能成功爬上站台，最后被撞身亡。对于二被告铁路经营者是否要承担责任，法院认为，二被告不应对本起铁路交通事故承担赔偿责任。车站已充分履行了安全保障与警示的义务，二被告在事故发生后，已尽其所能，所采取的应急救助措施并无不当。杨尧属于未经许可，进入高度危险活动区域。本次事故的发生系由杨尧引起。一般而言，铁路运营破坏了行人的通行条件，并对周围的环境造成了危险，因此，法律对铁路运营企业作出了严格的责任规定。铁路运输时间紧，人数多，尤其在动车、高铁运输时代，列车停靠时间较之前更短。铁路旅客，应遵守国家法律和铁路运输规章制度，听从车站、列车工作人员的引导，按照车

---

[1] 南京铁路运输法院（2017）苏8602民初349号，载《最高人民法院公报》2019年第10期。

站的引导标志进、出站。杨尧在无当日当次车票的情况下,不顾现场的安全警示标识,违背了众所周知的安全常识,在车站设有安全通道的情况下,横穿线路,造成损害,杨尧系引起本次事故发生的一方。对于本次事故,杨尧作为完全民事行为能力人,受过高等教育,具备预测损害发生的能力,对于损害结果也具备预防和控制能力,其只要遵守相关规则,就不致发生本次事故。车站已采取了充分的警示与安保措施,并给予了行人在车站内的各项通行权利。因此,杨尧未经许可、不顾警示擅自闯入危险区域,事实上对自身生命健康受到损害是一种漠视和放任的态度。

由上述案例可知,火车站内线路区域列车进出极为频繁,是具有显著可识别性的高度危险活动区域。如果铁路运输企业已经采取安全措施并尽到警示义务,受害人未经许可违背一般注意义务进入危险区域,是对其生命健康受到损害的漠视和放任,系自身原因造成的损害,铁路运输企业可以不承担责任。

(二) 关联规定

《中华人民共和国铁路法》

第五十一条 禁止在铁路线路上行走、坐卧。对在铁路线路上行走、坐卧的,铁路职工有权制止。

《最高人民法院关于审理铁路运输人身损害赔偿纠纷案件适用法律若干问题的解释》

第五条 铁路行车事故及其他铁路运营事故造成人身损害,有下列情形之一的,铁路运输企业不承担赔偿责任:

(一) 不可抗力造成的;

(二) 受害人故意以卧轨、碰撞等方式造成的;

(三) 法律规定铁路运输企业不承担赔偿责任的其他情形造成的。

第六条 因受害人的过错行为造成人身损害,依照法律规定应当由铁路运输企业承担赔偿责任的,根据受害人的过错程度可以适当减轻铁路运输企业的赔偿责任,并按照以下情形分别处理:

(一) 铁路运输企业未充分履行安全防护、警示等义务,铁路运输企业承担事故主要责任的,应当在全部损害的百分之九十至百分之六十之间承担赔偿责任;铁路运输企业承担事故同等责任的,应当在全部损害的百分之六十至百分之五十之间承担赔偿责任;铁路运输企业承担事故次要责任的,应当在全部损害的

百分之四十至百分之十之间承担赔偿责任;

（二）铁路运输企业已充分履行安全防护、警示等义务，受害人仍施以过错行为的，铁路运输企业应当在全部损害的百分之十以内承担赔偿责任。

铁路运输企业已充分履行安全防护、警示等义务，受害人不听从值守人员劝阻强行通过铁路平交道口、人行过道，或者明知危险后果仍然无视警示规定沿铁路线路纵向行走、坐卧故意造成人身损害的，铁路运输企业不承担赔偿责任，但是有证据证明并非受害人故意造成损害的除外。

第七条 铁路运输造成无民事行为能力人人身损害的，铁路运输企业应当承担赔偿责任;监护人有过错的，按照过错程度减轻铁路运输企业的赔偿责任。

铁路运输造成限制民事行为能力人人身损害的，铁路运输企业应当承担赔偿责任;监护人或者受害人自身有过错的，按照过错程度减轻铁路运输企业的赔偿责任。

第十条 对于铁路桥梁、涵洞等设施负有管理、维护等职责的单位，因未尽职责使该铁路桥梁、涵洞等设施不能正常使用，导致行人、车辆穿越铁路线路造成人身损害的，铁路运输企业按照本解释有关规定承担赔偿责任后，有权向该单位追偿。

《最高人民法院关于审理道路交通事故损害赔偿案件适用法律若干问题的解释》

第五条 接受机动车驾驶培训的人员，在培训活动中驾驶机动车发生交通事故造成损害，属于该机动车一方责任，当事人请求驾驶培训单位承担赔偿责任的，人民法院应予支持。

第七条 因道路管理维护缺陷导致机动车发生交通事故造成损害，当事人请求道路管理者承担相应赔偿责任的，人民法院应予支持。但道路管理者能够证明已经依照法律、法规、规章的规定，或者按照国家标准、行业标准、地方标准的要求尽到安全防护、警示等管理维护义务的除外。

依法不得进入高速公路的车辆、行人，进入高速公路发生交通事故造成自身损害，当事人请求高速公路管理者承担赔偿责任的，适用民法典第一千二百四十三条的规定。

《危险化学品安全管理条例》

第二十条 生产、储存危险化学品的单位，应当根据其生产、储存的危险化学品的种类和危险特性，在作业场所设置相应的监测、监控、通风、防晒、调温、防火、灭火、防爆、泄压、防毒、中和、防潮、防雷、防静电、防腐、防泄漏以及防护围堤或者隔离操作等安全设施、设备，并按照国家标准、行业标准或者国家有关规定对安全设施、设备进行经常性维护、保养，保证安全设施、设备的正常使用。

生产、储存危险化学品的单位，应当在其作业场所和安全设施、设备上设置明显的安全警示标志。

九、高度危险责任赔偿限额

> **第一千二百四十四条** 承担高度危险责任，法律规定赔偿限额的，依照其规定，但是行为人有故意或者重大过失的除外。

（一）实务问答

1. 我国法律对承担高度危险责任的赔偿限额是如何规定的？

现行法律关于责任限额的规定主要集中在航空运输、核设施等领域：

（1）关于民用航空器致人损害的赔偿限额

《民用航空法》第128条规定："国内航空运输承运人的赔偿责任限额由国务院民用航空主管部门制定，报国务院批准后公布执行。旅客或者托运人在交运托运行李或者货物时，特别声明在目的地点交付时的利益，并在必要时支付附加费的，除承运人证明旅客或者托运人声明的金额高于托运行李或者货物在目的地点交付时的实际利益外，承运人应当在声明金额范围内承担责任；本法第一百二十九条的其他规定，除赔偿责任限额外，适用于国内航空运输。"第129条对此又作了具体规定："国际航空运输承运人的赔偿责任限额按照下列规定执行：（一）对每名旅客的赔偿责任限额为16600计算单位；但是，旅客可以同承运人书面约定高于本项规定的赔偿责任限额。（二）对托运行李或者货物的赔偿责任限额，每公斤为17计算单位。旅客或者托运人在交运托运行李或者货物时，特别声明在目的地点交付时的利益，并在必要时支付附加费的，除承运人证明旅客或者托运人声明的金额高于托运行李或者货物在目的地点交付时的实际利益外，承运人应当在声明金额范围内承担责任。托运行李或者货物的一部分或者托运行李、货物中的任何物件毁灭、遗失、损坏或者延误的,用以确定承运人赔偿责任限额的重量,仅为该一包件或者数包件的总重量;但是,因托运行李或者货物的一部分或者托运行李、货物中的任何物件的毁灭、遗失、损坏或者延误,影响同一份行李票或者同一份航空货运单所列其他包件的价值的,确定承运人的赔偿责任限额时,此种包件的总重量也应当考虑在内。(三)对每名旅客随身携带的物品的赔偿责任限额为332计算单位。"第132条又进一步规定:"经证明,航空运输中的损失是由于承运人或者其受雇人、代理人的故意或者明知可能造成损失而轻率地作为或者不作为造成的,承运人无权援用本法第一百二十八条、第一百二十九条有关赔偿责任限制的规定;证明承运人的受雇人、代理人有此种作为或者不作为的,还应当证明该受雇人、代理人是在受雇、代理范围内行事。"

(2) 关于民用核设施发生核事故致人损害的赔偿限额

《国务院关于核事故损害赔偿责任问题的批复》(国函〔2007〕64号)第7条规定,核电站的营运者和乏燃料贮存、运输、后处理的营运者,对一次核事故所造成的核事故损害的最高赔偿额为3亿元人民币;其他营运者对一次核事故所造成的核事故损害的最高赔偿额为1亿元人民币。核事故损害的应赔总额超过规定的最高赔偿额的,国家提供最高限额为8亿元人民币的财政补偿。对非常核事故造成的核事故损害赔偿,需要国家增加财政补偿金额的由国务院评估后决定。该批复第8条规定,营运者应当做出适当的财务保证安排,以确保发生核事故损害时能够及时、有效地履行核事故损害赔偿责任。在核电站运行之前或者乏燃料贮存、运输、后处理之前,营运者必须购买足以履行其责任限额的保险。

此外,国务院《铁路交通事故应急救援和调查处理条例》原第33条曾对火车等高速运输工具致人损害的赔偿限额作出规定,但此规定已被废止。

2. 如果当事人的赔偿责任尚未超出相关赔偿限额的规定,当事人还需对赔偿责任限制进行主张吗?

在宁波某运输有限公司、浙江某海运有限公司(以下简称某海运公司)、江某某等船舶碰撞损害责任纠纷案[①]中,某海运公司、江某某、应某某、潘某某主

---

① 案号:浙江省高级人民法院(2020)浙民终579号。

张,根据《海商法》第204条规定,其作为"某运3"轮所有人享有限制赔偿责任的权利,"某运3"轮总吨1990,根据《海商法》第210条和《关于不满300总吨船舶及沿海运输、沿海作业船舶海事赔偿限额的规定》第4条规定,对"某运3"轮的非人身伤亡赔偿请求的赔偿限额为207915计算单位,某海运公司、江某某、应某某、潘某某应承担的赔偿数额应在法律规定的赔偿限额之内。一审法院认为,根据《海商法》第215条之规定,海事赔偿责任限制仅适用于碰撞双方事故损失两个请求金额之间的差额,本案双方当事人的赔偿请求相互抵销后,某海运公司、江某某、应某某、潘某华赔偿某公司的金额没有超过其海事赔偿责任限额,故双方当事人关于海事赔偿责任限制的主张没有意义,本院均不予支持。二审法院维持原判。

从上述案例可知,根据《民法典》第1244条的规定,承担高度危险责任,法律规定赔偿限额的,依照其规定。但如果当事人的赔偿责任尚未超出相关赔偿限额的规定,则当事人关于进行赔偿责任限制的主张,并无实际意义。

(二) 关联规定

《国内航空运输承运人赔偿责任限额规定》

第三条 国内航空运输承运人(以下简称承运人)应当在下列规定的赔偿责任限额内按照实际损害承担赔偿责任,但是《民用航空法》另有规定的除外:

(一) 对每名旅客的赔偿责任限额为人民币40万元;

(二) 对每名旅客随身携带物品的赔偿责任限额为人民币3000元;

(三) 对旅客托运的行李和对运输的货物的赔偿责任限额,为每公斤人民币100元。

《中华人民共和国铁路法》

第十七条 铁路运输企业应当对承运的货物、包裹、行李自接受承运时起到交付时止发生的灭失、短少、变质、污染或者损坏,承担赔偿责任:

(一) 托运人或者旅客根据自愿申请办理保价运输的,按照实际损失赔偿,但最高不超过保价额。

(二) 未按保价运输承运的,按照实际损失赔偿,但最高不超过国务院铁路主管部门规定的赔偿限额;如果损失是由于铁路运输企业的故意或者重大过失造成的,不适用赔偿限额的规定,按照实际损失赔偿。

托运人或者旅客根据自愿可以向保险公司办理货物运输保险,保险公司按照保险合同的约定承担赔偿责任。

　　托运人或者旅客根据自愿，可以办理保价运输，也可以办理货物运输保险；还可以既不办理保价运输，也不办理货物运输保险。不得以任何方式强迫办理保价运输或者货物运输保险。

第九章 饲养动物损害责任

一、饲养动物致害责任的一般规定

> **第一千二百四十五条** 饲养的动物造成他人损害的，动物饲养人或者管理人应当承担侵权责任；但是，能够证明损害是因被侵权人故意或者重大过失造成的，可以不承担或者减轻责任。

（一）实务问答

1. 什么情形会构成饲养动物致害侵权？构成要件是什么？

饲养动物直接或者间接导致他人人身或财产损害，都可能构成《民法典》第1245条所规定的饲养动物侵权致害，具体情形如：饲养的动物直接挠伤或者咬伤他人，巨型犬将人扑伤，饲养的动物未触碰到他人，但是他人因为避开动物摔伤，都能构成本条下的饲养动物侵权。

一般构成侵权需要满足侵权人主观上存在故意或者过失这一主观要件，即学理上所说的过错责任原则。但是本条款并未将主观过错作为构成侵权的要件，可见饲养动物致害采取的是无过错责任原则。但是，如果侵权人能够证明损害结果的发生是由于被侵权人本身存在故意或者重大过失，如受害人无视提醒警告，主动招惹动物的，侵权人可以主张免除或者减轻侵权责任。同理，如果游客在逛动物园时无视有关警示，违反园区规定被动物袭击的，园区同样可以引用本条但书免责。

总之，被侵权人能够证明损害结果已经发生，且损害结果是由他人饲养的动物造成的，就已经初步完成了举证责任。如果侵权人能够进一步证明是由于被侵权人故意或者重大过失造成此次事故，可以减轻，甚至不承担侵权责任。

2. 在野外被野生动物袭击，是不是只能自认倒霉，无人担责了？

在野外被野生动物咬伤，并不意味着只能自认倒霉、无人担责。实际上，根据不同情况，责任承担者可能有所不同。一般情况下，根据《野生动物保护法》第19条第1款规定：因保护本法规定保护的野生动物，造成人员伤亡、农作物或者其他财产损失的，由当地人民政府给予补偿。具体办法由省、自治区、直辖市人民政府制定。有关地方人民政府可以推动保险机构开展野生动物致害赔偿保险业务。因此根据该规定，在野外遭受野生动物袭击的，受害人或者家属可以及时向当地政府部门报告，请求补偿。

3. 猫咖的小猫导致消费者受伤的，店主是否要承担责任？

消费者主动前往猫咪咖啡厅等动物聚集的地方消费，被动物抓伤或者咬伤的经营人应当承担饲养动物致害的侵权责任。北京市第三中级人民法院曾就宠物纠纷发布了十一个典型案例，其中一个案件就是未成年人鲁某某到某公司处与小猫进行互动体验时，因触摸了猫咪的敏感部位即臀部及尾巴，导致小猫应激，将鲁某某咬伤。事发后，某公司对鲁某某伤口处进行了基本处理。随后，鲁某某父母带鲁某某到社区医院接种狂犬疫苗，并先后多次于医院检查，为此支出疫苗接种费及医疗费、护理费、交通费共计一万余元。[①]

法院认为，根据已经查明的情况，鲁某某在某公司与小猫进行互动体验时被咬伤右臂，某公司作为事故发生时的动物管理人应承担赔偿责任，考虑到事发时鲁某某的陪同成年家属未尽到对其的保护义务，自身亦存在一定过错，故应据此减轻某公司的责任。

由此可见在司法实践中，对于将其饲养、管理的动物用于营利的管理人，其既属于本条下的饲养人或者管理人，而且由于其从中获利的特点，司法实践还会对其课以更高的注意义务。

[①] 《典型案例五——鲁某某诉某公司饲养动物损害责任纠纷案》，北京市第三中级人民法院发布十一个涉宠物纠纷典型案例，载中国法院网，https://www.chinacourt.org/chat/chat/2024/05/id/53250.shtml，最后访问日期：2024年10月25日。

4. 为了防止饲养动物致人损害给自己带来侵权责任，宠物主人需要做好哪些工作？

在决定领养动物前，法律法规就已经对动物饲养作出了规范。首先，宠物主人应当确保领养的动物并非法律或者行政法规所禁养的动物，如一些国家级保护动物、禁养烈性犬等。尤其是宠物犬作为日常家庭中最受欢迎，却又容易对人类发动攻击的物种，许多地区已经推行了宠物犬的芯片植入以及登记工作，对宠物犬进行管理。还要注意领宠物接种疫苗、体外驱虫，不仅有益于宠物健康，也是对自己和他人负责。

在完成前期领养准备工作，正式迎接小动物成为家庭中的一员后，宠物主人需要做好宠物的管理工作，对自家宠物进行引导、训练，去户外与宠物互动，避免犬吠或者其他宠物行为影响邻居的日常生活，及时处理宠物排泄物，做好动物的卫生清洁工作。带宠物外出时，应当做好宠物的管理工作，确保宠物不逃脱，遛狗要牵绳。并且避免带宠物去人群密集的公共场所，这类场所往往容易造成动物应激，更易引发安全事故。

如若真发生动物伤人事件，应当立即采取措施，积极承担责任，如果条件允许，宠物主人可以选择购买宠物第三者责任险，在发生饲养动物致人损害事故时能够通过保险理赔。

（二）关联规定

《中华人民共和国野生动物保护法》

第十九条 因保护本法规定保护的野生动物，造成人员伤亡、农作物或者其他财产损失的，由当地人民政府给予补偿。具体办法由省、自治区、直辖市人民政府制定。有关地方人民政府可以推动保险机构开展野生动物致害赔偿保险业务。

有关地方人民政府采取预防、控制国家重点保护野生动物和其他致害严重的陆生野生动物造成危害的措施以及实行补偿所需经费，由中央财政予以补助。具体办法由国务院财政部门会同国务院野生动物保护主管部门制定。

在野生动物危及人身安全的紧急情况下，采取措施造成野生动物损害的，依法不承担法律责任。

《中华人民共和国治安管理处罚法》

第七十五条 饲养动物，干扰他人正常生活的，处警告；警告后不改正的，或者放任动物恐吓他人的，处二百元以上五百元以下罚款。

驱使动物伤害他人的，依照本法第四十三条第一款的规定处罚。

二、未对动物采取安全措施损害责任

> **第一千二百四十六条** 违反管理规定，未对动物采取安全措施造成他人损害的，动物饲养人或者管理人应当承担侵权责任；但是，能够证明损害是因被侵权人故意造成的，可以减轻责任。

（一）实务问答

1. 在饲养动物方面，社会各个主体应当承担什么样的责任？

城市化进程不断推进的优势是人民生活质量逐步提升，在满足人民温饱日常的同时，为了满足自身精神需求，越来越多的人开始选择饲养动物。

饲养动物能够满足人们的精神需求。领养流浪动物，能减轻环境压力，避免流浪动物给他人造成损害，是承担社会责任的一种表现。但是，现实生活中确实有部分动物饲养人或管理人养犬不文明、不规范，给社区治理、市容管理、公共安全、人身安全以及卫生防疫等方面带来了负面影响。为规范养犬，许多城市陆续出台地方法规规章，明确了养犬规范、行政机关的监管职责以及处罚权限，这些规定为文明、规范饲养动物提供了指引和依据。

养犬人士应当增强文明意识、规则意识和法治意识，做到文明养犬、依规养犬。行政机关依法积极履行职责，加强对饲养行为的监管起着重要作用。行政机关通过严格、规范、公正、文明执法，有助于促进文明、依法饲养良好习惯的养成。人民法院也将持续监督并支持行政机关依法行使法定职权、履行法定职责，依法支持行政机关对不合法、不文明养犬行为作出的行政处罚等行政管理行为。尤其需要立足预防违法，防止危害后果的发生，推动动物管理规范的落地落实，与行政机关形成合力，共同维护安全有序的社会环境。

2. 受害人故意向没有牵绳的狗扔石子，狗将人咬伤，宠物主人是否可以以受害人故意为由主张免责?

这种情况下，狗主人难以免责。虽然受害人故意向没有牵绳的狗扔石子确实存在一定过错，但宠物主人未牵绳本身也是违反相关管理规定的行为，受害人受伤既有自身过错的原因，宠物主人未牵绳也是导致事故发生的重要因素。虽然在确定赔偿责任时，会考虑受害人的故意行为减轻狗主人的责任，但不能完全免责。如果狗主人对狗采取了合理的管控措施，如将狗关在封闭的院子里等，而受害人故意闯入并扔石子导致被咬伤，这种情况下狗主人可能承担较小的责任甚至有可能在特定情形下免责。

在判断受害人故意或者重大过失对事故原因力大小时，可从以下几个方面综合考虑：

（1）行为的主动性和恶意程度

例如，如果受害人只是轻微地向狗的方向扔了一颗小石子，且距离较远，不一定能认定为强烈的主动挑衅。但如果受害人多次、用力地向狗扔石子，甚至直接拿棍子击打犬只，这种行为的主动性和恶意程度就较高。

（2）被害人的行为目的

还可以考虑受害人扔石子的目的是什么。如果是出于恶意伤害，那么其故意行为的影响程度就较大。如果是因为受到狗的惊吓而本能地做出扔石子的反应，虽然也有一定过错，但影响程度相对较小。

（3）被害人以及宠物的后续行为

如果在遭受被害人攻击后，宠物一开始仅仅是轻微地叫了几声或者躲开，而没有立即攻击，受害人在此种情况下又持续挑衅，最终导致了侵权事故的发生，那么可以认为受害人的故意行为对事件的影响较大。

（4）宠物管理人或者饲养人是否采取应急、控制行为

如果饲养人或管理人采取了合理的控制措施，如在看到受害人扔石子后，立即尽力控制狗，如拉住狗绳、将狗抱走等，但狗还是挣脱咬伤了受害人，也属于酌情考量侵权责任的情节。

总之，在判断受害人故意行为对被狗咬伤事件的影响程度需要综合考虑多个因素，包括行为的主动性和恶意程度、狗的反应及后续行为、事件发生的环境和背景以及相关证据的收集和分析等。在具体案件中，应根据实际情况进行全面、

客观的判断。

3. 逛商场的途中被商户所饲养的宠物挠伤,谁来担责?

首先,商铺店主作为犬只的直接管理人、饲养人,当然承担侵权赔偿责任。但是商场经营者,由于未能尽到公共场所的安全保障义务,也应承担连带责任。

在男孩商城购物遭犬咬伤的案件①中,男孩亮亮进入某一商城内购物。该商城是一个开放性的集贸市场,有多个大门。为了等候家属,亮亮在西门等候。等候过程中,一家商户饲养的犬只扑到亮亮身上,将其咬伤。通过事后走访了解,该肇事狗在该商城门口还曾将另一家商户的未成年孩子的胳膊和脸咬伤。亮亮及其监护人向法院起诉,请求判令犬只饲养人王某、孙某与该商城经营者连带赔偿医疗费3058元、补课费1500元、营养费600元、交通费200元、精神损害抚慰金2000元,共计7358元。该商城负责人抗辩:商城无权干涉商户饲养宠物,也不应承担赔偿责任。

根据《民法典》第1198条第2款规定:"因第三人的行为造成他人损害的,由第三人承担侵权责任;经营者、管理者或者组织者未尽到安全保障义务的,承担相应的补充责任。经营者、管理者或者组织者承担补充责任后,可以向第三人追偿。"商城作为经营者、管理者,应当对相关公众的人身安全负担合理的保障义务,本案商城疏于履行安全保障义务,放任商户饲养犬类、放任未采取安全防范措施的犬类出入商城活动而不进行劝阻制止,对受害人亮亮损害的发生存在过错。因此,法院判定商城应对亮亮的损失在30%限额内承担补充责任。

(二) 关联规定

《中华人民共和国民法典》

第一千一百七十八条 本法和其他法律对不承担责任或者减轻责任的情形另有规定的,依照其规定。

---

① 付明亮:《商户养犬伤人,商城难辞其咎》,载《人民法院报》2022年6月20日,第3版。

三、禁止饲养的危险动物损害责任

> **第一千二百四十七条** 禁止饲养的烈性犬等危险动物造成他人损害的，动物饲养人或者管理人应当承担侵权责任。

（一）实务问答

1. 什么是危险动物？

危险动物一般是指那些可能对人类造成严重伤害甚至危及生命的动物。比如，老虎、狮子、豹子等大型猫科动物；鳄鱼、鲨鱼等具有强大攻击能力的水生动物；毒蛇如眼镜王蛇、五步蛇等，它们的毒液可能导致严重的中毒反应甚至死亡。但对本条而言，最常见的属于生活中禁养的烈性犬，我国已经有相关法律法规对禁养犬、烈性犬进行明确列举，各个地区对禁养犬名录可能有所出入，以深圳为例，以下25种犬种在深圳禁养：（1）西藏獒犬；（2）比特斗牛梗犬；（3）阿根廷杜高犬；（4）巴西非拉犬；（5）日本土佐犬；（6）中亚牧羊犬；（7）川东犬（重庆犬）；（8）苏俄牧羊犬；（9）牛头梗犬；（10）英国马士提夫犬；（11）意大利卡斯罗犬；（12）大丹犬；（13）俄罗斯高加索犬；（14）意大利扭玻利顿犬；（15）斯塔福梗犬；（16）阿富汗猎犬；（17）波音达犬；（18）威玛猎犬；（19）雪达犬；（20）寻血猎犬；（21）巴仙吉犬；（22）秋田犬；（23）纽芬兰犬；（24）贝林登梗犬；（25）凯丽蓝梗犬。

烈性犬的具体品种，一般由地区的畜牧兽医行政管理部门确定，并向社会公布。根据《深圳市养犬管理条例》第34条规定，违反本条例第9条的规定，饲养烈性犬的，主管部门处有权对违规者处以五千元罚款，并没收犬只。

2. 受害人故意挑逗、伤害危险动物后受伤，动物主人是否免责？

根据《民法典》第1245条规定，饲养的动物造成他人损害的，动物饲养人或者管理人应当承担侵权责任；但是，能够证明损害是因被侵权人故意或者重大过失造成的，可以不承担或者减轻责任。本条只适用于非危险动物的饲养情形。如果饲养人或者管理人饲养的本就属于法律法规禁止饲养的危险动物，一般不能以本条主张免责或者减轻责任。

危险动物相比饲养一般动物更难控制，该类动物一旦发动攻击，往往会造成极为严重的后果，对于法律法规禁止饲养的烈性犬等危险动物，即便受害人存在故意挑逗、伤害动物的行为，动物饲养人或管理人仍需承担责任。于2024年9月27日起施行的《最高人民法院关于适用〈中华人民共和国民法典〉侵权责任编的解释（一）》第23条明确规定，禁止饲养的烈性犬等危险动物造成他人损害，动物饲养人或者管理人主张不承担责任或者减轻责任的，人民法院不予支持。

最高人民法院在答记者问中，更是再次强调了：在饲养了禁止饲养犬只的情况下，动物饲养人或者管理人应当承担侵权责任。比如，某市养犬管理规定禁止饲养藏獒。饲养人违反该规定，饲养了一只藏獒。当藏獒咬伤他人时，不论饲养人采取了何种管理措施，也不论被侵权人是否存在逗弄藏獒等行为，饲养人都应该承担赔偿责任。[1]

在徐某某诉刘某某饲养动物损害责任纠纷案[2]中，刘某某饲养了一只阿拉斯加犬，属于市区内禁止饲养的大型犬。某日，未成年人徐某某在玩耍过程中，偶遇刘某某牵领该犬出行。王某某和徐某某逗犬时，该犬突然抓伤徐某某面部。徐某某就此次事故提起诉讼，请求刘某某赔偿医疗费、住院期间伙食补助费、交通费、护理费等各项费用。

审理法院认为，动物饲养人在享受饲养动物乐趣的同时应承担较高的管理义务，严格遵守相关管理规定，避免动物给他人健康和人身安全带来危险，营造安全的居住环境，维护社会公共秩序，虽然徐某某逗犬有过错，但也不能减轻刘某某的责任。最终判决：刘某某赔偿徐某某损失30197.65元。

3. 实际生活中要如何管理犬只，才能够避免承担民事赔偿责任？

养犬也是养责任，动物饲养人、管理人应当依法、文明饲养管理动物，携带

---

[1] 最高人民法院相关部门负责人就饲养动物损害责任典型案例答记者问，载最高人民法院官网，https://www.court.gov.cn/zixun/xiangqing/424932.html，最后访问日期：2024年10月25日。

[2] 《禁止饲养的大型犬致人损害，饲养人、管理人承担全部赔偿责任——徐某某诉刘某某饲养动物损害责任纠纷案》，来源于最高人民法院发布6个饲养动物损害责任典型案例，载最高人民法院官网，https://www.court.gov.cn/zixun/xiangqing/424922.html，最后访问日期：2025年3月16日。

动物外出时不仅要遵守相关管理规范,而且要防止和避免他人受到损害。具体可以采取以下措施:提供安全饲养环境,为犬只设置安全的生活区域,使用牢固的狗笼或围栏,防止犬只在无人看管时随意跑出家门;外出时使用合适的牵引绳,出门遛狗时必须使用牵引绳,且牵引绳的长度要适中,既能给予犬只一定的活动空间,又能在紧急情况下及时控制犬只;对于一些性格较为活泼或容易激动的犬只,在外出时可以佩戴嘴套,防止犬只咬伤他人或误食有害物质。

(二)关联规定

《最高人民法院关于适用〈中华人民共和国民法典〉侵权责任编的解释(一)》

第二十三条 禁止饲养的烈性犬等危险动物造成他人损害,动物饲养人或者管理人主张不承担责任或者减轻责任的,人民法院不予支持。

四、动物园饲养动物损害责任

> **第一千二百四十八条** 动物园的动物造成他人损害的,动物园应当承担侵权责任;但是,能够证明尽到管理职责的,不承担侵权责任。

(一)实务问答

1. 在逛动物园的时候受伤,应当如何承担责任?

根据本条规定,园区内动物造成游客损伤的,应当承担侵权责任。但落实到生活实践中,不能一概而论,并非一切在园区的损伤都可以要求园区进行赔偿。应当根据不同情形分类讨论:

(1)游客违规入园遭动物袭击,动物园是否需要承担责任?

假设某市动物园内,一名游客无视园区内多处张贴的警示标识和规定,擅自闯入动物活动区域,结果不幸遭到动物袭击并受伤。此时关键在于动物园是否尽到了管理职责,这主要体现在两个方面:一是预防管理职责:在动物致害案件发生前,动物园是否在园区内醒目位置放置了相关的安全通告和警示标识?动物园是否安排了专门人员进行不间断巡视,以及时发现并制止游客的违规行为?动物园是否定期对园区设施进行安全隐患排查,确保动物活动区域与游客游览区域的有效隔离?二是事后处理职责:在动物致害案件发生后,动物园是否迅速组织人员进行抢救和治疗,以减轻游客的伤势?动物园是否主动提供了必要的协助和支持,如联系急救部门、协助游客家属等?如果动物园方面能够证明自己在预防管理和事后处理两个方面均已经尽到了合理的管理职责,那么动物园将不承担侵权责任。

(2) 在动物园区被昆虫咬伤,能让动物园承担责任吗?

根据《民法典》第 1248 条的规定,动物园的动物造成他人损害的,动物园应当承担侵权责任;但是,能够证明尽到管理职责的,不承担侵权责任。然而,这里的"动物"特指动物园专门饲养、看管的动物。如果动物园中有昆虫区,因疏于管理导致区域内昆虫潜逃,并造成游客损伤的,当然属于本条下的情形,动物园应当承担侵权责任。

但如果是野外本身存在的昆虫等野生小动物,并非动物园所能看管或饲养的,动物园也不可能对全部的野生昆虫加以管理控制,因此不能直接将此条款应用于昆虫咬伤游客的情况,需要进一步分析,虽然昆虫并非动物园饲养的动物,但动物园作为公共场所,仍有一定的安全保障义务。动物园应确保其场所符合一定的安全标准,不至于损害游客的人身安全。如果动物园在管理过程中可以预见到昆虫等动物可能带来的危险(如休息区附近存在昆虫巢穴等),就应该采取相应的安全防范和警示措施。

总之,游览动物园时被昆虫咬伤,能否让动物园承担责任需要具体分析。如果动物园在管理过程中存在疏忽或未尽到合理的安全保障义务,导致游客被昆虫咬伤,那么动物园应承担相应的赔偿责任。然而,如果动物园已经采取了合理的措施进行防范和救助,且昆虫咬伤属于不可预见或不可避免的事件,那么动物园可能不需要承担赔偿责任。

2. 马戏团的动物致人损害,由谁承担责任?是否适用本条规定?

如果马戏团的动物失控闯进观众席,造成观众受伤,根据《民法典》第 1245 条规定:"饲养的动物造成他人损害的,动物饲养人或者管理人应当承担侵权责任;但是,能够证明损害是因被侵权人故意或者重大过失造成的,可以不承担或者减轻责任。"马戏团作为动物的饲养人或管理人,在动物致人损害的情况下，通常应承担侵权责任。另外，由于马戏团属于公共空间，受伤观众也可以以马戏团违反了安全保障义务为由，要求马戏团承担侵权责任。

那么，如果马戏团的动物伤害的并非观众，而是马戏团的工作人员，是否也能适用该条，要求管理人或者饲养人承担责任呢？一般来说，驯养人员、饲养人员在工作中遭受动物伤害时，责任的承担并不直接适用《民法典》中关于"饲养的动物造成他人损害"的侵权责任条款。但可以循其他法律途径维护个人权益，马戏团或动物园往往会与驯养人员、饲养人员就伤害的责任承担作出约定，以限制自身的责任。这类约定通常体现在工作协议或劳动合同中。作为驯兽员、饲养人员、驯养人员，他们明知驯养、看管动物的风险，并认可相关约定。因此，一旦发生相关损害事实，双方通常会依照劳动协议的约定处理，适用劳动法的有关规定。

3. 未成年人违反园区规定擅自投喂小动物导致损伤，由谁承担责任？

未成年人受害案件往往需要考虑多方面因素，如动物园或园区是否尽到安全管理责任、未成年人是否存在过错以及监护人是否存在过错。

在谢叶阳诉上海动物园饲养动物致人损害纠纷案[①]中，原告谢叶阳在上海动物园游玩时，擅自穿过防护栏给猴子喂食，不慎被猴子咬伤右手中指。事发时上海动物园无工作人员在场，原告父亲随后带原告就医并报警。原告因此住院并花费了医疗费，还需定期更换假肢及维修。经鉴定，原告伤势构成十级伤残，需护理60日，营养30日。法院勘查发现，防护栏存在儿童可钻入的间隙。

本案的争议焦点之一为：对于上诉人谢叶阳的受伤，谢叶阳的法定代理人以及上诉人上海动物园是否需承担各自的责任及责任应如何分担？上海市第一中级人民法院二审判决指出：在饲养动物致人损害案件中，饲养人或管理人需承担侵权责任，除非能证明损害由被侵权人故意或重大过失造成。本案中，4岁男童谢叶阳在上海动物园灵长馆，擅自穿越设有警示牌的金属隔离护栏喂食猴子而受伤。法院认为，谢叶阳监护人未充分履行监管职责，存在重大过失，故不支持其免责主张。同时，上海动物园作为专业管理机构，虽有警示但护栏间距存在安全隐患，且事发时无人值守、缺乏有效紧急联系方式，未尽到充分管理职责。因

[①] 《谢叶阳诉上海动物园饲养动物致人损害纠纷案》，载《最高人民法院公报》2013年第8期（总第202期）。

此，二审法院维持原判，即谢叶阳法定代理人承担60%的责任，上海动物园承担40%的责任。

实践中，未成年人由于心智不成熟，规则意识不强，自我控制能力较差，更容易作出一些使动物应激的行为。虽然动物致害采取的是无过错归责原则，但是不免除监护人的监管义务，监护人仍应当充分履行管理职责。

（二）关联规定

《城市动物园管理规定》

第二条　本规定适用于综合性动物园（水族馆）、专类性动物园、野生动物园、城市公园的动物展区、珍稀濒危动物饲养繁殖研究场所。

从事城市动物园（以下简称动物园）的规划、建设、管理和动物保护必须遵守本规定。

第十五条　动物园管理机构应当加强动物园的科学化管理，建立健全必要的职能部门，配备相应的人员，建立和完善各项规章制度。科技人员应达到规定的比例。

第十七条　动物园管理机构应当备有卫生防疫、医疗救护、麻醉保定设施，定时进行防疫和消毒。有条件的动物园要设有动物疾病检疫隔离场。

五、遗弃、逃逸动物损害责任

第一千二百四十九条　遗弃、逃逸的动物在遗弃、逃逸期间造成他人损害的，由动物原饲养人或者管理人承担侵权责任。

（一）实务问答

1. 小区里的流浪猫将人挠伤，谁来担责？如何认定流浪动物的饲养人或者管理人？

如果是住宅小区内的流浪动物致人损伤，可以要求物业公司承担责任，物业公司作为小区的管理方，也有责任维护小区的公共秩序和安全。如果物业公司没有采取有效的措施来管理流浪猫，导致业主被流浪猫挠伤，那么受害者可以向物业公司追责。如果流浪动物有形成实际管控关系的管理人或者饲养人，也可向管理人或者饲养人追究侵权责任。

在陈某某与张某侵权责任纠纷案[①]中，陈某某声称其被张某所养的狗咬伤，随后就医并接种了狂犬疫苗。因向张某索赔未果，陈某某向法院起诉，要求赔偿医疗费用及误工损失。被告张某回应称，陈某某确实被狗咬伤，但肇事狗是一条流浪狗。张某认为自己不是本案的适格被告，请求法院驳回陈某某的全部诉讼请求。诉讼中，原告提供照片，证明张某在其所在的经营场所存放了狗绳、狗盆等物品。

法院经审理认为：依据《民法典》第1245条规定，饲养或管理的动物造成损害的，饲养人或管理人需承担侵权责任。尽管咬伤原告的是流浪狗，但被告长期投喂并在其办公场所附近放置狗用品，表明其为流浪狗的实际管理人，应负责采取安全措施。被告收留流浪狗虽出于善意，但亦需承担管理和约束责任。因其未尽此责导致伤人，应承担侵权责任。正确处理流浪狗的方式是送交收容机构或合法收养，并采取安全措施防止伤人。因此，最终判决被告赔偿原告医疗费1958元、交通费100元（酌定）及误工费100元（1天，酌定），总计2158元。

2. 收养流浪的小动物后，二次遗弃该动物，该动物伤人，如何承担责任？

此种情形下很可能是典型的遗弃动物致人损害，领养者应当承担赔偿责任。虽然收养小动物是履行社会责任的一种表现，但是也意味着领养人的领养行为，在事实上与流浪动物正式成立了管理与控制关系。此种情形下，领养人作为不得再随意拒绝承担相关责任，因为遗弃动物的行为，可以类比于放任危险物重新处于无人管控的状态，给他人生命健康以及财产安全造成威胁。另外，遗弃动物也是一种不道德和不负责任的行为。在收养动物之前，应该充分考虑自己的能力和条件，确保能够为动物提供一个稳定、安全和健康的生活环境。如果无法继续饲养动物，应该寻求合法的途径来转让或安置动物，而不是简单地将其遗弃。

---

① 案号：重庆市巴南区人民法院（2021）渝0113民初21424号。

3. 食品公司饲养的猪跑出猪圈致人损伤，应当如何承担责任？

此种情形下，虽然并非饲养人或者管理人恶意遗弃，但由于本条采取的是无过错责任原则，食品公司仍要承担责任。但如果是由于被侵权人故意或者重大过失造成的，那么可以减轻或免除其责任；如果因第三人过错导致的事故，食品公司承担责任后也能向第三人追偿。

在李某某、某某食品有限责任公司（以下简称食品公司）等饲养动物损害责任纠纷案①中，原告李某某前往被告公司下属的屠宰场选购猪肉的途中，不慎被生猪撞伤。随后被送往某人民医院接受治疗。原告遂向法院提起诉讼。被告主张两点抗辩，第一，被告屠宰场内的生猪均是圈放在猪栏内，非被告公司工作人员禁止进入猪栏内；第二，被告并非屠宰场猪栏内生猪的饲养人或者管理人。被告屠宰场猪栏是无偿提供给猪贩圈放生猪的场地，猪栏内的生猪所有权人及管理人仍然是家禽货主，生猪的交易（选猪、谈价）还是由货主与买主完成，被告工作人员只是负责过磅和屠宰，并收取过磅费和屠宰劳务费。

对于责任主体以及责任承担的问题，法院论述如下：原告李某某违反公司规定擅自进入被告公司的猪圈挑选生猪并因此受伤，其行为存在重大过失。食品公司提供相关服务，其服务场所虽相对开放，但生猪进入猪圈后即归食品公司管理，食品公司应对生猪负有管理责任。然而，食品公司未阻止原告进入猪圈，管理上存在瑕疵，导致原告受伤。最终法院判令被告公司承担15%的民事责任。

4. 放生和遗弃的区别是什么？不恰当放生动物将面临哪些责任？

放生，通常指将原本被捕获、圈养或处于非自然状态的动物释放到自然环境中的行为。遗弃则是指原本被人类饲养、照顾的动物，由于饲养者的疏忽、不负责任或故意抛弃，导致动物失去原有的生活环境和照顾。

法律责任方面，放生动物分为合法放生和违法放生：在遵守相关法律法规的前提下，放生动物是合法的。但需要注意的是，放生者必须确保放生的动物不会对当地生态系统造成威胁。就合法放生，地方或者国家有关部门会出台专门的规定，规范引导，科学放生，如广州市就出台了《广州市野生动物放生管理规定》。如果放生行为违反了相关法律法规，如将外来物种放生到非原生地，导致生态入

---

① 案号：平果市人民法院（2020）桂1023民初256号。

侵，或者将受保护的野生动物非法放生，将面临法律责任。根据《野生动物保护法》和《生物安全法》的相关规定，可能面临罚款、捕回义务甚至刑事责任。遗弃动物主要应当承担的是民事责任，即构成遗弃动物造成他人损害的，由动物原饲养人或者管理人承担侵权责任。这包括赔偿受害人的医疗费用、财产损失等。在某些地区，遗弃动物还可能面临行政处罚，如罚款、拘留等。虽然遗弃动物本身通常不构成刑事犯罪，但如果遗弃行为导致了严重后果，如动物死亡、人类受伤等，并且遗弃者存在故意或重大过失，可能触犯相关刑事法律。

实践中，许多人在野外看到受伤的野生动物时都会主动救助、收留，这虽是体现爱心和践行社会责任的一种表现，但是为了避免行为不当给他人和环境造成损失或者不利后果，在初步救助野生动物后，最好能够及时联系政府有关部门，让专业机关机构来处理。

（二）关联规定

《中华人民共和国野生动物保护法》

第十九条　因保护本法规定保护的野生动物，造成人员伤亡、农作物或者其他财产损失的，由当地人民政府给予补偿。具体办法由省、自治区、直辖市人民政府制定。有关地方人民政府可以推动保险机构开展野生动物致害赔偿保险业务。

有关地方人民政府采取预防、控制国家重点保护野生动物和其他致害严重的陆生野生动物造成危害的措施以及实行补偿所需经费，由中央财政予以补助。具体办法由国务院财政部门会同国务院野生动物保护主管部门制定。

在野生动物危及人身安全的紧急情况下，采取措施造成野生动物损害的，依法不承担法律责任。

六、因第三人过错致使动物致害责任

> 第一千二百五十条　因第三人的过错致使动物造成他人损害的，被侵权人可以向动物饲养人或者管理人请求赔偿，也可以向第三人请求赔偿。动物饲养人或者管理人赔偿后，有权向第三人追偿。

(一) 实务问答

1. 景区游客违规骑马，造成他人损伤，谁来担责？

根据案件实际情况，被侵权人可以选择让违规骑马的第三人游客承担责任，也可以选择让景区承担责任，景区承担责任后，可以进一步向游客追偿。

在卢某与郑某某追偿权纠纷案[1]中，郑某某及其子在卢某经营的景区参与骑马拍照项目时，景区内一匹小马跑动中缰绳绊倒了等待的游客王某某，导致其受伤并造成十余万元损失。王某某随后将卢某及景区运营方共同起诉至西安市灞桥区人民法院。经审理，法院判决卢某承担80%的责任。卢某认为第三人郑某某有过错导致王某某受伤，并计划向其追偿。但审理中发现，卢某所述王某某受伤时间与法院认定的时间不符，且郑某某坚称自己在王某某受伤过程中无过错。

二审法院经审理认为：一审中卢某提供的证据与证人证言在关键细节上存在前后不一致，因此不予采纳。二审中，证人王某某的证言也无法与其他证据相互印证，仅能证明管理人员离开后郑某某骑了马，故其证明目的未获认定。卢某作为景区马匹管理人员，未设置足够安全设施及安保人员，未尽安全管理义务，应对游客王某某的受伤承担赔偿责任。卢某未能提供充分证据证明郑某某对马匹伤人事件有过错，因此其向郑某某追偿的上诉理由不能成立，本院不予支持。

2. 别人的宠物咬伤自家爱宠，除财产损失外，能否主张精神损害赔偿？

他人动物导致自家爱宠受伤，饲养人或者管理人就财产损失，如为医治爱宠支付的医疗费等经济损失，可以得到支持，如果造成爱宠死亡，就爱宠本身的经济价值也能够主张损害赔偿。问题在于，对宠物主人造成的精神损害，能否主张赔偿责任呢？一般情况下，精神损害赔偿有着较为严苛的适用条件，根据《民法典》第1183条，侵害自然人人身权益造成严重精神损害的，被侵权人有权请求精神损害赔偿。同时，因故意或者重大过失侵害自然人具有人身意义的特定物造成严重精神损害的，被侵权人也有权请求精神损害赔偿。该条款明确了只有精神损害达到严重的程度，才会支持精神损害赔偿。虽然当今社会，宠物最主要的功能就是满足人类精神需求，宠物已经不仅仅是一项财产，有些家庭甚至把宠物当作

---

[1] 案号：陕西省渭南市中级人民法院（2022）陕05民终2684号。

家庭成员，对宠物主人有着特殊的意义，但司法实践中，要证明爱宠受伤对主人的精神损害达到严重程度，难度还是比较大的。

在张某诉孙某某饲养动物损害责任纠纷案[①]中，张某与孙某某在北京某小区遛狗时，双方犬只发生冲突，导致张某的边牧犬受伤。张某为治疗边牧犬花费了1030元医疗费。事发时，两犬均未佩戴嘴套，张某的边牧犬虽拴绳但狗证非本小区。张某认为孙某某未拴绳导致事故，双方协商未果，张某因此承受巨大心理压力，遂提起诉讼，要求孙某某赔偿其个人医疗费6600元、犬只医疗费560元、营养费500元，以及精神损失费8000元。

法院经审理后认为，动物饲养人或管理人应对动物造成的损害负责，除非能证明损害是被侵权人故意或重大过失所致。孙某某作为动物管理人需承担侵权责任。在此案中，张某的犬只受伤，医疗费与动物加害行为有因果关系。但考虑到张某异地养犬的情况，法院酌情判决孙某某赔偿张某犬只医疗费400元和营养费100元。由于张某未受人身伤害，且证据不足以证明其个人医疗费和精神损失与犬只打架事件有因果关系，因此法院不支持其相关赔偿请求。

（二）关联规定

《中华人民共和国民法典》

第一千二百四十五条　饲养的动物造成他人损害的，动物饲养人或者管理人应当承担侵权责任；但是，能够证明损害是因被侵权人故意或者重大过失造成的，可以不承担或者减轻责任。

第一千二百四十六条　违反管理规定，未对动物采取安全措施造成他人损害的，动物饲养人或者管理人应当承担侵权责任；但是，能够证明损害是因被侵权人故意造成的，可以减轻责任。

第一千二百四十七条　禁止饲养的烈性犬等危险动物造成他人损害的，动物饲养人或者管理人应当承担侵权责任。

[①] 《张某诉孙某某饲养动物损害责任纠纷案》，北京市第三中级人民法院发布十一个涉宠物纠纷典型案例，载北大法宝网，https://www.pkulaw.com/pal/a3ecfd5d734f711d9425a1fdfc730ebac6311b2d934e28ecbdfb.html，最后访问日期：2024年10月25日。

七、饲养动物应履行的义务

> **第一千二百五十一条** 饲养动物应当遵守法律法规，尊重社会公德，不得妨碍他人生活。

（一）实务问答

1. 路人自己因怕狗受惊，去医院检查产生的医疗费，饲养人是否需要承担？

如果饲养人未依照法律法规对宠物进行管理，导致他人受惊，产生的医疗费同样需要由饲养人承担，并且饲养人还可能需要承担行政罚款等责任。

在夏某与胡某饲养动物损害责任纠纷案①中，夏某在小区受到了胡某所养犬只的惊吓，当时该犬只处于未拴绳状态。随后，夏某因身体不适，被紧急调度的120救护车送往昌平区中医医院急诊科接受治疗。根据其门诊记录，夏某主诉已胸痛并伴有四肢麻木持续1小时，最终被诊断出胸痛、头痛以及脑梗死等症状。统计显示，夏某为此次医疗支付了总计1500.57元的费用。之后，北京市公安局昌平分局发布了编号为京公昌行罚决字（2022）52181号的行政处罚决定书。该决定书记载了这一事件，并最终决定对胡某给予警告并处以100元人民币的罚款，同时责令其改正上述违法行为。胡某辩称其宠物狗属于小型犬。其饲养的宠物犬为正常行走的状态，不认可原告主张受惊去医院产生的费用。

法院对此评析如下：饲养动物造成他人损害的，动物饲养人或管理人应当承担侵权责任，除非侵权人能够证明损害是因被侵权人故意或者重大过失造成的。本案中，胡某作为犬只的管理人，未对犬只拴绳，未能尽到管理饲养动物义务，夏某受到胡某饲养的犬只惊吓后就医，故应对夏某的损害承担侵权责任。最终判令由胡某承担夏某主张的医疗费1500.78元。

---

① 案号：北京市昌平区人民法院（2022）京0114民初14995号。

2. 由于动物造成的交通事故应当如何认定？责任如何承担？

在农村郊区，尤其是游牧民族地区，驾驶途中经常能看见当地农民放牧，公路上时而会出现农民饲养的家禽。如果车辆躲闪不及，撞上家禽，由此产生的财产损失甚至人身安全事故，责任应当如何认定？该类案件案由属于交通安全事故还是饲养动物损害责任？

在杨某某与于某某饲养动物损害责任纠纷案①中，原告于某某无证驾驶无牌摩托车在 G229 饶盖线某路段与杨某某的牛相撞，导致原告受伤、车辆及牛受损。2022 年 10 月 11 日，岫岩满族自治县交警大队认定于某某主责，杨某某次责。原告于 2022 年 8 月 5 日至 9 月 14 日分别在岫岩满族自治县中心人民医院和中国医科大学附属第一医院接受治疗，累计住院 40 天，花费医疗费 130738.19 元及救护车费 4400 元。2023 年 5 月 30 日，辽宁学苑司法鉴定中心鉴定原告为七级伤残，误工期、护理期、营养期均为 297 天（从 2022 年 8 月 6 日至 2023 年 5 月 29 日），此项鉴定费 2440 元。2023 年 8 月 7 日，吉林常春司法鉴定中心鉴定原告因脑外伤所致精神障碍，评定为十级伤残，此项鉴定费 2300 元。至定残日，原告 21 岁，其父 60 岁，其母 59 岁，均已达退休年龄，共有四名子女。经核算，原告损失总计 706253.11 元，包括医疗费、护理费、误工费、营养费、住院伙食补助费、交通费、鉴定费、残疾赔偿金及被扶养人生活费等，被告已支付 5 万元。就上述费用支持，原告向法院提起诉讼，要求被告承担侵权责任。

本案的争议焦点在于动物管理人杨某某是否需对于某某的损失负责赔偿。经二审法院审理查明，岫岩满族自治县公安局交通管理大队的道路交通事故认定书指出，2022 年 8 月 5 日晚，于某某无证驾驶无牌摩托车与杨某某的牛相撞，事故由于某某未确保安全行驶和杨某某在道路上从事非交通活动共同导致，分别承担主要和次要责任。该认定书具有法律效力，作为本案事实认定的依据。一审法院依据《民法典》相关条款，结合交通事故认定书，杨某某带牛上路已违反《道路交通安全法》，且其曾在笔录中承认有牛越过黄线，因此一审法院判定其承担 30% 赔偿责任合理，二审法院予以维持。

本案中，原告由于无证驾驶，本身存在重大过失，饲养人或者管理人可以主张减轻责任或者免责。但是由于动物饲养人或者管理人本身也未能尽到管理职

---

① 案号：辽宁省鞍山市中级人民法院（2024）辽 03 民终 709 号。

责，放任动物违反交通规定在道路上行走，因此仍应承担部分侵权责任。

3. 禁止宠物犬进入商场是否合理？

我国并没有明确的法律规定禁止带宠物犬进入商场，实践中也存在宠物友好商店。这类规定通常由商场的经营者自行制定，并有权自主决定其经营场所的使用方式，包括是否允许宠物进入。因此，如果商场出于维护购物环境、保障消费者安全或卫生等原因，规定不允许宠物进入，这是其行使自主经营权的表现，并不构成违法。商场作为公共场所的安全保障责任人，有义务对商场环境进行管控，尤其是在人群密集的地方，禁止宠物犬进入的规定有其合理性，无可厚非。

但是对于工作犬等特殊情况，如导盲犬、警犬等，它们进入公共场所通常是为了执行特定的任务或职责。这些宠物在经过专门训练后，能够在公共场所表现出良好的行为举止，不会对他人造成困扰或危害。《残疾人保障法》和《无障碍环境建设条例》等法规均规定，视力残疾人携带导盲犬出入公共场所时，应当遵守国家有关规定，而公共场所的工作人员也应当按照国家有关规定提供无障碍服务。这些规定确保了视障人士携带导盲犬进入公共场所的权利。因此，商场应当配合允许这些工作犬进入。

综上所述，禁止宠物犬进入商场是否合理取决于具体情况和法律规定。商场可以根据自身情况和经营需要制定合理的规定，并应在规定中明确说明原因和依据。同时，消费者也应当尊重和理解商场的规定，共同维护良好的购物环境。如果商场的规定侵犯了消费者的合法权益或存在不合理之处，消费者可以通过合法途径进行维权或提出意见。

（二）关联规定

《中华人民共和国动物防疫法》

第十七条 饲养动物的单位和个人应当履行动物疫病强制免疫义务，按照强制免疫计划和技术规范，对动物实施免疫接种，并按照国家有关规定建立免疫档案、加施畜禽标识，保证可追溯。

实施强制免疫接种的动物未达到免疫质量要求，实施补充免疫接种后仍不符合免疫质量要求的，有关单位和个人应当按照国家有关规定处理。

用于预防接种的疫苗应当符合国家质量标准。

《中华人民共和国治安管理处罚法》

第七十五条 饲养动物，干扰他人正常生活的，处警告；警告后不改正的，或者放任动物恐吓他人的，处二百元以上五百元以下罚款。

驱使动物伤害他人的，依照本法第四十三条第一款的规定处罚。

第十章　建筑物和物件损害责任

一、建筑物、构筑物或者其他设施倒塌、塌陷致害责任

> **第一千二百五十二条**　建筑物、构筑物或者其他设施倒塌、塌陷造成他人损害的，由建设单位与施工单位承担连带责任，但是建设单位与施工单位能够证明不存在质量缺陷的除外。建设单位、施工单位赔偿后，有其他责任人的，有权向其他责任人追偿。
>
> 因所有人、管理人、使用人或者第三人的原因，建筑物、构筑物或者其他设施倒塌、塌陷造成他人损害的，由所有人、管理人、使用人或者第三人承担侵权责任。

（一）实务问答

1. 小区住宅外墙等建筑物或其他设施倒塌致人损害的，如何承担责任？

根据《民法典》第1252条的规定，建筑物、构筑物或者其他设施倒塌、塌陷造成他人损害的，由建设单位与施工单位承担连带责任，但是建设单位与施工单位能够证明不存在质量缺陷的除外。这意味着，如果小区住宅外墙等建筑物或其他设施因质量缺陷倒塌致人损害，建设单位与施工单位需共同承担赔偿责任。若建设单位与施工单位在赔偿后能够确定存在其他责任人，他们有权向其他责任人追偿。

值得一提的是，仅以建筑物验收合格，并出具验收报告，在建筑物、构筑物或者其他设施倒塌、塌陷案件中，难以认为已经实现了建筑物不存在质量缺陷的

举证责任。在无锡某建设发展有限公司、江苏某建设有限公司等生命权、健康权、身体权纠纷案中①，被侵权人王某某与儿媳及孙子付某某在凉亭玩耍时，凉亭铁架突然倒下，砸伤了王某某和付某某。王某某因此住院治疗11天，花费医疗费27604.07元，被害人就此次事故向法院提起诉讼，要求建筑公司和物业公司承担责任。

经查，凉亭由无锡某建设发展公司建筑，江苏某建设有限公司施工，案外公司设计，并于2016年1月26日竣工验收。但验收记录中安全使用功能核查及抽查结果、观感质量验收记录未填写完整，且建设单位未盖章。凉亭的施工图显示，凉亭立柱及屋面沿桁为柳桉木材质，金属网板为空心钢管材质，以螺钉固定。现场勘查发现，金属网板与凉亭木立柱及沿桁以5颗螺钉固定。案外公司表示，图纸未涉及金属网板和凉亭木立柱之间的施工要求，由施工单位自行决定如何固定，且金属网板主要起装饰作用。江苏某建设有限公司未提供竣工移交后的维修、养护材料。

某物业管理有限公司自2019年4月1日起对凉亭所在的小区进行物业管理，包括公共绿化（含建筑小品）的养护和管理，但未提供证据对建筑小品的养护、管理工作进行证明。

无锡某建设发展公司和江苏某建设有限公司均表示凉亭作为一个主体结构已经竣工验收，可以证明主体工程质量没有问题。一审法院认为两建设、施工公司虽然抗辩工程质量合格，并提供了工程竣工验收及移交证明，但上述证据不能对抗实际存在的质量问题，且验收记录填写不完整，未盖建设单位公章，存在瑕疵，故法院对该抗辩意见不予采信；二审法院维持了一审法院观点，认为竣工验收合格，只能说明施工符合设计图纸，但并不能说明工程不存在质量缺陷和致害风险。最终判令由建设、施工公司承担因本次事故造成的全部侵权损失，物业公司在二被告财产不足以清偿损失时承担补充责任。

2. 上厕所过程中，公厕地面塌陷导致受害人溺亡，由谁承担责任？

根据《民法典》第1252条规定，公厕地面塌陷造成的人员伤亡同样属于设施倒塌、塌陷致人害的情形，当然可以要求建设单位与施工单位承担侵权责任。问题在于，如果无法明确建设单位和施工单位的情况下，还能找谁承担事故责任？

---

① 案号：江苏省无锡市中级人民法院（2021）苏02民终3835号。

在杨某与北京市某投资管理公司侵权责任纠纷案①中，杨某之子李某于2018年3月14日于石景山区苹果园城管队南侧厕所死亡，系溺亡。某首钢医院居民死亡证明载明：李某于2018年3月14日21时10分溺亡。某首钢医院急诊处方笺载明：临床诊断：溺水；溺亡；混合气体中毒死亡。

经现场勘查，涉案厕所南侧紧挨着北京市某投资管理公司的界墙建造，该界墙及南侧绿地均归属北京市某投资管理公司。李某溺亡事件发生在女厕入口北侧的化粪池，池内有断裂的水泥盖板。2020年7月15日，北京市某投资管理公司填埋了该化粪池并封堵了厕所入口，但不清楚厕所及化粪池的建设者和使用时间。经向北京市规划委员会石景山分局调查核实，卫星定位地图显示案涉厕所及化粪池位于北京市某投资管理公司的土地权属界线内。

本案的争议焦点之一为：在无法查明公厕建设者的情形下，责任主体如何认定的问题，法院对此认为：依据法律规定，不动产登记涵盖土地及其上的附着物。本案中，尽管被告北京市某投资管理公司否认是厕所及化粪池的建设、管理及使用方，但结合多起案件的事实查明、现有证据、各方提交的权属证明、现场勘验结果以及有关部门的调查和答复，已形成一个完整的证据链，明确显示案涉厕所及化粪池位于北京市某投资管理公司享有权属的土地上。在北京市某投资管理公司未能提供反驳证据或证明有其他明确的建设者、管理者或使用者的情况下，本院认定北京市某投资管理公司对案涉厕所及化粪池负有所有者或管理者的责任。最终法院判令由北京市某投资管理公司对李某的死亡承担责任，向家属杨某支付医疗费、交通费、住宿费、死亡赔偿金（包含被扶养人生活费）、丧葬费、精神损害赔偿金，共计120余万元。

根据上述案件，在找不到公共场所的建设单位和施工单位的情形下，可以要求对公共场所负有管理责任的管理者或者使用者承担建筑物、构筑物或者其他设施倒塌、塌陷致害责任。

3. 路面塌陷导致的交通事故，驾驶员是否需要担责？由此造成的损失由谁承担？

因公路路面塌陷造成的交通事故，被侵权人可以主张由公路建设单位或者管理单位承担责任。虽然实践中对于驾驶员是否需要承担责任，以及责任认定大小，一般会参照交管局出具的责任认定书，但是交通事故责任不完全等同于民事

---

① 案号：北京市石景山区人民法院（2020）京0107民初9112号。

法律赔偿责任，尤其是在仅有驾驶员单方受损的情况下往往会认定由驾驶员承担全部责任。因此，交通事故认定书不能作为民事侵权损害赔偿案件责任分配的唯一依据。

在北京某公路公司、安徽某公司与杨某侵权责任纠纷案①中，杨某驾驶小型轿车行驶过程中，由于驾驶车辆右前轮与路面塌陷接触，造成杨某车辆接触部位损坏，无人受伤。北京市公安局公安交通管理局朝阳交通支队机场大队出具道路交通事故认定书，认定杨某有《北京市道路交通事故简易程序处理规定》第8条第1项车辆发生单方道路交通事故的过错行为，为全部责任。就此次事故损失，杨某要求某公路公司、安徽某公司赔偿车辆维修费、车辆停运损失、替代性交通费。经询，某公路公司、安徽某公司均认可某公路公司系事故路段的建设单位，安徽某公司系事故路段的施工单位，事故路段未经竣工验收。

一审法院区分了构筑物在施工阶段和使用阶段因倒塌、塌陷造成损害的责任归属：前者由建设单位与施工单位承担连带责任（除非能证明无质量缺陷），后者则由所有人、管理人、使用人或第三人担责。本案中，杨某车辆因事故路段塌陷受损，该路段已于2017年交付使用，故适用《民法典》第1252条第2款规定。事故路段虽已通车多年，但尚未完成竣工验收，依据《公路工程竣（交）工验收办法》，某公路公司已满足竣工验收条件却未积极推进，视为不正当阻止条件成就，应承担侵权责任。而施工单位安徽某公司因已过缺陷责任期，被排除责任。关于责任比例，法院认为某公路公司作为建设单位，应主动承担合同责任和社会责任，加强安全防护和警示，但其在事故路段存在安全隐患时未积极维护，与损害结果间有因果关系，故判定其承担80%的责任。但是，杨某作为驾驶员，在行驶至缺陷路段时未尽谨慎注意义务，也应承担20%的责任。

本案中，法院将《民法典》第1252条适用情形进行了区分，北京市第三中级人民法院认为施工阶段的事故责任由建设单位与施工单位承担；使用阶段的事故责任由所有人、管理人、使用人承担。如果被侵权人本身也存在过错的，可以酌定减轻责任主体的侵权责任。

---

① 案号：北京市第三中级人民法院（2024）京03民终10840号。

(二) 关联规定

《中华人民共和国刑法》

第一百三十七条 建设单位、设计单位、施工单位、工程监理单位违反国家规定，降低工程质量标准，造成重大安全事故的，对直接责任人员，处五年以下有期徒刑或者拘役，并处罚金；后果特别严重的，处五年以上十年以下有期徒刑，并处罚金。

第一百三十八条 明知校舍或者教育教学设施有危险，而不采取措施或者不及时报告，致使发生重大伤亡事故的，对直接责任人员，处三年以下有期徒刑或者拘役；后果特别严重的，处三年以上七年以下有期徒刑。

《中华人民共和国建筑法》

第五十五条 建筑工程实行总承包的，工程质量由工程总承包单位负责，总承包单位将建筑工程分包给其他单位的，应当对分包工程的质量与分包单位承担连带责任。分包单位应当接受总承包单位的质量管理。

第五十六条 建筑工程的勘察、设计单位必须对其勘察、设计的质量负责。勘察、设计文件应当符合有关法律、行政法规的规定和建筑工程质量、安全标准、建筑工程勘察、设计技术规范以及合同的约定。设计文件选用的建筑材料、建筑构配件和设备，应当注明其规格、型号、性能等技术指标，其质量要求必须符合国家规定的标准。

第五十八条 建筑施工企业对工程的施工质量负责。

建筑施工企业必须按照工程设计图纸和施工技术标准施工，不得偷工减料。工程设计的修改由原设计单位负责，建筑施工企业不得擅自修改工程设计。

第六十条 建筑物在合理使用寿命内，必须确保地基基础工程和主体结构的质量。

建筑工程竣工时，屋顶、墙面不得留有渗漏、开裂等质量缺陷；对已发现的质量缺陷，建筑施工企业应当修复。

第六十一条 交付竣工验收的建筑工程，必须符合规定的建筑工程质量标准，有完整的工程技术经济资料和经签署的工程保修书，并具备国家规定的其他竣工条件。

建筑工程竣工经验收合格后，方可交付使用；未经验收或者验收不合格的，不得交付使用。

二、建筑物、构筑物或者其他设施及其搁置物、悬挂物脱落、坠落致害责任

> **第一千二百五十三条** 建筑物、构筑物或者其他设施及其搁置物、悬挂物发生脱落、坠落造成他人损害，所有人、管理人或者使用人不能证明自己没有过错的，应当承担侵权责任。所有人、管理人或者使用人赔偿后，有其他责任人的，有权向其他责任人追偿。

（一）实务问答

1. 施工过程中，脚手架坍塌导致工人受伤的，脚手架是否属于建筑物？由谁承担责任？

此种情况可以考虑以下两条救济途径：第一，工人基于劳动关系或者劳务关系要求用人或者用工单位承担赔偿责任；第二，直接以建筑物、构筑物致人损害为由，要求所有人、管理人或者使用人承担责任。

在某建筑工程有限责任公司（以下简称某建工公司）与李某某与某置业发展有限责任公司（以下简称某发展公司）等建筑物、构筑物倒塌、塌陷损害责任纠纷案①中，杨某某与冯某某系合伙关系。李某某系杨某某与冯某某雇用的工人。某建工公司（承包人）与某房地产开发总公司（承包人）签订建设工程施工合同，由某建工公司负责案涉工程施工，某房地产开发总公司之后更名为某发展公司。杨某某向某建工公司购买回收涉案工程工地的活动板房，双方约定由杨某某、冯某某安排李某某等几位工人进行拆除，过程中因脚手架倒塌致李某某受伤。李某某遂提起诉讼，要求某建工公司、某发展公司赔偿医疗费。

法院对此次事故的责任认定如下：法院认为脚手架属于构筑物的一种。建筑物、构筑物倒塌致人损害的，应适用严格责任，即只要受害人证明其所受损害系

---

① 案号：重庆市第一中级人民法院（2024）渝01民终5034号。

因建筑物或构筑物倒塌造成的，相关责任人无论是否有过错，都必须先直接承担责任。但是本案李某某采用不当方式拆除样板房，自身对损害的发生也存在一定过错。因此，可以减轻本案侵权责任人的责任。综合全案事实，一审法院酌定由侵权责任人承担70%的赔偿责任，李某某自担30%的责任。

对于脚手架，法院并未将脚手架认定为工程的一部分，案涉脚手架为方便施工并搭建在某建工公司承建的相对封闭涉案施工区域内，且脚手架与某建工公司搭建的板房距离较近，某建工公司虽然否认案涉脚手架系其搭建，但根据现有证据，可以推定某建工公司即使不是案涉脚手架的修建人，也是案涉脚手架的管理人、使用人。同时，某建工公司也未举示证据证明涉案脚手架在设计、施工及材料等方面符合相关规定的标准及规范。因此某建工公司应当对李某某的合理损失承担70%的赔偿责任。而某发展公司既非脚手架的建设单位和施工单位，又不是管理人、使用人，故其不应承担责任。

2. 建筑物共有部分脱落，砸伤过路行人，如何认定损害责任？

如果能够确定是因为质量问题导致的共有部分脱落，责任应由楼房建设单位（开发商）与施工单位共同承担连带责任。若是因所有人、管理人、使用人原因导致的，则这些主体应承担侵权责任。一般来说，物业公司负有维护与安全保障义务，此义务覆盖小区内外所有居民及路人财产安全。若外墙或悬挂物脱落导致人身伤害或财产损失，且所有人，或者物业等管理人、使用人无法证明自身无过错，则需承担侵权责任。若能确定具体责任人，则赔偿后可进一步向其追偿。

3. 台风天导致建筑物部分脱落造成的损害，能否以不可抗力为由进行免责？

虽然台风、地震等自然灾害作为不可抗力，属于法定免责事由，但如果不能证明损害与建筑物质量本身完全无关，那么建筑物所有人、管理人或者使用人可能仍要承担部分责任。

在深圳市某科技股份有限公司（以下简称某科技公司）诉深圳市某物业管理有限公司（以下简称某物业公司）、深圳市某电子股份有限公司（以下简称某电子公司）物件损害责任纠纷案[①]中，某科技公司和某电子公司均并排位于深圳市

[①] 广东省高级人民法院（2022）粤民再137号，载人民法院案例库，最后访问日期：2024年10月25日。

某大道同侧。2018年9月16日，14级强台风"山竹"从东向西横扫深圳。台风过后，某科技大厦东侧1层至7层的玻璃幕墙中有25扇受损，同时某电子大厦的北面玻璃幕墙也遭受了损坏。某科技大厦的所有者，某科技公司，为修复其大厦的受损玻璃幕墙花费了208226元。该公司认为，某电子大厦脱落的玻璃窗框撞击了其大厦的幕墙，导致了此次损害，并据此提起诉讼，要求某电子大厦的所有者某电子公司及其物业管理方某物业公司共同赔偿经济损失231226元。

广东省高级人民法院再审本案认定如下：本案涉核心焦点包括损害事实确认、责任方过错判断及赔偿责任分配。首先，关于损害事实，虽无直接证据，但根据两大厦位置、物理力学分析及受损情况，依据民事诉讼高度盖然性原则，认定某科技大厦玻璃幕墙受损系某电子大厦脱落窗框撞击所致。其次，关于过错问题，采用过错推定原则。鉴于深圳台风频繁，某电子公司与某物业公司作为建筑物所有人和管理人，应具备更高标准的台风防护经验。面对超强台风"山竹"，二者未能采取足够的安全措施，某电子大厦北面发生多处窗户脱落，而相邻的某科技大厦并无一处窗户脱落的事实能够表明某电子大厦的缺陷是客观存在的。最后，关于赔偿责任，某物业公司主张不可抗力免责不成立，因台风虽强但可预见并预防，且不可抗力需为损害唯一原因，本案中损害由多方因素造成。综合考虑，法院裁定二者承担70%的赔偿责任，即赔偿某科技公司145758.2元。

（二）关联规定

《物业管理条例》

第五十五条 物业存在安全隐患，危及公共利益及他人合法权益时，责任人应当及时维修养护，有关业主应当给予配合。

责任人不履行维修养护义务的，经业主大会同意，可以由物业服务企业维修养护，费用由责任人承担。

《最高人民法院关于适用〈中华人民共和国民法典〉侵权责任编的解释（一）》

第二十四条 物业服务企业等建筑物管理人未采取必要的安全保障措施防止从建筑物中抛掷物品或者从建筑物上坠落的物品造成他人损害，具体侵权人、物业服务企业等建筑物管理人作为共同被告的，人民法院应当依照民法典第一千一百九十八条第二款、第一千二百五十四条的规定，在判决中明确，未采取必要安全保障措施的物业服务企业等建筑物管理人在人民法院就具体侵权人的财产依法强制执行后仍不能履行的范围内，承担与其过错相应的补充责任。

第二十五条 物业服务企业等建筑物管理人未采取必要的安全保障措施防止从建筑物中抛掷物品或者从建筑物上坠落的物品造成他人损害,经公安等机关调查,在民事案件一审法庭辩论终结前仍难以确定具体侵权人的,未采取必要安全保障措施的物业服务企业等建筑物管理人承担与其过错相应的责任。被侵权人其余部分的损害,由可能加害的建筑物使用人给予适当补偿。

具体侵权人确定后,已经承担责任的物业服务企业等建筑物管理人、可能加害的建筑物使用人向具体侵权人追偿的,人民法院依照民法典第一千一百九十八条第二款、第一千二百五十四条第一款的规定予以支持。

三、高空抛掷物、坠落物致害责任

第一千二百五十四条 禁止从建筑物中抛掷物品。从建筑物中抛掷物品或者从建筑物上坠落的物品造成他人损害的,由侵权人依法承担侵权责任;经调查难以确定具体侵权人的,除能够证明自己不是侵权人的外,由可能加害的建筑物使用人给予补偿。可能加害的建筑物使用人补偿后,有权向侵权人追偿。

物业服务企业等建筑物管理人应当采取必要的安全保障措施防止前款规定情形的发生;未采取必要的安全保障措施的,应当依法承担未履行安全保障义务的侵权责任。

发生本条第一款规定的情形的,公安等机关应当依法及时调查,查清责任人。

(一) 实务问答

1. 走在路上不慎被高空坠物砸伤,谁来担责?

依据《民法典》第1254条规定,高空抛物侵权责任的承担情形可归纳为以下三类:一是当抛物人身份明确时,由该抛物人直接承担损害赔偿责任;二是若抛物人身份不明,但能确定潜在抛物人群(包括建筑物的所有者、租户、借用人及其他使用者），则此群体需共同赔偿受害者损失；三是对于抛物人身份不明且物业管理方（如物业公司）未尽到管理职责，则物业公司也需依法承担因未履行安全保障义务而产生的侵权责任。针对高空抛物致人损害的问题，除了法律层面的规制，提升公民个人的自我规范意识同样至关重要。无论是出于便利的故意抛物，还是因疏忽大意导致的意外抛物，其根源都在于责任感的缺失。因此，高层建筑的使用者应当增强自身及家庭成员的责任感，共同营造一个更加安全、舒适的生活环境。

在高空坠物致人损害的案件中，举证责任通常遵循"举证倒置"的原则，即受害者只需要证明自己被高空中的坠落物体砸伤，而剩余的举证责任则由可能加害的建筑物使用人或物业服务企业来承担。他们需要提供证据证明自己没有实施抛物行为的可能，或已经尽到了管理义务。

2. 高空抛物致人损害的案件中，如何证明自己不是侵权人？

在高空抛物致人损害的案件中，可从以下几个方面进行举证，尝试证明自己并非侵权主体：

（1）证明自身不在场或无法实施抛物行为：可以通过提供事发时自己不在现场的证据，如监控录像、手机定位记录、证人证言等，来证明自己没有实施高空抛物行为。如果自己的住所或工作地点与事发地点存在物理隔离，如楼层、房间布局等，可以举证说明自己无法从所在位置抛掷物品到达事发地点。

（2）证明坠落物非自家所有或安装：如果坠落物品较大或具有特定特征，可以举证说明自己家中并未拥有或安装此类物品，从而排除自己的侵权责任。

（3）提供其他辅助性证据：收集监控视频，如果事发地点有监控摄像头，可以积极收集并提供监控视频作为证据，以证明高空抛物行为是由其他人实施的，或者至少缩小可能的责任主体范围；寻找目击证人，并获取其证言作为证据，以支持自己的主张。

综上所述，通过提供不在场证明、物品所有权证明以及位置不可能性证明等方式，可以有效证明自己并非高空抛物致人伤害事件的侵权人。

3. 除侵权责任外，高空抛物还可能面临哪些责任？

根据《刑法》的相关规定，从建筑物或其他高空抛掷物品，情节严重的，可能构成高空抛物罪。此罪行可处一年以下有期徒刑、拘役或者管制，并处或者单处罚金。如果高空抛物行为造成重伤、死亡或使公私财产遭受重大损失的严重后果，可能构成更严重的犯罪，如故意伤害罪、过失致人死亡罪等。根据具体情节，可以判处十年以上有期徒刑、无期徒刑或者死刑。

应当注意的是，构成高空抛物罪不以造成人身损害结果为前提，只要该行为有致人损害的高度危险，达到严重的程度，都可能受到刑法的否定性评价。在张某某高空抛物案[1]中，被告人张某某在其位于玉溪市红塔区的出租屋内饮酒时，因听到楼下传来嘈杂声，意图提醒楼下人员保持安静。于是将自己房间内的空酒瓶和茶杯从出租房的窗户向楼下的过道扔去，结果不慎砸坏了对面6幢8号403室的一扇窗户，导致6幢8号前的过道上散落了许多玻璃碎片。而在张某某扔酒瓶和茶杯的过程中，楼下过道上已经聚集了不少人前来查看情况。事发后，玉溪市红塔区人民检察院依法指控被告人张某某犯高空抛物罪。

法院经审理认为，被告人自建筑物中向外抛掷物品，且情节严重，此行为已违反刑法规定，构成高空抛物罪。被告人归案后能如实坦白自己的犯罪行为，展现出认罪态度良好，依法可从轻处罚；其又自愿认罪认罚，展现出悔过之意，依法可从宽处理；此外，被告人积极赔偿被害人的经济损失并获得谅解，此情节亦可在量刑时予以适当考虑，酌情从轻处罚。最终，法案判处被告人有期徒刑七个月，并处罚金一千元。

通过本案，可见高空抛物定罪并非以造成人身伤害事故为前提，现实生活中应当控制自己的情绪，以正确的方法解决纠纷。如若真的犯下错误，也不要有侥幸心理，积极赔偿被害人的损失并寻求谅解，展现改过自新的积极态度，既是对他人负责，也是对自己负责。

（二）关联规定

《中华人民共和国刑法》

第二百九十一条之二　从建筑物或者其他高空抛掷物品，情节严重的，处一年以下有期徒刑、拘役或者管制，并处或者单处罚金。

有前款行为，同时构成其他犯罪的，依照处罚较重的规定定罪处罚。

---

[1] 案号：玉溪市红塔区人民法院（2021）云0402刑初208号。

《最高人民法院关于依法妥善审理高空抛物、坠物案件的意见》

5. 准确认定高空抛物犯罪。对于高空抛物行为，应当根据行为人的动机、抛物场所、抛掷物的情况以及造成的后果等因素，全面考量行为的社会危害程度，准确判断行为性质，正确适用罪名，准确裁量刑罚。

故意从高空抛弃物品，尚未造成严重后果，但足以危害公共安全的，依照刑法第一百一十四条规定的以危险方法危害公共安全罪定罪处罚；致人重伤、死亡或者使公私财产遭受重大损失的，依照刑法第一百一十五条第一款的规定处罚。为伤害、杀害特定人员实施上述行为的，依照故意伤害罪、故意杀人罪定罪处罚。

6. 依法从重惩治高空抛物犯罪。具有下列情形之一的，应当从重处罚，一般不得适用缓刑：（1）多次实施的；（2）经劝阻仍继续实施的；（3）受过刑事处罚或者行政处罚后又实施的；（4）在人员密集场所实施的；（5）其他情节严重的情形。

7. 准确认定高空坠物犯罪。过失导致物品从高空坠落，致人死亡、重伤，符合刑法第二百三十三条、第二百三十五条规定的，依照过失致人死亡罪、过失致人重伤罪定罪处罚。在生产、作业中违反有关安全管理规定，从高空坠落物品，发生重大伤亡事故或者造成其他严重后果的，依照刑法第一百三十四条第一款的规定，以重大责任事故罪定罪处罚。

四、堆放物倒塌、滚落或者滑落致害责任

> **第一千二百五十五条** 堆放物倒塌、滚落或者滑落造成他人损害，堆放人不能证明自己没有过错的，应当承担侵权责任。

（一）实务问答

1. 在私人等非公共场所堆放物品致人损害的，是否要承担责任？

根据《民法典》第1255条的相关规定，堆放物致人损害属于特殊侵权责任，对侵权过错责任实行举证责任倒置原则，也并未对堆放物的地点作出限定。因

此，无论是在哪里堆放物品，只要是由于堆放物倒塌、滚落或者滑落造成他人损害，堆放人在不能证明自己没有过错的情况下，均应当承担侵权责任。

但是物品地点可能会影响堆放人的举证责任难度，对于一般公共场所而言，在公共过道堆放物品是禁止的。现实生活中，尤其是小区居民楼过道内，经常会出现为了节约空间或者图方便，在过道上摆放鞋柜等杂物的情形。在堆放行为明显违反一般规定或者公序良俗的情况下，难以认为堆放人没有过错。此情形下的堆放物倒塌、滚落或者滑落造成他人损害的，被害人即可以要求实际堆放户主承担侵权责任，由于小区物业未能尽到管理义务，对于该侵权损害，物业公司同样应承担侵权责任。如果堆放物系因第三人原因导致滚落的，堆放人在承担责任后可以向第三人进一步追偿。

2. 对于堆放物掉落致人损伤，受害人自身也存在过错的，应当如何承担责任？

根据《民法典》第1173条规定："被侵权人对同一损害的发生或者扩大有过错的，可以减轻侵权人的责任。"在贵州某矿业有限公司与张某元、张某义等生命权纠纷案①中，贵州某矿业有限公司（以下简称某某煤矿）称张某元（李某永之子）、张某义（李某永之子）自行潜入不对外开放的矿区范围捡煤，在翻动弃土场矸石过程中，由于石块滚落致残。某某煤矿在石堆周围也已经放置了警示标志，平时也对捡煤的人员进行劝阻，某某煤矿对受害人事故不存在过错，不应承担责任。

贵州省高院再审本案认定如下：某某煤矿所堆放的煤渣蕴含着一定的风险，若发生倒塌、滚落或滑落事件，可能会对社会公众的人身安全及财产安全构成严重威胁。作为煤渣的管护方，被上诉人有责任妥善管理并密切关注煤渣堆的状态，包括合理选择堆放位置、控制堆放高度，以及采取必要的稳固措施，同时防止他人擅自移动或攀爬。然而，某某煤矿未能及时消除其管理的煤渣堆中存在的倒塌、滑落等安全隐患，也未充分进行安全警示，且在李某永进入堆放区域时未能有效劝阻，最终导致安全事故，使李某永受伤。因此，某某煤矿在此次事故中负有主要责任，应赔偿李某永的大部分经济损失。另外，李某永作为具备完全民事行为能力的个体，理应预见到所处环境中的潜在危险。然而，他却在煤渣堆中捡拾煤炭，将自己置于可能坍塌的煤渣堆前，对损害的发生也负有一定责任，应

---

① 案号：贵州省高级人民法院（2024）黔民申4165号。

自行承担部分经济损失。综上所述，原审判决某某煤矿承担事故60%的责任，李某永承担40%的责任，并无不当。

3. 货车装卸货物致人损害，如何承担责任？

实践中，货车装载大量货物，也会有滚落、滑落的风险，货车货物同样构成本条的堆放物，同样适用《民法典》堆放物倒塌、滚落或者滑落致害责任的有关条款。

在武汉林某公司与被申请人周某、吴某胜、李某玲、吴某、湖北某某公司、上海某某公司、武汉辉某公司、武汉快某公司生命权、身体权、健康权纠纷案[①]中，武汉林某公司称其与武汉辉某公司之间存在买卖合同关系，该买卖合同已履行完毕，包括货物安全装车及货款支付。买卖合同的标的物风险已经转移。事故发生在货物装车后次日，地点相距五十公里，且此时武汉辉某公司已与其他公司建立了新的运输和买卖合同关系。武汉林某公司仅负责供货，不负责运输装卸。事故中，吴某祥驾驶的合格车辆挂靠于武汉快某公司，且得到了相关方确认适合运输。卸货责任属于湖北某某公司与上海某某公司，事故发生时现场无专人指挥卸货或劝阻不当行为。二审法院在标的物风险多次转移后仍判决武汉林某公司承担责任，被认为事实认定不清，适用法律错误。

湖北省高院再审本案认定如下：根据证人证言和视频监控，吴某祥与武汉林某公司在货物装车固定方法上存在分歧，武汉林某公司发货装车，未尽到安全注意义务，导致货物装载不稳固。货物到达目的地后，在无明显外力作用下，钢管滑落造成吴某祥受伤。原审认为钢管装车隐患与吴某祥受伤存在因果关系是合理的。武汉林某公司未能适当装载货物，导致货物装载存在安全隐患，且不能证明自身无过错，应对吴某祥的损害承担侵权责任。二审法院根据原因力比例和主观过错，判定湖北某某公司承担50%的责任，武汉林某公司承担20%的责任，武汉辉某公司承担10%的责任，吴某祥因过错自担20%的责任并无不当。

[①] 案号：湖北省高级人民法院（2023）鄂民申6963号。

(二) 关联规定

《中华人民共和国民法典》

第一千一百六十五条　行为人因过错侵害他人民事权益造成损害的，应当承担侵权责任。依照法律规定推定行为人有过错，其不能证明自己没有过错的，应当承担侵权责任。

五、在公共道路上堆放、倾倒、遗撒妨碍通行的物品致害责任

> 第一千二百五十六条　在公共道路上堆放、倾倒、遗撒妨碍通行的物品造成他人损害的，由行为人承担侵权责任。公共道路管理人不能证明已经尽到清理、防护、警示等义务的，应当承担相应的责任。

(一) 实务问答

1. 在道路上堆放物品并导致交通事故的，谁来担责？

该情形下可能产生堆放物倒塌、滚落或者滑落致害责任或者交通事故责任，首先应当由交警就事故责任进行认定，确定事故责任人。

如果道路上堆放的物品与本次事故有因果关系的，根据《民法典》第1256条规定，堆放人当然应当承担侵权责任。同时也可以要求公共道路管理人承担相应的责任，除非能够证明已经尽到了清理、防护、警示等义务。

另外，如果交通事故的受害方也存在过错，如未取得机动车驾驶证的情况下驾驶未落户的机动车在道路上行驶，那么受害方也需要对自己的损害结果承担相应的过错责任。

综上所述，在道路上堆放物品并导致交通事故的，堆放物品的行为人和公共道路管理人都可能需要承担责任，具体责任划分需要根据实际情况和法律规定进行判断。

2. 高速公路的管理人是谁？与道路使用人之间成立什么样的法律关系？

根据《公路安全保护条例》第 44 条的规定，公路管理机构、公路经营企业应当加强公路养护，保证公路经常处于良好技术状态。《城市道路管理条例》第 20 条规定：市政工程行政主管部门对其组织建设和管理的城市道路，按照城市道路的等级、数量及养护和维修的定额，逐年核定养护、维修经费，统一安排养护、维修资金。高速公路的管理人是对公路负有养护义务的公路管理机构、公路经营企业和市政工程行政主管部门等主体。公路管理人作为高速公路经营者，与道路使用人之间形成道路通行服务合同关系，负有安全保障义务。

在某某公司甲、毛某某乙等生命权、身体权、健康权纠纷案①中，被害人王某乘坐冯某驾驶的小轿车，行驶至某高速公路路段时，车辆因碾压到高速公路上遗留的钢板，钢板弹起，导致车轮爆胎，车辆部件损坏，车辆冲出路面侧翻，造成被害人王某死亡。冯某、毛某等人就此次事故提请诉讼，要求公路养护公司某某公司甲及其母公司某某公司乙承担此次事故全部责任。

青海省高级人民法院经再审审理认为：交通事故的发生源于高速公路经营者（养护公司与交控集团）未能充分履行其管理义务，确保道路安全畅通。养护公司作为管理责任人，虽提供了巡查记录，但未能及时清除遗落在高速公路上的杂物，导致车辆受损并发生事故，说明其未尽到必要的管理义务。同时，高速公路作为收费道路，与驶入车辆形成了道路通行服务合同关系，养护公司有责任保障司乘人员的安全、畅通。交控集团作为高速公路的产权管理单位和经营企业，也负有法定养护职责。尽管交控集团将管理、维护等义务交由其全资子公司养护公司承担，但并不能免除其法定义务。根据相关法律法规和民法典的规定，高速公路经营者应提供证据证明其已尽到安全保障义务，但养护公司提供的证据不足以证明其无过错。因此，一、二审法院判决交控集团和养护公司对事故损害承担赔偿责任并无不当。此外，交警部门认定事故中第三人驾驶人无过错，所以二审判决由交控集团和养护公司共同承担全部赔偿责任。

3. 受害人在道路散步途中，踩到石子滑倒摔伤，公路管理人是否需要负责？

散步过程中踩到石子摔倒受伤的相关责任，要根据事故发生地点、道路交通

---

① 案号：青海省高级人民法院（2024）青民申 732 号。

类型，来确定行人自身的合理注意义务以及公路管理人的养护义务责任大小，进而进一步确认各方在此次事故中的法律责任大小。

邱某贵、官某金甲等与某某工程有限公司（以下简称某某公司）生命权、身体权纠纷案①中，某某公司修建水渠时在机耕道上遗留有碎石块，受害人官某金乙在机耕道上行走时，不慎滑倒导致死亡。官某金乙的家属就此次事故向法院提请诉讼，要求某某公司承担相应责任。福建省高级人民法院再审后，认为受害人官某金乙系完全民事行为能力人，其在机耕道上行走应当尽到完全安全注意义务。官某金乙未尽到合理注意义务，且年龄偏大，不慎滑倒导致死亡。某某公司在修建过程中未能及时清理遗留的碎石块，对此次事故也应承担部分责任，原审法院结合本案具体情况酌定某某公司承担10%的赔偿责任，邱某贵等人自行承担90%的责任，没有明显不当。

4. 因暴雨导致路面积水造成的车辆损害，如何承担责任？

实践生活中，尤其是南方地区，在地势低洼处，经常能看到雨天积水，车辆行驶通过时需要注意的有关标识，倘若没有此类标识，路过积水路段时造成的熄火车损应当如何承担呢？

在胡某某1与察哈尔右翼后旗交通运输局财产损害赔偿纠纷案②中，胡某某1之子胡某某2驾驶其轿车，在经过某路段时，因前日暴雨积水导致车辆熄火被困。该路段缺乏警示标志。随后，胡某某1租赁设备将车拖出并送至商都县骏捷汽车维修服务有限公司维修，共花费清障及修理费18900元。此外，该车在太平洋财产保险股份有限公司商都支公司投保了车辆损失险，并于2020年9月中旬获赔修理费10600元。胡某某1认为当地交通部门作为负有管理义务的管理人，未及时排除积水，也未设立警示标志，怠于履行职责的不作为行为，导致原告车辆受损，依法应当承担赔偿责任。

对于此次事故，法院认为：公共道路上堆放、倾倒、遗撒物品致损，责任由行为人承担，若道路管理人未尽清理、防护、警示义务则需担责。本案中，原告车辆受损源于暴雨积水，非人为设置障碍，故责任转至道路管理人。事发路段为公共道路，由察哈尔右翼后旗交通运输局管理。因该局未能证明已尽相关义务，

---

① 案号：福建省高级人民法院（2023）闽民申3473号。
② 案号：察哈尔右翼后旗人民法院（2020）内0928民初1277号。

故推定有过错，需赔偿。原告车辆已投保车辆损失险，并获赔10600元。依据保险法及"填平原则"，原告仅可就未获赔部分向道路管理人索赔。总损失18900元，扣除已获赔部分，被告应赔偿原告8300元。

（二）关联规定

《中华人民共和国公路法》

第四十六条　任何单位和个人不得在公路上及公路用地范围内摆摊设点、堆放物品、倾倒垃圾、设置障碍、挖沟引水、利用公路边沟排放污物或者进行其他损坏、污染公路和影响公路畅通的活动。

第四十七条　在大中型公路桥梁和渡口周围二百米、公路隧道上方和洞口外一百米范围内，以及在公路两侧一定距离内，不得挖砂、采石、取土、倾倒废弃物，不得进行爆破作业及其他危及公路、公路桥梁、公路隧道、公路渡口安全的活动。

在前款范围内因抢险、防汛需要修筑堤坝、压缩或者拓宽河床的，应当事先报经省、自治区、直辖市人民政府交通主管部门会同水行政主管部门批准，并采取有效的保护有关的公路、公路桥梁、公路隧道、公路渡口安全的措施。

《城市道路管理条例》

第二十一条　承担城市道路养护、维修的单位，应当严格执行城市道路养护、维修的技术规范，定期对城市道路进行养护、维修，确保养护、维修工程的质量。

市政工程行政主管部门负责对养护、维修工程的质量进行监督检查，保障城市道路完好。

第二十二条　市政工程行政主管部门组织建设和管理的道路，由其委托的城市道路养护、维修单位负责养护、维修。单位投资建设和管理的道路，由投资建设的单位或者其委托的单位负责养护、维修。城市住宅小区、开发区内的道路，由建设单位或者其委托的单位负责养护、维修。

六、林木致害的责任

> **第一千二百五十七条** 因林木折断、倾倒或者果实坠落等造成他人损害，林木的所有人或者管理人不能证明自己没有过错的，应当承担侵权责任。

（一）实务问答

1. 绿化带上的行道树由谁负责管理，行道树落叶致人受伤由谁来担责？

根据《城市绿化条例》第17条的规定，城市的公共绿地、风景林地、防护绿地、行道树及干道绿化带的绿化，由城市人民政府城市绿化行政主管部门管理；各单位管界内的防护绿地的绿化，由该单位按照国家有关规定管理；单位自建的公园和单位附属绿地的绿化，由该单位管理；居住区绿地的绿化，由城市人民政府城市绿化行政主管部门根据实际情况确定的单位管理；城市苗圃、草圃和花圃等，由其经营单位管理。因此，城市公共区域绿化带的行道树是由城市人民政府城市绿化行政主管部门管理。

对林木绿化负有管理义务的相关负责单位需要做好管理、警示工作，定期修剪林木，在落叶、落果的季节提醒行人注意落果。违反相关义务造成行人受伤的，根据《民法典》第1257条有关规定，如果不能证明树木所有人或者管理人不存在过错的，应当承担相应的侵权责任。

2. 小区树枝掉落砸伤小孩，谁来承担赔偿责任？

《民法典》第1257条规定："因林木折断、倾倒或者果实坠落等造成他人损害，林木的所有人或者管理人不能证明自己没有过错的，应当承担侵权责任。"这一条款明确了林木所有人或管理人在林木造成他人损害时的责任承担原则。

在小区中，绿化植物通常属于全体业主所有，但一般都委托物业公司负责小区管理，包括日常养护、修剪等管理义务。因此，当小区树枝掉落砸伤小孩时，物业公司作为林木的管理人，在不能证明自己没有过错的情况下，应当承担赔偿责任。

如果物业公司能够证明自己不存在过错，如由于狂风暴雨等自然不可抗力因素导致树枝掉落，或者是由于受害人自身存在过错，如受害人故意摇晃林木，导致事故发生，则物业公司可以减轻或者免除责任。

综上所述，小区树枝掉落砸伤小孩时，赔偿责任一般应由物业公司承担，但具体责任归属还需根据具体情况和法律规定进行判断。

3. 大风天吹落树叶致人损害，是否属于意外事故？如何承担责任？

如果能够证明在极端天气发生之前，树木本身并没有安全隐患等方面的迹象，事故发生完全系因不可抗力造成，且管理部门不存在过错的情形下，管理部门可以不承担侵权责任。但是出于公平的原则，实践中法院可能要求管理人或者林木所有人就事故进行补偿。

在常某湍因与被申请人丹寨县交通运输局、某某销售公司、某某产业公司、丹寨县某某管理局违反安全保障义务责任纠纷案①中，常某湍在参加某某销售公司及某某产业公司举办的活动中，食宿由组织方统一管理。常某湍在参加活动期间，被林木落叶砸伤，就此次事故，常某湍向法院提请诉讼，要求活动组织人某某销售公司和某某产业公司承担违反安全保障义务的有关责任，丹寨县交通运输局作为林木管理人，也应承担相应责任。

贵州省高级人民法院再审本案认为：被大风折断的粗大活枝在树木中常见，难以预判。事发当天遭遇异常大风和强对流天气，导致林木折断，非相关单位或人员过错。因此，原审将此案定为意外事件，并无不当。伤者常某湍虽主张因事故受到身心重创，但管理者丹寨县交通运输局无主观过错。原审基于公平原则，判决该局承担30%的补偿责任，合理合法。至于活动组织者的责任，根据《民法典》相关规定，经营场所、公共场所的经营者、管理者未尽安全保障义务造成损害的，应承担侵权责任。但安全保障义务需合理限定，与义务人管理和控制能力相匹配。本案中，常某湍受伤系自行外出散步所致，且地点不在发布会空间范围内。发布会组织者某某产业公司、某某销售公司未对大风天气进行提醒，但此不构成责任理由，因发布会本身不具有人身危险性，且两公司非树木管理者，与常

---

① 案号：贵州省高级人民法院（2023）黔民申1552号。

某湍损失无法律上的因果关系，不应担责。

4. 林木管理人如何证明自己已经尽到义务，没有过错？

实践中，林木管理人应当对处于管理区域的林木进行日常巡查、保养维修，采取预防措施应对极端天气，做好相关的管理日志记录，以便纠纷发生时尽可能证明自己已经履行了管理义务，不存在过错。

在路某甲、青岛某物业管理有限公司财产损害赔偿纠纷案[1]中，原告路某甲是案涉受损轿车的车主，案外人路某乙系案涉事故小区业主，物业公司是事故小区的物业管理公司，负责小区内树木的管理和养护。2022年8月23日凌晨，案外人路某乙驾驶原告路某甲小轿车停放在小区4号楼楼下停车位时，旁边的大树倾倒，导致车辆受损。经鉴定，车辆损失为212280元，评估费为10500元。物业公司向法院提交了多项证据，包括绿化工作记录、照片以及天气预警信号等，以证明其已尽到管理职责，并指出是由于极端恶劣天气导致大树倾倒。其中，工作记录和照片显示，物业公司对小区内绿化树木进行了定时维护，并用木桩、钢丝绳等对树木进行了加固。天气预警信号显示，事发前一天青岛地区出现了大风、暴雨、雷电等极端天气情况。

一审法院认为：林木的所有人或管理人若无法证明自己无过错，需对林木造成的损害承担侵权责任。在此案中，被告物业公司作为小区树木的管理人，虽提供了绿化工作记录及照片，但这些照片均摄于事故后，且未能证明其在得知天气预报后采取了有效预防措施。因此，法院认为物业公司未尽到管理、维护及防范危险的谨慎注意义务，存在过错。同时，根据物业公司提交的证据，事故发生时天气情况仍属一般天气，故物业公司关于不可抗力的辩称未被采纳。考虑到案外人路某乙将车辆停放在靠近大树的停车位上亦存在过错，以及涉案车辆使用年限已近十年，法院判定物业公司承担70%的赔偿责任，并驳回了原告路某甲的其他诉讼请求。

通过该案件，林木所有人或者管理人需要尽可能保存完整、全面的林木管理记录，尤其需要证明在事故发生前对案涉树木做了充分的管理措施，否则难以减轻或者免除自己的法律责任。

---

[1] 案号：山东省青岛市中级人民法院（2023）鲁02民终8530号。

（二）关联规定

《城市绿化条例》

第十七条　城市的公共绿地、风景林地、防护绿地、行道树及干道绿化带的绿化，由城市人民政府城市绿化行政主管部门管理；各单位管界内的防护绿地的绿化，由该单位按照国家有关规定管理；单位自建的公园和单位附属绿地的绿化，由该单位管理；居住区绿地的绿化，由城市人民政府城市绿化行政主管部门根据实际情况确定的单位管理；城市苗圃、草圃和花圃等，由其经营单位管理。

第二十三条　为保证管线的安全使用需要修剪树木时，应当按照兼顾管线安全使用和树木正常生长的原则进行修剪。承担修剪费用的办法，由城市人民政府规定。

因不可抗力致使树木倾斜危及管线安全时，管线管理单位可以先行扶正或者砍伐树木，但是，应当及时报告城市人民政府城市绿化行政主管部门和绿地管理单位。

七、公共场所或道路施工致害责任和窨井等地下设施致害责任

> 第一千二百五十八条　在公共场所或者道路上挖掘、修缮安装地下设施等造成他人损害，施工人不能证明已经设置明显标志和采取安全措施的，应当承担侵权责任。
>
> 窨井等地下设施造成他人损害，管理人不能证明尽到管理职责的，应当承担侵权责任。

（一）实务问答

1. 公共场所施工时，未设置标识致人损害的，如何承担侵权责任？

根据本条规定，地面施工没有相关标识致人损害的，由施工单位或施工人员

承担侵权责任。窨井等地下设施造成他人损害，管理人不能证明尽到管理职责的，应当承担侵权责任。

由于道路属于公共场所，且经常会有群众、车辆经过，在此类地点进行施工活动时，危险性更高，对他人造成伤害的可能性也更大。因此，对施工期间的安全防护措施有着更高的要求。若施工队伍未能设立醒目的警示标志，也未实施有效的安全措施，那么他们需对被侵权人所遭受的损失承担相应的责任。

2. 安全标志和安全措施系因被其他人破坏，导致受害人损害的，如何承担责任？

对于第三人行为或自然原因使安全标志和安全措施被破坏，进而造成受害人损害的情况，责任的承担需要根据具体情况来判断。

一般来说，如果安全标志和安全措施是由于第三人的行为被破坏，且该第三人的行为是导致损害发生的直接原因，那么该第三人应当承担主要的侵权责任。如果施工人或管理人对于第三人破坏安全标志和安全措施导致的损害后果存在过错，如因施工人或者管理人未能按时巡查施工现场，导致未能及时发现安全标志遭破坏，并且未能及时采取补救措施的，施工人或管理人仍应当承担侵权责任。但是施工人或管理人承担责任后可以向第三人追责。

然而，如果安全标志和安全措施是由于自然原因（如恶劣天气、自然灾害等）被破坏，且施工人或管理人无法预见或避免这种破坏的发生，属于不可抗力，施工人或管理人可以不可抗力为由主张免责。但是，如果施工人或管理人能够预见这种自然原因可能导致的破坏，并且没有采取合理的预防措施来防止损害的发生，那么他们可能需要承担一定的责任。

此外，需要注意的是，在公共场所或道路上进行施工等活动时，施工人或管理人通常负有设置明显标志和采取安全措施的义务。如果他们没有尽到这些义务，导致他人受到损害，那么无论损害是由第三人行为导致的还是由自然原因导致的，他们都可能需要承担一定的责任。

总的来说，责任的承担需要根据具体情况来判断，包括损害发生的原因、施工人或管理人的过失程度、是否采取了合理的预防措施等因素。

3. 如事故发生系因受害人自身故意或者过失造成，施工人或者管理人能否据此减轻或者免除责任呢？

一般来说，如确实能够证明事故发生系因受害人自身故意或者过失造成，施工人或者管理人能据此减轻责任。在云南玉溪某某集团有限公司（以下简称玉溪某公司）与刘某英、张某甲等地面施工、地下设施损害责任纠纷案①中，张某富在其经营店铺前，搭设铁板通行，且某晚装卸货物的过程中，因未站稳坠落沟渠导致死亡。经查，该沟渠系玉溪某公司挖设，沟渠一边虽设有安全警戒带，但未设置相应安全防护设施。云南省高级人民法院再审本案认为：依据《民法典》相关条款，施工人在公共场所或道路挖掘、修缮地下设施等造成损害，若不能证明已设置明显标志和采取安全措施，则需承担侵权责任。玉溪某公司在案涉地段挖渠铺管，虽有警戒带但未设足够安全防护，且未充分考虑施工对周边安全及建筑物使用人的影响。事故地点为通往某经营部的必经路，该公司未设有效围挡及夜间照明，是事故发生的主要原因，故应承担侵权责任。同时，根据同一法典的另一条款，被侵权人若对损害有过错，可减轻侵权人的责任。死者张某富在经营店铺前搭铁板通行，晚间装卸货物时未采取安全措施，自身也存在过错，因此可以减轻玉溪某公司的责任。原审判决玉溪某公司和张某富分别承担60%和40%的损失责任，合理适当。

（二）关联规定

《中华人民共和国道路交通安全法》

第一百零四条 未经批准，擅自挖掘道路、占用道路施工或者从事其他影响道路交通安全活动的，由道路主管部门责令停止违法行为，并恢复原状，可以依法给予罚款；致使通行的人员、车辆及其他财产遭受损失的，依法承担赔偿责任。

有前款行为，影响道路交通安全活动的，公安机关交通管理部门可以责令停止违法行为，迅速恢复交通。

第一百零五条 道路施工作业或者道路出现损毁，未及时设置警示标志、未采取防护措施，或者应当设置交通信号灯、交通标志、交通标线而没有设置或者应当及时变更交通信号灯、交通标志、交通标线而没有及时变更，致使通行的人员、车辆及其他财产遭受损失的，负有相关职责的单位应当依法承担赔偿责任。

《城市道路管理条例》

第二十七条 城市道路范围内禁止下列行为：

（一）擅自占用或者挖掘城市道路；

---

① 案号：云南省高级人民法院（2024）云民申147号。

（二）履带车、铁轮车或者超重、超高、超长车辆擅自在城市道路上行驶；

（三）机动车在桥梁或者非指定的城市道路上试刹车；

（四）擅自在城市道路上建设建筑物、构筑物；

（五）在桥梁上架设压力在 4 公斤/平方厘米（0.4 兆帕）以上的煤气管道、10 千伏以上的高压电力线和其他易燃易爆管线；

（六）擅自在桥梁或者路灯设施上设置广告牌或者其他挂浮物；

（七）其他损害、侵占城市道路的行为。

图书在版编目（CIP）数据

民法典侵权责任编实务问答 / 葛向荣，奉利平主编.
北京：中国法治出版社，2025.5. -- （民商事法律实务问答系列）. -- ISBN 978-7-5216-5125-6

Ⅰ. D923.75

中国国家版本馆 CIP 数据核字第 2025XA3343 号

责任编辑：侯 鹏　　　　　　　　　　　　　　　封面设计：李 宁

民法典侵权责任编实务问答
MINFADIAN QINQUAN ZEREN BIAN SHIWU WENDA

主编/葛向荣，奉利平
经销/新华书店
印刷/保定市中画美凯印刷有限公司

开本/730 毫米×1030 毫米　16 开	印张/ 22.5　字数/ 314 千
版次/2025 年 5 月第 1 版	2025 年 5 月第 1 次印刷

中国法治出版社出版
书号 ISBN 978-7-5216-5125-6　　　　　　　　　　　定价：79.00 元

北京市西城区西便门西里甲 16 号西便门办公区
邮政编码：100053　　　　　　　　　　　传真：010-63141600
网址：http://www.zgfzs.com　　　　　　编辑部电话：010-63141806
市场营销部电话：010-63141612　　　　　印务部电话：010-63141606

（如有印装质量问题，请与本社印务部联系。）